BROMEANDO CON DIOS Y CON EL DIABLO

Luciano Marolo

Bromeando con Dios y con el diablo

Primera edición: julio de 2018

©Grupo Editorial Max Estrella
©Luciano Marolo
©Bromenado con Dios y con el diablo

ISBN: 978-84-17233-60-0
ISBN Digital: 978-84-17233-61-7

Grupo Editorial Max Estrella
Calle Fernández de la Hoz, 76
28003 Madrid

Editorial Calíope
editorial@editorialcaliope.com
www.editorialcaliope.com

*A la memoria de Christopher
Hitchens (1949-2011)
Autor de la obra obviamente antirreligiosa
DIOS NO ES BUENO,
aunque yo diría más bien
DIOS NO ES MALO.*

La Biblia es una fuente pródiga en
fantasías que,
convenientemente
contrastadas,
pueden suministrar alguna
información aprovechable.

Juan Eslava Galán

INTRODUCCIÓN

Los primeros libros de la Biblia, para quien disponga de tiempo y no se los tome demasiado en serio, podrían resultar tan interesantes y entretenidos como cualquier buena novela moderna de guerra o de terror. Por desgracia, la Biblia es una obra pesada en todos los sentidos del adjetivo. Sus finas hojas son a menudo difíciles de apartar una de otra y su letra es por lo general diminuta, en especial la de los comentarios de pie de página. Además, el texto —con excepciones siempre bienvenidas— suele ser redundante, con circunloquios y repeticiones de pasajes e incluso de capítulos. En mi opinión, estos inconvenientes son la principal causa de que muchas personas que poseen una Biblia, comprada, regalada o heredada, no la lean.

Lo que en los libros del Antiguo Testamento se relata no es más disparatado, ni inhumano, que lo que se puede leer en los cuentos de autores antiguos, relacionados o no con la mitología grecorromana. Por ejemplo, el sacrificio —que no llegó a cumplirse— de Isaac por su padre Abraham se asemeja mucho a lo que hizo Agamenón con su hija Ifigenia. La única diferencia fue que, en el último momento, Dios suministró un carnero para sustituir a Isaac, mientras que la diosa Artemisa aceptó como sacrificio, también en el último momento, una cierva en lugar de Ifigenia. Sin embargo, según otra versión menos romántica del cuento, Ifigenia habría sido realmente sacrificada.

La discordancia más notable radica en que no se suelen citar los hechos de los dioses y de los héroes de la Antigüedad como conductas que se deban copiar. Con el Antiguo Testamento y la Biblia en general pasa todo lo contrario. Para muchos creyentes, lo que se dice en estos libros es palabra de Dios y lo que se hace designio de Dios. Todo está orquestado, ordenado o inspirado por Él. Con esta creencia, los líderes, los sacerdotes y los profetas de los israelitas lo tenían fácil. Les bastaba con afirmar que no hacían sino cumplir la voluntad de Dios para justificar sus guerras de exterminio, sus crímenes y los escalofriantes castigos infligidos a su propio pueblo.

Hace algunos años dos mujeres, ambas adeptas de una floreciente secta, vinieron a mi casa y me mostraron algunos prospectos ilustrados. Fui amable con ellas, pero no les oculté que conmigo perdían su tiempo. No obstante, volvieron varias veces a visitarme. Me hablaban siempre de la Biblia, insistían en que había sido inspirada por Dios y querían que yo me lanzara a leerla. Finalmente, me cansé de oírlas y les dije que ya había leído y releído la Biblia. Les cité un pasaje de la «guerra santa» de Moisés contra Madián, que acabó con la masacre de las mujeres que sus tropas habían capturado. Eso, ellas no lo sabían. Se sorprendieron y me pidieron que les diera las referencias del fragmento de texto citado. Se las di, se fueron con la información y no volvieron nunca más.

Fue entonces cuando me decidí a extractar del Antiguo Testamento los pasajes más relevantes, salpimentarlos con un poco de humor y de fantasía y reunirlos en un libro. A los textos seleccionados añadí mis propios comentarios, cuentos cortos y anécdotas de mi cosecha. Excluí las ciento veinte páginas de doble columna de los Salmos, y también todo lo que me pareció sin interés o muy aburrido, pero acogí a los reyes y a los profetas, cada uno con sus datos más notables, entre los cuales quedaron reseñadas algunas sonadas tonterías que hicieron o dijeron ellos.

Para facilitar su lectura, el texto de este libro ha sido repartido en 117 capítulos, cuyos títulos pueden o no ajustarse con sus homólogos bíblicos. Los capítulos, salvo los más cortos, comprenden varios párrafos encabezados por una palabra —o una corta frase— en negrita, haciendo así de subtítulo. La mención de la fuente de las citas bíblicas que salpican las páginas de este ensayo permite llegar directa y rápidamente a los versículos señalados. Desde luego, utilizarla continuamente sería muy engorroso. Es simplemente una opción, a la que el lector puede recurrir puntualmente, por ejemplo para elucidar una duda, o saber más sobre los puntos que le parezcan interesantes o poco creíbles. Puede también animarle a recoger más información sobre algunos de los pasajes citados, buscándola directamente en el texto bíblico. Esto se puede hacer rápida y cómodamente sin necesidad de poseer una biblia, "entrando" en *Biblia Reina Valera Amén Amén,* y luego cliqueando primero sobre el capítulo y luego sobre el número del versículo deseado, el cual nos llega delante de los ojos casi al instante. Esta biblia no es la única que se pueda leer y consultar «online», pero en mi opinión es una de las más fáciles de utilizar.

GÉNESIS

1. RECTIFICACIÓN

En el relato bíblico de los cuatro primeros días de la creación las plantas aparecen el tercer día, cuando todavía no existía el sol, lo que naturalmente choca con el sentido común. Las plantas necesitan la luz del sol para producir clorofila y para no congelarse. Sin sol no puede haber plantas, no puede haber vida. Pero esto todavía puede arreglarse. Por favor, Señor Creador, déjame ayudarte. Tendré que entrometerme un poco en los cuatro primeros días de tu creación, mas para que no se pueda confundir mi terrenal prosa con aquel texto bíblico de inspiración divina, todo lo que añadiré yo estará subrayado.

En un excéntrico lugar del espacio infinito, sucedió que... «*Al principio creó Dios el cielo y la tierra. La tierra estaba informe y vacía; la tiniebla cubría la superficie del abismo* (perdóname Señor, por dudar de que un abismo pueda tener una superficie), *mientras el espíritu de Dios se cernía sobre la faz de las aguas*». (Gén 1, 1-2). *Fue el primer día, pero sin mañana ni tarde ni noche, porque faltaba el sol.*

En cuanto a la luz del primer día, no pudo de ningún modo existir. Sin sol, ni luna, ni estrellas, ni relámpagos, ni fuego, ni luciérnagas, ni linterna, no pudo haber luz. Tuviste que trabajar en la oscuridad, ¿verdad?

Con el segundo día llegó el sol, que había sido puesto por equivocación en el cuarto. «*Dijo Dios: existan lumbreras en el firmamento para separar el día de la noche, para señalar las fiestas, los días y los años*» (*y sobre todo para calentar la*

<u>tierra</u>) (Gén 1,14). «*E hizo Dios dos lumbreras grandes, la lumbrera mayor para regir el día, la lumbrera menor para regir la noche; y las estrellas*» (Gén 1,16). «*Pasó una tarde, pasó una mañana: el día segundo*» (Gén 1, 8).

«*Dijo Dios: exista el firmamento entre las aguas, que separe aguas de aguas. E hizo Dios el firmamento y separó las aguas de debajo del firmamento de las aguas de encima del firmamento*» (Gén 1, 6-7), <u>y estas últimas fueron las nubes</u>. «*Llamó Dios el firmamento cielo. Pasó una tarde, pasó una mañana: el día tercero*» (Gén 1,13)

«*Dijo Dios: júntense las aguas de debajo del cielo en un solo sitio, y que aparezca lo seco, y así fue*» (Gén 1,9). <u>Surgieron del agua antes extendida por casi toda la tierra, montañas, valles y llanos</u>. «*Llamó Dios a lo seco tierra y a la masa de las aguas mar. Y vio que era bueno*» (Gén 1,10). «*Dijo Dios: cúbrase la tierra de verdor, de hierba verde que engendre semillas y de árboles…* **¡Alto!** Dios no dijo ni hizo nada de eso.

Antes de intentar crear seres vivos, tenía que crear la vida…

Y antes de lanzarse a crear la vida, tenía que reflexionar para averiguar qué tipo de vida sería más conveniente, tanto para la integridad física de la recién formada y todavía frágil corteza terrestre, como para la satisfacción y el disfrute del creador. Finalmente, puesto que tenía por delante toda la eternidad, optó por crear únicamente un germen, una célula capaz de replicarse, de crecer, de evolucionar y sobre todo de diversificarse. Iba a fabricar, pues, una semilla, una microscópica semilla, para observar lo que brotaría de ella y cómo sus descendientes se las arreglarían para sobrevivir a los cambios climáticos y a las guerras entre especies y entre individuos, hasta finalmente conseguir extenderse por toda la tierra.

El comienzo fue lento y progresivo. Tomada su decisión, Dios se puso a trabajar. Buscó y encontró elementos muy sencillos, que nosotros llamamos ahora aminoácidos, los ensambló para formar pequeñísimos ladrillos: las proteínas, que luego utilizó para edificar poco a poco el primer ser vivo de nuestro mundo: LUCA *(LAST UNIVERSAL COMMON ANCESTOR)*. Y Dios vio que esto era bueno, muy bueno... Así que es posible que todos los seres vivos, plantas, animales y humanos, nos guste o no descendamos de LUCA.

Pasaron en la tierra unos 3.500 millones de años, que Dios aprovechó para navegar a la velocidad de la luz por todo el cosmos, en busca de planetas parecidos al nuestro. Hasta ahora, nadie pudo averiguar, aun utilizando los instrumentos más modernos y sofisticados, si encontró algunos y consiguió insuflarles vida.

Cuando Dios estuvo de vuelta, pudo por fin decir: «*Cúbrase la tierra de verdor, de hierba verde que engendre semillas, y de árboles frutales que den frutos según su especie...*» (Gén 1, 11).

Ya puede arrancar de verdad la vida. Lo que no dijiste, Señor, porque sabías que nadie te creería, fue que junto con las plantas visibles creaste las invisibles bacterias —también descendientes, como nosotros los humanos, de LUCA—, y que las pusiste todas, plantas y bacterias, a fabricar oxígeno. Luego, ya provista la tierra de todos los elementos necesarios, pudiste dedicarte a observar la aparición paulatina de seres cada vez más elaborados, capaces de desplazarse nadando, al principio, y luego arrastrándose por el suelo, caminando sobre dos, cuatro, seis u ocho patas, y finalmente incluso volando.

Salto abrupto de la Evolución a la Creación. Entonces, a Ti se te acabó la paciencia... Dejaste al bonobo (*Pan paniscus*), el simio más cercano a nosotros los humanos, atascado en uno de los caminos plagados de obstáculos de la Evolución, y proclamaste: «*Hagamos el hombre a nuestra imagen y semejanza; que domine los peces del mar* —no mencionaste los peces de ríos—, *las aves del cielo, los ganados y los reptiles de la tierra. Y creó el hombre a su imagen. A imagen de Dios lo creó. Varón y mujer los creó*» (Gén 1, 26-27).

Según el primer capítulo del Génesis, fue así como Tú, el verdadero Dios en una única persona, creaste la especie humana. Además, para que nadie pudiera imaginarse que eres un dios machista, soplaste a los autores de al menos una bien conocida Biblia esta bonita frase: «<u>Varón y mujer poseen la misma dignidad ante Dios</u>», que ellos colocaron en los comentarios de pie de página.

Desde luego la expresión «a su imagen» no debe interpretarse al pie de la letra. No es más que una alusión a la representación mental que se supone que Él se hacía del ser que se proponía crear. Se debe reconocer que el resultado fue más bien positivo. No cabe la menor duda de que el autor anónimo de este primer capítulo del Génesis no era ningún tonto. Comprendió que para que su relato de la creación fuera plausible, Dios no debía fabricar un individuo para luego manipularlo como si fuese un juguete. Debía crear una pareja: Un macho y una hembra libres de desplazarse y de unirse a su antojo, para así generar descendencia y poblar poco a poco la tierra, sin necesidad de nuevas intromisiones divinas.

Por desgracia el inofensivo y admisible cuento de la creación que figura en el primer capítulo del Génesis parece haber sido ignorado, tanto por los fundadores de las grandes religiones monoteístas como por sus predicadores. Todos prefirieron —y los segundos siguen prefiriendo— decantarse por el insólito relato de la creación según el segundo capítulo, el cual refleja una pésima imagen del creador.

A diferencia de lo que sucede en el primer capítulo, en el segundo el autor cuenta que Dios creó primero un hombre, al que llamó Adán. Como el boca a boca todavía no había sido inventado, para que cobrara vida tuvo que soplarle en la nariz. Luego, «plantó un jardín» para que el hombre recién creado lo cultivara. Después hizo brotar árboles del suelo —no se le había ocurrido antes de plantar el jardín—, sin olvidar el árbol trampa del conocimiento del bien y del mal. Y para que el hombre tenga compañía, modeló de la tierra todos los animales...

Pero esto es radicalmente falso, ya que los animales, desde los más arcaicos hasta los más evolucionados, se habían extendido por toda la tierra mucho antes de la llegada de los humanos más primitivos.

Finalmente, como Dios no vio entre las bestias ninguna que se pareciese, ni siquiera remotamente, al hombre, quiso fabricarle una compañera con una de sus costillas. Pero eso tampoco era factible, dado que un ser hecho con la carne de otro tiene fatalmente los mismos genes y, por ende, el mismo sexo. Si el truco hubiese funcionado, el resultado habría sido un clon, un «Evo», no una Eva, a menos que Dios la hubiera creado por separado, una alternativa que no se considera en el segundo relato de la creación, pero sí en el primero.

Llega el liberador. En el tercer capítulo entra en escena uno de los personajes menos dañinos del Viejo Testamento, donde aparece cuatro veces. Aunque tiene muchos nombres no deseados y al parecer ningún apellido, yo en mi libro lo llamo familiarmente Satán. Es un buen diablo, que no se mete con nadie si no ha sido llamado o provocado, y que está siempre disponible para ayudar al prójimo.

Se introdujo en el jardín de Edén disfrazado de serpiente, para liberar al hombre y a la mujer que el malvado Dios que pretendía haberlos creado mantenía prisioneros y en un estado de desconocimiento y de incultura lamentable. Se cree que acerca del árbol prohibido, Dios había dicho a sus cautivos: «*No comáis de él ni lo toquéis, de lo contrario, moriréis". — La serpiente replicó a la mujer—: No, no moriréis; es que Dios sabe que el día en que comáis de él, se os abrirán los ojos, y seréis como Dios en el conocimiento del bien y del mal*» (Gén 3, 3-4-5).

Lo que sucedió después, según el autor del segundo capítulo, todos lo sabemos: Eva y Adán probaron la maldita fruta y fueron echados del jardín, pero salieron despabilados y libres de hacer lo que les diera la gana. Lo que no se sabe es cómo se las arreglaron para subsistir en una naturaleza virgen, sin ningún conocimiento sobre el arte de la caza y la recolección de plantes silvestres comestibles. Sin embargo, se debe admitir que no llegaron a pasar hambre, porque Adán y sus descendientes varones —de las mujeres, como siempre no se sabe nada al respecto— alcanzaron edades vertiginosas, rozando y superando los 900 años, lo que no añade credibilidad al segundo cuento de la creación, sino todo lo contrario.

A pesar de sus simplezas y de sus desaciertos, el mito del «pecado original», según el cual todos al nacer cargamos con el «pecado» de Eva y de Adán, se incluyó en la liturgia de las grandes religiones que hunden sus raíces hasta los primeros capítulos del Génesis. Que yo sepa, tan solo el Islam lo rechazó.

El mito sirvió sobre todo para fomentar la misoginia crónica de los necios e ignorantes "padres" fundadores de la Iglesia romana.

Resumiendo, se puede decir que en el primer capítulo del Génesis, Dios es universal, lógico (no cae en el error de crear los animales después de los humanos), honrado y casi creíble. En cambio, en el segundo capítulo se nos ofrece una divinidad inculta, etnocéntrica y lamentablemente local.

El árbol de la vida. De la atenta lectura del tercer capítulo, se debe entender que Dios echó a Eva y Adán de su propiedad terrenal no solo para castigarlos por haber probado la fruta prohibida, sino también y sobre todo porque temía que comieran también frutas del árbol de la vida, volviéndose así inmortales. El Señor se quejaba: «*He aquí que el hombre se ha hecho como uno de nosotros en el conocimiento del bien y del mal; No vaya ahora a alargar la mano y tome también del árbol de la vida, coma de él y viva para siempre*» (Gén 3,22).

¡Conque como uno de nosotros! ¿Y quiénes y cuántos sois vosotros?

Hasta ahora, no he encontrado una respuesta satisfactoria para esta pregunta. Lo que se sabe, es que el divino propietario de la huerta donde se encontraba tan valioso árbol tomó disposiciones draconianas para mantener sus frutos fuera del alcance de los mortales: «*Echó al hombre, y a oriente del jardín de Edén colocó a los querubines y una espada llameante que brillaba, para cerrar el camino del árbol de la vida*» (Gén 3, 24. Biblia de la Conferencia Episcopal Española).

En la Biblia de Jerusalén, se dice más o menos lo mismo, pero en otra los querubines tienen que ser fuertes: «*Después de expulsarlos* (a Eva y a Adán), *el Señor Dios puso querubines poderosos al oriente del jardín de Edén; y colocó una espada de fuego ardiente —que destellaba al moverse de un lado a otro— a fin de custodiar el camino hacia el árbol de la vida*» (Gés 3,24. Biblia Nueva Traducción Viviente).

Aquellas disposiciones divinas para proteger el árbol de la vida pueden parecer fútiles, pueriles e incluso tontísimas, pero tenemos la prueba irrefutable de que su eficacia ha sido siempre y sigue siendo absoluta. Es obvio que hasta ahora ningún ser humano consiguió hacerse con una de esas maravillosas frutas, ya que todos seguimos muriéndonos a una edad que se escalona desde el nacimiento hasta los ciento veintidós años y ciento sesenta y cuatro días, récord absoluto de longevidad alcanzado en nuestro planeta por la francesa Jeanne Calment (1875-1997).

2. HIJOS DE ADÁN E HIJOS DE DIOS

Caín, el hijo mayor de Adán y Eva, cultivaba hortalizas. «*Ofreció al Señor dones de los frutos del suelo*». ¿Qué más podía hacer? Su hermano Abel, que era pastor, «*ofreció las primicias y la grasa de sus ovejas*» (Gén 4, 3-4).

Cada uno ofrecía lo que tenía: el fruto de una dura labor y de los conocimientos que ellos mismos habían adquiridos después de haber sido liberados de su cautividad. Los hermanos vivían y trabajaban en perfecta armonía. Caín cultivaba y cuidaba plantas de hojas verdes, de semillas ricas en almidón e incluso algunas especies con raíces engrosadas y comestibles.

Mientras tanto Abel, después de haber sido cazador, había empezado a domesticar animales y tenía un rebaño de ovejas. Dios aceptó gustoso la ofrenda de Abel, que consistía en carne y grasa, y ni siquiera se fijó en la de Caín, a pesar de que lo que él ofrecía era ya, y sigue siendo en la actualidad, la base imprescindible de la alimentación humana. La afrenta dejó a Caín abatido; después, se enfureció y en un arrebato de celos, como no podía matar a Dios mató a Abel, su hermano.

Pero, según lo que se deduce de aquel rechazo de Dios, el verdadero responsable del fratricidio fue Él. Por algún incomprensible motivo, decidió eliminar a Abel. Para lograrlo, utilizó a su hermano. Como prueba, sabemos que no castigó a Caín. Lo expulsó de su tierra, pero le puso una señal y declaró: «*Quien mate a Caín pagará siete veces*» (Gén 4,15).

Más adelante nos revelan que: «*Caín conoció a su mujer. Ella concibió y dio a luz a Enoch*» (Gén 4,17). ¿Quiénes fueron los padres de aquella mujer y dónde Caín la encontró? Para estas preguntas, al parecer no existen respuestas. Todo lo que se sabe de aquella enigmática nuera de Adán y Eva, es que fue bastante prolífica. A Caín nadie lo mató y tuvo una numerosa descendencia. Uno de sus tataranietos, Lamec, asesinó a dos personas y para asustar a los que quisieran matarlo a él, solía decir: «*Caín será vengado siete veces y Lamec setenta y siete*» (Gén 4,15).

Dios no es único: Tiene hijos, seguramente engendrados por partenogénesis inversa, ya que no tiene esposa. Esto nos lo dice la Biblia: «*Los hijos de Dios vieron que las hijas de los hombres eran bellas y se escogieron mujeres entre ellas*» (Gén 6,2). Aquellas extrañas uniones resultaron fértiles: a las hijas de los hombres que se dejaron seducir les nacieron híbridos. Así que Dios tiene también nietos, quienes además se hicieron famosos. Esto está escrito en todas las Biblias: «*Cuando los hijos de Dios se unieron a las hijas de los hombres y engendraron hijos, éstos fueron los héroes de antaño*» (Gén 6,4).

¿Y por qué los hijos de los hombres no se unieron a las

hijas de Dios? Pues, porque Dios no tiene hijas. Tampoco tiene hermanas, ni novia, ni siquiera una madre. Además, no se le conoce a ningún amigo. Lo que debe de aburrirse...

3. CASTIGOS TONTOS E IMPOSIBLES

«Al ver el Señor que la maldad del hombre crecía sobre la tierra, y que todos los pensamientos de su corazón tendían siempre y únicamente al mal, se arrepintió de haberlo creado» (Gén 6, 5-6). Decidió entonces borrar de la superficie de la tierra no solo al hombre, sino también a los animales, aunque ellos no tenían nada que ver con la maldad de los hombres. Dios, sí... Por eso cambió de parecer y optó por salvar a Noé, a su familia y a una pareja de cada especie de cuadrúpedos, reptiles, aves y otras criaturas salvajes y domesticadas de todo el mundo. Estos animales se debían atrapar y colocar en el arca, junto con la ingente cantidad de alimentos de todo tipo que las bestias —herbívoras, carnívoras, granívoras y omnívoras— y los humanos iban a necesitar para subsistir, al menos hasta que el suelo inundado y luego empapado se escurriera y volviera a ser productivo... A los cuatro hombres de la familia, llevar a cabo tal descomunal e ingrata tarea les habría tomado varios años; quizá varios lustros. Además del tiempo necesario para la construcción de la nave.

El lector queda informado de que Noé tenía seiscientos años cuando *«reventaron las fuentes del gran abismo y se abrieron las compuertas del cielo... Y estuvo lloviendo sobre la tierra cuarenta días y cuarenta noches. Aquel mismo día, entró Noé en el arca con sus hijos, su mujer y sus tres nueras; y con ellos toda clase de fieras, de ganados, de reptiles que se arrastran por la tierra, y de aves, según sus especies. Entraron con Noé en el arca parejas de todas las criaturas con aliento vital. De todas las criaturas entraron macho y hembra, como lo había mandado Dios»* (Gén 7, 11-16). Y tras ellos, el Señor mismo cerró la puerta.

¡Qué puerta tan enorme debía de tener el arca!

Si hubiera llovido durante cuarenta años, no habría cambiado nada al problema... «*El diluvio duró cuarenta días sobre la tierra; el agua creció y levantó el arca, que se alzó por encima de la tierra*» (Gén 7,17). El autor desconocido de este cuento del Génesis se equivocó. Cuarenta días de lluvia persistente no harían subir el nivel del mar en un centímetro. Al contrario, lo harían bajar, puesto que el agua que cae sobre la tierra proviene de las reservas que tenemos en la tierra, no de otro planeta. El agua soltada por las nubes tendría que ser compensada continuamente por una intensa evaporación de la de los mares y de los lagos. Mientras tanto, el suelo y los lechos vacíos de los antiguos ríos de las regiones desérticas absorberían una enorme cantidad de agua, que tardaría años en volver al ciclo normal del agua: evaporación, condensación en nubes, precipitaciones y vuelta al mar, directamente o pasando por los lagos y los ríos. Elemental, querido Dios.

Ahora bien, si quieres que suba de verdad el nivel del mar, te queda la opción de derretir todos los glaciares del mundo. Pero, aun así se quedará muy por debajo de los 5.165 metros de la cumbre del monte Ararat, donde algunos testarudos siguen buscando vestigios del arca.

Recomendaciones equivocadas. Cuando por fin gentes y animales hubieron salido de la nave, Dios bendijo a Noé y a sus hijos y luego les dijo: «*Sed fecundos, multiplicaos y llenad la tierra*» (Gén 9,1). En otro versículo repitió que debían reproducirse a buen ritmo, y añadió: «*Moveos por la tierra y dominadla*» (Gén 9,7). También les aseguró que todos los animales de la tierra, las aves, los peces e incluso los reptiles estaban a su disposición.

Eran recomendaciones que podían acarrear funestas consecuencias, tanto para la tierra como para todos los seres que viven en ella y de ella. Naturalmente, Dios no dijo nada de eso. Él habría dicho más bien: «Multiplicaos con moderación y respetad la tierra porque solo tenéis una. No olvidéis que todas las criaturas que la pueblan tienen el mismo derecho a la vida que vosotros.

Podéis alimentaros de ellas, pero si no les dejáis tiempo suficiente para reproducirse, se extinguirán sin remedio».

Noé tenía tres hijos: Sem, Jafet y Cam, padre de Canaán. Cuando Noé hubo plantado el primer viñedo de la historia y este hubo empezado a producir frutos, los recogió y fabricó vino. Lo probó y le gustó tanto que se emborrachó y se quedó tumbado sobre el suelo de su tienda, completamente desnudo. Entró por casualidad en la tienda su hijo Cam, quien se sorprendió y en seguida salió para informar a sus hermanos. Ellos entraron en la tienda con los ojos cerrados y cubrieron al borracho con una manta. No entraron retrocediendo como se cuenta, porque se daban prisa y no querían tropezar y caerse de espaldas sobre su padre desnudo.

Cuando Noé estuvo despierto y con las ideas claras, se enfadó contra Cam, que no había hecho nada malo porque no podía saber que su padre estaba desnudo. Pero en vez de maldecirlo a él, Noé maldijo a su nieto Canaán, el hijo de Cam. Era un acto injusto y además, fuera de lugar, porque aquel día Canaán no estaba con su padre y sus tíos. Llevaba varios días pastando el ganado lejos del campamento. A sus otros hijos, Noé los bendijo diciendo: «*El Señor haga fecundo a Jafet y more en las tiendas de Sem*» (Gén 9,27).

Soberbia. «*Toda la tierra hablaba una misma lengua con las mismas palabras*» (Gén 11,1). Sin duda el autor quiso decir: "*En toda la región* (en vez de *en toda la tierra*) *se hablaba la misma lengua*"», necesariamente con las mismas palabras, puesto que con palabras distintas habría sido otra lengua. Entonces llegaron del este unos pretenciosos inmigrantes que dijeron, entre otras sandeces, que iban a construir una nueva ciudad con una gigantesca torre central que se elevaría hasta el cielo. En vez de piedra y cal utilizarían adobe y alquitrán. Pensaban que esa obra maestra les permitiría hacerse célebres en toda la tierra.

Empezaron las obras y Dios se enteró. Pero como desde arriba no alcanzaba a ver distintamente lo que pasaba en el suelo, bajó de incógnito para examinar de cerca lo que estaban haciendo los hombres. Era tan impresionante que se asustó y pensó: «*Puesto que son un solo pueblo con una sola lengua y esto no es más que el comienzo de su actividad, ahora nada de lo que decidan hacer les parecerá imposible. Bajemos, pues, y confundamos su lengua, de modo que ninguno entienda la lengua del prójimo*» (Gén 11,6-7).

Naturalmente, en aquella lejana época existían por todo el mundo al menos tantos idiomas y dialectos como ahora, y todos los trabajadores, necesariamente muy numerosos, no debían de hablar todos el mismo. Entonces, ¿pudo Dios detener como se cuenta las obras, sin recurrir al milagro, a la magia o a la violencia? Quizá... Por ejemplo, los trabajadores habrían podido ser reclutados en todos los países de la parte del mundo entonces conocida, uno en cada país y siempre el mejor en su profesión, pero desconocedor de cualquier idioma que no fuera el suyo. Para que pudieran trabajar juntos, bastaba con contratar un grupo de intérpretes plurilingües, también los mejores en su especialidad.

Supongamos, pues, que fue lo que hicieron los constructores. Entonces Dios, disgustado, hizo que cada uno de los obreros y de los capataces hablara un idioma que no entendía ninguno de los otros. Y eso ¿cómo lo hizo? Muy sencillo: todo lo que tenía que hacer era raptar a los intérpretes y mandarlos de vuelta, por las buenas o por las malas, a sus respectivos países de origen.

Después de haber perdido sus medios de comunicación, los obreros empezaron a reñir, a insultarse y a maldecirse, pero sin llegar a comprender lo que se gritaban los unos a los otros. Finalmente, desconcertados, abandonaron las obras y fueron a reunirse con los suyos, cada uno en el lugar donde se hablaba el idioma que entendía.

De este cuento ingenuo e inofensivo se han inspirado algunos pintores. Tengo delante de los ojos una copia de un cuadro de Brueghel el Viejo, representando una inacabada torre de Babel con una maravillosa delicadeza de detalles.

4. EL ALCAHUETE ABRAHAM Y SU FAMILIA

«La historia de Abraham no puede ser relacionada con exactitud a ningún tiempo específico, aunque es ampliamente reconocido que la era patriarcal es una construcción literaria tardía, que no se relaciona con ningún periodo en la historia actual. Una hipótesis común entre los eruditos es que fue compuesta en el periodo persa temprano (finales del siglo VI a. C.) como resultado de las tensiones entre los terratenientes judíos que habían permanecido en Yehud durante el cautiverio de Babilonia y trazaron su derecho de tierra a través de su "padre Abraham", y los exiliados que regresaron, que basaron sus demandas en Moisés y la tradición del Éxodo» (wikipedia.org/wiki/Abraham).

Basta con leer detenidamente el Génesis, para percatarse de que aquel importante patriarca bíblico llamado Abraham, Abrahán e incluso —al principio— Abrán, si realmente existió fue un personaje egoísta, cobarde, codicioso, mentiroso y antipático.

Según la tradición, Abrahán nació en Ur de los caldeos, supuestamente alrededor del año 1900 a. C. El joven Abrahán se casó con su media hermana Sara, que entonces se llamaba Saray. ¡Vayan ellos a saber por qué! A Taraj, el padre de Abrahán, se le ocurrió un día ir a vivir en Cisjordania, la tierra de Canaán. Tomó a toda su familia y se pusieron en marcha, pero se extraviaron y fueron a parar a Jarán, en la actual Siria. Como fueron bien acogidos, decidieron quedarse. En Jarán hicieron provechosos negocios, mientras pasaban los años. Cuando murió Taraj, su padre, Abrahán recordó que deseaba conocer la rica tierra de Canaán y decidió acabar el recorrido empezado hacía muchos años. Para que todos los miembros de su familia lo siguieran sin protestar ni quejarse, les dijo que Dios había exigido que se hiciera aquel viaje, y todos lo creyeron o hicieron como si lo creyeran. *«Cuando salió de Jarán, Abrán llevó consigo a Saray, su mujer, a Lot, su sobrino, todo lo que había adquirido y los esclavos que había ganado en Jarán; y salieron en dirección a Canaán»* (Gén 12, 4-5).

Aquella vez llegaron adonde querían ir y se instalaron en Siquén, un lugar a menudo citado en el Antiguo Testamento. Pero llegó una hambruna, y como no querían pasar hambre, bajaron todos a Egipto con la intención de instalarse allí. Cuando estuvieron a punto de llegar a su destino, Abrahán se dio cuenta de que Sara, su mujer, era muy atractiva, y pensó que tal vez los egipcios lo matarían a él para hacerse con ella. «*Por favor* —le dijo—, *di que eres mi hermana para que me traten bien en atención a ti»* (Gén 12,13).

Acogida, según el estilo egipcio. Y lo trataron bien: «*Obtuvo ovejas, vacas, asnos, asnas, siervos, siervas y camellos»* (Gén 12,16). Mientras tanto, Sara lo pasaba en grande en el palacio del faraón. Esto al Señor no le gustó, pero en vez de castigar a Abrahán y a Sara *«mandó al faraón y a su gente grandes plagas por causa de Saray, mujer de Abrán»* (Gén 12,17).

¿Pudo realmente Dios, disgustado por la vergonzosa conducta de Abrahán, mandar plagas a los que habían sido engañados? Desde luego que no. Un dios justo nunca habría hecho tal cosa. Habría castigado más bien a Abrahán, que por cierto se lo merecía por cobarde y mentiroso. Además, quien estuvo en contacto directo con el faraón y su gente no fue el Señor, ni Abrahán, sino Sara... Por lo tanto las grandes plagas —probablemente debidas a una enfermedad contra la cual los egipcios no habían desarrollado ninguna inmunidad— las trajo ella... Lo más probable es que se tratara de una afección transmitida por contacto sexual.

Expulsión. Comprendiendo que había sido engañado, el soberano egipcio llamó a Abrahán, le reprochó su conducta y le dijo que podía recuperar a su mujer y largarse con ella.

El faraón fue muy bueno con Abrahán, en mi opinión demasiado bueno. Ordenó que lo despidieran con todas sus pertenencias, es decir lo que poseía antes y lo que le había regalado el faraón. Además, Abrahán había sido siempre un hombre acomodado. Y esto no lo digo yo, lo dice la Santa Escritura: «*Abrán era muy rico en ganado, plata y oro*» (Gén 13,2). Lo que digo yo es que tenía cada vez más esclavas y esclavos.

Abrahán, su mujer recuperada, su sobrino Lot, sus servidores, sus esclavos, su ganado y los pastores que lo cuidaban salieron de Egipto para volver a Cisjordania. Se pararon en el Negueb, donde el tío Abrahán dijo al sobrino Lot que ya hacía tiempo que había alcanzado la edad de arreglárselas solo. «*Y así se separaron el uno del otro: Abrán habitó en Canaán; Lot en las ciudades de la vega, plantando las tiendas hasta Sodoma*» (Gén 13,11-12).

Luego hubo guerras en la región. Las ciudades de Sodoma y Gomorra fueron atacadas y sus reyes, mientras trataban de huir, cayeron en unos pozos de betún, difíciles de evitar ya que en la región había por todas partes. Los enemigos saquearon las dos ciudades y «*al marcharse se llevaron también a Lot, sobrino de Abrahán, con sus posesiones, pues él habitaba en Sodoma*» (Gén 14,12). Abrahán se enteró y fue a rescatarlo con trescientos dieciocho voluntarios. Sí, trescientos dieciocho... Ni uno más, ni uno menos. Regresó con Lot, todo lo que había sido robado y algunos prisioneros. Le estaba esperando el rey de Sodoma, todavía con betún en el pelo y la barba. Y este a Abrahán le propuso: «*Dame la gente, quédate con las posesiones*» (Gén 14, 21). Abrahán rechazó la oferta: devolvió a los sodomitas sus pertenencias y no les entregó los prisioneros, no por compasión sino porque quería utilizarlos como esclavos. Por supuesto, los sodomitas habrían preferido los hombres, porque ellos siempre andaban buscando esclavos sexuales...

Huida y vuelta. Sara, la mujer de Abrahán, se sentía humillada porque no llegaba a tener hijos, ni siquiera hijas. «*A los diez años de habitar Abrán en Canaán, Sara tomó a Agar, la esclava egipcia, y la dio a Abrahán, su marido, como esposa*» (Gén 16,3). Agar no tardó en quedar embarazada; pero, entonces, se volvió renuente a obedecer las órdenes de su dueña, y ésta se enfadó y la maltrató. Tuvo que huir al desierto, donde estuvo a punto de morir de inanición. Caminó durante varios días, y cuando estuvo demasiado cansada para continuar, se tumbó cerca de una fuente y se quedó dormida. Soñó que se le acercó un ángel y le dijo: «*Vuelve en seguida a reunirte con tu señora y sométete a su poder*» (Gén 16,9).

Agar obedeció; sin pensárselo siquiera volvió a la tienda de sus dueños, y Sara, viendo su buena voluntad, fue mucho menos dura con ella. Así pudo dar a luz a un hijo que Abrahán llamó Ismael. Según las Escrituras, Ismael era indudablemente el primogénito de Abrahán. Sin embargo, los judíos y los cristianos otorgan más importancia al segundo hijo de Abrahán, Isaac, mientras que los musulmanes prefieren con razón a Ismael.

El estulto sueño de Abrahán. Una tarde de verano, después de haber probado varias veces el buen vino que le había regalado un amigo suyo, Abrahán cometió la imprudencia de echarse a dormir la siesta a la sombra de un olivo. El sol se desplazó y con él la sombra del olivo. Cuando al cabo de una hora Abrahán despertó, estaba en pleno sol, le dolía la cabeza y parecía embrutecido. Contó que Dios le había hablado y que no pudo verlo porque cayó en seguida rostro en tierra —él, no Dios—, pero oyó que le decía, entre otras muchas palabras que no pudo recordar: «*Yo concertaré una alianza contigo, te haré crecer sin medida... Te haré fecundo sobremanera; sacaré pueblos de ti y reyes nacerán de ti*» (Gén 17, 2-4-6).

Eran palabras que todo israelita de aquella época deseaba oír. Es comprensible que Abrahán las soñara y normal que creyera que las pronunció Dios. Pero después dijo que para sellar la alianza con Dios todos los varones de su familia, sus servidores y sus esclavos tendrían que ser circuncidados, les gustara o no, para sellar la alianza de su pueblo con Dios. Esto, Abrahán debía de tenerlo pensado desde mucho tiempo. La circuncisión no era nada nuevo en la región en tiempo de Abrahán. Todavía existe un bien conservado grabado que muestra como se practicaba, en Egipto, por lo menos quinientos años antes del nacimiento de Abrahán.

5. SODOMÍA E INCESTO

Lot, el sobrino de Abrahán, no era tan rico como su poco generoso tío. Cuando se casó y quiso vivir con su familia en una verdadera casa, se fue a comprar una en Sodoma. Ya conocía a su rey y, además, sabía que en aquella ciudad de mala reputación había más oferta de viviendas que demanda. Se murmuraba que los sodomitas, después de su jornada de trabajo, se divertían sodomizándose los unos a los otros. En cuanto a las sodomitas, no se sabe a qué se dedicaban. A lo mejor los varones de Sodoma no tenían mujeres ni les hacían falta. No necesitaban engendrar hijos para que su población se mantuviera estable e incluso aumentara, porque las defecciones y las defunciones se podían compensar por reclutamiento.

Tampoco se sabe cuántas personas vivían con Lot, aparte de su mujer y sus dos hijas, cuyos nombres también se ignoran. Lo que se puede afirmar es que el total no era superior a nueve, porque Abrahán afirmaba que Dios le había prometido que no se destruyera la ciudad si se hallaban en ella al menos diez justos. Aquellos justos podían ser borrachines, ladrones y quizá también asesinos, pero no podían en modo alguno ser homosexuales o idólatras.

Los últimos días de Sodoma. Se encargó la tarea de efectuar el censo a dos ángeles de confianza. Para que pudieran pasar desapercibidos, el ángel cirujano de turno tuvo que amputarles las alas. Se vistieron de paisano y dos ángeles de altos vuelos los bajaron hasta la tierra.

Los querubines llegaron a Sodoma al atardecer. Lot, que se hallaba a la entrada de la ciudad, viendo que eran viajeros de alto rango, fue a su encuentro y se prosternó ante ellos. Con la cara sobre el suelo polvoriento y sucio, les suplicó: «*señores míos, os ruego que vengáis a casa de vuestro servidor, para pasar la noche y lavaros los pies, por la mañana, seguiréis vuestro camino*» (Gén 19,2).

Ellos no querían pasar la noche en Sodoma, pero Lot insistió tanto que se dejaron convencer. Entraron en la casa, se lavaron los pies, Lot los presentó a su mujer y a sus dos hijas, y todos a cenar...

La llegada de los angelitos, que aunque desplumados debían de quedar muy guapos, no había pasado desapercibida. Todavía no estaban en la cama cuando los hombres de la ciudad rodearon la casa. «*Desde los jóvenes a los viejos, todo el pueblo sin excepción*» (Gén 19,4). Todos exigían *conocer* a los extranjeros, y ya sabemos qué sentido se da en la Biblia al verbo *conocer*. Lot salió de la casa para tratar de hacerles entrar en razón, pero no quisieron escucharlo. Entonces ese puerco les ofreció a sus dos hijas todavía vírgenes, para que dejaran en paz a sus invitados. Pero los sodomitas no quisieron a las hijas de Lot. Lo que querían era tirarse a los angelitos. Dijeron a Lot que si no se los entregaba, empezarían con él. Lot se asustó, pero los ángeles eran fuertes: lo agarraron, lo metieron en la casa y atrancaron la puerta. Después, revelaron a sus huéspedes que la ciudad iba a ser destruida y que tendrían que marcharse lo más pronto posible si no querían desaparecer con ella.

Al amanecer, viendo que Lot tardaba en decidirse, los ángeles lo sacaron a la fuerza con su mujer y sus hijas, instándoles a que no miraran bajo ningún pretexto hacia atrás. Los dos novios de las chicas no se fueron con ellos, porque cuando Lot les avisó, creyeron que estaba bromeando. Tampoco se salvó la mujer de Lot. Fue víctima de su curiosidad; quiso saber lo que sucedía detrás de ella, pero cuando giró la cabeza un deslumbrante destello de luz la dejó como ciega. Corrió despavorida sin ver a dónde iba, chocó con la frente contra una roca y se mató. La leyenda dice que se transformó en un bloque de sal, pero esto no pudo ser porque lo que llovió no fue sal: «*El Señor hizo llover sobre Sodoma y Gomorra azufre y fuego desde el cielo»* (Gén 19,24). Desde la tierra, una erupción volcánica no lo habría hecho mejor.

Acerca de lo que se cuenta que hiciste con aquellas ciudades, Señor, no tengo nada que objetar, pero sí acerca de lo que no hiciste. ¿Por qué no dejaste ninguna huella fiable que permitiera a nuestros modernos arqueólogos determinar si Sodoma y Gomorra de verdad existieron, y dónde se encontraban?

Consanguinidad absoluta. Lot, desde su huida de Sodoma y después de haber perdido a su mujer y todos sus bienes, no era el mismo hombre. Se había vuelto melancólico y pusilánime. Tenía miedo de ir a buscar una vivienda en una ciudad y, además, no le quedaba ni oro ni plata para pagarla. Se adentró con sus hijas en una región montañosa y despoblada, y allí encontró una cueva donde vivir en paz y seguridad con sus dos hijas.

Tanto aislamiento a las chicas no les gustaba. Pensaban que no podrían casarse y que nunca tendrían hijos. Pero un día la mayor, creyendo haberlo pensado bien, dijo a su hermana, que no sólo era la más joven, sino también la más lista:

—«*Ven, emborrachemos a nuestro padre y acostémonos con él*» (Gén 19,32).

No perdieron tiempo. La misma noche, hicieron beber vino a Lot hasta que se cayó del tocón de olivo que le servía de silla, inconsciente. Lo recogieron y lo pusieron en la cama rústica que él mismo se había fabricado. «*La mayor se acostó con él, sin que él se diera cuenta al acostarse y levantarse ella*» (Gén 19,33). Cuando por la mañana la mayor estuvo de pie, aunque su padre ni siquiera se había dado cuenta de que no estaba solo en la cama, ella dijo a su hermana:

—He dormido toda la noche con nuestro padre; seguro que voy a quedar embarazada.

—¿Qué habéis hecho?

—Pues, hemos dormido juntos.

—Pero esto no basta, tonta; hay que hacer algo más. Déjame arreglar esto a mi manera y yo me encargo de todo. Nuestra abuela me enseñó trucos que tú no conoces, porque nunca escuchabas lo que ella nos decía.

No volvieron a emborrachar a Lot, pero le pusieron en la comida una decocción concentrada de una hierba fuertemente afrodisíaca. Al cabo de unos pocos días, Lot empezó a perseguir a las muchachas para tener contactos íntimos con ellas. No se opusieron a ello, pero cuando ambas estuvieron embarazadas, la menor reemplazó la pócima afrodisíaca por otra de propiedades medicinales opuestas. A partir de ese momento, el padre se calmó, se avergonzó, se disculpó y no se habló nunca más del asunto.

Pasaron los meses y a Lot sus hijas le dieron dos hijos, que también eran sus nietos. Los llamaron Moab y Amón, respectivamente. Moab, el hijo de la mayor, *«es el antepasado del Moab actual. Amón, el hijo de la menor, es el antepasado de los actuales amonitas»* (Gén 19, 37-38).

6. GINECÓLOGO Y CARNICERO

Al tío Abrahán le gustaba, cuando cambiaba de residencia, cambiar al mismo tiempo de región e incluso de país. Así que se fue a residir durante una temporada a Guerar, una ciudad del suroeste de Cisjordania, por donde ya había pasado al volver de Egipto y que le había parecido un lugar idóneo para hacer buenos negocios. Cuando entró en la ciudad, lo acompañaba Sara, que todavía era muy guapa. Una vez más dijo que era su hermana, y la voz corrió por las calles hasta llegar al palacio real y a los oídos del rey.

«Abimélec, rey de Guerar, mandó que le trajeran a Sara» (Gén 20,2). Pero no la tomó ni por esposa ni como concubina, y no llegó siquiera a acostarse con ella porque Tú, Señor, según lo que se cuenta en el capítulo veinte, Te metiste en uno de sus sueños y le revelaste la verdad. Al día siguiente, el rey

mandó buscar a Abrahán y cuando llegó le dijo: «*¿Qué mal te he hecho, para que nos hayas expuesto a mí y a mi pueblo a un pecado tan grande?*» (Gén 20,9).

Abrahán se disculpó diciendo que tenía miedo de que alguien lo matara para robarle a su mujer. Añadió que lo que había dicho era solo media mentira, porque Sara era a la vez su esposa y media hermana suya. Aquel proxeneta cobarde se salió una vez más con la suya. Además, Abimélec le regaló ovejas, vacas, siervas, siervos y mil monedas de plata. ¿Y por qué fue tan generoso con el hombre que intentó engañarlo? Porque quería que Abrahán intercediera ante su Dios para que le curara de cierta enfermedad, y también para que permitiera que su mujer y sus concubinas volvieran a ser fértiles. «*Pues el Señor había cerrado la matriz a todas en casa de Abimélec por causa de Sara*» (Gén 20,18). ¡Caramba, Señor mío! no sabía que eras también ginecólogo. Resultó que el Señor ginecólogo, mientras estaba en ello había curado también a Sara de su esterilidad nerviosa. Ella, que todavía estaba en edad de concebir, aunque en las Biblias dicen el contrario, quedó por fin embarazada y le dio a Abrahán su segundo hijo. Lo llamaron Isaac y fue el posible antepasado de todos los israelitas, de los edomitas y de los amalecitas.

Sacrificio frustrado. Pasaron quince años e Isaac era ya un adolescente cuando su padre, mientras descansaba a la sombra de una tupida encina, oyó una voz que desde arriba lo llamaba por su nombre. «Él respondió: aquí estoy» (Gén 22,1). Entonces la voz le ordenó que tomara a su hijo Isaac y que fuera con él a la montaña, rematando la orden con estas terroríficas palabras: «*Y ofrécemelo en holocausto en uno de los montes que yo te indicaré*» (Gén 22,2). Y la misma voz se lo indicó.

¿Cómo pudo Abrahán creerse esto? No le pareció sospechoso que Dios se dirigiera directamente a él y le llamara por su nombre. Ni se le ocurrió preguntar al misterioso dueño de la voz quién era. Todo lo que dijo fue: «Aquí estoy». Cuando supo lo que se exigía de él, no se rasgó las vestiduras, no protestó, no pestañeó y ni siquiera se lamentó. Hizo exactamente lo que la voz le había mandado. De camino hacia el lugar del sacrificio, Isaac se asombró al ver que no llevaban ningún animal para la ofrenda, pero su padre le tranquilizó diciendo: «*Dios proveerá el cordero para el holocausto, hijo mío*» (Gén 22,8). Cuando estuvieron en el lugar indicado, una colina con matorrales y algunos grandes árboles, Abrahán preparó el altar, puso encima la leña y sobre la leña a Isaac, atado de pies y manos y también amordazado para que así no pudiera ni hablar ni gritar. Sin decir una palabra, Abrahán verificó el filo de su cuchillo y lo levantó para degollar a su hijo... Entonces desde arriba una voz que ya conocía le gritó que no lo hiciera, mientras caía del cielo un carnero todavía vivo, pero también amordazado y con las patas atadas... Acto seguido, un hombre fornido que no se parecía ni a Dios ni a un ángel, saltó del árbol donde se escondía, le arrebató a Abrahán el cuchillo y le propinó un par de bofetones para espabilarle el juicio. Después, liberó al aterrorizado Isaac.

El ángel del Señor era un buen amigo de la familia, que quiso dar al crédulo Abrahán una inolvidable lección, para que dejara de tomarse en serio todo lo que soñaba o creía oír.

Mellizos dispares. Sara murió y fue enterrada en tierra de Canaán, cerca de Hebrón, en un campo que Abrahán había comprado a Efrén el hitita por cuatrocientas monedas de plata. Abrahán, que echaba en falta la presencia de una mujer joven en su hogar, envió a un viejo servidor suyo a buscar en su tierra natal a una esposa para Isaac. Le hizo jurar, con una mano bajo su muslo, que no la escogería entre las hijas de los cananeos. «*El criado puso su mano bajo el muslo de Abrahán, su amo, y le juró cumplirlo*» (Gén 24,9). Se marchó con diez camellos cargados de regalos para los futuros suegros de Isaac.

Cuando volvió, al cabo de una semana, le acompañaba Rebeca, hija de Betuela el arameo y hermana de Labán. Isaac la tomó como esposa y le regaló la bonita tienda de su madre fallecida.

Abrahán, viudo y viejo, tomó también una nueva mujer llamada Queturá, que le dio seis hijos y un número desconocido de hijas. Luego Abrahán, extenuado, murió.

Su nuera Rebeca, después de haber sido atendida amistosamente por el señor ginecólogo, dio a luz a un par de dispares mellizos. Esaú, el primero, nació velludo y quedó velludo durante toda su vida. El segundo nació, vivió y murió lampiño. A ese lo llamaron Jacob.

Crecieron y se hicieron hombres. Esaú, con su cabello encrespado y su tupida barba era el hijo preferido de Isaac. Era un buen cazador y le gustaba caminar todo el día por los campos y el monte. Rebeca prefería al lampiño Jacob, que a menudo se quedaba en casa y se ocupaba cocinando, porque cuando salía a pasear, para no desentonar con los muchachos de su edad, tenía que llevar una molesta barba postiza que un especialista le había confeccionado con la cabellera de una esclava.

Una tarde de verano, cuando Jacob acababa de guisar un apetitoso potaje de lentejas, volvió del campo Esaú, cansado, sediento y hambriento. Quiso comerse el potaje, pero Jacob no se lo permitió y le dijo: «*Véndeme ahora mismo tus derechos de primogenitura*» *(Gén 25,31)*. Esaú le contestó que estaba de acuerdo y alargó la mano para coger la cazuela con el potaje, pero Jacob detuvo su brazo y exigió: «*Júramelo ahora mismo*» (Gén 25,33). Esaú se lo juró, se apoderó de la cazuela, se zampó su contenido, bebió todo el vino que estaba sobre la mesa, se secó con el dorso de la mano su tupida barba y se marchó, satisfecho y despreocupado. No se sabe si con las lentejas había algunos trozos de carne, pero seguramente los había.

7. *CANALLADA*

Isaac, viejo y achacoso, tenía los días contados. Cuando enfermó, llamó a Esaú, que seguía siendo su hijo preferido. Le pidió que subiera al monte para cazar algún corzo, una liebre, un ánsar o cualquier otro animal de caza, siempre que no fuera un jabalí. Cuando Esaú le preguntó qué debía hacer con la caza, su padre le dijo: «*Después me preparas un guiso sabroso, como a mí me gusta, y me lo traes para que lo coma; pues quiero darte mi bendición antes de morir*» (Gén 27,4).

Esaú tomó su arco, se colgó del hombro su carcaj y se fue de cacería con uno de sus amigos, que le ayudaría a no volver con las manos vacías.

Traición. Rebeca, oculta detrás de una cortina, no se había perdido nada de la conversación entre su marido y su hijo Esaú. Corrió a informar a Jacob y le pidió que fuera a buscar en su rebaño un par de cabritos para preparar el guiso. Insistió en que no podía perderse tan buena oportunidad de hacerse con la bendición de su padre, a la que solo podía pretender un primogénito como Esaú. Pero Jacob protestó diciendo: «*Si por casualidad me palpa mi padre y quedo yo ante él como un mentiroso, atraerá sobre mí la maldición en vez de la bendición*» (Gén 27,12). Pero ella le aseguró que se encargaría de todo y que, además, cargaría con la responsabilidad. Insistió en que Jacob fuera en seguida a buscar los cabritos. Jacob obedeció de mala gana, porque tenía miedo. Esaú era más fuerte que él y, además, muy diestro en el manejo de cualquier arma.

Jacob tuvo que degollar los cabritos, pero quien preparó el guiso fue una vieja criada que hacía de cocinera. Rebeca vistió a Jacob con un traje de su hijo Esaú, le pegó sobre el cuello y los brazos grandes tiras de la piel de los cabritos, que quedaron perfectamente ajustados. Jacob concluyó el disfraz poniéndose su barba postiza, y su madre le dio la cazuela con el guiso todavía caliente, instándole a que fuera a llevarlo a su padre sin perder más tiempo.

Cuando entró en su cuarto, Jacob le dijo que era Esaú y que el guiso estaba listo. Isaac se asombró y le preguntó cómo había podido encontrar caza tan pronto. Jacob le respondió, mintiendo descaradamente: «*El Señor tu Dios me la puso al alcance*»

(Gén 27,20). Isaac, que todavía tenía dudas, constató que los brazos y el cuello eran de Esaú, aunque la voz se asemejaba curiosamente a la de Jacob. ¡Ojalá se le hubiera ocurrido tirar de la barba para asegurarse de que era verdadera! Este gesto tan sencillo habría cambiado muchas cosas. En vez de eso, Isaac comió el guiso sin preguntar siquiera al presunto cazador con qué animal de caza había sido preparado. Luego quiso que su hijo lo besara y cuando lo hizo, notó el olor del traje de Esaú. Entonces lo bendijo con esas palabras:

El aroma de mi hijo es como el aroma de un campo
que bendijo el Señor.
Que Dios te conceda el rocío del cielo,
la fertilidad de la tierra,
abundancia de trigo y de vino.
Que te sirvan los pueblos,
y se postren ante ti las naciones.
Sé señor de tus hermanos,
que ellos se postren ante ti.
Maldito quien te maldiga,
bendito quien te bendiga (Gén 27, 27-29).

En realidad, Isaac no bendijo a Jacob sino al traje de Esaú, que reconoció por el olor. Para ser justo, se debía declarar la bendición nula y castigar de algún modo a Jacob y a su madre por haber engañado a la vez a Isaac y a Esaú. Y por haber intentado engañar también a Dios...

Extrañamente, en aquel sucio asunto Él no se mete. Se podría pensar que el Señor, como Rebeca, prefería a Jacob, pero lo más probable fue que ni siquiera se enteró... El traidor se despidió de su padre llevándose la bendición que había robado a su hermano, después de haberlo despojado de sus derechos de primogenitura. Salió por la puerta principal de la casa, mientras por la puerta trasera entraba Esaú con otro sabroso guiso y gritando: «*Padre, incorpórate y come de la caza de tu hijo; después podrás bendecirme*» (Gén 27,31).

Entonces Isaac reconoció la voz de su hijo preferido, y también el olor a plantas aromáticas que solía acompañar al cazador cuando regresaba del monte. Comprendió por fin que ambos habían sido engañados y dijo al estupefacto Esaú que el guiso, ya se lo había comido. Le explicó que la situación en la que se hallaban metidos no se podía revertir. El que había sido bendecido quedaba bendito. Esaú suplicó a su padre para que lo bendijera también pero él le contestó: «*Tu hermano ha venido con astucia y se ha llevado tu bendición*» (Gén 27,35).

Entonces, Esaú decidió que mataría a su perverso hermano Jacob, una vez su padre estuviese muerto y cumplidos los días de duelo. No era una buena solución. Lo que debía hacer, con la ayuda de unos compañeros de cacería, era regalar a Jacob una pequeña paliza, para asustarlo y obligarlo a tomarse el asunto en serio. Después le habría dicho: «Ahora, devuélveme mi derecho de primogenitura. Júramelo ahora mismo y que los hombres aquí presentes sean nuestros testigos».

Esaú, que ya tenía dos mujeres, «*tomó por esposa a Majlat, hija de Ismael*» (Gén 28,9). Ismael era el hijo que Abrahán había tenido con la mujer egipcia Agar, varios años antes de que su esposa Sara llegara a ser madre. Por lo tanto, su nieta Majlat y Esaú eran primos hermanos.

8. COMPETICIÓN

Cuando a Rebeca alguien le reveló que Esaú quería matar a Jacob, a este le dijo: «*Huye a Jarán, a casa de mi hermano Labán, y quédate con él una temporada hasta que pase la cólera de tu hermano*» (Gén 27, 44).

Jacob era indudablemente más listo que su hermano mayor. En cambio, no destacaba ni por su fuerza física ni por su valentía. Cuando su madre le expuso el proyecto, decidió marcharse en seguida. Salió temprano por la mañana y al llegar la noche, se detuvo para pernoctar en un lugar que más adelante llamaría Betel. Puso bajo su cabeza una piedra plana a modo de almohada y se durmió. Su duro y rugoso reposacabezas pudo ser la causa de que tuvo un extraño sueño: «*Una escalinata apoyada en la tierra con la cima tocaba el cielo. Ángeles de Dios subían y bajaban por ella*» (Gén 28,12).

¡Qué sueño tan absurdo! Jacob vio que los pies de la escalera reposaban en el suelo, pero ¿en que se apoyaba la otra extremidad? Y los ángeles no necesitan ningún artefacto humano para bajar a la tierra o subir al cielo. Lo hacen más rápida y cómodamente volando. Sin embargo, se cree que la escalinata de Jacob ha sido utilizada al menos un par de veces por querubines que habían perdido sus alas...

Jacob reanudó su viaje temprano por la mañana del día siguiente. Llegó a la tierra de Jarán y preguntó por su tío. Alguien fue a informar a Labán de la llegada de su sobrino y él mismo vino a su encuentro. Cuando supo que Jacob se iba a quedar, se alegró mucho porque pensó en seguida que podría emplearlo como capataz.

Intercambio. Labán tenía dos hijas y Jacob no tardó en enamorarse de la menor. Pero antes de poder casarse con ella, tuvo que trabajar durante siete años para Labán. Cumplido el plazo, el tío Labán esperó la noche para entregar su hija al pretendiente, que por fin pudo llevársela a la cama. Pero por la mañana, a la luz del día, vio que la mujer que tenía en su cama no era su amada Raquel, sino Lía, su hermana mayor. Increpado, Labán se disculpó diciendo: «*No es costumbre en este lugar dar la menor antes que la mayor*» (Gén 29,26). Pero prometió a Jacob que le daría también a Raquel a cambio de siete años más de servicio. Jacob cumplió sus siete años y Labán le dio a Raquel como segunda esposa. Con catorce años más, no era tan atractiva como cuando se conocieron; además, no tardó en darse cuenta de que no podía tener hijos. Entretanto Lía, la mayor, había dado a luz sucesivamente a cuatro varones. Decepcionada y disgustada, Raquel puso en la cama de su marido a su criada Bilá, que en tres años le dio a

Jacob dos hijos más, mientras Lía se tomaba un descanso no deseado y tuvo que recurrir a su criada Zilpa para regalar otro par de varones a Jacob. Cuando volvió a ser fecunda, despidió a Zilpa para concebir y parir por su cuenta a un último varón y después a una niña —por fin—, que llamaron Dina.

A Raquel, que soñaba con tener un hijo propio, le dijeron que existía un Señor ginecólogo, que había tapado y después destapado el útero de las mujeres del rey Abimélec, y también curado de su esterilidad a Sara. Solicitó en seguida su ayuda... «*Entonces se acordó Dios de Raquel e hizo fecundo su seno*» (Gén 30,22).

Raquel, pues, quedó embarazada y al cabo de nueve meses dio a luz a José, que llegaría a ser uno de los pocos personajes bíblicos que consiguieron inspirarme simpatía e incluso una pizca de admiración.

El semillero. Durante la estancia de Jacob con su tío Labán nacieron las doce tribus de Israel, menos una, la de Benjamín, que aparecería más tarde y en otro lugar.

Lía, la hija mayor de Labán, fue la más prolífica, dándole a Jacob seis hijos: Rubén, Simeón, Leví, Judá, Isacar y Zabulón; y también una hija, Dina, pero ella no fue al origen de ninguna tribu.

Bilá, la criada de Raquel, fue madre de Dan y de Neftalí; Zilpa, la criada de Lía, parió a Gad y a Aser. Raquel, después de haber sido atendida por el Señor ginecólogo, dio a luz en Jarán a un solo varón, José, que cuenta por dos porque sería al origen de dos tribus, que llevarían los nombres de sus hijos Manasés y Efraín.

Se podría objetar que con Benjamín serían trece tribus, no doce... Es que se solía excluir de los censos a la tribu de Leví. Los levitas eran eximidos de la obligación de participar en las guerras. Normalmente, estaban al servicio del sacerdocio. Pero si no combatían en los campos de batalla, eran en cambio expertos en el arte de eliminar, abierta o disimuladamente, a la gente de su propio pueblo.

En mi opinión el hijo de Raquel, José, fue el solo varón honrado y justo de la familia, lo que me induce a dudar de que hubiera podido ser hijo de Jacob. Cuando, durante una crisis de melancolía, Raquel le dijo a su marido: «*Dame hijos o me muero*» (Gen 30,1), Jacob se enfadó y le replicó que no era Dios y que si ella no podía concebir, él no tenía la culpa; Raquel pudo entonces intentar en secreto obtener de otro hombre el ansiado hijo, lo que al parecer habría funcionado.

Raquel y Jacob eran primos hermanos. Podía existir entre ellos una barrera fisiológica o genética que impidiera que ella pudiera concebir... Se han citado casos —he conocido personalmente a ambos protagonistas de uno de ellos— de matrimonios que se divorciaron porque no podían tener hijos. Luego cada uno de los divorciados se volvía a casar y con su nueva pareja lograba ser padre o madre, sin recurrir a ningún tratamiento.

Los diositos. Jacob, cansado hasta las narices de trabajar para Labán, tomó la decisión de volver a su tierra natal. Pero en vez de informar a su tío de su intención, aprovechó una de sus ausencias para marcharse, al amanecer, llevándose a sus mujeres, a sus hijos, a sus criados y una cuantiosa parte de la cabaña ganadera de Labán, que estimada haber ganado. También se llevó algo más, pero sin saberlo: «*Labán había ido a esquilar el ganado y Raquel robó los amuletos de su padre*» (Gén 31,19).

Labán persiguió a Jacob, lo alcanzó en Galaad y en seguida le dijo, entre otros vehementes reproches: «*¿Por qué me has robado mis dioses?*» (Gén 31,30). Jacob no estaba al tanto del robo, pero sabía que Labán tenía esos amuletos. Así que no se asombró; le invitó a buscar por todo el campamento y le aseguró que a quien tuviera esos objetos lo mataría. Registraron todo y no encontraron nada. Si hubieran buscado mejor, registrando también a los miembros de la familia de Labán, los habrían hallado: Raquel los tenía escondidos en la silla de su camello, justo debajo de su trasero, y nadie sospechó de ella cuando dijo a su padre: «*No puedo levantarme en tu presencia, pues me ha venido el período de las mujeres*» (Gén 31,35).

Después de varias horas de discusión, Labán y Jacob hicieron las paces y no se habló más de los amuletos. Es que Labán se imaginaba que durante la noche Dios le había dicho: «*Cuídate de meterte con Jacob en cualquier sentido*» (Gén 31,29). En realidad eso lo soñó, o quizá un siervo de Jacob, cumpliendo una orden de su amo, se lo susurró al oído justo antes de que se despertara. Pero él se lo tomó en serio y le entró miedo.

No vi yo en el Antiguo Testamento ningún comentario acerca de aquellos amuletos, quizá porque no busqué en el sitio adecuado. ¿Qué forma y qué tamaño tenían esos fetiches? Debían de ser pequeños y sin demasiadas asperidades para que una mujer que no fuera obesa pudiera ocultarlos sentándose encima. Por cierto el Señor toleraba entonces que se rindieran discretos cultos a dioses extraños, de poca monta y reducido tamaño. Más tarde Jacob descubriría que sus hijos y sus nueras tenían sus propios diositos y ordenaría que se deshicieran de ellos.

Pelea extraña. Durante el viaje de regreso a Canaán, después de ayudar con sus consejos a los niños y a las mujeres a cruzar el río Yaboc, Jacob se quedó solo en la misma orilla, porque era todavía de noche y quería descansar. Entonces un desconocido, cuyo rostro no pudo ver en la semioscuridad, salió de entre la maleza y lo atacó para robarle lo que llevaba encima; al menos eso fue lo que pensó Jacob. Como su atacante era una persona mayor, no pudo con él. Siguieron luchando pero cuando empezó a clarear, el individuo tuvo miedo de que alguien lo reconociera, quiso huir y dijo: «*Suéltame, que viene la aurora*» (Gén 32,27).

Pero Jacob lo había agarrado por los faldones de su manto y el otro, para zafarse, tuvo que pincharle un muslo con la punta de su pequeño puñal. Jacob le soltó el manto y pudo alejarse, pero antes de desaparecer quiso saber con quién había luchado. Jacob se lo dijo y el otro, que debía de ser un farsante, sin revelar su propio nombre declaró: «*Ya no te llamarás Jacob, sino Israel, porque has luchado con Dios y con los hombres, y has vencido*» (Gén 32,29).

Jacob, con una pequeña herida en el tendón que une la rodilla al mayor músculo del muslo, caminó cojeando durante unos pocos días. De su combate con el misterioso vagabundo, se vanagloriaba diciendo: «*He visto a Dios cara a cara y he quedado vivo*» (Gén 32,31).

Magnanimidad. Jacob tenía miedo, no de Dios ni de los vagabundos, sino de su hermano Esaú. ¿Le había perdonado, o tenía todavía la intención de matarlo? Le mandó algunos mensajeros para informarle de su llegada y anunciarle que le traía suntuosos regalos. Cuando los mensajeros regresaron, le dijeron que Esaú mismo venía a su encuentro con cuatrocientos hombres. La noticia no tranquilizó a Jacob. Por lo contrario, se asustó sobremanera. Como medida de prevención, repartió a su familia, a sus servidores y su ganado en dos campamentos, pensando que mientras su hermano acabaría con uno, el otro podría salvarse. Mandó también a Esaú, por separado, a sus más fieles servidores, cada uno con un regalo: un rebaño mixto de cabras, ovejas, carneros, vacas, bueyes, asnos y, lo más valioso: «*Treinta camellas de leche con sus crías*» (Gén 32,16).

Que Jacob hubiera podido disponer de tantas camellas, cada una con una cría de corta edad, era desde luego algo imposible. No cabe la menor duda de que al autor —o al traductor, o al copista— se le ha ido la mano que manejaba la pluma de ganso con la que estaba escribiendo... Los servidores debían decir a Esaú que, detrás de los regalos, venía su siervo Jacob.

Cuando Jacob vio venir a su hermano mayor con sus cuatrocientos hombres, olvidando que al perder sus derechos de primogenitura Esaú se volvía su siervo, «*se postró en tierra siete veces hasta llegar donde su hermano*» (Gén 33,3). Pero Esaú fue magnánimo: «*Corrió a su encuentro, lo abrazó, se le echó al cuello y lo besó llorando*» (Gén 33,4).

¿Qué habría pasado si el engañador y fugitivo hubiera sido Esaú? ¿Le habría perdonado el engañado Jacob al llegar a su encuentro con sus hombres? ¿Lo habría abrasado y besado llorando?

Seguramente, NO...

9. LOS CRIMINALES

Luego los hermanos se separaron. Esaú regresó a Seír, el país de donde había salido para ir al encuentro de Jacob, quien después de la despedida se fue en dirección opuesta, hacia la tierra de Canaán, donde finalmente acampó, cerca de la ciudad de Siquén. «*La parcela de terreno donde había plantado su tienda se la compró después a los hijos de Jamor, padre de Siquén, por cien monedas*» (Gén 33, 19).

En la ciudad de Siquén, donde Jacob y su familia acamparon, Dina, la hija de Lía, fue violada por el hijo de Jamor, el jefe local. El violador, que también se llamaba Siquén, se enamoró de su víctima y quiso casarse con ella. ¿Qué más podía hacer? Jamor, su padre, dijo a los israelitas: «*Dadnos vuestras hijas y tomad las nuestras. Así podréis vivir con nosotros. La tierra está a vuestra disposición*» (Gén 34, 9-10).

Los israelitas fingieron aceptar, pero con una condición: todos los hombres de Siquén debían ser circuncidados. Jamor y su hijo fueron los primeros en dejarse circuncidar y todos los hombres y los adolescentes de su pueblo tuvieron que imitarlos.

Cuando estaban todavía convaleciendo, dos de los hermanos de Dina, Simeón y Leví, sacaron sus espadas, los atacaron por sorpresa durante la noche y los mataron a todos. Además, «*se llevaron toda su fortuna, sus niños y sus mujeres y saquearon cuanto había en sus casas*» (Gén 34,29).

Cuando Jacob se enteró, el asqueroso egoísta se quejó: «*Yo tengo poca gente; si se reúnen contra mí y me atacan, me destruirán a mí y a mi familia*» (Gén 34,30). ¡Ojalá lo hubieran hecho! dejando con vida a las mujeres, a los niños y al adolescente José, el solo varón bueno y caritativo de la familia.

El crimen perpetrado por los pérfidos hijos de Jacob fue múltiple. Hubo en primer lugar engaño para obligar a los varones de Siquén a mutilarse. En segundo lugar se mataron a unos hombres confiados y convalecientes, sin dejarles la posibilidad de defenderse. En tercer lugar raptaron a las mujeres y a los niños, que no tenían la culpa de lo que había sucedido. La operación se remató con el saqueo de las casas y el robo de todas las pertenencias de las víctimas.

¿Y por qué tanta crueldad? Pues para vengar una presunta herida infligida al honor —más bien al orgullo— de los varones de la familia. De la principal interesada, Dina, no se habló nunca más, y nadie le preguntó si quería o no casarse con el hijo de Jamor.

¿Y qué dijo Dios? Nada, al parecer no tomó cartas en el asunto y los hijos de Jacob no le pidieron permiso para masacrar a esa pobre gente. Tampoco se arrepintieron lo más mínimo de haberlo hecho.

Sin embargo, el capítulo 35 del Génesis arranca con un parche absurdo y muy mal ubicado, con palabras completamente fuera de razón: «*Dios dijo a Jacob: Anda, sube a Betel y establécete allí. Construye allí un altar al Dios que se te apareció cuando huías de tu hermano Esaú*» (Gén 35, 1)

¿Y que ponen en los comentarios? Entre otras cosas, dicen que «*los matrimonios mixtos ponían en peligro la pureza de sangre y de religión*». Era más o menos lo que opinaban y proclamaban los nazis.

Los asesinos pudieron huir sin ser perseguidos porque «*cayó un terror de Dios sobre las ciudades de la comarca, de modo que no persiguieron a los hijos de Jacob*» (Gén 35,5). Es evidente que esto significa que hubo una fuerte tormenta, con abundancia de relámpagos y granizada, que los israelitas aprovecharon para poner tierra de por medio. Luego Jacob contaría que al llegar a un pueblo llamado Padán Arán, tuvo una nueva entrevista con Dios —naturalmente como siempre sin ningún testigo—, que le dijo exactamente lo que deseaba oír. Le confirmó que se llamaría en adelante Israel, y añadió: «*Yo soy Dios todopoderoso. Sé fecundo y multiplícate: un pueblo, una muchedumbre de pueblos nacerá de ti, y saldrán reyes de tus entrañas*» (Gén 35,11).

Mientes, Jacob Israel. Lo que afirmas que te ha dicho Dios es más o menos lo que soñó Abrahán hace algunas décadas, cuando se quedó dormido en pleno sol y despertó con los sesos en ebullición. Si Dios hubiera hablado contigo, te habría reprochado en seguida tu pésima conducta en Siquén, y a ti y a tus hijos os habría infligido un severo castigo.

Última perfidia de Jacob. Poco después Raquel, hija menor de Labán y por su desgracia esposa de Jacob, dio a luz a un segundo y último hijo. «*A punto de expirar* —pues se estaba muriendo— *lo llamó Benoní, pero su padre lo llamó Benjamín*» (Gén 35,18), haciendo caso omiso de la última voluntad de su mujer agonizante...

Pero, Señor mío, ¿cómo pudiste permitir que un individuo tan despreciable llegara a ser padre de un gran pueblo y divulgador de una de las tres religiones monoteístas más importantes del mundo? Empiezo a pensar que los que dicen que tus designios son impenetrables no están del todo equivocados.

Separación definitiva. Abrahán había hecho jurar a su hijo Isaac que no escogería a sus mujeres entre las cananeas. Isaac exigió de Jacob el mismo juramento. En cambio, las mujeres de Esaú fueron todas cananeas o extranjeras que vivían entre los cananeos. Sabemos que además de Majlat, nieta de la egipcia Agar, tenía una mujer hitita y otra hevea. Mientras Jacob, con su familia y su ganado, se trasladaba de un lugar a otro por la tierra de Canaán y en ninguna parte era bienvenido, Esaú se establecía más al sur. «*Se fue a la tierra de Seír, lejos de su hermano Jacob, pues tenían demasiadas posesiones para vivir juntos*» (Gén 36,6-7).

La tierra de Seír, una región montañosa y árida ubicada al sur y al suroeste del mar Muerto, pasó a llamarse «Edom», que también se puede escribir «Edón» y que significa «velludo». Esaú fue por lo tanto padre de los edomitas, un pueblo pacífico siempre que lo dejaran vivir en paz en su vasto y agreste territorio. Se cree que la ciudad en ruinas de Petra, redescubierta en 1812, formaba parte del reino de Edom. Uno de los nietos de Esaú fue Amalec, hijo de Elifaz y de su concubina Timna. Se instaló en el Negueb, y se considera el ancestro de los amalecitas, un pueblo nómada que los israelitas odiaban y trataban de eliminar, porque intentó hacer frente a las hordas de Moisés cuando invadieron su territorio.

Los lectores interesados por la genealogía de los edomitas pueden referirse a Génesis 36, 1 a 42.

Fratricidio fracasado. Otra canallada de los hijos de Jacob fue apoderarse de su hermano menor, José, y tirarlo en un pozo por fortuna sin agua. Se decían unos a otros: «*Vamos a matarlo y echarlo en un aljibe; luego diremos que una fiera lo ha devorado*» (Gén 37, 19-20).

Como todos estaban hambrientos asaron un cordero, y mientras lo estaban comiendo pasó una caravana de mercaderes por un camino cercano que conducía a Egipto. Entonces la codicia de los hermanos pudo más que su odio: «*Sacando a José del pozo, lo vendieron a unos ismaelitas por veinte monedas de plata*» (Gén 37, 28). A los odiosos hermanos solo les quedaba degollar otro cordero y con su sangre manchar la túnica de José y enviarla al viejo Jacob, quien quedó así convencido de que su hijo preferido había muerto.

A José los mercaderes lo llevaron, vivo y encadenado, a Egipto. Allí lo compró Putifar, el jefe de la guardia del faraón. Después de diversas peripecias, con el tiempo y gracias a su talento para interpretar los sueños, el joven israelita logró ascender hasta las más altas esferas de la corte del faraón.

10. HOMICIDIOS Y ONANISMO

Mientras tanto Judá, el cuarto hijo de Jacob y de su primera esposa Lía, se alejaba de sus hermanos para ir a vivir con la hija del cananeo Sua —de ella no se sabe nada, ni siquiera su nombre. A Judá la hija de Sua le regaló tres hijos: Er, Onán y Sela, y quizá también algunas hijas... Con el paso del tiempo los hijos de Judá crecieron, y él escogió para Er, su primogénito, a una mujer llamada Tamar.

Doble asesinato imputado insolentemente al Señor. Er era un chico formal que no había hecho nada malo. Sin embargo, «*desagradaba al Señor, y el Señor lo hizo morir*» (Gén 38,7). Para cumplir con la ley, Onán, el segundo hijo de Judá, aunque todavía muy joven tuvo que casarse con Tamar, la viuda de su hermano mayor supuestamente asesinado por el Señor.

«*Pero Onán, cuando cohabitaba con la viuda de su hermano, derramaba por tierra para no procurar descendencia a su hermano. Desagradó al Señor lo que hacía y lo hizo morir también*» (Gén 38,9).

Así de sencillo y expeditivo. Matas a dos hombres indefensos, porque uno no te gusta y el otro se masturba. Luego dices o escribes: «Desagradaron al Señor y Él los hizo morir». Y eso ¿quién se lo va a creer? Un dios justiciero —y también justo— no habría hecho la vista gorda cuando los hijos de Jacob masacraron a la gente de Siquén, y después castigado con la muerte a dos muchachos simplemente porque no le caían bien. ¿Cómo pudiste permitir, Señor, que el autor de ese capítulo 38 del Génesis te calumniara tan descaradamente y, lo peor, impunemente?

En cuanto a Onán, aunque no quiso engendrar a ningún hijo, llegó a ser padre, no de alguien, sino de algo. Pese a que «derramaba por tierra», de él nacieron y perduraron hasta nuestros días las palabras «onanista» y «onanismo».

¿Y qué pasó con Tamar, la viuda de Onán, que antes había sido la de Er? La ley exigía que se casara con Sela, el hijo menor de Judá, que era entonces un niño de apenas diez años.

Por lo tanto, Tamar debía esperar, le gustase o no... Esperó en vano porque cuando hubieron pasado diez años más, Judá a su hijo menor no le dio a Tamar como esposa. Temía que le pasara lo mismo que a sus hermanos. No había comprendido nada y seguía imaginándose que el responsable de la muerte de sus hijos era el mismísimo Dios.

Tamar, disgustada, se disfrazó de prostituta, se cubrió el rostro con un velo y se quedó esperando en el borde de un camino por donde su suegro tenía que pasar para ir a esquilar las ovejas de su rebaño. Llegó Judá, que entonces era también viudo —la hija de Sua llevaba ya algunos años muerta. No reconoció a Tamar, se acostó con ella y la dejó embarazada. Eso era precisamente lo que ella quería: tener descendencia.

Cuando a Judá le dijeron que su nuera se había prostituido y que estaba encinta, él ordenó: «*Que la saquen y la quemen*» (Gén 38,24). Pero a los que la sacaron, ella enseñó algunos objetos que Judá le había dejado como prenda. Él los reconoció y admitió que por impedir que se casara con su hijo Sila, era tan culpable como ella. No permitió que la quemaran, «*pero no volvió a unirse con ella*» (Gén 38,26).

Tamar dio a luz a dos mellizos. «*Uno de ellos sacó una mano y la comadrona la agarró y le ató una cinta roja a la muñeca, diciendo: este ha salido primero*» (Gén 38,28). Es que era imprescindible saber quién había nacido primero, porque a ese le iban a corresponder todas las prerrogativas que se concedían a los primogénitos. Pero, en ese caso el truco de la cinta roja falló: «*Él retiró la mano y salió su hermano*» (Gén 38,29).

¿Quién dijo que todo lo que se cuenta en la Biblia es aburrido?

11. EL BASTARDO INTACHABLE

José era, según las Escrituras, hijo de Raquel y de Jacob. Pudo ser hijo de Raquel, pero como ya se ha señalado más arriba, es poco probable que su verdadero padre haya sido el odioso Jacob. Para mí, José fue el personaje a la vez más carismático y mejor conocido del Antiguo Testamento. Se describe como un hombre inteligente, honrado, justo y tolerante. Todo el contrario de sus medios hermanos.

Su integridad frente a la lujuriosa mujer de su amo, Putifar, es bien conocida, y todavía hoy en día se recurre a la metáfora de las vacas gordas y de las vacas flacas cuando se hace alusión a periodos de abundancia o de escasez. José no robó ni oprimió ni despojó ni mató a nadie, pero cometió un error irreparable, justamente porque era bueno y tolerante. Demasiado bueno y demasiado tolerante... Hizo bien en perdonar a sus hermanos, aunque no se lo merecían, por lo que hicieron en Siquén y por haber intentado matarlo a él. Pero cuando, en la época de las vacas flacas bajaron a Egipto a comprar trigo, lo que debía hacer era mandarlos de vuelta a casa con el grano adquirido y prohibir que volvieran. Él mismo podía subir al país de Canaán para saludar a Jacob y conocer a su hermanito Benjamín, y si ellos necesitaban más trigo podía armar una caravana para mandárselo, pero no debía bajo ningún pretexto instalar en Egipto a su invasora y demasiado prolífica familia.

José se había vuelto medio egipcio. Se casó con una egipcia llamada Asenat, que era hija de Potipera, sacerdote de On. Tuvieron dos hijos; al primogénito lo llamaron Manasés y a su hermano menor Efraín.

Cuando su abuelo Jacob vino a verlos y quiso bendecirlos, puso primero su mano sobre la cabeza de Efraín, pero a José no le pareció bien y le recordó que el mayor era Manasés. Jacob no le hizo caso y dijo: «*Lo sé, pero su hermano menor será más grande que él y su descendencia será una multitud de naciones*» (Gén 48,19).

El viejo Jacob seguía dándole más peso a la abundancia que a la calidad. Además, al afirmar que Efraín sería el más grande, se equivocó: no fue en absoluto el más grande y su descendencia nunca llegó a ser *una multitud de naciones*. Veremos más adelante cómo los efrainitas, al amenazar a un noble guerrero atrajeron sobre toda su tribu una gran desgracia.

ÉXODO

12. IMPARABLE SUPERPOBLACIÓN

Los miembros de la familia de José, exceptuando el mismo José —él tuvo solo dos hijos— cumplieron a rajatabla con la insensata «orden del Señor» de crecer y multiplicarse. No tardaron en volverse tremendamente invasores, extendiéndose por todo el país que los había acogido. «*Los hijos de Israel* — nos informan en la primera página del Éxodo— *crecían y se propagaban, se multiplicaban y se hacían fuertes en extremo, e iban llenando la tierra*» (Éx 1,7). Entonces los egipcios empezaron a sentir aversión hacia los demasiado prolíficos hijos —e hijas— de Israel. El éxodo era inevitable.

Cuando nació Moisés, hacia el año 1500 a. C., los gobernantes hicsos, bastante tolerantes en materia de religión, habían sido expulsados y reemplazados por egipcios nativos, que se disgustaban cuando los israelitas se burlaban de sus dioses tradicionales. Decidieron tomar medidas para detener el desenfrenado crecimiento de la población hebrea. Medidas que resultaron ineficaces e incluso contraproducentes. Empezaron poniendo los hombres a trabajar como siervos. Les encargaban las tareas más agotadoras, creyendo que así no les quedarían fuerzas para fornicar. «*Pero cuanto más los oprimían, ellos crecían y se propagaban más, de modo que los egipcios sintieron aversión hacia los hijos de Israel*» (Éx 1,12).

Medidas equivocadas. A las parteras que asistían a las mujeres israelitas en el parto, el faraón dio la orden de matar a todos los niños varones que nacieran. Pero las parteras no lo hicieron, alegando que las mujeres hebreas eran más recias que las egipcias y no esperaban la llegada de las parteras para parir. Entonces el faraón mandó emisarios por todo el país, que pasaron por las calles gritando: «*Cuando nazca un niño, echadlo al Nilo; pero a las niñas, dejadlas con vida*» (Éx 1,22).

Estaba muy claro y funcionó de maravilla. Las parejas egipcias que no querían más de dos hijos, amparadas por la nueva ley, no dudaban en tirar al Nilo el tercer hijo no deseado y a veces también al de los vecinos, si se hacía demasiado ruidoso cuando sus padres lo dejaban solo. Para los funcionarios encargados de ayudar a los ciudadanos en el cumplimiento de su deber, era muy engorroso meter la mano en los sucios pañales de los niños que no eran del todo recién nacidos, para averiguar si eran nenes o nenas. Era menos complicado tirar al agua niños y pañales. Los cocodrilos se comían a los bebés sin preocuparse por su sexo y si la ropa que llevaban no les gustaba, la escupían.

Resultó que casi todos los sacrificados eran egipcios, porque para los israelitas la expresión «niño sobrante» no tenía sentido. Ellos nunca tenían suficiente y se las arreglaban para ocultarlos en los lugares más insólitos e insospechados. Durante una inspección, se encontraron algunos chapoteando en el fondo de una barrica donde quedaba un poco de vino, todos completamente borrachos.

Cuando al faraón le dijeron que su ley era contraproducente, quiso saber por qué. Llamó a su escriba y juntos examinaron el original de la orden, escrito con jeroglíficos bonitamente dibujados. De repente, al sorprendido escriba el faraón le espetó: «¡cretino! escribiste *cuando nazca un niño*, sin precisar *un niño israelita*, así que lo que estamos haciendo es despoblar Egipto.

La copia del edicto del faraón que se cita aquí proviene de la Biblia de la Conferencia Episcopal Española, que por su letra grande es mi preferida, pero el mismo versículo de la Biblia de Jerusalén no es más explícito. Así reza: «*A todo niño recién nacido arrojadlo al río; pero a las niñas dejadlas con vida*».

No lo es tampoco lo que se dice al respecto en la Biblia Reina Valera: *"Echad al río a todo hijo que nazca, y a toda hija preservad la vida"*.

Naturalmente, la culpa de la omisión no es de los redactores de las Biblias ni de los traductores del texto original, ni siquiera del escriba del faraón, sino del autor anónimo del libro del Éxodo, una obra que pudo haber sido escrita bajo el reinado de Josías, hacia el año 620 a. C.

Sin embargo, mucho después de haber escrito estas líneas, de hecho hoy mismo, 30 de diciembre de 2017, supe que los autores —o los traductores— de al menos una biblia corrigieron el error, escribiendo: *Entonces el faraón dio la siguiente orden a su pueblo: «Tiren al río Nilo a todo niño judío recién nacido; pero a las niñas pueden dejarlas con vida»* (Éx 1,22. Biblia Nueva Traducción Viviente). Ellos sí se percataron del error y no dudaron en corregirlo.

¡Alabados sean aquellos tíos por su perspicacia!

Nace el hombre que iba a fertilizar el desierto con cadáveres. Fue durante aquella campaña de eliminación de los varones israelitas recién nacidos cuando nació Moisés, presuntamente de padre y de madre hebreos. Cumpliendo con la ley, su madre lo llevó al Nilo, pero encerrado en una cestita provista de una tapa y bien impermeabilizada con pez. Y ocurrió que la hija del faraón, quien no les tenía miedo a los cocodrilos, bajó al Nilo para darse un baño y... lo que pasó después ya lo sabemos, por haberlo visto una y otra vez en las películas...

Moisés tuvo como nodriza remunerada a su propia madre, antes de ser adoptado por la hija del faraón y educado como un príncipe. Cuando hubieron pasado unos veinte años, una persona cuyo nombre no aparece en el libro del Éxodo reveló a Moisés que no era egipcio, sino hebreo. Pero ¿dijo la verdad, o mintió? Al parecer Moisés no contempló esa última posibilidad y fue a ver a qué se dedicaban «sus hermanos».

Los primeros que encontró trabajaban en la construcción de un templo, y los capataces les hacían transportar pesadas cargas. El mismo día sorprendió a un egipcio matando a un hebreo. *«Miró a un lado y a otro y, viendo que no había nadie, mató al egipcio y lo enterró en la arena»* (Éx 2,12). Supo después que unos mirones lo habían visto cuando quiso intervenir en una pelea entre dos hebreos, y uno de ellos le dijo: *«¿Es que pretendes matarme como mataste al egipcio?»* (Éx 2,14).

13. HUIDA METEÓRICA

Moisés se asustó, y para que se asustara aún más, el sujeto le reveló que el faraón estaba al tanto de lo ocurrido y lo había declarado reo de muerte. La guardia del palacio lo buscaba para apresarlo y ejecutarlo. *«Pero Moisés huyó del faraón y se refugió en la tierra de Madián. Allí se sentó cerca de un pozo»* (Éx 2,15).

Así de escopeteado: Moisés salió de la ciudad y se adentró en el desierto para ir a sentarse cerca de un pozo en la tierra de Madián, ubicada en la extremidad noroeste de la actual Arabia Saudí, a unos 400 kilómetros de su punto de partida. De su viaje relámpago por el desierto nos dejan ignorar todo. No sabemos si huyó solo o con un servidor o un amigo, ni qué animal montaba, ya que no pudo de ningún modo huir caminando.

En Madián fue acogido por el sacerdote Jetró, que en otro versículo llaman Reuel. *«El sacerdote de Madián tenía siete hijas, que salían a sacar agua y a llenar los abrevaderos»* (Éx 2,16). Moisés se quedó a vivir con Jetró, que le dio por esposa a Séfora, una de sus hijas. Ella al cabo de un año le dio a Moisés un hijo, que él llamó Guersón. En Egipto murió el faraón que había declarado a Moisés reo de muerte y subió al trono otro, que no lo conocía. Pero él seguía pastoreando los rebaños de su suegro y se aburría. Un día, se alejó hasta llegar a la montaña de Dios, también llamada el Sinaí, o el Horeb, según cómo soplaba el viento. Allí se topó con el dueño del lugar, el mismísimo Dios. La verdad es que no lo vio, pero sí lo oyó, al menos es lo que él contó después a su hermano Aarón y a los israelitas, ya que el suceso no tuvo ningún testigo.

Entrevista a escondidas. El Señor —diría luego Moisés— se había ocultado en un tupido arbusto cuyas lustrosas hojas, por los destellos de luz que lanzaban bajo el sol de mediodía, parecían arder sin consumirse. La voz del Señor me encomendó la ingente tarea de liberar a mis compatriotas retenidos en Egipto y de llevarlos a la tierra de Canaán, concluyendo la orden con unas palabras que no admitían réplica: «*Y ahora marcha, te envío al faraón para que saques a mi pueblo, a los hijos de Israel*» (Éx 3,10).

Moisés temía no estar capacitado para una misión de tal envergadura, pero Dios le tranquilizó diciéndole que estaría con él. Antes de despedirse, le enseñó algunos trucos de magia para impresionar al faraón, pero siempre con la voz y sin salir nunca de su escondite, que no era una zarza, como se cree, porque los tallos de las zarzas están plagados de espinas. Además, las zarzas no suelen crecer en los desiertos... Moisés seguía teniendo dudas: temía que los hijos de Israel no lo creyeran cuando les diría: «*El Dios de vuestros padres me ha enviado a vosotros: Si me preguntan "¿cuál es su nombre?", ¿qué les respondo?*» (Éx 3, 14). Entonces, Dios le habría dicho a Moisés: «*Yo soy el que soy; eso dirás a los hijos de Israel; Yo soy me envía a vosotros*» (Éx 3, 15).

Estas últimas palabras, y también la supuesta promesa de regalar a los israelitas todo el país que sus antepasados habían abandonado para instalarse en Egipto, suenan a engaño... En efecto, ¿por qué Dios habría prometido aquella tierra, ya densamente poblada, precisamente a los descendientes de una familia que, cuando vivía en ella, se portó muy mal con sus habitantes?

Todo eso, Moisés tenía tiempo de sobras para pensarlo bien, mientras apacentaba las ovejas de su suegro. Oponerse al faraón para imponerse como líder de todos los israelitas de

Egipto era algo muy tentador para un hombre que había sido príncipe de Egipto, realmente o por adopción. Se decía que si lograra sacar a Israel de Egipcio, podría convertir en buenos soldados a todos sus varones, habituados a los duros trabajos, y con ellos conquistar el país de Canaán y eliminar a sus habitantes. Y como incentivo podía afirmar que aquella tierra el Señor la había prometida a Abrahán y a sus hijos, y que Él siempre cumplía sus promesas.

Tomada su decisión, Moisés regresó a Madián y dijo a su suegro que deseaba volver a Egipto para ver si sus hermanos seguían con vida. Jetró le dijo que se fuera en paz y Moisés se puso en marcha con su mujer y su hijo montando un asno. Jetró habría podido regalarles por lo menos un par de mulas o un camello...

14. ASESINATO FRUSTRADO

Durante el viaje de Moisés hacia su tierra natal sucedió algo insólito: «*Por el camino, en una posada, el Señor le salió al encuentro para darle muerte*» (Éx 4,24). Lo que pasó después fue aún más sorprendente: Séfora tomó un pedernal y con aquella herramienta rudimentaria seccionó el prepucio de su hijo y lo puso sobre los genitales de Moisés, que todavía estaba durmiendo, mientras decía: «*Ciertamente eres mi esposo de sangre*» (Éx 4,25). Cuando oyó las palabras *esposo de sangre*, el individuo que pretendía ser el Señor huyó. Para mí, esto huele a hechicería...

Acerca de aquel singular episodio de las andanzas de Moisés por el desierto, una nota de pie de página dice: «*En el camino ocurre un incidente misterioso que evoca la lucha de Jacob con Dios*» (Gén 32, 26-32). La verdad es que Jacob no luchó ni podía luchar con Dios, porque los dioses no suelen pelearse con los hombres, y si quisieran realmente matar a una persona, lo harían, sin dejarse impresionar por algunas palabras humanas tontas, como *esposo de sangre*...

Mientras tanto, en Egipto, llegaba un mensajero enviado por Moisés, para informar a su hermano Aarón de su regreso y pedirle que viniera a su encuentro.

Aarón se puso en marcha y se reunió con Moisés en las cercanías del monte Sinaí. Se abrazaron y se fueron juntos a Egipto para enfrentarse al faraón.

15. CALAMIDADES

En cumplimiento de las órdenes que creían o fingían haber recibido del Señor, los dos hermanos se presentaron ante el faraón para ensayar uno de los trucos que, según Moisés, el mismísimo Dios le había enseñado desde su escondite vegetal a prueba de fuego. Aarón tiró al suelo un gran cayado de pastor, que se transformó en seguida en una serpiente enorme, aunque no venenosa. Sin asustarse ni inmutarse, el faraón mandó buscar a sus magos y ellos tiraron al suelo sus bastones, que se convirtieron en culebras. Pero la serpiente de Aarón, mucho más grande, se las comió a todas. Aquella exhibición de bastones y serpientes no impresionó en absoluto al faraón. Por el contrario, se rió cuando vio el desconcierto de sus magos al comprender que sus finos y costosos bastones habían pasado a formar parte del grueso y tosco cayado de Aarón. Entonces, los hermanos empezaron a presionar al faraón con plagas, para obligarle a permitir que los israelitas salieran del país.

Primera plaga: las algas rojas. Con el supuesto apoyo espiritual del Señor y la proliferación de microscópicas algas rojas, Moisés y Aarón lograron convertir el agua del Nilo en sangre. «*Los peces del Nilo murieron, el río apestaba y los egipcios no podían beber el agua del Nilo*» (Éx 7,21).

Fue la primera de las diez plagas que, según las Escrituras, asolaron Egipto. ¿Y cómo reaccionaron los egipcios? Pues sus magos hicieron lo mismo: en vez de combatir la plaga la agravaron, transformando más agua en sangre.

Segunda plaga: las ranas vagabundas. Llegó después la plaga de las ranas: «*Aarón extendió la mano sobre las aguas de Egipto; saltaron las ranas y cubrieron la tierra de Egipto*» (Éx 8,2). Pero los magos hicieron saltar más ranas sobre la tierra... ¡Qué estúpidos eran aquellos magos egipcios! Debían más bien hacer bajar del cielo grandes vuelos de cuervos hambrientos, para que dieran buena cuenta de las ranas.

La primera plaga pudo haber sido debida, como ya hemos dicho, a un fenómeno natural. Además, podría también explicar la segunda: con la colonización del río por las algas rojas, las ranas, para sobrevivir, tuvieron que refugiarse en las tierras de cultivo con regadío.

Tercera plaga: los mosquitos. Un poco antes de que llegara aquella plaga, el Señor dijo a Moisés que diera a su hermano la orden de golpear el suelo con su bastón. ¡Qué complicado eres, Señor mío! ¿Por qué no se lo dijiste tú mismo y directamente? Viniera de dónde viniera la orden, Aarón obedeció; golpeó el suelo y salieron mosquitos. Pues no, no pudieron salir mosquitos, porque los mosquitos no se crían en la tierra sino en el agua, y cuando las larvas llegan a la superficie, les salen alas y echan a volar. Los hermanos pudieron observar grandes nubes de mosquitos subiendo del río y extendiéndose por los campos. Para gastar una broma a los magos, que de lejos los estaban observando, Aarón golpeó repetidas veces con su cayado el suelo polvoriento mientras llegaban más mosquitos del río. «*Los magos pretendieron hacer lo mismo pero no pudieron*» (Éx 8,14). Cansados de golpear el suelo sin que no saliera nada más que polvo, se fueron avergonzados a sus casas y no se habló más de ellos.

Cuarta plaga: los tábanos adiestrados. Antes de que llegara la cuarta plaga, el Señor había advertido: «*Se llenarán de tábanos las casas de los egipcios y las tierras donde habitan. Pero ese día trataré con distinción a la región de Gosén, donde habita mi pueblo, para que no haya allí tábanos*» (Éx 8,

17-18). ¿Has dicho «mi pueblo», Señor? Pues me duele tener que decirte que no has acertado en tu elección...

Aunque los tábanos prefieren la sangre de los animales, especialmente la del ganado, aquellos habían sido criados para alimentarse únicamente con sangre humana, con una irresistible inclinación por la de los egipcios. Se cree que habían invadido el palacio del faraón. Este llamó a Moisés y le dijo que si expulsara aquellos molestos dípteros, podría ir al desierto para ofrecer sacrificios a su Dios. El problema era que los sacrificios de los israelitas consistían en degollar y quemar animales, lo que para el pueblo egipcio era una estupidez y para sus sacerdotes una abominación. Incluso al Señor estos actos de barbarie no le gustaban, y tampoco el olor a carne chamuscada. Entonces, se preguntará el lector, «si no le gustaban, ¿por qué no lo decía?». Seguro que lo intentó, murmurándolo al oído de muchos profetas; y que lo sugirió repetidas veces a otros tantos mientras estaban durmiendo, soñando o teniendo visiones, pero no lo escribió. Así que los profetas y los escribas podían sin dificultad alguna desentenderse de la cuestión.

El faraón dijo a Moisés: «*Yo os dejaré marchar para que ofrezcáis sacrificios en el desierto a vuestro Dios, a condición de que no os alejéis demasiado*» (Éx 8, 24). Entonces Moisés pidió a Dios que expulsara de Egipto los tábanos. Pasado el peligro, el faraón cambió de parecer y no dejó marchar a los israelitas.

Quinta plaga. la peste. No se trataba de la peste bubónica, la que mucho más tarde hizo estragos en toda Europa. Era una peste muy especial, creada por el Señor para hacer enfermar el ganado y matarlo. Toda clase de ganado: los caballos, los camellos, los asnos, las vacas y las ovejas. Pero el Señor estableció una distinción entre el ganado de Egipto y el de Israel, de manera que este último quedara inmunizado contra la enfermedad. «*Cumplió el Señor su palabra y murió todo el ganado de Egipto, mientras que no murió ni una res del ganado de Israel*» (Éx 9, 9).

El faraón mandó verificar y se pudo constatar que todos los animales de los hijos de Israel seguían con vida y en buena salud. Para explicar cómo pudieron sobrevivir, podemos a nuestra elección suponer que Dios creó a la vez la plaga y su antídoto —que solo entregó a los israelitas—, o no creer una sola palabra de esta pestilente historia...

Sexta plaga: las llagas y las úlceras. Las produjeron unas cenizas sacadas de un misterioso horno, las cuales, después de haber sido bendecidas desde arriba por el Señor se volvieron peligrosamente ulcerantes. «*Tomaron, pues, ceniza del horno y, en presencia del faraón, Moisés la aventó hacia el cielo, y los hombres y el ganado se cubrieron de úlceras y de llagas*» (Éx 9, 10).

Pero, ¿de qué ganado se habla? Todos los animales de los egipcios habían sido fulminados por la peste hacía poco... No puede ser tampoco el de los israelitas; esto no tendría sentido.

En cualquier caso, el Señor mismo hizo que el faraón se obstinara en impedir que el pueblo hebreo saliera de Egipto. En cuanto a los pocos animales de los egipcios que pudieron haber sobrevivido a la peste, es de suponer que las llagas y las úlceras los mataron...

Séptima plaga: El granizo que tronchó todos los árboles. Habría podido no ser más que una banal tormenta, si no la hubiera acompañado una descomunal granizada. «*El granizo golpeó cuanto había en el campo, desde los hombres hasta los ganados. Machacó también el granizo toda la hierba del campo y tronchó todos los árboles. Solo en la región de Gosén, donde habitaban los hijos de Israel, no hubo granizo*» (Éx 9, 25-26).

Así que aquel ganado de los egipcios, matado por la peste y rematado por las úlceras, fue finalmente golpeado por la granizada, sin efecto alguno sobre la decisión del faraón de no separarse de los israelitas.

Octava plaga: las malditas langostas de siempre. Fue sin lugar a dudas la más real, natural y palpable de las diez plagas. Se puede también considerar como la más duradera, puesto que sigue causando estragos en la actualidad, renaciendo periódicamente de sus cenizas a pesar de los medios desarrollados por la tecnología moderna para combatirla.

Según lo que se cuenta en el décimo capítulo del Éxodo, quien expulsó a las langostas de Egipto no fue Moisés. «Él rogó al Señor, y el Señor cambió la dirección del viento, que sopló con fuerza del poniente y se llevó las langostas arrojándolas al mar Rojo» (Éx 10, 19). Menudo festín debieron de darse los peces...

Novena plaga: el apagón. Es posible que la novena y penúltima plaga no sea más que un invento del autor del Éxodo; pero, aun así ¿de dónde sacó la idea? Quizá de una vieja leyenda, o del recuerdo de un acontecimiento real: un eclipse total de sol, una densa nube de polvo o de cenizas de origen volcánico. Con el paso de los siglos, un fenómeno de corta duración puede alargarse muchísimo... Un detalle curioso: «*Los egipcios no se veían unos a otros ni se movieron de su sitio durante tres días, mientras que todos los israelitas tenían luz en sus poblados*» (Éx 10,23). Desde luego los israelitas debían de tener buenas lámparas de aceite, pero los egipcios las tenían todavía mejores y más lujosas. Entonces ¿por qué no las encendían? Quizá porque se les había acabado su reserva de combustible y les daba vergüenza pedir aceite o velas a los israelitas...

El faraón llamó a Moisés, esta vez para que restableciera la luz. Cuando pudieron verse la cara, le dijo que podía ir al desierto con sus hombres, y también con los niños, pero no con el ganado: De las mujeres, no dijo una palabra. Entonces Moisés replicó: «*Tienes que dejarnos llevar víctimas para los sacrificios que hemos de ofrecer al Señor nuestro Dios. También el ganado tiene que venir con nosotros, sin quedar ni una res, pues de ello tenemos que ofrecer al Señor nuestro Dios*» (Éx 10, 25-26).

Entonces al faraón se le acabó el aguante y gritó a Moisés: «*Sal de mi presencia y no vuelvas*». Moisés salió y no volvió.

Décima y última plaga: algo bestial y por suerte imposible. Como ya sabemos, todas esas calamidades tenían por objeto obligar al faraón a dejar salir de Egipto a los israelitas. Pero después de cada plaga, el Señor endurecía el corazón del faraón para que no lo hiciera. Era evidente que quería que el asunto llegara hasta la última plaga. Al menos era lo que se creía.

Así se describe aquella décima plaga: «*A medianoche, el Señor hirió de muerte a todos los primogénitos de Egipto, desde el primogénito del faraón hasta el primogénito del preso encerrado en el calabozo, y todos los primogénitos de los animales*» (Éx 12,29).

Después de aquella despiadada e innecesaria matanza, el Señor quedó satisfecho y los israelitas pudieron prepararse para salir de Egipto. En los comentarios de pie de página, se puede leer: «*El rito de sangre dio pie para conectar la Pascua con la décima plaga: En consecuencia, la noche de Pascua —una noche festiva— se convirtió para Egipto en una noche de muerte*». ¡Aleluya!

16. REFLEXIONES

Si nos preguntamos: ¿fueron realmente matados los primogénitos de Egipto? Podemos pensar y decir que no lo sabemos, pero podemos también reflexionar. Veamos el asunto: en primer lugar, ¿quiénes eran los primogénitos que debían morir? La pregunta puede parecer anodina, pero no lo es. En seguida tropezamos con un problema que no tiene solución. Se condenaban únicamente a los primogénitos, y como ni los egipcios ni los hebreos disponían de un signo parecido a nuestra moderna arroba, para indicar que lo que se expresaba concernía a la vez a los hombres y a las mujeres, tenemos que admitir por defecto que las primogénitas no se incluyeron en el proyecto. En cuanto a los animales, con una cabaña ganadera de al menos un millón de cabezas —incluso si el cuento de la peste no era solo ficción—, sin contar los gatos, los perros, los monos, los pájaros enjaulados y otras mascotas, buscar a los primogénitos y apartarlos de las primogénitas para luego sacrificarlos era impensable. Además, no se debía confundir los animales de los hebreos con los de los egipcios...

En segundo lugar, ¿cómo saber si alguien era primogénito? ¿Y primogénito de quién? Saber si uno es el hijo mayor de la madre es fácil, pero saber si lo es realmente del presunto padre es harina de otro costal. Los hombres tenían a menudo varias mujeres, y también concubinas, siervas y esclavas. Casi todos tenían relaciones esporádicas con prostitutas; y las esposas dejadas solas en casa no quedaban siempre sexualmente inactivas... Así que debió de ocurrir bastante a menudo que el supuesto primogénito de un hombre fuera en realidad el segundo, el quinto o el duodécimo hijo de otro.

En tercer lugar, queda un problema que el ya citado versículo 12,19 parece ignorar. Es que existen primogénitos de todas las edades, desde el recién nacido hasta el más decrépito tatarabuelo. El que nace primero será siempre el hijo mayor de alguien, ya que la lista de los hermanos puede alargarse por abajo pero no por arriba. Es casi cierto que el faraón era primogénito porque las herencias, los favores y las bendiciones, las cosechaba siempre el que tenía la suerte de haber nacido primero.

En cuarto lugar, ¿quién hizo —o quiénes hicieron— el trabajo? ¿Acaso un ángel exterminador, cuando los operarios enviados por Dios o por Moisés hubieron acabado de marcar las casas de los hebreos? Imposible: un ángel que necesitaba una marca para saber donde vivían los amigos nunca habría podido dar con los primogénitos de los enemigos y de sus animales, que no llevaban ninguna señal distintiva.

La hipótesis más razonable es que si hubo algún conato de masacre de los primogénitos egipcios conocidos, fue obra de los jerarcas de Israel. Pero si fueron ellos, y si los hebreos eran como se cree tan numerosos como los egipcios, ¿por qué no acabaron el trabajo matando a los más belicosos, esclavizando a los mansos y haciéndose con el poder?

Hubo faraones hicsos, faraones nubios probablemente de raza negra y, finalmente, faraones griegos... Entonces, ¿por qué no faraones hebreos? Si los israelitas no llegaron a imponerse en Egipto, fue porque nunca fueron tan numerosos como se pretende en los escritos bíblicos. Y si no mataron ellos a los primogénitos, al menos a los que conocían, nadie lo hizo porque era una empresa imposible de llevar a cabo sin un cuidadoso censo previo de todos los ciudadanos egipcios, que habría exigido varios meses de duro trabajo.

Anulación. Dios, que por definición lo sabe todo, lo comprendió y canceló el proyecto. Dejó de endurecer el corazón del faraón, y se lo ablandó lo bastante para que entendiera que, siendo él mismo primogénito, sería una de las primeras víctimas. Entonces este, muy asustado, mandó que se echaran de Egipto a los hijos, a las hijas y a los padres de Israel, junto con su apestoso ganado.

Ahora cabe preguntarse: ¿cómo pudo Dios endurecer el corazón del faraón, y por qué lo hizo? Para ambas preguntas, una sola respuesta es suficiente: sencillamente, no lo hizo porque no tenía ninguna razón para hacerlo, y también porque endurecer de verdad el corazón del monarca egipcio solo habría servido para matarlo y, entonces, se habría acabado apenas empezó la farsa de las diez plagas... Lo que debía hacer Dios al faraón era ofuscarle la mente, que no mora en el corazón sino en el cerebro, un órgano que tampoco se debe tocar y todavía menos endurecer; aunque algunos lo tienen durito de nacimiento...

Además Dios, cuya existencia al parecer Moisés ignoró hasta que creyó oír —o pretendió haber oído— su voz, no podía odiar al faraón, que no le había hecho nada. Ni siquiera lo conocía... Moisés sí lo odiaba, y también a todos los egipcios, lo que nos lleva a otra pregunta: ¿quién era en realidad Moisés?

¿Un judío resentido, como se opina en el libro del Éxodo?

¿El hijo carnal de la hija del faraón, su madre adoptiva, seducida —o violada— por un israelita?

¿Un príncipe egipcio rencoroso por haber sido repudiado?

¿O un personaje puramente legendario?

Lo que buscaba Moisés era contagiar su odio hacia los egipcios y su rey, no solamente a los israelitas sino también a todos los extranjeros que vivían en el país. Quería mandar y necesitaba los seguidores sin los cuales un líder no es nada. Necesitaba un ejército, y si hay algo de verdad en el relato del Éxodo, debemos reconocer que lo obtuvo.

17. EXAGERACIÓN

Acerca de los hebreos y de la gente no hebrea que los siguió cuando salieron de Egipto, las cifras mencionadas en el Éxodo son demasiado abultadas para ser creíbles: «*Eran seiscientos mil hombres de a pie, sin contar los niños. Además, les seguía una multitud inmensa con ovejas, vacas y una enorme cantidad de ganado*» (Éx 12,37-38).

Según lo que se cuenta en las biblias, aquellos 600.000 hombres de a pie con sus mujeres, sus concubinas, los siempre numerosos niños y la multitud inmensa que los seguía con su ganado, se adentraron en el desierto, donde lograron sobrevivir y seguir reproduciéndose a buen ritmo durante cuarenta años. Gentes y animales iban cargados con utensilios de plata y oro, porque el Señor había hecho «*que el pueblo se ganara el favor de los egipcios, que les dieran lo que pedían. Así despojaron a Egipto*» (Éx 12,36).

Sin embargo, las investigaciones arqueológicas efectuadas no hallaron en el desierto ningún rastro de tal multitud. Tampoco se encontró en Egipto alguna mención escrita de la permanencia de los israelitas en este país durante cuatrocientos años.

—Entonces, no hubo éxodo —dijo el nieto de mi nuevo vecino, mientras su abuelo y yo estábamos discutiendo la cuestión.

—Sí, lo hubo —replicó el abuelo—, todo lo que está escrito en la Biblia fue inspirado por Dios, y si no quedan huellas es porque las borró Él. Sabes que le complace que todos creamos sin ver.

—Entonces, ¿por qué no borró también las huellas de Laetoli?

—Porque aquella gente primitiva todavía no tenía alma.

Nota: A partir de este capítulo (17), se acogen esporádicamente en estas páginas a tres personajes reales y probablemente todavía vivos, pero con nombres ficticios. También se hace alusión varias veces a un asno.

18. VIAJE SIN RETORNO

Los israelitas no alcanzaron el desierto desviándose hacia el sur para luego cruzar el mar Rojo —en realidad el golfo de Suez—, que se habría abierto delante de ellos. No confiaban lo suficiente en Moisés para creer que eso fuera posible. Siguieron simplemente la vía tradicional, que pasa por la extremidad sur del lago Amargo, porque era a la vez la más segura y la más corta. Esta ruta se indica en todos los mapas que representan la región en épocas faraónicas, incluso en los que se encuentran en las últimas páginas de nuestras modernas Biblias. Varios siglos antes que los hebreos, la habían tomado los hicsos después de haber sido expulsados por los egipcios. Fue por donde pasó Moisés cuando huyó del faraón, y también cuando regresó a Egipto, porque era el camino idóneo para un viaje de ida y vuelta o sin retorno al Negueb y a los reinos de Moab y de Edom.

El lago amargo comunicaba al oeste con una rama del Nilo por el canal de los faraones, y al sur con el golfo de Suez por otro canal, más corto. Aquellos canales, cavados por los egipcios, eran estrechos y podían obstruirse si no se cuidaban, lo que debió de ocurrir más de una vez.

¡Vaya manera tenía el Señor de mostrar su gloria! El faraón había cambiado de parecer y decidido perseguir a los israelitas para obligarlos a volver a Egipto y trabajar de nuevo para ellos. Pero la culpa la tenía, como siempre, el Señor, porque había dicho: «*Haré que el faraón se obstine en perseguiros y mostraré mi gloria derrotando al faraón y a su ejército, para que sepan los egipcios que soy el Señor*» (Éx 14,4).

¿Mostrar tu gloria —que de todos modos nadie podía ver— era tan importante para Ti, orgulloso Señor? ¿Y qué te habían hecho los egipcios para que los odiaras tanto? Nada, desde luego. Ni siquiera te conocían, ni Tú a ellos. El verdadero autor del Éxodo sí los conocía bien y los odiaba. Anhelaba vengarse de ellos y para lograrlo, no dudó en ocultarse detrás de Ti...

Para cruzar por un paso estrecho y profundo entre dos murallas de agua, como se cuenta en Éxodo 14, 21-31, los 600.000 hombres con sus familias numerosas, la multitud inmensa que los seguía y su enorme cantidad de ganado habrían tenido que desfilar día y noche por dicho paso al menos durante una semana y sin pararse nunca. Por la vía normal, los fugitivos disponían de todo el espacio necesario y podían alcanzar el desierto formando un frente de varios kilómetros de ancho. Pues fue lo que hicieron, o no hubo éxodo.

No se puede saber cómo se las arreglaron los israelitas para escapar de las tropas del faraón que los perseguían, lo que nos deja toda libertad para imaginarlo. El canal del sur, por casualidad recién desatascado y limpio, no era para los israelitas y su ganado un obstáculo insalvable, pero sí lo era para las estrechas ruedas de los carros de guerra egipcios. Imaginaremos, pues, que después de pasar por el pequeño canal del sur, que debió de quedar en pésimo estado, los israelitas se desviaron hacia el norte, siguiendo la orilla del lago hasta que se pararon para descansar, reagruparse, y sobre todo para llenar los odres y otros recipientes robados a los egipcios, porque sin una buena reserva de agua dulce no podían adentrarse en el desierto. Esto, por supuesto, era algo que no habrían podido hacer si hubieran caído en el error de desviarse hacia el sur, para cruzar el mar Rojo de la manera que se cuenta, o alcanzar el desierto siguiendo el litoral.

Derrota con pocas bajas. Desde la otra orilla, los egipcios los vieron y empezaron a preparar sus carros de guerra para vadear por las aguas poco profundas en aquella parte del lago. Pero tal vez su nivel había subido por aporte de agua del Nilo a través del canal de los faraones; o quizá llegó una tempestad de arena que dificultó la visibilidad. Pudo también ocurrir que los egipcios se dieran demasiada prisa y no supieran encontrar el vado. Se lanzaron al lago con sus carros a gran velocidad y recorrieron más de la mitad del trayecto sin ningún problema. Entonces los vehículos empezaron a hundirse hasta casi desaparecer, tragados por el lodo o por arenas movedizas.

Pocos hombres se ahogaron; tampoco hubo muchas bajas entre los caballos porque los liberaron en seguida cortándoles los arneses. Pero perdieron todos los carros salvo el del faraón, que se había quedado en la orilla con su desilusionado ocupante. Gravemente herido en su orgullo, se fue cabizbajo seguido por los conductores de los carros, que montaban sin silla los caballos rescatados.

A mí esa derrota casi sin pérdidas humanas me parece más que suficiente para castigar a aquellos soldados que tan solo cumplían con su deber. No era en absoluto necesario ahogarlos a todos entre dos montañas de agua de mar, en un lugar donde los fugitivos nunca estuvieron.

19. EL ENIGMÁTICO MANÁ

En el desierto «*los hijos de Israel comieron maná durante cuarenta años, hasta que llegaron a tierra habitada*» (Éx 16,35). Leyendo los comentarios, se aprende que el maná era una sustancia segregada por las hojas del tamarisco cuando las atacaba cierto insecto. El maná se depositaba sobre el suelo y se debía recoger con mucho cuidado para no llevarse al mismo tiempo tierra o arena.

El tamarisco es un arbolito de las zonas marítimas y de los bordes de lagunas y embalses. Es bastante común aquí, en Canarias. Sus hojas son muy pequeñas y a mi parecer poco aptas para producir grandes cantidades de maná. En pleno desierto el tamarisco no podría crecer. Pero ¿quién dijo que los israelitas estuvieron siempre en pleno desierto? De hecho, la mayoría de las regiones por donde transitaron y donde se detuvieron eran más bien semidesérticas, con buenos pastos y ocupadas por gentes nómadas o seminómadas. Además, en Transjordania, que Moisés fue a conquistar y asolar mucho antes de que su sucesor Josué se decidiera a cruzar el Jordán para penetrar en la tierra prometida, había bosques, campos, huertos y ciudades.

En cuanto al maná, no provenía de las hojas, como se dice en los comentarios bíblicos, sino de las ramas y el tronco del tamarisco. «*Algunos eruditos han propuesto que el maná deriva de la palabra egipcia mennu, que significa "alimento": A finales del siglo XX, los árabes residentes en la península del Sinaí vendían la resina del tamarisco como "man essimma"* (maná celestial). *Los árboles del tamarisco son muy abundantes en el sur del Sinaí y su resina es similar a la cera; se derrite con el sol, es dulce y aromática (como la miel), y tiene un color sucio-amarillo coincidiendo con las descripciones bíblicas. Sin embargo se compone de azúcar, así que no puede proporcionar la nutrición suficiente para que una población sobreviva durante largos periodos, y sería muy difícil transformarla en tortas. Se ha mencionado también que el maná bíblico podría ser el liquen Lecanora esculenta, el cual puede ser transportado a largas distancias por el viento*» (https://es.wikipedia.org/wiki/maná).

En el libro bíblico de los Números, se vuelve a hablar del maná y se nos da algunos detalles sobre la manera de prepararlo para luego cocinarlo e incluso hacer pan. «*El maná se parecía a la semilla de coriandro y tenía color de bedelio; El pueblo se dispersaba para recogerlo, lo molía en la muela o lo machacaba en el almirez. Lo cocían en la olla y hacían con él hogazas que sabían a pan de aceite. Por la noche caía el rocío en el campamento y encima de él el maná»* (Núm 11, 7-9).

Provenga de donde provenga, el maná no podía ser un producto raro, puesto que «*la ración pesaba cuatro kilogramos y medio*» (Éx 16,36). Era una cantidad descomunal, quizá una ración para familias supernumerosas, o que debía durar una semana. A veces, Dios se acordaba de su pueblo preferido y le mandaba proteínas en forma de vuelos de codornices, lo que para más de dos millones de bocas era muy poca comida.

Además del maná, ¿qué se comía? Con la «enorme cantidad de ganado» sacada de Egipto, ¿qué se hacía, aparte de seleccionar los animales sin defecto para los sacrificios? ¿No se consumía la carne de las reses no aptas para ser sacrificadas? ¿No se cortaba en tiras para salarla, secarla al sol y almacenarla? ¿No se ordeñaban las cabras, las ovejas, las vacas y las camellas? La respuesta es que eso, aunque no se menciona sí lo hacían, porque para sobrevivir no tenían otra opción.

Si los hijos y las hijas de Israel estaban hartos de comer maná, ¿por qué en vez de quejarse no recogían las semillas de las gramíneas de la estepa, para molerlas y hacer pan, cuscús o galletas? Esto todavía se hace en el Sáhel subsahariano, una región que conozco bien. Con una herramienta parecida a un gran peine se desgranan los tallos maduros, mientras se inclinan para que las semillas caigan en una cesta. Esto también las mujeres israelitas tuvieron que hacerlo, al menos después de haber observado como lo hacían las nómadas. Estos granos, molidos con un mortero de piedra, pueden dar mucho cuerpo al maná.

Tuve como vecina y amiga, en la ciudad de Nioro (Mali), a una partera africana que preparaba con la harina de estos granos silvestres, que algunas de las mujeres que ella atendía le regalaban, un cuscús muy fino y muy sabroso, especialmente cuando le añadíamos un poco de carne fresca de cordero.

20. ESCARAMUZA

Amalec, un pueblo emparentado con Israel y sin embargo odiado, «*vino y atacó a Israel en Refidín*» (Éx 17,8). En realidad no vino, porque estaba en su país y los intrusos eran los israelitas. Josué fue designado para recibirlo con unos cuantos voluntarios mientras Moisés, encaramado en la cumbre de una colina, observaba el combate. Lo escoltaban su hermano Aarón y su guardaespaldas Jur. «*Mientras Moisés tenía en alto las manos vencía Israel; mientras las tenía bajadas vencía Amalec*» (Éx 17,11).

Pero Moisés se cansó, se le caían a menudo las manos y Amalec lo aprovechaba para castigar a sus adversarios, ya que ellos dejaban de pelear. Entonces los compañeros de Moisés le pusieron una gran piedra bajo el trasero para que pudiera sentarse, y le mantuvieron las manos en alto hasta el final. Los hombres de Josué volvieron a combatir normalmente, los amalecitas fueron vencidos y tuvieron que abandonar su tierra.

¿Cómo pudo influir en el desarrollo del combate la posición de las manos de Moisés? Esto, el texto bíblico no lo dice. Yo sí, desde luego asumiendo el riesgo de equivocarme... Era probablemente una señal que los combatientes de Israel entendían. Cuando Moisés bajaba las manos debían dejar de luchar para insultar y maldecir al enemigo, a gritos y todos a la vez, hasta que veían que las manos volvían a levantarse. El sistema funcionó hasta que a Moisés se le cayeron las manos. Sin la ayuda de Aarón y de Jur, los amalecitas habrían ganado el combate. Pero entonces Moisés habría designado a más hombres para cazarlos y masacrarlos: la superioridad numérica de Israel era aplastante.

Amalec, antepasado de los amalecitas, era un nieto de Esaú, el hermano velludo y de gran corazón de Jacob el traidor, «padre» de Israel. La tribu de los amalecitas, también llamada sencillamente «Amalec», llevaba ya mucho tiempo en la región, donde apacentaba sus rebaños y vivía en paz con sus vecinos. Pero de repente llegaron centenares de millares de hombres, mujeres, niños y animales, que asustaban su ganado, pisoteaban sus pastos y sembraban detritos por todas partes. ¡Cómo iban a aguantar los amalecitas esa intrusión sin protestar! Aunque los invasores los centuplicaban en número, manifestaron su rechazo con una desesperada acción belicosa. Fueron rechazados por unos pocos hombres reclutados por Josué para combatirlos y maldecirlos.

Después del combate el Señor dijo a Moisés: «*Escribe esto en un libro para recuerdo y transmítele a Josué que yo borraré la mención de Amalec bajo el cielo*» (Éx 17,14). Lo del libro y del recuerdo se lo inventó Moisés. El Señor no dijo nada: siendo justo, no podía mandar que se maldijera al bueno y que se glorificara al malo.

Sugerencias. Después de la refriega con Amalec llegó Jetró, el suegro de Moisés, con su hija Séfora, que Moisés había despedido no se sabe cuándo, ni cómo, ni por qué. Moisés los estaba esperando, ya que había recibido un mensaje que rezaba: «*Yo, tu suegro Jetró, vengo a verte con tu mujer y tus dos hijos*» (Éx 18, 6). Ya conocíamos a Guersón, el hijo mayor de Moisés, que fue circuncidado por su madre en extrañas circunstancias, pero ignorábamos y seguimos ignorando dónde y cuándo nació el menor, Eliézer. A ese lo volvemos a encontrar en las Crónicas, donde es sacerdote y toca la trompeta (1 Crón 15,24).

En honor de Jetró se ofreció un sacrificio al Señor. Todos los ancianos de Israel vinieron a comer con Moisés y su suegro, en presencia del Señor, que no los molestó en absoluto. No se sentó a la mesa, no comió, no se dejó ver y nadie supo dónde estaba.

«*Al día siguiente Moisés se sentó a resolver los asuntos del pueblo, y todo el pueblo acudía a él de la mañana a la noche*» (Éx 18,13). Esto a Jetró le pareció una barbaridad y se lo dijo a Moisés. Pero Moisés afirmó que si la gente acudía a él era para consultar a Dios. Jetró pensó que su yerno era muy presuntuoso, pero esto no se lo dijo. Le aconsejó que eligiera, entre la gente de su pueblo, a algunos hombres sensatos, prudentes, a ser posible sabios y sobre todo acorazados contra cualquier tipo de soborno. A esos hombres los pondría al mando de mil, de cien, de cincuenta y de veinte personas, según los méritos y las aptitudes de cada uno.

A Moisés le pareció una excelente idea e hizo exactamente lo que Jetró le había aconsejado. Escogió cuidadosamente los hombres y los puso al frente del pueblo, como jefes de mil, de cien, de cincuenta y de veinte.

«*Ellos administraban justicia al pueblo con regularidad: los asuntos complicados, se los pasaban a Moisés, los sencillos los resolvían ellos*» (Éx 18,26).

Jetró se marchó satisfecho mientras Moisés se rascaba las barbas, preguntándose por qué no se le había ocurrido a él una solución tan obvia para acabar con su agotamiento por exceso de trabajo.

En el último versículo del capítulo titulado «*Visita de Jetró*» nos señalan que «*se volvió a su tierra*», pero acerca de sus nietos, que habían llegado con él, ni una palabra... No nos dicen si se los llevó o si los dejó en el campamento con su padre. Es como si hubieran cesado repentinamente de existir.

21. FALSA TEOFANÍA Y AMENAZAS MUY REALES

Los israelitas habían instalado sus campamentos a corta distancia del monte Sinaí, la montaña de Dios. Moisés subió hasta la cumbre, afirmando que Dios lo había llamado. Bajó con sus instrucciones y sus órdenes, y en seguida habló al pueblo en su nombre: «*Vosotros habéis visto lo que he hecho con los egip-*

cios y cómo os he llevado sobre alas de águila y os he traído a mí. Ahora, pues, si de veras me obedecéis y guardáis mi alianza, seréis mi propiedad personal» (Éx 19,4-5).

Anunció después para los hijos de Israel un glorioso porvenir: «*Seréis para mí un reino de sacerdotes y una nación santa*» (Éx 19,6). Lo que significa que seréis los piadosos y obedientes ciudadanos de un Estado teocrático. Esto no lo dijo pero seguro que lo pensó.

Moisés anunció a su gente que se esperaba una teofanía y explicó que se trataba de una visita amistosa de Dios a su querido pueblo, pero no dijo que nadie podría ni verlo ni oírlo ni saber si había venido o no...

—¡Que el pueblo se purifique! —gritó— ¡Que se lave la ropa, el pelo, la barba y los pies!

—¡Que se trace una línea al pie de la montaña! El que la cruce, sea hombre, mujer, niño o animal, morirá.

«*Guardaos de subir a la montaña o de tocar su borde; el que toque la montaña morirá. Nadie pondrá la mano sobre el culpable; será apedreado o asaetado, sea hombre o animal, no quedará con vida*» (Éx 19, 12).

«*Solo cuando suene el cuerno, podréis subir a la montaña*» (Éx 19, 13).

Flagrante mentira: Quien dijo o escribió esto sabía muy bien que nadie podría subir a la montaña, aquel día, sin jugarse el pellejo, lo que se confirma más adelante.

El tercer día hubo por la mañana un débil terremoto en la comarca, que sacudió ligeramente la base de la montaña de Dios. Luego llegó una tormenta con lluvia, truenos y relámpagos, generados por un voluminoso cumulonimbo que se había detenido justo encima de la divina montaña. Entonces el ángel músico del Señor empezó a tocar con su trompeta mojada. Un rayo prendió fuego a un gran montón de paja y leña preparado para un sacrificio y cubierto con una lona impregnada de nafta. Dios se aprovechó de la situación para bajar sin que nadie lo viera, ocultándose en medio del humo y de las llamas. Tampoco se podía oír, «*pero Moisés le hablaba y Dios le respondía con truenos*» (Éx 19,19).

Mientras tanto, abajo, la gente temblaba mucho más que la montaña y se orinaba de miedo en su ropa recién lavada por orden del Señor. Una vez más, Moisés subió a la montaña y Dios le dijo que tenía que bajar: «*Baja, intima al pueblo para que no traspase los límites para ver al Señor pues perecerían muchos*» (Éx 19,21).

Repitió la orden, siempre en el lenguaje de los truenos, diciendo otra vez a Moisés que tenía que bajar para volver a subir: «*Baja y luego sube con Aarón; que los sacerdotes no traspasen los límites tratando de subir hacia el Señor, para que no arremeta contra ellos*» (Éx 19,24).

¿Y por qué no podían subir? Tú mismo habías dicho: «*Cuando suene el cuerno, podrán subir a la montaña*» (Éx 19, 13). Pues había sonado algo, un cuerno o una trompeta, y durante bastante tiempo. Pero en vez de permitir el acceso prometido a la montaña, que al fin y al cabo no era propiedad exclusiva ni de Dios ni de Moisés, la prohibición se hacía cada vez más imperiosa, repetitiva y amenazante...

¿Y por qué Moisés ponía tanto empeño en impedir que alguien subiera a ver lo que pasaba arriba? Simplemente porque el papel de Dios lo hacía él, secundado por Aarón y algunos compinches cuidadosamente seleccionados. Seguro que si alguien hubiera traspasado los límites indicados, se condenaba a muerte: lo mataban ellos.

Sea lo que sea, gracias, Señor, por tu extraña y divertida teofanía. Bueno, divertida para un lector escéptico como yo, puesto que para los desgraciados israelitas que cayeron en el error de creer y de seguir a Moisés, debió de ser más bien una pesadilla.

22. CASTIGOS DIVINOS

Antes de salir del Éxodo, veamos cómo se castigaban algunos delitos comunes:

«*Cuando alguien hiera el ojo de su esclavo o de su esclava y lo inutilice, lo dejará en libertad por compensación de su ojo*» (Éx 21,26). Esto sí que era una ley justa, a la que se podía también recurrir para los dientes rotos, aunque tenemos treinta y dos dientes y solamente dos ojos.

«*Y si se rompe un diente a un esclavo o a una esclava, lo dejará en libertad por compensación de su diente*» (Éx 21,27). Por un solo diente la libertad era barata y fácil de conseguir, porque cualquiera podía romperse un diente y culpar a su amo.

También los animales se castigaban: «*Cuando un buey mate a cornadas a un hombre o a una mujer, será apedreado el buey y no se comerá su carne*» (Éx 21,18). Matar a pedradas un animal tan grande y fuerte como un buey me parece un acto cruel y difícil de llevar a cabo. Habría sido menos absurdo degollar el buey y entregar su carne, como compensación por el daño causado, al cónyuge o a la familia de la víctima.

Pasemos a los delitos de muerte: «*El que maldiga a su padre o a su madre es reo de muerte*» (Éx 21,17). El castigo era muy cruel, pero fácil de sortear. Si uno quería maldecir a su padre, por ejemplo porque maltrataba a su madre, pedía a un buen amigo que lo hiciera por él: y como no se infligía ningún castigo por maldecir a los padres de los demás, al amigo no le pasaba nada.

Aviso a los ladrones: Que el que quiera penetrar a la fuerza en una casa espere que salga el sol. Si lo hace de noche, se juega la vida porque cualquiera puede matarlo. Es que «*Si un ladrón es sorprendido abriendo un boquete y es herido de muerte no hay homicidio, a no ser que ya hubiera salido el sol: entonces sí es homicidio*» (Éx 22,1). Dicho de otro modo, no pueden ejecutarte por haber robado de día, es decir a la vista de todos. Me parece una ley razonable.

En cambio, la breve orden siguiente fue al origen de varios siglos de locuras: «*No dejarás con vida a una hechicera*» (Éx 22,17). De aquella vieja ley se inspiró Inocencio VIII cuando redactó, en 1484 d. C., su perversa y mortífera bula contra la brujería. También los dominicos alemanes Kramer y Sprenger se inspiraron de ella para parir, con la aprobación y la bendición del mismo papa, aquella maldita basura que se suele llamar el Malleus maleficarum. Es de señalar que desde el año 906 d. C. y hasta la bula de Inocencio, creer en la brujería se consideraba una herejía... Luego, los herejes fueron los que seguían sin creer en ella.

«*El que se acueste con bestias es reo de muerte*» (Éx 22,18). Pero, ¿a quién se le ocurriría tener trato sexual con una cabra, una oveja o una burra acostándose con ellas, cuando es más sencillo —supongo yo— hacerlo de pie?

Llegamos ahora al más abominable de todos los pecados conocidos y por conocer: «*El que ofrezca sacrificios a los dioses* —fuera del verdadero Dios— *será exterminado*» (Éx 22,19).

¡Bien dicho, Señor! Tú y yo sabemos que si no castigas a los extraviados, se extraviarán cada vez más. Pero permíteme que te haga una pregunta: ¿Por qué no exterminas más bien y de una puta vez a los dioses falsos? «Es que son muy fuertes y muy listos», me dirías Tú, si pudieras comunicarte conmigo...

«¿Más listos y más fuertes que Tú?», te preguntaría yo.

«¡Oh no! —sería tu apresurada respuesta— no más que yo.»

Y yo entonces te diría: «No más que Tú, esto quiere decir "igual que Tú" ¿verdad? Ahora lo entiendo todo: no eres en absoluto único, y los otros dioses no son tus amigos. Lo siento mucho por Ti y te prometo que no volveré a hablarte de este desagradable asunto».

23. LOCURAS

Una vez más Dios llamó a Moisés para que se reuniera con él en su montaña. Quería entregarle unas tablas de piedra con sus mandamientos grabados en ellas. Le informó también que tendría que fabricarle un santuario, porque un dios sin santuario es como un carnero sin criadillas. Un santuario con una morada donde retirarse a descansar y a meditar, que se equiparía y se adornaría con diversos utensilios que luego le indicaría. Le dio instrucciones para la construcción de dicho santuario, de la morada y de su atrio, del altar para los sacrificios, de la pila para las abluciones y de muchas cosas más, entre ellas el Arca.

¿Y cómo Dios, que no se dejaba ver y no hablaba directamente con los hombres, se las arreglaba para transmitir a Moisés sus deseos y sus órdenes? Muy sencillo; según el propio Moisés, cuando estaba dormido se los susurraba al oído. Cuando Moisés despertaba se los apuntaba en seguida. Menos mal que sabía escribir, al menos con jeroglíficos. De lo contrario habría tenido que aprenderse todo de memoria. Por la misma vía, Dios transmitió a Moisés una lista de los tributos generosamente ofrecidos que se podían aceptar, por ejemplo el oro —esto siempre se acepta—, la plata, el bronce, la púrpura, el lino y los perfumes.

Instituyó el tributo de rescate, una suerte de seguro de vida que se debía pagar cuando se hacía un censo. Los censados pagaban un rescate «*para que no les ocurra nada malo cuando se les empadrone*» (Éx 30,12). Era una forma elegante de decir: «al que no pague su rescate lo matas». El rescate era barato: seis gramos de plata por cabeza, así que únicamente un loco habría arriesgado su vida por tan poco dinero.

Para los sacrificios diarios, Dios era más exigente: «*Esto es lo que has de ofrecer sobre el altar: dos corderos añales cada día, perpetuamente*» (Éx 29,38). Para acompañar la carne quemada se necesitaba cuatro litros de flor de harina, que se amasarían con siete litros de aceite virgen. Sí, siete litros, nada menos... Para la bebida Dios se conformaría con dos litros de vino. Le daba igual que fuera tinto, rosado o blanco. Todo esto sería para el desayuno. No habría almuerzo. Para la cena, se repetiría el proceso con los mismos ingredientes.

Y para el pueblo, Señor, ¿qué se ofrece? Para el pueblo, pues, lo de siempre: maná, grillos y saltamontes, con un extra de codornices en la época de la migración.

Cuarentena. «*Moisés estuvo en la montaña cuarenta días y cuarenta noches*» (Éx 24,18). Antes de despedirlo «*Dios le dio las dos tablas del Testimonio, tablas de piedra escritas por el dedo de Dios*» (Éx 31, 18).

Dónde se alojó y cómo se alimentó Moisés durante aquellos cuarenta días es un misterio. Cuando subió lo acompañaba Josué; después a ese le perdemos la pista. Cuando bajó Moisés estaba de nuevo con él. Dónde se había metido y lo que hizo en el intervalo es otro misterio.

Moisés iba bajando de la montaña con las dos tablas del Testimonio y Josué caminaba a su lado. Cuando estuvieron a poca distancia del campamento, oyeron lo que Josué interpretó como gritos de guerra. Pero al acercarse más se dieron cuenta de que eran gritos de alegría y cantos. Por primera vez desde su salida de Egipto, la gente se divertía cantando y bailando.

Moisés se acercó y divisó el becerro de oro que Aarón había hecho e instalado en el centro del campamento, porque el pueblo se lo había exigido. Entonces se volvió como loco y en un arrebato de ira rompió las sagradas tablas del Testimonio, golpeándolas contra una roca. Acto seguido arremetió contra el odiado ídolo, lo agarró por los cuernos y «*lo quemó y lo trituró hasta hacerlo polvo, que echó en agua y se lo hizo beber a los hijos de Israel*» (Éx 32,20).

Lo que se cuenta que Moisés hizo con el bicho de oro es pura mentira porque el oro no se puede quemar, pero se puede fundir, y cuando se funde, si no está en un crisol se derrama como si fuera agua. En cambio es exacto que se puede hacer polvo, con una buena lima y mucha paciencia.

Primer gran castigo colectivo. Por haberse divertido el pueblo fue duramente castigado. Moisés y los levitas revisaron una y otra vez cada tienda del campamento, matando a sus hermanos, a sus amigos, a sus vecinos... «*Los levitas cumplieron la orden de Moisés y cayeron aquel día tres mil hombres del pueblo*» (Éx 32,28). Pero Aarón, jefe de los sacerdotes y fabricante de la res de oro, no fue castigado.

Me gustaría saber en qué criterio se fundaron los levitas para discernir, entre todos los hombres del pueblo, los que se debían ejecutar. Por cierto, algunos habrán aprovechado la ocasión para quitarse de encima a un acreedor o eliminar a un vecino ruidoso.

En cuanto a las tablas rotas, con un buen pegamento se podían reparar, pero no lo intentaron. El Señor hizo una copia de las primeras tablas, que Moisés tuvo que cortar a medida y labrar él mismo. Cuando bajó de la montaña con ellas, tenía la piel de la cara brillante por haberse quedado demasiado tiempo en pleno sol mientras las estaba tallando y labrando.

Cara a cara. Todavía enfadado contra el pueblo, Moisés instaló su tienda fuera del campamento y la llamó *Tienda del Encuentro*. Se creía que al Señor le gustaba pasar un rato en la tienda en compañía de Moisés y de Josué, aunque ellos no lo veían ni lo oían. Se decía que llegaba con una nube de humo, que se quedaba en la entrada de la tienda hasta que su divino dueño saliera de ella. La nube la producía Josué quemando en un brasero hierbas aromáticas, y la imaginación de los que de lejos observaban la tienda veía en ella la prueba de que el Señor había llegado. Un día un hombre, arriesgando su vida, se acercó a la tienda más de lo que se permitía y luego contó: «*El Señor hablaba con Moisés cara a cara, como habla un hombre con un amigo*» (Éx 33,11).

El hombre se equivocó, o mintió, porque si Moisés hubiera visto la cara de Dios habría muerto en el acto. Dios mismo se lo había dicho muy claro: «*Mi rostro no lo puede ver nadie y quedar con vida*» (Éx 33,20).

Moisés había suplicado al Señor, diciéndole «muéstrame tu gloria». Si hubiera añadido «por favor», quizá el Señor le habría enseñado por lo menos una pequeña parte de la gloria...

Pero todo lo que hizo fue meter a Moisés en una hendidura de una roca y cubrirlo con su mano mientras le decía: «*Cuando retire la mano podrás ver mi espalda, pero mi rostro no lo verás*» (Éx 33,23).

Ya sabíamos que Dios tenía al menos un dedo, que utilizó para grabar sus mandamientos sobre las tablas del Testimonio. Ahora acabamos de informarnos de que tiene también una gran mano capaz de ocultar a un hombre de pie, y también una espalda, que Moisés debería haber visto pero que seguramente no vio. Cuando Dios estaba a punto de retirar la mano, es de suponer que se acobardó pensando: «si al Señor se le ocurre girar la cabeza para mirarme me muero»; entonces se habrá tapado los ojos con ambas manos.

Artesanía sagrada. En las últimas páginas del libro del Éxodo se describe la construcción del Santuario, una obra por cierto impresionante, pero de utilidad discutible. Se construyó por orden del Señor notificada a Moisés, y comprendía: la Morada, con bases y columnas, cubierta por la Tienda del Encuentro; el atrio, también con sus bases y sus columnas; el gigantesco altar para los sacrificios, que se instalaba a la entrada de la tienda; una pila para las abluciones y el Arca del Testimonio. Había también la mesa de los panes, el candelabro, el altar de oro y gran cantidad de utensilios de culto y ornamentos delicados, costosos y de uso restringido y complicado.

Acabada la obra, resultó que «*Moisés no pudo entrar en la Tienda del Encuentro porque la nube moraba sobre ella y la gloria del Señor llenaba la Morada*» (Éx. 40,35). Solo pudo entrar cuando Dios se hubo marchado, llevándose consigo a su gloria. Y aquello, ¿quién pudo observarlo para luego contarlo? Nadie, desde luego, ya que tanto la nube como la gloria y su divino dueño eran absolutamente invisibles, inaudibles, impalpables e indetectables...

Acabado el Santuario, quedaba consagrarlo y establecer complejas, molestas y a veces muy peligrosas normas para su culto, que se exponen en el Levítico y de las cuales solo veremos las que me parecen más dignas de consideración.

Los israelitas se desplazaban a menudo y el Santuario tenía que desplazarse con ellos. Los levitas debían desmontarlo con mucho cuidado, instalar y amarrar cada pieza sobre animales de carga o en carros, cuando los tenían. Y llegados al lugar de destino, tenían que volver a montarlo enteramente. No cabe la menor duda de que los hijos de Israel se habían convertido, con la disciplina de hierro impuesta por Moisés y la supuesta complicidad del Señor, en los maestros mejor dotados de todo el mundo en el arte de complicarse la vida.

En la construcción del Santuario se emplearon 1.100 kilos de oro, 3.620 kilos de plata y 2.620 kilos de bronce. Para la fabricación del Arca se utilizó madera de acacia, y también oro para los revestimientos, las guarniciones y los adornos. Los dioses de la mitología griega eran menos exigentes: con estatuas de bronce o de mármol se conformaban.

LEVÍTICO

24. CULTO MORTÍFERO

En las primeras páginas del Levítico, tercer libro del Antiguo Testamento, encontramos un trágico suceso en el que las víctimas fueron dos sobrinos del propio Moisés.

El culto al Señor en el Santuario no daba cabida a la improvisación. Lo que no se hacía de acuerdo con las normas —ideadas e impuestas al pueblo por Moisés— era sancionado con la muerte. Queriendo darle a Dios una grata sorpresa, dos hijos adolescentes de Aarón, Nadab y Abihú, «*tomaron cada uno su incensario, les prendieron fuego, les echaron incienso y ofrecieron al Señor un fuego profano que Él no les había mandado*» (Lev 10,1). ¿Y cómo «Él» se lo iba a mandar, si el habla es y siempre ha sido una capacidad exclusivamente humana?

Mientras agitaban los incensarios frente al lugar donde pensaban que se encontraba el Señor, «*salió de la presencia del Señor un fuego que los devoró y murieron en presencia del Señor*» (Lev 10,2).

Por cierto, Dios no mató a los chicos. Si realmente perecieron de la forma que se narra fue porque alguien, seguramente un levita, les echó encima un líquido inflamable que empezó a arder al entrar en contacto con la pequeña llama de los incensarios. Después de lo ocurrido, Moisés dijo a Aarón que esto era lo que quería decir el Señor cuando declaró: «*Mostraré mi santidad en los que se me acercan, manifestaré mi gloria ante la faz de todo el pueblo*» (Lev 10,3). Según Moisés, el dios de los hebreos tenía una extraña manera de mostrar su santidad y de manifestar su gloria...

Moisés ordenó a Aarón y a su familia que no se rasgaran las vestiduras ni se lamentaran por lo ocurrido, y añadió que así no morirían... Todos tuvieron miedo y callaron, porque sabían que cuando Moisés pillaba un resfriado, Dios no tardaba en estornudar.

25. RAREZAS

Algunos opinan que el Levítico es un libro de interpretación difícil, pero nadie dijo ni escribió que tiene que ser interpretado. Las prescripciones y prohibiciones que se citan a continuación no fueron pensadas y promulgadas para que el pueblo las interpretara o las discutiera, sino para que las acatara.

Una curiosidad del Levítico, el libro de los levitas, es que ellos en este libro suyo ni siquiera aparecen. Si el asesinato de los hijos de Aarón fue obra de uno de ellos, se las arregló para que nadie lo viera operar, porque todo el pueblo debía creer que se trataba de un castigo divino, y que el castigador fue el mismísimo Dios.

A pesar de la escasez de alimentos en el *desierto*, los hijos y las hijas de Israel no podían comer lo que les apeteciera, porque los alimentos de origen animal se dividían en dos categorías: la de los abominables, por ejemplo el conejo y el cerdo, y la de los que se podían comer, por ejemplo el grillo y los saltamontes. Curioso, no...

«*Cualquier animal de pezuña partida y que rumia lo podéis comer: El conejo, que rumia pero no tiene la pezuña partida, consideradlo impuro*» (Lev 11,5). El conejo no rumia, aunque por el vaivén de su mandíbula cuando está comiendo se podría pensar que sí lo hace, pero no tiene pezuña, ni partida ni entera, porque un conejo con patas de cabras no podría correr. Lo mejor queda por venir:

«Todo cuanto vive en el agua y carece de aletas y escamas, lo consideraréis abominable» (Lev 11,12). Así que todos los crustáceos, que en la actualidad son considerados los más sabrosos y los más caros frutos del mar, para ellos eran abominables. ¡Vaya tontería! Lo que se han perdido aquellos idiotas...

«Todo bicho alado que anda sobre cuatro patas lo consideraréis abominable, pero de todos los bichos alados que andan sobre cuatro patas podéis comer los que, además de sus cuatro patas, tienen zancas para saltar con ellas sobre el suelo. De estos podéis comer los siguientes: la langosta en todas sus variedades y todas las variedades de saltamontes y grillos» (Lev 11, 20-21-22).

Permíteme aconsejarte, Señor, que vayas a tomar clases de entomología, porque es preciso que recuerdes que todos estos bichos que Tú mismo creaste son insectos, y los insectos no tienen cuatro patas sino seis. Pero las patas traseras de algunos de ellos son mucho más desarrolladas que las otras y las utilizan para saltar. Que las llamen *zancas* me parece bien, pero lo que no es en absoluto lógico es que se consideren abominables los cangrejos, la langosta de mar, el bogavante y las gambas, pero no los grillos y los saltamontes, que además son bocados muy diminutos.

En cuanto a los bichos alados con cuatro patas, no existen. Los hay con dos patas (las aves) y con seis patas (los insectos). Quedan los ángeles, que también son seres alados pero tampoco ellos tienen cuatro patas: tienen dos brazos y dos piernas, como nosotros. Pero ellos, además, presentan una particularidad única en todo el mundo de los seres animados: tienen pelos, al menos en la cabeza, como los mamíferos, y también alas con plumas, como las aves.

Otros animales impuros y con cuatro patas: «*la comadreja, el ratón, el lagarto en cualquiera de sus variedades, el erizo, el camaleón, el cocodrilo, la salamandra y el topo. Todos estos bichos, los consideraréis impuros. Todo el que toque su* *cadáver quedará impuro hasta la tarde*» (Lev 11, 29-30-31). Cualquiera que conozca bien a estos animales se preguntará lo que algunos de ellos pintan en esta lista, puesto que no son comestibles, ni siquiera comibles. La comadreja huele a demonios, y supongo que pocas personas pueden jactarse de haber desollado, asado y comido un ratón. Y se puede decir lo mismo del topo. En cambio, el cocodrilo africano joven es una valiosa fuente de proteínas y de ácidos grasos insaturados de alta calidad. Una pata trasera de un cocodrilo de no más de diez kilogramos de peso, asada sin su piel sobre brasas de acacia en la orilla del río africano donde el bicho ha sido capturado, queda siempre muy sabrosa.

Además, cociéndola de este modo no se corre el riesgo de que a uno le destrocen sus utensilios de cocina. Porque el Señor, que según los autores del Levítico se metía realmente en todo, había amenazado; «*Cualquier objeto sobre el que caiga algunos de estos cadáveres quedará impuro: el hornillo y el fogón serán destruidos*» (Lev 11, 35). ¡Con lo que debían de costar en aquella época aquellos trebejos fabricados a mano!

Divertida purificación. En el Levítico abundan las obligaciones y las prohibiciones. Algunas destacan por su ingeniosidad y sutileza. Comencemos por el rito de purificación del leproso, que el mismo Señor había comunicado a Moisés. Primero el leproso debe ser examinado, no por un médico, sino por un sacerdote, que comprueba si está realmente curado y da el visto bueno para el proceso de purificación. Entonces «*El sacerdote mandará traer para el que ha de ser purificado dos pájaros puros vivos, madera de cedro, púrpura escarlata e hisopo. Mandará degollar uno de los pájaros sobre una vasija de barro con agua corriente. Tomará luego el pájaro vivo, la madera de cedro, la púrpura escarlata y el hisopo, los mojará junto con el pájaro vivo, en la sangre del pájaro degollado sobre agua corriente, y hará siete aspersiones sobre el que ha de ser purificado de la lepra y lo declarará puro*» (Lev 14, 4-7).

Al pájaro sobreviviente le devuelven la libertad, pero sin

molestarse en lavarlo con agua limpia antes de liberarlo. Con las plumas pegadas las unas a las otras por la sangre coagulada de su compañero sacrificado, será comida fácil para los depredadores terrestres y las aves de presa.

Prohibiciones y sanciones: «*No cruzarás ganado de diversas especies, no sembrarás tu campo con dos especies diferentes de grano, no usarás ropa de tela de dos clases*» (Lev 19,19).

El autor de este versículo debía de ser un ignorante, porque no se podía prohibir el cruce entre el caballo y el asno, cuyos productos son el mulo y la mula, unos robustos híbridos estériles muy utilizados y apreciados ya en épocas bíblicas y hasta hoy en día. ¿De dónde los habrían sacado si todos los israelitas hubieran acatado aquella absurda prohibición? En cuanto a las obligaciones necias de sembrar una sola variedad de cereal en su campo y de llevar un solo tipo de ropa, no creo que hayan sido bien acogidas por el pueblo.

Lo que pasa en la huerta es más interesante: «*Cuando entréis en la tierra y plantéis toda clase de árboles frutales, no recogeréis sus frutos inmediatamente; durante tres años los consideraréis como incircuncisos: no se podrán comer*» (Lev 19,23). Pues, los circuncidamos y problema resuelto.

Dios tiene también el sentido del humor. Después de recordar a su pueblo que no se debe practicar ni la magia ni la adivinación, ordena: «*No os rapéis en redondo la cabellera, ni os recortéis los bordes de la barba*» (Lev 19,27).

Pero con los delitos sexuales no se bromea: «*Si un hombre comete adulterio con la mujer de su prójimo, serán castigados con la muerte el adúltero y la adúltera*» (Lev 20,10). Era una ley cruel, pero equitativa, ya que lo habitual era que se castigara más a la adúltera que al adúltero.

«*Si un varón se acuesta con otro varón como con una mujer, ambos han cometido una abominación; han de morir; caiga su sangre sobre ellos*» (Lev 20,13). ¿Y cómo se iba a saber si un hombre se acostaba con otro *"como con una mujer"*? ¿Quizá pagando espías para vigilar a los hermanos y a los compañeros de trabajo solteros que vivían en una misma casa porque todavía no habían fundado su propia familia?

No se prohíbe la bigamia pero la tolerancia tiene sus límites: «*Si uno toma por esposas a una mujer y a su madre es algo horrible. Serán quemados tanto él como ellas*» (Lev 20,14). ¡No hagas esto, Señor! Si los quemas no tendrán tiempo de arrepentirse. Déjalos vivir y verás lo que va a sufrir el desgraciado marido, con tener que aguantar a su suegra hasta en la cama.

De la sexualidad se pasa a la santidad y a la espiritualidad. A veces Dios se pasa un poco, por ejemplo cuando dice: «*Sed para mi santos, porque yo, el Señor, soy santo, y os he separado de los otros pueblos para que seáis míos*» (Lev 20,26). En cierto sentido, el Señor hace bien en recordar a sus elegidos que son suyos, porque cuando se creen libres, no tardan en buscarse otros dioses.

«*El hombre y la mujer que practican el espiritismo o la adivinación serán castigados con la muerte. Serán apedreados*» (Lev 20,27). Esto quiere decir que la mujer culpable de esos «crímenes» será apedreada en todos los casos, mientras que el varón que sepa convencer a sus acusadores de que es un profeta se saldrá con la suya...

«*Quien blasfema el nombre del Señor será condenado a muerte. Toda la comunidad lo apedreará. Sea emigrante o nativo. Quien blasfema el Nombre morirá irremisiblemente*» (Lev 24,16). Me temo que en este caso no haya escapatoria, ni siquiera para los profetas...

Aviso para los torpes: «*Si alguien causa una lesión a su prójimo, se le hará lo mismo que hizo él: fractura por fractura, ojo por ojo, diente por diente...*» (Lev 24,19-20). Esto es la bien conocida ley del talión, que parece justa pero no lo es, al menos en aquel versículo bíblico, porque no excluye las lesiones debidas a un accidente. Por ejemplo, se puede romper un brazo a una persona e incluso matarla, al intentar sacarla de un pozo estrecho donde se está ahogando...

Desde luego el lector que tenga a su disposición una Biblia se dará cuenta de que, entre los versículos citados en este libro, hay numerosos y a veces anchos huecos, lo que significa que estas líneas no son más que una muestra de todas las «maravillas» que se esconden en el Levítico.

NÚMEROS

26. MEZCOLANZA

Acabamos de salir del Levítico para entrar en los Números, un libro bíblico que se distingue por el gran número de personas que se matan a lo largo de toda la época cubierta por la obra. En ella se entremezclan narraciones, estatutos, sacrificios, purificaciones, repeticiones, interrupciones, quejas, amenazas, rebeliones y crueles represalias.

En el libro de los números no hay amor, no hay amistad, no hay compasión, no hay ternura, no hay alegría, no hay sosiego, no hay reposo, no hay paz... Casi se podría decir que no hay vida... En ese libro lo que más se hace es quejarse, maldecir, odiar y matar hombres, mujeres, niños y animales.

En la introducción al libro de los Números, bajo el título «Mensaje», nos informan que «*Las reiteradas y prolijas enumeraciones que ocupan gran parte del libro lo hacen, de entrada, poco atractivo y explican que haya sido muy poco comentado a lo largo de los siglos. Pese a ello, el libro tiene todavía hoy algo importante que decir al pueblo de Dios*» (Introducción al libro de los números. Biblia de la Conferencia Episcopal Española).

Notorias falsedades. Sin salir de dicha introducción, leemos más abajo: «*Moisés es el portavoz fidelísimo de Dios; todas las leyes de Israel, aunque históricamente tengan un origen humano posterior, son leyes divinas. Moisés es el prototipo del profeta, siervo del Señor, pendiente siempre de su* *boca. Como profeta, le corresponde interceder por el pueblo, función que ejerce como nadie»* (Introducción al libro de los Números, ob cit).

La verdad sobre las leyes de Israel es que muchas de ellas eran demasiado necias, enrevesadas y difíciles de acatar para ser divinas. Y Moisés no era, como se afirma, *«pendiente de la palabra de Dios»*, sino más bien de su propia ambición, de su afán por apoderarse de la tierra de los cananeos. Veremos más adelante, en este mismo libro de los dichosos Números, cómo Moisés «intercede» a favor del pueblo en el asunto del Baal de Peor, en la guerra sucia y sin motivo contra el pueblo casi indefenso de los madianitas, en la broma trágica de las codornices; y cómo recompensó a los exploradores de la tierra prometida por haber cumplido escrupulosamente con su misión. De hecho, cada vez que los acontecimientos tomaban un giro que él no había ni previsto ni deseado, quien tenía la culpa y debía ser castigado —además de los jefes que le transmitían fielmente unas noticias que no le agradaban— era siempre el desamparado, desnutrido e indefenso pueblo...

Tregua para un censo. Sin embargo, en las primeras páginas no aparece ningún acto belicoso: se hace un censo. Moisés y su hermano Aarón dirigen la operación, ayudados por doce jefes de familia, uno por cada tribu. Veamos el resultado:

«*El total de los hijos de Israel censados por familias, de veinte años para arriba y aptos para la guerra, resulta ser de seiscientos mil quinientos cincuenta*» (Núm 1,45-46). Todo un ejército... Pero esta cifra, que a la salida de Egipto era ya de seiscientos mil, casi se quintuplica si se le añaden los jóvenes de menos de veinte años, los viejos que ya no son aptos para la guerra, los niños, las mujeres, los servidores y los esclavos; sin contar la «multitud inmensa» que acompañaba a los israelitas a su salida de Egipto.

Tanta gente con su ganado, sus pertrechos, su Tienda del Encuentro, su Santuario, sus complicados culto y costumbres, no habría sobrevivido durante cuarenta años en un verdadero desierto, como por ejemplo el Sáhara, ni siquiera durante cuarenta días.

Únicamente los levitas, todos de edad comprendida entre treinta y cincuenta años, eran aptos para el servicio y el transporte del Santuario, pero no eran aptos para la guerra y no fueron censados. Debían vigilar la Tienda del Encuentro durante el día y la noche e instalar sus propias tiendas alrededor.

El Señor, es decir su portavoz Moisés, había dicho: «*Cuando la morada habrá de ponerse en marcha los levitas la desmontarán, y cuando la morada se detenga los levitas la montarán. El extraño que se acerque será hombre muerto*» (Núm 1,51).

Entendido, Señor, pero... si la persona que se acerca no es un extraño, sino una extraña, no se podrá aplicar el castigo previsto, porque una mujer no puede en modo alguno ser «hombre muerto».

Mala memoria. Cierto día, a Moisés se le ocurrió anunciar que el Señor le había dicho: «*Manda a los de Israel que expulsen del campamento a todo leproso, al que padece gonorrea y al contaminado por contacto de cadáver*» (Núm 5, 1-2). De acuerdo, Señor, echamos al que padece gonorrea porque su enfermedad es muy contagiosa; pero no podemos hacer lo mismo con el leproso. A ése se le puede y se le debe aplicar la ley de purificación del leproso que Tú mismo dictaste a Moisés en el Levítico, por muy complicada que parezca. (Lev 14,1 y siguientes). Tampoco tenemos derecho de expulsar al que tocó un cadáver. «*Lavará sus prendas y quedará impuro hasta la tarde*» (Lev 11,40). Recuerda, olvidadizo Señor —más bien, olvidadizo Moisés—, solo hasta la tarde.

Mentiras poéticas. «*Fórmula de bendición*» que se puede ver en el sexto capítulo del libro de los Números:

El Señor te bendiga y te proteja,
ilumine su rostro sobre ti y te conceda su favor.
El Señor te muestre su rostro y te conceda la paz (Núm 6, 24-26).

«*Bello texto* —dice el comentador—, *por su forma poética y su contenido con triple invocación del nombre divino. Se usa en la liturgia cristiana del Año Nuevo.* (Sin detenerse, el comentador continúa): *El rostro luminoso del Dios benévolo ilumina la existencia del pueblo de Israel y de todo buen israelita, lo colma de bienes, lo guarda de todo peligro; en una palabra, le concede la paz*» (Comentario a la Fórmula de bendición de Núm 6,24-26).

Sí, este texto modificado es muy bonito, más bonito que el original, pero la fea realidad impugna cada una de las palabras que lo componen: Dios no tiene un rostro que uno pueda ver sin perecer y por lo tanto no puede ni ser luminoso ni iluminar la vida de los israelitas. Por el contrario, tiende a ensombrecerla. En vez de colmar al pueblo de bienes se los quita, dejándole por toda comida maná e insectos, mientras a él se le ofrece grandes cantidades de carne de reses sin defecto, con flor de harina y aceite virgen. En vez de guardar al pueblo de todo peligro, como se dice, al obligarlo a desplazarse continuamente y a rendirle un culto que sólo los sacerdotes entienden perfectamente, lo expone a toda clase de mortales peligros. Tampoco concede la paz, incita más bien y reiteradamente a la guerra.

Reparto inicuo. Sucedió que un día los jefes de tribus llegaron con valiosas ofrendas: seis carretas cubiertas y doce bueyes. El Señor dijo a Moisés: «*Acéptalos para el servicio de la Tienda del Encuentro. Entrégaselos a los levitas, a cada uno según su tarea*» (Núm 7,4). Moisés quería hacer creer a su gente que Tú, el Señor del universo, te metías en asuntos tan triviales como la aceptación de algunos artefactos y animales de tiro comunes, pero que el pueblo necesitaba. De hecho, todo lo que mandaba Moisés, según él, lo exigías Tú... Así que, supuestamente con tu divina aprobación, se repartieron carretas y bueyes entre los tres clanes de los levitas: dos carretas y cuatro bueyes a los guersonitas —Guersón era el hijo que Moisés había tenido con la madianita Séfora—, cuatro carretas y ocho bueyes a los meraritas. «*Pero a los queatitas, no se les entregó nada porque su carga sagrada tenían que llevarla al hombro*» (Núm 7,9).

Pero, Señorito, ¿qué te habían hecho los queatitas?

Lástima que no puedas responderme. Si pudieras comunicarte con los humanos sin recurrir a milagros o a trucos de magia, seguro que me dirías... por ejemplo: «a mí, nada, desde luego, pero es de suponer que aquellos tíos a Moisés no le caían bien».

Purificación. «*Pon a los levitas aparte del resto de los hijos de Israel y purifícalos*» (Núm 8,6). Esta esperada orden llegó a los oídos de Moisés mientras estaba soñando despierto que el verdadero Dios era él. Se estrujó los sesos durante algunos minutos y cuando lo tuvo todo bien claro, llamó a los levitas. Se arremangó y les echó encima agua expiatoria. No se dice si tuvieron que desnudarse o si se quedaron con la ropa puesta durante la aspersión. Después ellos mismos se raparon todo el cuerpo; entonces, sí tuvieron que desnudarse... Lo aprovecharon para lavarse la ropa, lo que de todas maneras formaba parte del ritual. Tuvieron que tender sus prendas al sol para secarlas antes de volver a ponérselas, lo que tampoco aparece en el texto. Lo que sí se dice es que todos quedaron purificados.

Y la ceremonia siguió su curso. Los recién purificados tuvieron que ofrecer un novillo con harina amasada para el holocausto y otro como sacrificio expiatorio. Hubo numerosas imposiciones de mano y los mismos levitas fueron presentados al Señor como ofrenda, pero a ellos no los quemaron. El Señor, que siempre se expresaba con la voz de Moisés, dijo que iban a ser suyos y a servir en el Santuario, aunque esto ya lo hacían antes.

Rechazo. Mientras el pueblo y las tropas se preparaban en vista de meterse en la «tierra prometida», Moisés había propuesto a su suegro Jetro, quien seguía en los alrededores y había cambiado una vez más de nombre, pasando a llamarse Jobab: «*Si vienes con nosotros, te haremos compartir los bienes que el Señor nos va a conceder. Por favor, no nos dejes. Tú conoces los sitios donde acampar en el desierto; tú serás nuestros ojos*» (Núm 10, 31-32). Pero Jetro, alias Jobab y padre de Séfora, ya había dicho a Moisés: «*No voy, me vuelvo a mi tierra y a mi parentela*» (Núm 10,30). Y no cambió de parecer. Ese rechazo, naturalmente, no gustó a Moisés, quien a partir de aquel día empezó a rumiar algún plan para vengarse, no solo de su suegro Jetro, sino de toda la gente de su pueblo, los madianitas.

Añoranza de Egipto. Se cuenta luego que el Señor se enfadó porque su gente se quejaba de que pasaba hambre. Según Moisés, lo que menos le gustaba al Señor era que su «pueblo elegido» no paraba de decir y de repetir que en Egipto todos lo pasaban mucho mejor. Después de una supuesta discusión entre Moisés y Dios, Él se habría enfadado de verdad y habría soplado a Moisés lo que debía decir a los descontentos. Moisés, fingiendo cumplir con la voluntad de Dios, ordenó que la gente se reuniera a su alrededor y gritó: «*El Señor os dará de comer carne, y la comeréis no un día, ni dos, ni cinco, ni diez, ni veinte, sino un mes entero, hasta que os salga por las narices y la vomitéis*» (Núm 11, 18-20).

Pasaron algunos días y, sin previo aviso, llegó la carne...

27. *AQUELLO, SATÁN NO LO HABRÍA HECHO*

«*El Señor hizo que se alzara un viento que trajo bandadas de codornices de la parte del mar y las hizo caer sobre el campamento, en una extensión de una jornada de camino alrededor del campamento y a una altura de un metro del suelo. El pueblo se dedicó todo aquel día y toda la noche y todo el día siguiente a recoger las codornices. El que menos recogió diez modios. Y las tendieron alrededor del campamento. Todavía tenían la carne entre los dientes, todavía la estaban masticando, cuando se encendió la ira del Señor contra el pueblo y lo hirió el Señor con gran mortandad»* (Núm 11, 32-33).

Se cuenta, pues, que los israelitas se pasaron dos días y una noche recogiendo codornices y las tendieron alrededor del campamento, lo que no tiene ningún sentido porque ya estaban tendidas por todas partes. No se precisa si los que las recogieron se comieron algunas, pero es de suponer que sí lo hicieron porque no les dejaron tiempo para llevárselas a sus tiendas y cocinarlas o almacenarlas. Las masticaron crudas para no caer de inanición y poder así seguir recogiendo más y más aves...

Llegó entonce el autoproclamado representante de Dios en la tierra, hecho una furia. Al parecer no quería que la gente se comiera una sola codorniz. Quizá tenía pensado reunirlas en grandes montones y prenderles fuego para así devolverlas al Señor en forma de humo y de cenizas... Pero, entonces, tenía que decirlo. Todo lo que se sabe es que todavía estaban masticando la carne cruda de las aves cuando explotó la ira del Señor; es decir la ira de Moisés. Y empezó la fiesta; es decir la masacre...

Es de notar que en el texto bíblico el versículo 11, 33 enlaza con el versículo 11, 32 sin solución de continuidad, sin una sola palabra explicativa entre los dos. He aquí, textualmente y por segunda vez, como se unen: «*<u>32... Y las tendieron alrededor del campamento. 33 Todavía tenían la carne entre los dientes, todavía la estaban masticando...</u>*».

¿Y qué querías que el pueblo hiciera con las codornices? Llegaron todas a la vez y en tal cantidad que aquellos desgraciados se pasaron dos días y una noche para recogerlas y amontonarlas. Si se comieron algunas fue porque tenían hambre y, además, creían sinceramente que Tú mismo se las habías regalado para compensar, al menos temporalmente, la carencia crónica de proteínas en su dieta. Y no has comprendido nada, irreflexivo Señor. Pero, pensándolo mejor, seguramente el responsable de la matanza no fuiste Tú, sino tu apoderado en la tierra, que casi siempre hacía lo que a él le daba la gana y decía que Tú se lo habías ordenado.

Con el siguiente versículo, se confirma la absurda e injustificada matanza de los recolectores de codornices: «*Aquel lugar se llamó Quibrot Hatava porque allí fue sepultada la muchedumbre de los que se habían dejado llevar por la glotonería*» (Núm 11,34).

Seguía yo sin entender cómo la gente pudo *tender* las codornices recogidas sobre el suelo ya cubierto por millones de ellas, muertas o moribundas, cuando se me ocurrió echar un vistazo a lo que se dice al respecto en la Biblia de Jerusalén. También en esta Biblia los versículos 11,32 y 11,33 están «pegados» uno al otro. Sin embargo, me llevé una sorpresa al descubrir que en Ella no se recogen las codornices... Se capturan. Y en seguida todo se hizo muy claro. Pude imaginar las aves exhaustas, saltando y revoloteando hasta un metro de altura, pero sin conseguir levantar el vuelo; y también a los hombres, a las mujeres y a los niños persiguiéndolas. Una tarea agotadora...Y ellos, al cabo de dos días y una noche de duro trabajo debían de decirse: «Por fin ahora podemos descansar, cocinar algunas codornices, comerlas para recobrar fuerzas y luego dormir...». Pero entonces llegó la recompensa: «*Se encendió la ira de Yahvé contra el pueblo y lo hirió con una plaga muy grande*» (Núm 11, 33, Biblia de Jerusalén).

¿Y por qué el Señor —o Moisés, o ambos— se enfurecieron contra el pueblo? Quizá porque aquella exhausta y hambrienta gente había comido, cruda y con su escasa sangre, un poco de la carne de las aves que no les dejaron la posibilidad de cocinar. Y comer sangre cruda era prohibido. Pero veremos más adelante que el rey Saúl y sus tropas, todos también hambrientos, en una ocasión se zamparon grandes cantidades de la carne sangrienta de las reses que ellos mismos acababan de matar y de degollar. Y eso no hizo que se encendiera lo más mínimo la ira de Dios. <u>Es que Moisés llevaba entonces ya bastante tiempo muerto y enterrado.</u>

¿No es extraño —se preguntará el lector— que cuando se encendía la ira del Señor, era siempre contra el pueblo, nunca contra Moisés? No, no es en absoluto extraño. Es simplemente porque Moisés no podía ni quería encolerizarse contra sí mismo.

Desolación. Mientras los levitas iban masacrando con entusiasmo a esa desgraciada gente, los familiares de las víctimas cavaban fosas para en seguida enterrarlas, ya que en el versículo 11,34 se señala que allí *fue sepultada la muchedumbre* de los que habían osado probar un trocito de la carne enviada para ellos por el Señor... Llegaban continuamente enormes nubes de moscas atraídas por el olor de la sangre humana y de la carne putrefacta de las codornices, que llevaban varios días expuestas al sol. En ellas los dípteros depositaron sus diminutos y numerosísimos huevos, los cuales no tardaron en eclosionar... Finalmente, esa carne que el pueblo ansiaba y necesitaba fue devorada por miles de millones de gusanitos, que no pararon hasta que de los pájaros solo quedaron huesitos y plumas. Luego el viento del desierto sepultó los huesos y se llevó las plumas.

Y durante todo el tiempo que duró aquel dramático suceso, ¿qué hacía Dios —el verdadero, no el dios ficticio inventado por Moisés— y dónde estaba? Seguro que lo había visto todo. Sí, seguro, y también que por alguna razón que tan solo Él podría explicar, no pudo intervenir para detener la masacre y castigar a los enloquecidos asesinos. Entonces, desesperado, quizá se retiró en un rincón secreto de su morada celestial para que sus ángeles no lo vieran llorar...

Acerca del lugar de la tragedia, un comentario sobre «Núm 11,14» nos informa que Quibrot Hatavá podría significar «Los sepulcros de Tavá», un clan —por supuesto— desconocido.

Quejas justificadas. Aarón y su esposa María «*hablaron contra Moisés a causa de la mujer cusita que él había tomado por* *esposa*» (Núm 12,1). ¿Quién era aquella mujer cusita y dónde la encontró? Como *cusita* significa normalmente *etíope*, pero también, ocasionalmente, *madianita* (Hab 3,7), la ubicación del país de los cusitas sigue siendo un misterio. He aquí el versículo señalado, tomado del libro del profeta Habacuc (Hab): *He visto demolidas las tiendas de Cusán, tiemblan los refugios de la tierra de Madián.* Nada más sobre el País de Cus...

María y Aarón no habían acabado con sus quejas y dijeron : «*¿Ha hablado el Señor solo a través de Moisés? ¿No ha hablado también a través de nosotros?*» (Núm 12,2). Y resultó que el Señor los oyó; «*Bajó de la columna de nube, se colocó a la entrada de la Tienda del Encuentro y llamó a Aarón y a María*» (Núm 12,5). Ellos acudieron y, entonces, sorprendentemente Dios les habló diciendo: «*Escuchad mis palabras: si hay entre vosotros un profeta del Señor, me doy a conocer a él en visión y le hablo en sueños; no así a mi siervo Moisés, el más fiel de todos mis siervos. A él le hablo cara a cara, abiertamente y no por enigmas; y contempla la figura del Señor. ¿Cómo os habéis atrevido a hablar contra mi siervo Moisés? La ira del Señor se encendió contra ellos, y Él se marchó. Al apartarse la nube de la Tienda, María estaba leprosa*» (Núm 12, 6-8).

Toda aquella palabrería no es otra cosa que una atrevida patraña. Fue una maniobra del autor del libro de los Números —quizá el mismo Moisés— para que ningún israelita olvidara que el único mediador elegido por Dios para comunicarse con los hombres era él. Desde luego el lector se preguntará cómo pude yo saber que el autor de estas líneas no fue sincero, y que su relato no es conforme a lo que en su época se consideraba como verdadero. Es que aquel autor anónimo de este capítulo parece no haberse enterado de lo que sucede en los capítulos precedentes. Él dice que «*Moisés contempla la figura del Señor*", pero en Éxodo (33,20) el Señor dice, precisamente a Moisés: "*Pero mi rostro no lo puedes ver, porque no puede verlo nadie y quedar con vida*». Esto, entre otras citas y reflexiones, se recuerda en el capítulo 23 (Locuras) de este libro.

Más adelante, nos informan que Aarón suplicó a Moisés que intercediera ante el Señor para que curara de su lepra a María. Ella, después de una semana de cuarentena quedó curada. Por supuesto, lo que tenía María no era lepra, sino una quemadura debida a una exposición prolongada al sol, que ocho días de reposo fuera del campamento y en una cueva fresca hicieron desaparecer.

28. SANGRIENTAS DISCREPANCIAS

Desde el desierto de Farán, Moisés envió a los jefes de cada tribu para explorar el país de Canaán, la tierra prometida. Al cabo de cuarenta días regresaron con productos del país, algunos comprados a los habitantes y otros que ellos les habían regalado. Confirmaron lo que ya se sabía: «*Verdaderamente es una tierra que mana leche y miel, aquí tenéis los frutos, pero el pueblo que habita el país es poderoso y tiene grandes ciudades fortificadas*» (Núm 13,27-28).

Caleb, uno de los doce exploradores, dijo: «*Tenemos que subir y apoderarnos de ese país*» (Núm 13,30). Pero los otros objetaron que atacar a sus habitantes sería una locura porque eran más fuertes, más numerosos y mejor armados que ellos. Desacreditaban ante los hijos de Israel la tierra que habían explorado, diciendo: «*Es una tierra que devora a sus propios habitantes; toda la gente que hemos visto en ella es de gran estatura. Hemos visto allí nefileos, hijos de Anac; parecíamos saltamontes a su lado, y lo mismo les parecíamos nosotros a ellos*» (Núm 13, 32-33).

Los nefileos eran legendarios gigantes, todos hijos del también legendario Anac. Se creía que únicamente ellos pudieron erigir los pesados monumentos megalíticos de la antigüedad. A esos hombres aparentemente inofensivos, los exploradores israelitas no pudieron verlos, porque nunca existieron.

Decepción y lamentaciones. «Entonces toda la comunidad empezó a dar gritos y el pueblo se pasó toda la noche llorando.

Los hijos de Israel murmuraban contra Moisés y Aarón, y toda la comunidad les decía: "¡*Ojalá hubiéramos muerto en Egipto! ¿Por qué nos has traído a esa tierra para que caigamos a espada? [...] ¿No es mejor volvernos a Egipto?*" Y se decían unos a otros: "*Nombraremos un jefe y nos volveremos a Egipto*" (Núm 14, 1-4).»

Josué y Caleb, los dos exploradores empeñados en penetrar de inmediato en la tierra que acababan de visitar, decían: «*Si el Señor nos es favorable, nos introducirá en ella y nos la entregará. Pero no os rebeléis contra el Señor ni temáis al pueblo del país, pues nos lo comeremos* " (Núm 14, 8-9). "*Pero la comunidad entera hablaba de apedrearlos, cuando la gloria del Señor apareció en la Tienda del Encuentro entre todos los hijos de Israel. El Señor dijo* (con la voz de Moisés)*: ¿Hasta cuándo me va a rechazar este pueblo? ¿Hasta cuándo van a desconfiar de mí, con todos los signos que he hecho entre ellos? Voy a herirlos de peste y a desheredarlos*» (Núm 14, 10-12). No tenemos constancia de que aquellas dos últimas amenazas se hayan cumplido...

A pesar del entusiasmo de Caleb y de Josué, Moisés supo mantener la cabeza fría. Comprendió en seguida que cualquier intento de conquistar un país tan potente con sus famélicos, mal armados y mal entrenados hombres, fracasaría estrepitosamente.

De los doce observadores enviados por Moisés para reconocer el país, únicamente dos de ellos querían atacarlo en seguida. Los diez restantes estaban en contra y buenas razones no les faltaban. Pues, se renunció, no en consideración a esa mayoría indiscutible, sino porque Moisés había comprendido que sería una locura. Pero alguien tenía que pagar...

Castigos y recompensas. Así que Moisés anunció que el Señor había decidido que ninguno de los hombres censados de veinte años para arriba entraría en la tierra prometida, y para dar más pujanza a la sentencia, añadió: «*Vuestros cadáveres caerán en este desierto y vuestros hijos serán nómadas cuarenta años y cargarán con vuestra infidelidad, hasta que se* *consuman vuestros cadáveres en este desierto. Según el número de días que empleasteis en explorar la tierra, cuarenta días, cargareis con vuestra culpa cuarenta años, un año por cada día»* (Núm 14, 33-34).

Quedaban por recompensar la honradez y la sinceridad de los diez exploradores sin los cuales los hijos de Israel se habrían metido en un avispero, donde habrían quedado destrozados...

«Los hombres que había enviado Moisés a explorar la tierra, los que al volver habían incitado a toda la comunidad a murmurar contra él, y que desacreditaron la tierra, cayeron fulminados ante el Señor» (Núm 14, 36-37). Desde luego, no cayeron fulminados ante el Señor. Atravesados por las lanzas de los levitas, cayeron desangrados delante de Moisés.

Lo más lamentable de aquella dramática historia, fue que se castigaron los inocentes, mientras el verdadero y único responsable se salía con la suya.

Era el mismísimo Moisés, culpable de no haber visitado él mismo la tierra de los cananeos, y de no haber enviado siquiera a unos familiares o servidores suyos para reconocerla, antes de prometerla a los hijos de Israel.

Heroísmo de algunos y pasividad criminal de sus jefes. Antes de abandonar la región, los hombres de Israel, después de haber hecho un gran duelo quisieron arremeter ellos mismos contra los cananeos, sin la ayuda de Dios y sin el apoyo ni físico ni logístico de Moisés y de Josué, quienes se negaron a encabezar su expedición. *«Pero ellos se obstinaron en subir a la cumbre del monte, mientras que ni el Arca de la Alianza del Señor ni Moisés se movieron del campamento. Bajaron los amalecitas y los cananeos que vivían en aquella montaña, los derrotaron y los destrozaron hasta llegar a Jormá»* (Núm 14, 44-45).

Sagrado sábado. *«Estando los hijos de Israel en el desierto, se sorprendió a un hombre que andaba buscando leña en día* *de sábado*» (Núm 15,32). Lo presentaron a Moisés, a Aarón y a otros miembros de la comunidad, pero todos habían olvidado lo que en tal caso se debía hacer. El Señor, que pasaba por ahí sin que nadie se diera cuenta, dijo a Moisés sin que nadie más pudiera oírlo: «*Que muera ese hombre*» (Núm 15,35). Así de expeditivo... No debías hacer esto, Señor. No se dice que el hombre estaba recogiendo leña; se dice que la andaba buscando y no podía recoger leña andando. Para hacerlo habría tenido que pararse, sacar las manos de los bolsillos, bajarse... Seguro que estaba paseando y mirando donde encontrar leña, una materia que en los desiertos siempre escasea, para volver el día siguiente y recogerla.

Pensándolo mejor, Señor, no creo que la voz que dio a Moisés la orden de matar al hombre fuese la tuya. Había olvidado que no puedes hablar como lo hacemos nosotros. Esa orden tal vez se la susurró al oído de Moisés algún enemigo del acusado, posiblemente con la amenaza de matarlo a él si dejaba al otro con vida. Moisés habría podido también tomar él mismo la decisión de eliminar al hombre, como advertencia para las personas presentes o porque no le gustó su cara.

Al buscador de leña que no llevaba leña, «*lo apedrearon hasta que murió, según había mandado el Señor a Moisés*» (Núm 15,36).

Rebelión. Poco después del regreso y de la masacre de los exploradores, sucedió que tres levitas: Coré, Datán y Abirón, ayudados por unos ciento cincuenta seguidores, se amotinaron contra Moisés en un audaz intento de desbancarlo. Era un evento que no tenía nada de excepcional, pero esa vez los amotinados iban capitaneados por un levita, es decir un sacerdote subalterno, secundado por dos otros levitas. La cosa iba en serio y el castigo tendría que ser ejemplar. Informado, el Señor había dicho a Moisés y a Aarón: «*Apartaos de esa comunidad, que los voy a consumir en un instante*» (Núm 16,21). Al menos fue lo que ellos dijeron...

Presintiendo que iba a suceder algo terrible, los hombres que no habían participado en el alzamiento se apresuraron a alejarse de las moradas de los tres acusados. Ellos habían salido y se quedaron a la entrada de las tiendas con sus mujeres, sus hijos y sus más fieles seguidores. Todos temblaban de miedo.

«*Si el Señor obra algo portentoso* —empezó Moisés— , *si la tierra abre su boca y los traga con todo lo que les pertenece, sabréis que esos hombres han despreciado al Señor. Y sucedió que nada más terminar de decir estas palabras, se abrió el suelo delante de ellos; la tierra abrió su boca y se los tragó con todas sus familias y todas sus posesiones*» (Núm 16, 31-32).

Los que duden de lo que aquí se relata que vayan a Roma de excursión y visiten la Capilla Sixtina. Allí verán «El Castigo de los Rebeldes», un fresco de Botticelli que representa la escena.

Después el Señor, soplando fuego como suelen hacer los grandes dragones, asó a doscientos cincuenta hombres. No paró hasta que estuvieron todos bien hechos pero no los devoró; de esto se encargaron las llamas: «*Salía luego del Señor fuego que devoró a los doscientos cincuenta hombres*» (Núm 16,35).

El autor desconocido de aquel pasaje bíblico mintió descaradamente, puesto que Dios es totalmente invisible para los humanos, y que por lo tanto nadie podía saber de dónde salían las llamas, siempre y cuando las hubiera habido.

El asunto dejó secuelas: Al día siguiente protestó toda la comunidad de los hijos de Israel contra Moisés y Aarón. Se quejaban: «*Habéis matado al pueblo del Señor*» (Núm 17,6). No protestaban contra el Señor, sino contra Moisés y Aarón, lo que demuestra que los verdaderos instigadores de la matanza habían sido desenmascarados. Pero los aludidos no se amedrentaron. Aarón, escoltado por unos amenazantes levitas, detuvo la *plaga* blandiendo un incensario. «*Los muertos por aquella plaga fueron catorce mil setecientos, sin contar los que murieron por el motín de Coré*» (Núm. 17,14).

29. EL COLOR SÍ CUENTA

Uno de los más curiosos ritos presuntamente impuestos por el Señor era el sacrificio de la vaca roja. La res escogida no debía tener defectos, ser de color rojo y no contar con manchas en el pelaje. Se debía llevar fuera del campamento para que fuese inmolada en presencia de un sacerdote. Se degollaba la vaca y el sacerdote salpicaba con el dedo la sangre en la entrada de la tienda del Encuentro. Nada menos y nada más que siete veces.

Después se preparaba una gran hoguera con mucha leña, porque la vaca era grande y debía ser reducida a cenizas. Se quemaba con su piel, su carne, sus pezuñas, sus cuernos e incluso sus intestinos y sus excrementos. Mientras se estaba carbonizando poco a poco, se echaban en la hoguera ramas frescas de cedro, tallos y hojas del aromático hisopo y un colorante natural del mismo color que la vaca, la grana. Cuando solo quedaban cenizas, «*un hombre puro recogía las cenizas de la vaca y las depositaba en un lugar puro, fuera del campamento*» (Núm 19,9). Lo más extraño de todo aquel proceso era que el hombre puro que había recogido las cenizas altamente purificadas de la vaca, tenía que lavar su ropa, y aun así quedaba impuro como siempre hasta la tarde.

Las cenizas se usaban en los ritos que exigían agua expiatoria.

En la actualidad, se ha iniciado en Israel la crianza de terneras de pelo más o menos rojizo, a partir de embriones congelados importados de Estados Unidos, para así disponer de vacas rojas en las ceremonias preliminares a la construcción del tercer templo de Jerusalén...

30. VARA MÁGICA

«*En aquellos días, la comunidad entera de los hijos de Israel llegó al desierto de Sin y el pueblo se instaló en Cadés.*

Allí murió María y allí la enterraron» (Núm 20, 1). Como ya sabrá el lector, María era la hermana mayor de Moisés y de Aarón.

Al parecer los habitantes de Cadés se habían ido a otro lugar. En Cadés tenían muy poca agua y escasos medios de subsistencia, que no querían ni podían compartir con la muchedumbre que se les estaba cayendo encima... O quizá ya no vivía nadie en aquel pueblo, en realidad un oasis. Entonces a los israelitas se les acabó primero el agua, luego las reservas de maná y de saltamontes disecados, y finalmente la resignación.

El pueblo empezó a quejarse diciendo: «¡*Ojalá hubiéramos muerto como nuestros hermanos! ¿Por qué has traído a la comunidad del Señor a este desierto, para que muramos en él nosotros y nuestras bestias? ¿Por qué nos has sacado de Egipto para traernos a este sitio horrible, que no tiene grano ni higueras ni viñas ni granados ni agua para beber?*» (Núm 20, 3-5).

Pues, sí. En Cadés había agua. Detrás de una pared rocosa se ocultaba una pequeña cueva, con una entrada estrecha que se tapaba con una gran piedra plana. En aquella cueva se hallaba la fuente de Meribá, un pequeño manantial cuya límpida agua se recogía en una pila. Protegida de los rayos del sol y del polvo levantado por el viento y los animales, quedaba siempre fresca y limpia. Cada día, por la mañana, un hombre se quedaba en la cueva durante un par de horas para atender a la gente que necesitaba agua. Para pedirla, bastaba con golpear la roca dos veces con una vara. Entonces el aguador dirigía el agua, por un conducto cavado en la roca, hacia un agujero que atravesaba la pared rocosa. Para hacer cesar el suministro, se debía golpear la roca una sola vez. Entonces el encargado tapaba el agujero y, si la pila estaba llena, dirigía el agua sobrante hacia un tanque donde se almacenaba. Era un procedimiento sencillo, que no necesitaba ni milagros ni trucos de magia para ser efectivo. Pero esto, el pueblo no lo sabía. Dios tampoco... Moisés sí lo sabía. Él tenía sus informadores, probablemente todos levitas. Para conseguir una información ellos utilizaban algunas frases mágicas, por ejemplo, tratándose de agua, agarraban a un hombre y le decían: «O nos dices de dónde y cómo se saca el agua en este lugar o te matamos». Si no funcionaba con el primero, lo mataban y pasaban a otro, y a uno más si era necesario, hasta que alguien les dijera lo que querían saber. Entonces a ese último lo mataban los hombres de su propio pueblo, por haberlos traicionado.

Después de un simulacro de postración delante de la Tienda del Encuentro, «*Moisés alzó la mano y golpeó la roca con la vara dos veces, y brotó agua tan abundante que bebieron toda la comunidad y todas las bestias. [...] Esta es la fuente de Meribá, donde los hijos de Israel disputaron con el Señor y Él les mostró su santidad*» (Núm 20, 11 y 13).

¿Por qué Te empeñas, Señorito, en mostrarles tu santidad? Sabes muy bien que no pueden verla. Y pasa lo mismo con tu gloria.

31. RODEO OBLIGADO

Una vez asumida la obligación de dejar pasar los años antes de poder hacerse con la tierra prometida, ubicada en Cisjordania, al oeste del Jordán y del mar Muerto, Moisés empezó a poner la vista en Transjordania, el vasto territorio que se extiende al este y que en la actualidad forma parte del reino de Jordania. Para alcanzarlo, los israelitas pensaban pasar por Edón, ocupado por los edomitas, descendientes mezclados con otras etnias del velludo Esaú, el hermano mayor de Jacob.

Moisés mandó mensajeros al rey de Edón para pedirle que dejara pasar por su tierra a su gente y a su ganado: Le aseguraba que no se apartaría de la vía principal y que le pagaría el agua y el sustento que necesitarían las personas y los animales. La respuesta fue rápida y contundente: «*No pasarás por mi tierra. Si lo haces, saldré a tu encuentro espada en mano*». Como Moisés insistía, «*salió Edón a su encuentro con un gran despliegue de fuerzas*» (Núm 20, 18-20).

Moisés y su gente tuvieron que desviarse por el sur, lo que los llevaría hasta el golfo de Acaba, pasando por una región árida y pedregosa. «*Entonces el rey cananeo de Arad atacó a Israel y le hizo algunos prisioneros*» (Núm 21,1).

Arad era una pequeña ciudad rodeada de campos y de aldeas, no un gran país como Edón. Así que Moisés la conquistó y la destruyó, y él no hizo ningún prisionero. Los israelitas nunca hacían prisioneros; hacían únicamente, a veces, algunas prisioneras, con tal que fueran jóvenes, no demasiado feas y, sobre todo, vírgenes. Como aquel día no encontraron a ninguna chica que cumpliera esos requisitos, todos los habitantes del pequeño reino de Arad fueron exterminados.

En los comentarios se preguntan por qué Israel no atacó y conquistó también a Edón. La respuesta a esta pregunta figura en el texto: fue porque se encontró frente a un gran despliegue de fuerzas. Debían más bien preguntarse por qué el rey de Edón no quiso que Israel pasara por su territorio, y esto también tiene respuesta. Edón estaba en paz con sus vecinos, y su rey, que conocía las intenciones belicosas de los israelitas, no quería de ningún modo facilitarles el acceso a Transjordania.

Los exterminadores tuvieron que bajar al sur, rodeando el territorio de Edón, hasta la extremidad norte del golfo de Acaba, que no es sino una prolongación tierra adentro del mar Rojo. Luego se dirigieron hacia el norte, pasando entre el desierto y las mal definidas fronteras de Edón y de Moab hasta alcanzar el río Arnón, donde empezaba uno de los territorios ocupados por los cananeos que vivían al este del Jordán.

El recorrido era largo y obligaba a cruzar zonas muy áridas, sin buenos pastos para el ganado y con puntos donde encontrar agua escasos y a veces muy alejados los unos de los otros. El viaje hasta alcanzar el río Arnón pudo durar años e incluso lustros.

Lluvia de víboras. Mientras iba caminando hacia el golfo de Acaba, que todavía quedaba muy lejos, el pueblo se lamentaba y se quejaba. Todos a Moisés le decían lo mismo: «*¿Por qué nos has sacado de Egipto para morir en el desierto? No* *tenemos ni pan ni agua y nos da náuseas ese maná sin sustancia?*» (Núm 21,5). Moisés y Aarón no sabían que contestar, pero el Señor oyó las quejas de su querido pueblo escogido y, siempre complaciente, «*envió contra el pueblo serpientes abrasadoras, que los mordían y murieron muchos hijos de Israel*» (Núm 21,6).

Los sobrevivientes suplicaron a Moisés para que hiciera algo. Como no quería perder más hombres porque los necesitaría para sus conquistas en Transjordania, Moisés fabricó una serpiente de bronce y la colocó en un lugar elevado, para que todo el mundo pudiera verla. «*Cuando una serpiente mordía a alguien, miraba a la serpiente de bronce y salvaba la vida*» (Núm 21,19).

No te preocupes, Señor, por lo que algunos puedan pensar o decir de Ti. Yo sé muy bien, y no soy el único en saberlo, que no fuiste Tú quien envió a Israel las serpientes abrasadoras. ¿De dónde las habrías sacado? Las serpientes no se crían en las nubes, pero en la arena de los desiertos no demasiado desérticos, con numerosas matas de arbustillos y recia hierba, pueden llegar a ser abundantes.

Muerte en las alturas. Al llegar a la frontera de la tierra de Edón, en Hor de la Montaña, Moisés tomó la decisión de quitarse de encima a su decrépito hermano mayor, que ya no le servía para nada y se había vuelto una molestia. Afirmó que el Señor le había dicho: «*Que se reúna Aarón con los suyos porque no debe entrar en la tierra que voy a dar a los hijos de Israel*» (Núm 20, 23-24).

Por orden de Moisés disfrazada en orden del Señor, Aarón tuvo que subir hasta la cumbre del monte Hor. Lo acompañaban su hijo Eleazar y el propio Moisés, además de algunos servidores. Cuando estuvieron todos arriba, Moisés le quitó a su hermano sus ornamentos sacerdotales y se los entregó a Eleazar, para que se los pusiera en seguida.

Despojado de sus ornamentos y agotado por la subida, «*murió allí Aarón, en la cumbre del monte*» (Núm 20, 28).

32. LA BURRA Y EL ÁNGEL

Cuando los israelitas llegaron al reino de Moab, y aunque lo rodearan por el este, Balac, su rey, se asustó y solicitó los servicios del mago Balaán para obtener su bendición, o al menos que maldijera al enemigo. Se entabló una competición entre Moab e Israel, que se relata con interminables detalles, inútiles digresiones e interminables retahílas de versos, todos elogiosos, pero no para Moab... He aquí una pequeña muestra, tomada al comienzo de la discusión:

De Siria me hace venir Balac,
el rey de Moab de los montes de Oriente.
Ven, maldíceme a Jacob,
ven, augura males a Israel... (Núm 23,6-7).

Y otra muestra, un poco antes de llegar al final:

Avanza una estrella de Jacob,
y surge un cetro de Israel.
Aplasta las sienes de Moab,
el cráneo de todos los hijos de Set.
Edón será tierra conquistada... (Núm 23, 17-18).

Ineficacia absoluta. A pesar de los numerosos animales ofrecidos en sacrificio a Dios, y otros entregados como estipendio al mago Balaán, el rey Balac no quedó satisfecho y se quejaba: «*¿Qué me has hecho? te he llamado para maldecir a mis enemigos y los has colmado de bendiciones*» (Núm 23,11). El rey de Moab tardó mucho en comprender que la táctica utilizada por el mago no era más que una medida de protección. Conocía las intenciones de Israel y sabía que hablar mal de él podía significar una condenación a muerte. Veremos más adelante que su estrategia no surtió el efecto deseado.

Desde luego el lector comprenderá que la corta anécdota siguiente es pura fantasía; pero una fantasía inofensiva e incluso amable, lo que demuestra que no pudo haber sido "inspirada" por el malhumorado dios de Moisés. Sucedió, pues, que un día mientras Balaán iba montado en su burra a reunirse con Balac, Dios puso en su camino a uno de sus guerreros alados, que lo esperó blandiendo su flamante espada. La burra lo vio, se detuvo varias veces y finalmente se tumbó, mientras Balaán, que no veía nada, no paraba de pegarla. Entonces la burra abrió la boca y empezó a hablar y a quejarse. Balaán por fin divisó al ángel, se asustó y se arrepintió de haber pegado a su burra. El ángel también habló porque en ese bonito cuento bíblico, como en las historias de hadas los dioses, los ángeles y los animales sabían hablar. A Balaán le dijo el ángel: «*La burra me ha visto y se ha apartado de mí tres veces. Si no se hubiera desviado, yo te habría matado y a ella la habría dejado con vida*» (Núm 22,33).

33. ¡MALDITOS SEAN LOS VENCIDOS!

El rey Balac habría podido prescindir de los servicios del mago Balaán, porque Israel pasó al este de su reino para alcanzar el río Arnón, que hacía de frontera entre Moab y una región ocupada por los amorreos. Moab era el nombre del hijo que la hija mayor de Lot había tenido después de acostarse con su padre, y se suponía que los moabitas eran sus descendientes. La hija menor de Lot había engendrado en las mismas circunstancias a Amón, supuesto padre de los amonitas, instalados un poco más al norte. Acerca de lo que pasó después con los amorreos, en el libro de los Números se dice poco. Pasaremos, pues, al Deuteronomio, donde en mi opinión se explica mucho mejor.

Empezó la conquista de Transjordania, preludio a la de Cisjordania, la tierra prometida. Para caldear el ardor belicoso de sus tropas, Moisés proclamó que Dios le había dicho: «*Hoy mismo empiezo a infundir miedo y terror de ti entre los pueb-*

los que hay bajo el cielo, quienes, al oír hablar de ti, temblarán y se estremecerán» (Dt 2,25).

A pesar de aquella «declaración de guerra», Moisés envió emisarios a Sijón el amorreo, rey de Jesbón. Le pedían permiso para que toda la comunidad pudiera pasar por sus tierras, pagando el agua y los alimentos que podrían necesitar. Pero Sijón rechazó la oferta, porque Tú, Dios traidor y despiadado, le habías endurecido el corazón y nublado el espíritu. Al menos es lo que se cuenta en Dt 2,30; pero esto yo no lo creo. En esta oferta debió de haber gato encerrado: algún truco del astuto Moisés que hiciera que su propuesta pareciera sospechosa o inaceptable... Así que el enloquecido rey Sijón no dudó en salir con todo su pueblo para enfrentarse a los «600.000 hombres aptos para la guerra» de Israel y, naturalmente, fue derrotado. Pero «derrotado» es un piadoso eufemismo porque, «*Entonces* —cuenta Moisés— *conquistamos todas sus ciudades, las consagramos al exterminio: hombres, mujeres y niños, no dejamos supervivientes*» (Dt. 2,34).

Al principio sorprende ver el verbo *consagrar* metido en tal contexto. Luego uno se acostumbra... Así que se declaraba *sagrada* a la gente que se quería exterminar... Tal vez se pueda interpretar de modo menos abrupto. Veamos lo que se opina en los comentarios... Pero resulta que en esta página (244 de mi Biblia preferida) no hay ningún comentario.

«*Sólo tomamos como botín* —continúa Moisés— *el ganado y los despojos de las ciudades conquistadas*» (Dt 2,35).

Después de aquel atrevido arrebato de heroísmo, los desenfrenados israelitas arremetieron contra Og, rey de Basán, y lo vencieron. Conquistaron todas sus ciudades, acabaron con la población y se hicieron con el ganado.

La palabra *Og*, nombre del desgraciado rey de Basán, suena en francés como *ogre* (ogro), lo que podría explicar por qué aquel monarca tenía una cama de cuatro metros y medio de largo por dos de ancho.

34. ABERRACIONES EN SERIE

Los hijos —y los padres, y quizá también los abuelos y los nietos— de Israel cometieron la estupidez de instalar sus tiendas en Peor, a corta distancia de un renombrado santuario del libidinoso dios Baal. Moisés, a sabiendas de lo que iba a ocurrir y aunque tenía a su disposición toda la región, no se opuso... Es de sospechar que incluso se alegró, pensando que algunos de sus súbditos caerían en la trampa y que para él sería un placer castigarlos. Y no estaba equivocado: En la trampa cayeron muchos; sin perder tiempo «*El pueblo empezó a fornicar con las muchachas de Moab*» (Núm 25,1).

Era algo previsible, normal y sin graves consecuencias. Pero esas chicas invitaron al pueblo a banquetes y bailes, y también a presenciar ofrendas y sacrificios dedicados a sus propios dioses, en especial al odiado y omnipresente Baal. «*Israel se unió al Baal de Peor y se incendió la ira del Señor contra Israel» (Núm 25,3)*. Y el Señor dijo a Moisés: «*Toma a todos los jefes del pueblo y empálalos en honor del Señor a la luz del sol*» (Núm 25,4).

Habría que ser un perturbado mental para creer que aquella inhumana y grotesca orden de empalar a la gente proviniera de Dios. Fue una descarada mentira del impotente y misógino Moisés. Y fue también un imperdonable insulto al Señor el mandar que se cometiera tal atrocidad «en su honor», y además a la luz del sol... Después Moisés, sin molestarse más en afirmar que se lo mandaba el Señor, continuó diciendo a los jueces: «*Matad cada uno de los vuestros que se haya unido al Baal de Peor*» (Núm 25,5).

Los jueces obedecieron: Se mataron a todos los que se habían acostado con una moabita, a los que alguien había visto hablar con una mujer del país, y también a los que nadie había visto pero que salieron en algún momento del campamento, aunque alegaran que era para ir a buscar leña.

Y ahora dime, desalmado Señor, ¿Por qué no hiciste nada para detener la masacre? En vez de dejar que se castigara de forma indiscriminada a tu pueblo, habrías podido mandar que un rayo abrasara al Baal de Peor, o que un meteorito lo golpeara y lo hiciera añicos...

Para los cabecillas de Israel la compasión era un mal contra el cual ellos eran inmunes. Luego se pasa sin transición alguna del versículo 25,5 al versículo 25,6 en el que se cuenta algo muy distinto, pero no menos bárbaro: «*Sucedió que un hombre, uno de los hijos de Israel, vino y presentó entre sus hermanos a una madianita, a la vista de Moisés y de toda la comunidad, que estaba llorando a la entrada de la Tienda del Encuentro. Al verlo Pinjás, hijo de Eleazar, hijo del sacerdote Aarón* —entonces fallecido—, *se levantó en medio de la comunidad, lanza en mano, entró tras el hombre en la alcoba y los atravesó a los dos, al israelita y a la mujer, por el bajo vientre. Y se detuvo la plaga que azotaba a los israelitas. Habían muerto ya por la plaga veinticinco mil*» (Núm 25, 6-9).

La plaga, eran ellos. Sí, ellos: Moisés, sus levitas y sus sacerdotes; cuando dejaron de matar porque necesitaban un respiro, se detuvo la plaga, aunque por poco tiempo. Resumo aquí, a mi manera, aquella abominable historia, protagonizada por personajes también en su mayoría abominables: Un joven israelita llamado Zimrí, de la tribu de Simeón, presentó a sus hermanos una joven madianita, quien no era una desconocida. Su padre era jefe de clan en Madián y ella se llamaba Cosbí. No tenía nada que ver con las moabitas; de lo contrario, se habría juntado a ellas y nadie la habría matado. Pero ella, sola y desamparada en un país extranjero, fue llorando a pedir asilo y protección a Israel, acompañada por el joven Zimrí, quien probablemente se había enamorado de ella. Entonces Pinjás, nieto del difunto Aarón e hijo del sacerdote Eleazar, los asesinó a ambos de la forma más vil, inhumana y cobarde que se pueda imaginar...

¿Y qué castigo se infligió al asqueroso asesino? Ninguno... Al contrario, fue colmado de honores: El Señor, es decir

Moisés, dijo entre otras estupideces: «*Pinjás ha aplacado mi furor contra los israelitas. Por eso digo: le concedo a él mi alianza de paz. Tanto él como su descendencia tendrán derecho perpetuo al sacerdocio*» (Núm 25, 10-12).

Ingratitud inconcebible. El mismo Moisés, cuando era un fugitivo en tierra de Madián, fue bien acogido por los madianitas, y uno de ellos le dio como esposa a una de sus hijas... Sin embargo, después del asesinato por un allegado suyo de la madianita y del israelita quien la acompañaba, dijo hablando como siempre en nombre del Señor: «*Atacad a los madianitas y derrotadlos, porque ellos os han atacado a vosotros por sus seducciones*» (Núm 25, 27-28). Esto era una mentira flagrante, ya que todas las «seductoras» eran moabitas, y a ellas no les pasó nada. Es que la injusticia presuntamente divina practicaba por Moisés no tenía límites...

Lo que en el libro de los Números no se dice, es que Moisés buscaba un pretexto para atacar a Madián, y así poder vengarse de su suegro Jetro, quien no dudó en rechazar su oferta de implicarle en su guerra de exterminio contra los cananeos. Una anhelada guerra en la que, finalmente, el mismo Moisés no iba a participar, porque los nuevos representantes del Dios de los israelitas le prohibirían entrar en la tierra prometida.

Monumental derroche de leña y carne, El día quince del séptimo mes se celebró la «fiesta de la carnicería». Se dice que duró siete días, pero quien tenga la paciencia de leer el capítulo hasta el último versículo verá que el octavo día se seguía degollando y achicharrando reses.

«*El primer día se quemaron trece novillos, dos carneros y catorce corderos, todos sin defecto y con guarnición de flor de harina amasada con aceite. Todo esto además del holocausto perpetuo, con su oblación y su libación*» (Núm 29, 38). Sabemos que el holocausto perpetuo exigía que se sacrificara cada día un cordero por la mañana y otro por la tarde.

El segundo día de la fiesta, se repitió el proceso, pero con sólo doce novillos con el mismo aderezo y sin que cambiara el número de los carneros y de los corderos sacrificados.

El tercer día se volvió a restar un novillo y nada más, y así sucesivamente, hasta el último día. Aquel último día, para que el aroma aplacara al Señor se ofreció en holocausto un novillo, un carnero y siete corderos, siempre con oblación y libación, amén de los dos machos cabríos —uno el tercer día y el otro el octavo y último día—, haciendo como siempre el detestable papel de sacrificados expiatorios.

Sumando por categorías los animales reducidos a humo y cenizas durante los ocho días que duró la fiesta, nos enteramos de que se sacrificaron setenta y un novillos, quince carneros, ciento veintiún corderos y los dos machos cabríos.

En realidad la fiesta era la de las Tiendas pero no vi qué relación, aun sagrada o secreta, podía tener con las tiendas. Con la carnicería sí la tenía, con una diferencia notable: las reses sacrificadas no se comían... Se quemaban.

Además de la fiesta de las Tiendas, todos los sábados se mataban dos corderos, que se añadían al holocausto perpetuo. Los primeros días del mes se hacía un holocausto de dos novillos, un carnero y siete corderos, todos sin tachas. Era más o menos lo que se ofrecía en la Pascua de los Ázimos, en la fiesta de las Semanas, en la de las Trompetas y en el día de la Expiación. Y también en cualquier acontecimiento que se quería celebrar.

¿Y qué se hacía en aquellas fiestas, aparte de degollar y quemar reses? No nos dicen si había cantos y toques de trompeta, si se tocaba la cítara u otros instrumentos, ni si los jóvenes daban vueltas bailando alrededor de las hogueras donde se inutilizaban tontamente las preciosas proteínas que necesitaba y reclamaba en vano el pueblo.

En el capítulo once de este libro de los números leemos: «¡*Quién nos diera carne para comer! ¡Cómo nos acordamos del pescado que comíamos gratis en Egipto, y de los pepinos, y melones y puerros y cebollas y ajos!*» (Núm 11,5). El pueblo estaba harto del maná y de los saltamontes. Y lo decía y lo repetía. Y mientras tanto, la mafia sacerdotal les quemaba delante de las narices grandes cantidades de carne fresca, de reses sanas y sin defecto.

Guerra sucia. Acabada la fiesta, Moisés decidió que había llegado el momento de arremeter contra Madián. Como se ha dicho más alto, odiaba a esa acogedora y poco belicosa gente, aunque su primera mujer y su suegro eran madianitas. El mismo había vivido unos diez años en Madián, donde encontró asilo cuando huyó de Egipto. De esto tenemos pruebas, por ejemplo: «*Moisés pastoreaba el rebaño de su suegro Jetró, sacerdote de Madián*» (Éx 3,1). Además, se cree que los madianitas eran emparentados con los israelitas, por ser descendientes de Abrahán y de Queturá, su segunda y última esposa.

Fue también en Madián donde Moisés, harto de apacentar las ovejas de su suegro, ideó el proyecto de sacar a los israelitas de Egipto y de volverse su líder, prometiéndoles una tierra propia pero todavía por conquistar y que él no conocía.

Ya sabemos que Moisés acusaba a las madianitas de haber incitado a los israelitas a pecar en Peor, mas Peor estaba en la extremidad norte del reino de Moab, y Madián muy lejos al sur. Las chicas que incitaron a pecar a los hombres de Israel —que de todas formas no necesitaban incitación alguna para hacerlo— eran todas moabitas, salvo una, que ya conocemos. Retrocediendo hasta los tres versículos que describen el crimen (Núm 25, 6-9), se puede ver que son confusos, tanto en una Biblia como en las otras, y dejan al lector desconcertado e insatisfecho.

Moisés mandó a Madián doce mil de sus mejores guerreros, «*y con ellos a Pinjás* (el abyecto asesino), *hijo del sacerdote Eleazar, que llevaba en su mano los objetos sagrados y las trompetas del toque de combate*» (Núm 31,6).

Ellos mataron a todos los hombres, a los cinco reyes madianitas y también a Balaán, el mago dueño de la burra que un día pudo hablar. ¿Qué hacía Balaán con los madianitas? Si lo habían llamado para que maldijera al enemigo que se estaba acercando, la maldición por desgracia no produjo efecto. Es de esperar que por lo menos se salvase la burra. Y también Jetro, el entonces ya anciano suegro de Moisés.

Los soldados de Israel prendieron fuego a las ciudades y a los campamentos. Hicieron prisioneros a los niños y a las mujeres y los llevaron a Moisés, con el ganado de los madianitas y un cuantioso botín de guerra. Pero Moisés se sorprendió y se enfadó contra los jefes de las tropas, porque no habían matado también a las mujeres. «*Dad muerte, pues, dijo Moisés, a todos los niños varones, y a toda mujer que se haya acostado con varón matadla también. Pero reservaos para vosotros a todas las muchachas que no se hayan acostado con varón*» (Núm 31, 17-18).

Comentario inapropiado. Pensé que podría ser interesante saber lo que se opina en los comentarios de pie de página sobre ese cruel episodio. Pero no lo es... Es más bien lamentable y decepcionante. Cito textualmente:

«*Se cuenta aquí la ejecución de la orden recibida por Moisés de castigar a los madianitas por haber instigado a Israel al pecado, aprovechando la ocasión para introducir unas reglas sobre la guerra santa*».

Si todavía estás vivo, comentador anónimo, harías bien en abrir tu Biblia y leer (o releer) al menos los primeros versículos del capítulo 25 del libro de los Números. Ahí está escrito en perfecto castellano que el pueblo empezó a fornicar con las muchachas de Moab. De Moab... no de Madián. Pero Moisés deseaba vengarse de Madián, no de Moab, que además habría sido un hueso más difícil de roer. Y esto lo explica todo. Pero tú, siendo comentador de la Biblia y probablemente también creyente, no podías ignorar que aquella orden de matar, rematar y despojar a los madianitas no fue dado a Moisés por Dios. Entonces, tienes que admitir que eres un mentiroso y que tu estúpido comentario solo sirve para difamar de muy mala manera al Señor, tu Dios.

35. REPARTOS

Cuando uno se entera de la enormidad del botín que los guerreros de Israel trajeron de Madián, entiende mejor por qué Moisés agarró el primer pretexto que pasó a su alcance para lanzarse en esa pérfida guerra que ellos llamaban *santa*. Después de haber entregado al sacerdote Eleazar «como reserva para el Señor» y a los levitas la parte que les correspondía, el remanente fue de seiscientas y cinco mil cabezas de ganado lanar, setenta y dos mil de vacuno y sesenta y un mil de ganado asnal. «*En cuanto a las personas, las mujeres que no se habían acostado con varón eran, en total, treinta y dos mil*» (Núm 31,35).

Incurable exageración bíblica aparte, no deja de sorprender que los madianitas tuvieran tantas mujeres a la vez solteras y vírgenes... ¿Y cómo podían los raptores saber que una mujer no se había acostado nunca con un hombre? ¿Acaso se lo preguntaban? ¿Pero qué chica o mujer joven iba a decir que sí, sabiendo que en seguida la matarían?

Otro reparto que se llevó a cabo fue el de las tierras conquistadas en Transjordania, que todavía no habían sido atribuidas a nadie. El reino de Og, en Basán, había sido ocupado por media tribu de Manasés pero quedaba libre el vasto territorio de Galaad. Las tribus de Rubén y de Gad lo reivindicaron, lo que al principio no gustó a Moisés. Se enfadó y dijo «*¿De modo que vuestros hermanos van a ir al combate y vosotros os vais a quedar aquí?*» (Núm 32,6). Pero ellos juraron que irían a combatir en primera línea y que renunciaban a cualquier atribución de tierra en el país de Canaán, que aún no había sido vaciado de sus ocupantes.

Con la aprobación de Moisés, los gaditas y los rubenitas se instalaron en el territorio de Galaad y empezaron a reconstruir les ciudades que ellos mismos habían destruido. Con el paso del tiempo se mezclarían con sus vecinos y primos lejanos, los amonitas y los moabitas.

36. FERTILIDAD

Para acabar con el libro de los Números, un número más: el de los hombres de más de veinte años restantes después de las guerras, de las matanzas y de las ejecuciones: «*El total de los hijos de Israel censados fue de seiscientos un mil setecientos treinta*» (Núm 26,51).

Tan sólo 1.820 bajas... una cifra bajísima si se compara con los 14.700 muertos de la rebelión de Coré, o con las 24.000 imputables a la intolerancia destructora de Moisés en el asunto del Baal de Peor. Era evidente que cuanto más se mataban los unos a los otros los hombres de Israel, más hijos parían sus mujeres. En cambio, las bajas debidas a los enfrentamientos con los enemigos eran insignificantes.

—Entonces —preguntó el nieto de mi vecino— ¿de dónde vinieron los hombres de más de veinte años, que casi compensan las bajas?

El abuelito, que ahora que nos conocemos mejor es mi amigo, le propinó un par de cachetes en la mollera mientras le decía:

—De ninguna parte, idiota; ya estaban ahí, pero todavía no tenían veinte años.

¡A propósito!, mi amigo el abuelo se llama Albert, y a su nieto lo llaman Burrito. Cuando le preguntan por qué, dice que es porque tiene grandes orejas. Sus padres no estaban casados. Cuando se separaron, el nuevo novio de su madre vino a vivir con ella, mientras su padre se marchaba a casa de su nueva novia y los abuelos se llevaban al niño a vivir con ellos. Y todos contentos.

37. NOTIFICACIONES

Antes de zambullirme en el quinto libro del Antiguo Testamento quisiera decirte algo, Señor Dios. Me gustaría llamarte por tu nombre bíblico: Yavé, sin la molesta *h*, que en la Biblia de Jerusalén todavía lo parte por la mitad. Existen muchos dioses, por supuesto casi todos falsos, y la *D* mayúscula que te ponen para que destaques del montón pasa fácilmente inadvertida. En cuanto a los *Señores,* hay todavía más. De hecho, todos los varones somos señores, aunque Tú sólo tengas derecho a la *S* capital. Me parece incoherente que dioses depravados como Baal o antropófagos como Moloch, se designen por su nombre y que Tú tengas que conformarte con un anónimo *Dios* o *Señor.* Quedamos, pues, en que de ahora en adelante te llamo Yavé, como suena y sin complicaciones ortográficas. Pero que quede entendido que me reservo la facultad de dirigirme a Ti con otros nombres, especialmente cuando hagas cosas que no me gusten.

Primera señal de que para el líder se acerca el ocaso. Otra notificación fue la que le hizo a Moisés un hombre que pretendía ser Dios, pero que era más bien quien iba a ser su sucesor: «El *Señor dijo a Moisés: "Sube al monte Abarín, y contempla la tierra que he dado a los hijos de Israel. Cuando la veas, irás a reunirte tú también con los tuyos, como se reunió con ellos tu hermano Aarón. Porque os rebelasteis en el desierto de Sin, cuando protestó la comunidad y yo os mandé manifestar delante de ella mi santidad por el agua"* (sic)» (Núm 27, 12-14).

Estas palabras contenían una alusión muy clara a lo que pasó en Cadés, antes de que Moisés hubiera averiguado dónde se ocultaba la fuente de Meribá y cómo acceder a ella. En cuanto a Moisés, desde luego no tenía ninguna prisa para subir al monte Abarín. Seguro que ni siquiera quiso acercarse a la montaña...

Órdenes contradictorias caídas del cielo. «*Cuando paséis el Jordán para entrar en la tierra de Canaán, expulsaréis a vuestra llegada a todos los habitantes del país. Destruiréis todas sus imágenes pintadas y sus estatuas de fundición, y demoleréis todos sus santuarios*» (Núm 33, 51-52).

Esto, los invasores israelitas no lo hicieron. Al contrario, hicieron siempre todo lo posible para que los ocupantes de las ciudades se quedaran en ellas, pudiendo así consagrarlos al exterminio y luego eliminarlos a todos: hombres, mujeres, niños y animales. Tampoco se habían tomado muy en serio otra advertencia proveniente supuestamente también del Señor: «*Si no expulsáis a vuestra llegada a los habitantes del país, los que dejéis serán para vosotros espinas en vuestros ojos y aguijones en vuestros costados, y os oprimirán en el país en que vais a habitar. Y yo os trataré a vosotros como había pensado tratarlos a ellos*» (Núm 33, 55-56).

Todos sabemos que aquellas confusas órdenes de «expulsar» y amenazas por no hacerlo quedaron sin efecto. Los israelitas masacraron sistemática y religiosamente a toda la gente que no consiguió huir de su hogar antes de la llegada de los invasores. Y ellos siempre se salieron con la suya, sin daños mayores y casi sin pérdidas humanas.

DEUTERONOMIO

38. INTROITO

El Deuteronomio es menos mortífero que el libro de los Números y mucho menos desagradable de leer. También en ese quinto libro se derrama sangre, pero es casi siempre la de los enemigos y de los animales que se degüellan y queman para los sacrificios. Al añadir el Deuteronomio a los cuatro libros que lo preceden, se obtiene un paquete de cinco obras, que se suele llamar familiarmente el Pentateuco.

En la introducción bíblica al Deuteronomio (una palabra que significa «segunda ley»), se hace hincapié en que: «*Desde el punto de vista estilístico, el Deuteronomio llama la atención por el cambio frecuente de pronombre personal. Secciones redactadas en segunda persona del singular (secciones-tú) alternan con otras en segunda persona del plural (secciones-vosotros).* [...] *Otro de los rasgos estilístico del libro es su carácter reiterativo. Algunos giros, con pequeñas variantes, vuelven una y otra vez. Tal es el caso de las invitaciones a amar y servir al señor con todo el corazón, a observar los mandamientos y las* (complicadísimas) *leyes, a ir al lugar que el Señor eligiere para poner ahí su nombre»* (Introducción al Levítico, Biblia de la Conferencia Episcopal Española).

Y todo esto se nota desde la primera página... De hecho, casi la mitad de la obra no es más que la compilación de hechos conocidos y de leyes y preceptos ya enunciados en los cuatro libros precedentes.

El texto de las primeras páginas del Deuteronomio presenta la particularidad de haber sido escrito en primera persona. Quien habla es Moisés y así empieza: «*El Señor nuestro Dios nos dijo en el Horeb: "Ya habéis pasado bastante tiempo en esta montaña. Poneos en marcha y dirigíos a la montaña de los amorreos y a todos los pueblos vecinos de la Arabá, a la montaña de Sefelá, al Negueb y a la costa —en territorio cananeo—, al Líbano y hasta el río Grande, el Éufrates"*» (Dt 1, 6-7).

Las hordas de Moisés no fueron hasta el Líbano y tampoco hasta el Éufrates, ni lo intentaron. Pero varios siglos después muchos de sus descendientes sí fueron hasta el Éufrates y algunos incluso lo cruzaron, como prisioneros del rey Nabucodonosor, cuando los babilonios se hubieron apoderado del reino de Judá y de su capital, Jerusalén.

En una nota de pie de página nos informan que «*el Horeb es el nombre que se da, en el Deuteronomio, al lugar comúnmente conocido como Sinaí. Ambos nombres designan la misma realidad: la montaña santa en la que el Señor se reveló a Israel*». La triste realidad es que el Señor no se reveló en absoluto en la «*teofanía del Sinaí*», en la que cualquiera que osara acercarse demasiado a la base de la montaña corría el riesgo de ser ejecutado en el acto...

Se acentúa el decaimiento. Moisés se queja: «*Yo solo no puedo cargar con vosotros. El Señor, vuestro Dios, os ha multiplicado y hoy sois tan numerosos como las estrellas*» (Dt 1, 9-10). Esto puede arreglarse Moisés, sólo tienes que pedir a Dios que vuelva estériles a todas las hijas de Israel, al menos hasta que entiendan que no pueden seguir reproduciéndose como langostas... Pero hombre, ¿qué dices? Ya has cambiado de parecer: «*¡Qué el Señor os haga crecer mil veces más, dice Moisés, y os bendiga como os prometió!*» *(Dt 1,11)*. Y después vuelve a quejarse: «*¡Pero cómo voy a soportar solo vuestras cargas, vuestros asuntos y vuestros pleitos!*» (Dt 1,12).

Ahora lo entiendo, lo que quiere Moisés es que le ayuden. Quiere que se nombre jefes de tribus, de mil, de cien... Pero todo esto ya lo tienes. ¿No recuerdas? Deberías dejar tu puesto y retirarte a descansar. ¿No ves que estás acabado?... Y de repente caigo en la cuenta: Esto no es más que una repetición —una más— de algo que ocurrió hace mucho tiempo y que se contó en otro libro del Pentateuco.

«*Cuando los hombres que habían penetrado en el país de Canaán* —recuerda Moisés— *volvieron con productos de la tierra, pero también con la inquietante información de que la gente que ahí vivía era numerosa y poderosa, el anhelo del pueblo por conquistar ese maravilloso país se derrumbó. Yo os dije* —continuó— "*No os asustéis ni les tengáis miedo. El Señor, que os precede, combatirá por vosotros, como hizo ante vuestros mismos ojos en Egipto y en el desierto, donde habéis visto que el Señor os llevaba como un padre lleva a su hijo, a lo largo de todo el camino que habéis recorrido para llegar a este lugar*"» (Dt 1, 29-31).

Pues, no. Nadie había visto al Señor en el desierto, ni en ningún otro lugar. Nadie había notado que, aunque sin mostrarse, le ayudaba y le conducía como un padre a su hijo... Así que continuaron quejándose y murmurando contra Moisés. «*El Señor oyó vuestras murmuraciones* —les dijo él—, *se irritó y juró: "Ni uno solo de estos hombres, de esta generación perversa, verá la tierra buena que yo juré dar a vuestros padres, excepto Caleb, hijo de Jefone*". [...] *También conmigo se irritó el Señor, por culpa vuestra, y me dijo. "Tampoco tú entrarás en ella. Será Josué, hijo de Nun, tu ayudante, quien entrará allí*"» (Dt , 35-38).

Puntualización. Al leer este último versículo, se podría pensar que Moisés se condenó a sí mismo a no entrar en la tierra prometida. Nada de eso. Debió de pensar: «Dentro de cuarenta años, quizá estaré muerto. Quizá no... En cualquier caso, como estaré muy viejo, quien se encargará de la peligrosa conquista de la tierra de Canaán será Josué, mientras yo podré vivir mis últimos años en este lado del Jordán, lejos de la guerra. Y nadie podrá tacharme de cobarde, porque todos se imaginarán que fue el mismo Dios quien eligió mi sucesor y me prohibió entrar en la tierra prometida».

39. ESTANCAMIENTO

Si los israelitas tuvieron que dejar pasar ocho quinquenios antes de poder apoderarse de la tierra de los cananeos y de las otras etnias que vivían en paz con ellos, ¿qué hicieron durante aquel descomunal intervalo de tiempo? En vez de responder en seguida a esta pregunta, veamos antes lo que no hicieron, porque me parece lo más interesante.

En primer lugar, no atacaron a los habitantes de la montaña de Seír, porque el Señor les había dicho: «*La montaña de Seír, se la he dado a Esaú* —el hermano velludo del lampiño Jacob— *en posesión. Los alimentos que comáis, se los compraréis con dinero e incluso el agua que bebáis se la pagaréis*» (Dt 2, 5-6).

Esto significa que Moisés, que ya había sido echado de Edom por otro clan de los numerosos descendientes de Esaú, no quiso enfrentarse a los que vivían en la ciudad fortificada y bien defendida de Seír.

En segundo lugar, Moisés tampoco quiso pelear con los moabitas, pretextando que el Señor se lo había prohibido diciéndole: «*No provoques a Moab ni trabes combate con él, pues no te daré nada de su tierra en posesión*» (Dt 2,9).

Los moabitas eran, como ya hemos recordado, los descendientes de Moab, el hijo incestuoso de Lot, sobrino de Abrahán, y de su hija mayor. Por eso cuando los hijos de Israel fornicaron con las muchachas de Moab y rindieron culto a sus dioses, para lavar la afrenta Moisés y sus esbirros no dudaron en elegir una víctima más fácil de cazar y de machacar, aunque no tuviera nada que ver con el asunto. Asesinaron a una madianita que venía buscando asilo, y luego arremetieron contra los madianitas en su propio país, con increíble crueldad, amén del empalamiento de los jefes y la ejecución de los israelitas sospechosos.

En tercer lugar, con los amonitas instalados más al norte se repitió la prohibición divina de pelear con ellos, porque descendían de Amón, otro hijo también incestuoso, nacido de la unión entre Lot con su hija menor. Veremos en los hechos de los reyes que el segundo de la lista, David, burlándose de la prohibición, no tuvo ningún reparo en pelear contra los amonitas y consiguió apoderarse de su capital.

¿Y qué pasó con los hombres condenados a perecer en el desierto? Acerca de toda aquella gente ya sin esperanza de llegar algún día a esa tierra paradisíaca que Moisés les había prometido, él mismo nos da la información, pero muy esquematizada y poco creíble. «*El tiempo que estuvimos caminando desde Cadés Barnea hasta que pasamos el torrente Zéred, fue de treinta y ocho años; hasta que desapareció del campamento toda la generación de los hombres de guerra, como les había jurado el Señor. Pues la mano del Señor se alzó también contra ellos para arrojarlos del campamento hasta acabar con ellos*» (Dt 2,14-15).

Un campamento puede significar muchos campamentos. El lector debe tener en cuenta que, en el texto bíblico y en mis comentarios, la palabra «campamento» rara vez se refiere a un único campamento, sino a una multitud de ellos. Es que 600.000 hombres aptos para la guerra, sus mujeres y sus hijos, los hombres demasiado viejos o demasiado jóvenes para ser aptos para la guerra, a los que se añade la gente que sin ser israelita siguió a Moisés para librarse de la esclavitud, habrían alcanzado o superado la enorme cifra de dos millones de personas. Sin hablar de los animales… Para albergar a tanta gente, se habría necesitado al menos dos mil campamentos, cada uno con mil ocupantes. Una locura… Esto, naturalmente, era imposible.

Teniendo en cuenta como siempre la ineludible tendencia bíblica a la exageración, dividamos este número por diez, lo que nos da la cantidad de 200.000 personas repartidas en 200 campamentos, y todavía son muchos campamentos y mucha gente... Pero al parecer Dios también había pensado en los peligros de la superpoblación, porque luego dijo, siempre según Moisés: «*Cuando desaparecieron del pueblo todos los hombres de guerra porque murieron, me dijo el Señor. Tú pasarás hoy la frontera de Moab*» (Dt 2, 17-18). Lo que ni Dios ni Moisés dicen, es cómo murieron todos aquellos hombres después de haber sido echados de los campamentos, seguramente sin armas y sin alimentos. Yo creo saberlo: murieron de hambre, de desesperación y de rabia... Y a los que tardaban demasiado en irse al otro barrio, los bien alimentados y bien armados levitas les echaban una mano... La sentencia pronunciada por el Señor y transmitida al pueblo por Moisés tenía que cumplirse...

Mientras tanto los descendientes de los condenados —dos generaciones de hombres jóvenes nacidos en el desierto— se entrenaban sin parar para el combate. Iban a formar una tropa renovada, mejor entrenada, más disciplinada y más agresiva que la de Moisés. Era lo que Josué necesitaba para lanzarse a la conquista de la tierra de los cananeos.

Ni soñarlo. Moisés no quería y no podía meterse en aquella guerra que se avecinaba, pero ardía en deseos de dar una vuelta por el país prometido antes de que Josué y sus tropas lo redujeran a escombros y cenizas. Él mismo cuenta que suplicó al Señor para que le permitiera ir antes de morir a visitar aquel bello y rico país que se extendía por el otro lado del Jordán. En una ocasión le habría dicho: «*Tú has comenzado a mostrar a tu siervo tu grandeza y el poder de tu mano. ¿Qué dios hay en los cielos o en la tierra que haga obras o hazañas como las tuyas?*» —Ignoro a qué obras y a qué hazañas hacía alusión el autor de estas líneas, pero estoy convencido de que tampoco él habría podido enumerarlas—. *Permíteme pasar para que vea la tierra buena que está al otro lado del Jordán, esas hermosas montañas y los bosques del Líbano. Pero el Señor se irritó contra mí por culpa vuestra y me dijo:* «¡Basta ya! No vuelvas a hablarme de este asunto» (Dt 3, 23-26).

Después el hombre quien hablaba en el nombre del Señor se ablandó un poco, le aconsejó que subiera a la cumbre del monte Fisga, y cuando estuvo arriba le dijo: «*Levanta tus ojos hacia el oeste, el norte, el sur y el este y contempla, pues no pasarás este Jordán*» (Dt 3,27). Se cree que el autor de esta anécdota, en primera persona en el texto, es como ya se ha señalado el propio Moisés. Era entonces muy viejo; había al parecer perdido toda autoridad y ni siquiera lo dejaban ir de paseo por el campo. Era evidente que todo lo que decía, hacía y exigía de su pueblo, se lo ordenaba otro hombre, no Dios.

¿Quién era? Probablemente Josué, el pretencioso y sin escrúpulo jefe del ejército, apoyado por al menos dos personas: Caleb, el único explorador de la tierra prometida que, además de Josué, había quedado con vida, porque quería que se iniciara en seguida su conquista; y el sacerdote Eleazar, hijo de Aarón, que odiaba silenciosamente a Moisés porque había mandado que se quemaran vivos a dos de sus hermanos entonces adolescentes. Debían de tener también muchos seguidores, reclutados entre los hombres que habían perdido un hijo, un hermano, un amigo o a su padre, masacrado o empalado por orden de Moisés.

Seguro que al viejo líder lo vigilaban día y noche, y si se oponían con tanto empeño a que cruzara el Jordán, era porque temían que fuera a pedir asilo a los cananeos, y que incluso cambiara de bando, tanto para vengarse de ellos como para satisfacer *in extremis* su ambición de penetrar en la tierra de los cananeos.

40. LIMPIEZA RELIGIOSA

Vuelven las prescripciones, cada vez más destructivas, en previsión de la guerra de exterminio que se está preparando: «*Debéis destruir por completo todos los lugares donde las naciones que vais a desposeer han dado culto a sus dioses*» (Dt 12,2). He aquí una orden afortunadamente imposible de acatar.

Un lugar se puede asolar e incluso arrasar pero no se puede destruir. De lo contrario, no quedaría ningún lugar para acoger a los usurpadores una vez eliminados los legítimos moradores, sus santuarios y sus ídolos.

Más adelante te explican lo que debes hacer si alguien —da igual que sea un forastero, un amigo, tu hijo o tu padre— te incita a conocer otros dioses: «*No te compadecerás de él ni lo encubrirás, sino que le darás muerte. Tu mano será la primera contra él para hacerlo morir, y después la mano de todo el pueblo*» (Dt 13,9-10).

Estos odiosos versículos eran una invitación a matar impunemente a cualquiera. Si a uno su vecino no le gustaba, declaraba públicamente que le había inducido a seguir a otro dios, lo mataba y después el pueblo se encargaba de acabar con su mujer, sus hijos pequeños y su vieja burra, que molestaba al asesino con sus rebuznos.

Hay situaciones todavía mucho más graves, que exigen sanciones extremas, como por ejemplo el que vea u oiga algo sospechoso en su ciudad, tendrá que informarse bien. Si el rumor se confirma, se pasará en seguida a los actos. ¡Y qué actos! «*Matarás a filo de espada a los habitantes de esa ciudad; la consagrarás al exterminio con todo lo que haya en ella*» (Dt 13,16).

¿Quiere decir esto que no se debe hacer ninguna distinción entre los renegados y los que te quedan fieles? ¡Fíjate en lo que dices y haces, Dios bárbaro e incompetente! se trata de tu propio pueblo, no de tus enemigos.

Luego «*pasarás a filo de espada al ganado*» (Dt 13,16). ¡También el ganado! Estás loco... Los animales no tienen la culpa de que sus dueños adoren divinidades equivocadas.

Finalmente, «*amontonarás en el centro de la plaza todo el botín, y prenderás fuego a la ciudad y al botín todo entero en honor del Señor*» (Dt 13, 17).

Cuando todo esté destruido y reducido a cascotes calcinados y cenizas, quedará el lugar, porque este, como ya se ha dicho, es indestructible. Pero Tú dices: «*La ciudad, en ruinas para siempre, no será nunca reedificada»* (Dt, también 13, 17).

Una vez más estás equivocado, Señor sabelotodo: la ciudad será reedificada y al cabo de cierto tiempo, llegarán otros conquistadores y la destruirán de nuevo, y quizá ellos mismos la reconstruirán. Si no lo hacen ellos, otros lo harán. Cuando el lugar es bueno, ocurre siempre así. ¿No lo sabías, Dios ignorante? Sí, desde luego lo sabías. Tú lo sabes todo, pero no puedes hacer nada. Y esto debe de ser para Ti muy, muy deprimente...

41. PUROS, IMPUROS Y OLVIDADOS

En medio del Deuteronomio, se vuelve a insistir en que podría resultar peligroso comer cualquier clase de animales, pero no se menciona cómo se castigan a los que no acaten aquella absurda ley.

Se recuerda que algunos animales son puros y comestibles, y que otros son impuros y abominables. Entre los puros destacan los rumiantes de gran tamaño y de pezuña partida, como el buey, el búfalo, el ciervo, la gamuza, el corzo y todo el ganado mayor y menor apto para los sacrificios. No se habla del caballo, ni del asno, ni de las cebras, pero es de suponer que son impuros, porque no rumian y no tienen pezuñas sino cascos.

En la categoría de los impuros se incluyen tontamente animales nobles, como el camello, cuyas grandes pezuñas aplanadas, bien adaptadas al suelo arenoso de los desiertos, no parecen tan netamente partidas como deberían. El cerdo, a pesar de su pezuña partida, no se puede comer porque la evolución no le ha enseñado a rumiar.

En el grupo de las aves impuras se colocan con razón todas las rapaces diurnas y nocturnas, las gaviotas, las aves zancudas como la cigüeña y el ibis; pero también, erróneamente, el avestruz. De los ánsares, patos y ocas, no se dice nada. Tampoco se menciona la gallina, un ave que ya había sido domesticada en la India hace unos cinco mil años... El último animal prohibido de la lista de las aves no es precisamente un ave. Es el murciélago; más bien los murciélagos, porque se reparten en numerosas especies y los de mayor tamaño, que se alimentan principalmente de frutas, son comestibles y muy apreciados en China y en Indonesia. Pero colocarlos en la lista de las aves es como si pusiéramos a los ángeles en la misma categoría que los demonios.

También eran impuros los animales muertos sin intervención humana, pero solamente para los puros hijos de Israel: «*No comerás ninguna bestia muerta; la podrás dar al emigrante que vive en tus ciudades para que se la coma, o venderla a un extranjero, pues tú eres un pueblo santo para el Señor, tu Dios*» (Dt 14,21).

42. ADVERTENCIA Y REPROBACIÓN

Llegado al capítulo 20 del Deuteronomio, veo que sigues mandando que se destruyan pueblos y ciudades con sus habitantes. Pero cuando leo: «*consagrarás al exterminio a hititas, amorreos, perizitas, heveos y jebuseos*» (Dt 20,17), empiezo a preocuparme por Ti. Ya has hecho mucho daño a los amorreos y a los cananeos. No sé quiénes son los perizitas y no creo que te puedan causar problemas. Los jebuseos son un pueblo tranquilo, pero estoy convencido de que él que consiga expulsarlos de Jerusalén todavía no ha nacido. Los heveos viven en Gabaón y son muy listos; seguro que idearán algún truco para sortear tu mortal consagración. Los hititas son un hueso duro de roer: tus hijos de Israel pueden cargarse algunos y no les pasará nada, pero si pretenden consagrar al exterminio a todos los hititas instalados en Cisjordania puede caerles encima, desde Anatolia, un ejército que ni siquiera el faraón de Egipto consiguió vencer. Tienen guerreros disciplinados y bien entrenados, y miles de modernos carros con ruedas de seis radios. Frente a ellos, incluso los dioses se asustan y huyen.

Hazme caso, Yavito, no te metas con los hititas.

Cabeza rapada por orden del Señor... En el Antiguo Testamento se relatan hechos y se citan nombres de lugares, de ciudades y de personajes, pero no hay sitio para la naturaleza, los campos sembrados, las mieses doradas, las vacas pastando. No hay entorno familiar; no se ven niños jugando, cabritos correteando, mujeres cantando alrededor del lavadero... El Antiguo Testamento es una obra plana, como se creía que era la tierra en aquella época.

Pero sucede que en un capítulo donde se habla de enemigos vencidos y de prisioneros aparece inesperadamente una palabra mágica, el calificativo femenino, *hermosa*: «*Si ves entre los cautivos una mujer hermosa, te enamoras de ella y quieres tomarla por esposa, la llevarás a tu casa...*» (Dt 21,11). Me pregunto cómo sería en tan lejana época una mujer hermosa. Me la imagino alta, esbelta y con una exuberante melena negra que le cae sobre los hombros en ondulante cascada... Tengo que felicitarte, amigo Yavé. Sacar a las mujeres hermosas de la cautividad me parece una hermosa solución para alegrar la vida de tu pobre gente. Pero... ¡Ay! Me había parado antes de llegar al cabo de la frase y ahora veo que todo se tuerce. Dices que «*ella se rapará la cabeza, se arreglará las uñas y se quitará el vestido de cautiva*» (Dt 21,11).

¿Pero por qué tienes siempre que estropearlo todo? ¿No te basta arremeter contra pueblos e ídolos? Ahora quieres acabar también con la belleza femenina. Que ella se arregle las uñas me parece muy bien, y mejor aún si se quita el vestido de cautiva. Pero si para obedecerte tiene que raparse la cabeza, en seguida se verá fea y se sentirá ridícula y desgraciada... No sé si esta patada en el culo te la voy a perdonar...

Decepcionado, salgo a mi terraza y veo a Burrito caminando y dando patadas giratorias al aire, en pos de una inexistente pelota.

—¡Hola Burrito! ¿Te aburres?

—Sí, mis abuelos se fueron de compra y antes de salir la abuela me puso el balón en la caja fuerte y se llevó la llave.

—¿Y por qué hizo tal cosa?

—Porque no quiere que le estropee sus flores.

—¡Ya! Pero dime, Burrito, ¿puedes imaginarte a una bonita chica con la cabeza rapada?

—¡Claro! Una amiga mía tenía una magnífica cabellera rubia, pero se llenó de piojos y sus padres se la raparon hasta las raíces. Después, tenía la cabeza como un huevo de avestruz. Se veía tan fea que un día que sus padres la habían dejado sola en casa, se enfadó y rompió todos los espejos que pudo encontrar. Entonces su madre, en vez de enfadarse, le compró una bonita peluca negra, pero a mí su pelo rubio me gustaba más.

43. ASUNTOS SEXUALES

«*Si un hombre tiene dos mujeres, una amada y otra aborrecida, y ambas le dan hijos, si el primogénito es hijo de la aborrecida, no podrás tratar como primogénito al hijo de la amada en perjuicio del hijo de la aborrecida*» (Dt 21, 15).

Eso sí es una ley justa, pero a la que no se debía recurrir muy a menudo, dado que no abundan los hombres lo bastante tontos para casarse con una mujer que no les guste o, peor aún, que odien.

Se trata con más severidad al desgraciado que se sorprende en la cama de una mujer cuyo marido se fue de viaje dejándola sola en casa. «*Los dos deben morir, el que se acostó con ella y la mujer*» (Dt 22,22).

Esto no es justicia. De la severidad se pasa al salvajismo cuando el presunto pecador es una pecadora. Si un hombre afirma que la mujer —a menudo una adolescente— que le han dado por esposa no era virgen, puede ser una mentira, o la verdad. *Si se descubre que el individuo miente, se castiga con una multa de cien monedas de plata, que se deben entregar al padre de la joven esposa. Pero si ha dicho la verdad,* «*Sacarán a la joven a la puerta de la casa paterna y los hombres de la ciudad la lapidarán hasta que muera*» (Dt 22,21).

Se debía castigar más, muchos más al hombre mentiroso que a la mujer, puesto que él era siempre dueño de su propio cuerpo, pero no ella. Los padres casaban a sus hijas a quien les diera la gana, a menudo a cambio de dinero o de favores. Además, el himen femenino es una membrana versátil, que puede romperse sin sangrar o extenderse en vez de romperse. Pero esto, desde luego los israelitas no lo sabían. Dios tampoco.

Acostarse con una muchacha prometida era tan peligroso como meterse en la cama de una mujer casada, al menos cuando eso ocurría en la ciudad. Se sacaban a ambos del pueblo y se los conducía hasta un lugar muy pedregoso, donde se mataban a pedradas, al hombre por haber fornicado con una mujer prometida, y a ella por no haber gritado: ¡socorro!... Pero si el encuentro tenía lugar en el campo, se ejecutaba únicamente al hombre, porque «*Aunque la joven hubiese gritado, nadie habría podido oírla*» (Dt 22, 27).

Todo es muy diferente cuando la mujer no está prometida. Cualquiera puede acostarse con ella, e incluso violarla, sin jugarse el pellejo. Eso sí, tendrá que pagar de alguna manera. «*Entregará al padre de la joven cincuenta monedas de plata y tendrá que aceptarla como esposa; no podrá repudiarla en toda su vida*» (Dt 23, 29).

44. LECCIÓN DE HIGIENE

Acabo de leer que Tú, Yavé, quieres pasearte de incógnito por los campamentos, de noche y sin linterna, y que no quieres correr el riesgo de ensuciarte los pies, ya que, supongo yo, no llevas ningún tipo de calzado. Vamos a ver qué medidas has tomado y cuáles son tus órdenes.

«*Tendrás fuera del campamento un rincón donde puedas retirarte. Llevarás en tu equipo una estaca, y cuando salgas a hacer tus necesidades harás con ella un hoyo y después taparás los excrementos. Porque el Señor, tu Dios, se pasea en medio de tu campamento para protegerte y entregarte el enemigo, tu campamento debe ser santo»* (Dt 23, 13-14-15).

No está mal, pero no es suficiente porque se corre el riesgo de que alguien cave su hoyo en un sitio que ya se utilizó. Además, a algunos animales les gusta, cuando detectan un olor extraño, escarbar para saber de qué se trata, y no se molestan en volver a tapar el hoyo que han hecho. Yo te propongo algo más seguro. Sugiere a Josué, o si prefieres al sumo sacerdote Eleazar, que reúna a todos los jefes de tribus y les diga esto:

Una vez escogido el lugar donde se ha de instalar el campamento, cavaréis una zanja de al menos un metro y medio de profundidad y un metro de ancho; la longitud dependerá de la importancia numérica del grupo o de la tribu que va a ocupar el lugar. La fosa se tapará con tablas dejando entre ellas el espacio adecuado, y se cercará con estacas hincadas en tierra y esteras, pieles, palmas de datilera o cualquier otra cosa opaca. Con la misma materia se harán algunos tabiques, para que los usuarios queden separados uno de otro. Naturalmente, será necesario prever dos fosas por campamento, porque es evidente que las mujeres y los hombres no pueden utilizar la misma al mismo tiempo. Cuando se tenga que levantar el campamento, se quitarán la cerca y las tablas y se tapará la zanja con la tierra que se sacó para cavarla. Luego sobre esa tierra recién removida y abonada en profundidad, plantaréis jóvenes árboles, escogiendo las especies mejor adaptadas al clima y al suelo de la región.

Será necesario designar al menos un responsable y algunos vigilantes por cada campamento, y también prever sanciones para los que no quieran utilizar las fosas; mas para esto supongo que Tú no necesitas consejos.

No sé si con estas sencillas letrinas los campamentos serán, como Tú quieres, santos, pero puedo asegurarte que estarán limpios.

45. LO MEJOR Y LO PEOR DEL DEUTERONOMIO

Las palabras subrayadas reflejan mi modesta y falible opinión sobre lo que me parece bueno, malo o peor...

«*No se admitirá a la asamblea del Señor a quien tenga los testículos aplastados o el pene mutilado*» (Dt 23,2). No muy bueno, al menos para los interesados.

«*No se admitirá a la asamblea del Señor a ningún bastardo; ni siquiera su décima generación será admitida*» (Dt 23, 3). Peor, y además injusto para los descendientes del bastardo.

«*No considerarás abominable al egipcio, porque tú mismo fuiste emigrante en su país: Sus descendientes en la tercera generación serán admitidos a la asamblea del Señor*» (Dt 23, 8-9). Muy bueno, lo que demuestra que el autor de aquel noble pensamiento no fue Moisés...

«*No cobrarás intereses a tu hermano, ni sobre el dinero prestado, ni sobre los alimentos prestados, ni sobre cualquier préstamo que produzca intereses. Podrás cobrar interés a los extranjeros*» (Dt 23, 20-21). Muy bueno, siempre que haya reciprocidad.

«*Si uno es recién casado, no está obligado al servicio militar ni a otros trabajos públicos. Quedará libre durante un año, para disfrutar de la mujer con quien se ha casado*» (Dt 24, 5). Magnífico, y también increíble. Quizá se trate de un error, o de una broma...

«*No tomarás en prenda las dos piedras de un molino, ni siquiera la muela, porque sería tomar en prenda una vida*» (Dt 24, 6). Correcto, bien pensado y muy bien dicho.

«*No serán ejecutados los padres por las culpas de los hijos, ni los hijos por culpas de los padres. Cada uno será ejecutado por su propio pecado*» (Dt 24, 16). Normal; por desgracia, en la mayoría de los libros del Viejo Testamento se predica exactamente el contrario.

Según el levirato, «*Si dos hermanos viven juntos y uno de ellos muere sin tener hijos, la mujer del difunto no se casará con un extraño. Su cuñado se casará con ella y cumplirá con ella su deber legal de cuñado. El primogénito que ella dé a luz llevará el nombre del hermano difunto*» (Dt 25,5-6). Ley absurda y problemática, que algunos hermanos no cumplen. ¿Y qué pasa con ellos? «*Al que no quiera desposarla su cuñada se acercará a él en presencia de los ancianos, le quitará las sandalias de los pies, le escupirá a la cara y le dirá: "Así se trata al hombre que no quiere edificar la casa de su hermano"*» (Dt 25,9). Castigo sucio, pero no letal.

«*Si un hombre está riñendo con su hermano y se acerca la mujer de uno de ellos para librar a su marido de la mano del que lo golpea, y mete ella la mano y agarra al otro por sus partes* —el caso estaba registrado, y también el castigo que se debía aplicar—, *le cortarás la mano sin compasión*» (Dt 25,12). Castigo cruel y ridículo. Daba igual que la mano se la cortaran sin compasión, con compasión, con un cuchillo, con una sierra o con un hacha, pero si la mujer era lista podía invertir la situación, por desesperada que pareciera, diciendo por ejemplo que solo pretendía alcanzar el bolsillo donde su cuñado guardaba un objeto precioso que había robado a su marido, y que el robo era la causa de la pelea. Es más: podía ser exacto.

Cuando un hijo no obedece a sus padres, no los ayuda en las tareas del hogar o del campo y al crecer empieza a derrochar y a emborracharse, ¿qué se puede hacer? Se debe llevar el asunto ante el consejo de los ancianos de la ciudad. Ellos sabrán que hacer. Primero se informarán para averiguar si los padres dicen la verdad y luego emitirán la sentencia, que en la mayoría de los casos será la siguiente: «*Todos los hombres de la ciudad lo lapidarán hasta que muera*» (Dt 21,21). Castigo neroniano, que no deja al delincuente ninguna oportunidad de poder reformarse. Podían lanzarle algunas piedras y decirle, por ejemplo: «esto no es más que una advertencia; si tu conducta no mejora, la próxima vez tendrás más».

Si pillamos a un vecino acostado con la mujer de otro hombre, ¿qué hacemos? Yo hago como si no hubiera visto nada porque «*los dos deben morir: el que se acostó con ella y la mujer*» (Dt 22,22). Y si el hombre es tu enemigo, ¿qué haces? También callo porque la mujer no me ha hecho nada y, además, el hombre me deberá la vida, y de enemigo puede convertirse en un buen amigo.

«*No habrá prostitutas sagradas entre las hijas de Israel ni prostitutos sagrados entre los hijos de Israel*» (Dt 23,18). Así que no puede haber santas entre las rameras de Israel ni santos entre los prostitutos. ¡Qué progreso han hecho! Antes a los homosexuales los exterminaban, ahora solo les prohíben el acceso a la santidad.

«*Recuerda lo que te hizo Amalec en el camino, a tu salida de Egipto: cómo te salió al paso cuando ibas agotado y extenuado, y atacó por la espalda a todos los rezagados*» (Dt 25, 17-18). Estos dos versículos de autor desconocido, colocados entre la *Honradez en el comercio* y la *Ofrenda de las primicias* y sin ningún comentario, no son más que una sarta de mentiras. Amalec no atacó a Israel a su salida de Egipto, pero Israel atacó a Amalec en Refidín, en la región del monte Sinaí. Al final de las Biblias modernas se encuentran mapas que muestran la ruta tradicional del Éxodo, que pasa por la extremidad sur del lago Amargo —no por el mar Rojo— y también por Refidín, donde tuvo lugar el enfrentamiento. Los invasores israelitas se encontraron con un pequeño grupo de amalecitas y entonces,

«*Moisés dijo a Josué: escoge unos cuantos hombres, haz una salida y ataca a Amalec*» (Éx 17,9). Ni siquiera Moisés se tomó el asunto en serio. De los centenares de millares de hombres que tenía a su disposición, con unos cuantos escogidos por Josué expulsó a los amalecitas de su propio territorio. Las afirmaciones contenidas en este despreciable pasaje bíblico son calumnias ideadas para desprestigiar a los amalecitas, los cuales eran, como los edomitas, descendientes de Esaú, el leal y generoso hermano de Jacob el traidor.

El autor remató su obra echándole todavía más veneno: "Borrarás la memoria de Amalec bajo el cielo. No lo olvides» (Dt 25,19). Odioso, repugnante y, además, radicalmente falso.

46. BENDICIONES TONTAS Y MALDICIONES ESPANTOSAS

En el capítulo 28, te dicen que Dios te bendice si escuchas su voz y cumples todos sus preceptos. Por desgracia esos preceptos son por lo normal poco claros y de interpretación a veces complicada. Además, nadie puede escuchar la voz de Dios, porque Él no posee una voz que nosotros podamos oír. Para que sea audible, tiene que tomarla prestada a algún humano, con el alto riesgo de mala interpretación que conlleva ese procedimiento.

Sin embargo, las bendiciones, si no aportan nada en concreto a quienes las cosechan, por lo menos no son dañinas y pueden llegar a ser divertidas. Las bendiciones y las maldiciones que emergen a continuación provienen del capítulo 28 (versículos 1 a 68). Que juzgue el lector:

Bendito seas en la ciudad y bendito seas en el campo (3).
Bendito seas cuando entres y bendito seas cuando salgas (6).
El Señor te entregará derrotados a los enemigos que se alcen contra ti (7).
Te colmará de bienes con el fruto de tu vientre, con el fruto de tu ganado y con el fruto de tu suelo, en la tierra que el

Señor juró a tus padres que te daría (11).
Te abrirá su rico tesoro, el cielo, dando a su tiempo la lluvia de la tierra (12).
Te pondrá a la cabeza y no a la cola, estarás siempre encima y nunca debajo (13).

De las bendiciones se salta sin transición a las maldiciones. Para los que no escuchan la voz del Señor —y también, supongo yo, para los que la escuchan y no la oyen, sin hablar de los sordos de nacimiento—, lo que les llueve encima son las maldiciones, que por lo general no los afectan demasiado. Quien se molestó en idearlas y plasmarlas en estas páginas debió de pasarlo peor, porque es bien sabido que no se puede remover basura sin ensuciarse un poco... Sin salir del capítulo 28, viene ahora una muestra, sacada de una kilométrica lista escalonada desde lo nimio hasta lo abominable:

Maldito serás en la ciudad y maldito serás en el campo (16).
Maldito serás cuando entres y maldito serás cuando salgas (19).
El Señor hará que se te pegue la peste hasta que te consuma en la tierra adónde vas a entrar para tomarla en posesión (21).
El Señor transformará la lluvia de tu tierra en polvo, que caerá del cielo sobre ti hasta consumirte (24).
El Señor te entregará derrotado ante tus enemigos. Saldrás contra ellos por un camino y por siete caminos huirás ante ellos, y serás el espanto de todos los reinos de la tierra (25).
El Señor te herirá de locura, ceguera y turbación de la mente (28).
Te casarás con una mujer, pero otro hombre cohabitará con ella. Edificarás una casa, pero no la habitarás. Plantarás una viña, pero no la vendimiarás (30).
Echarás mucha semilla en el campo, pero cosecharás poco (38*)*.

El Señor alzará contra ti una nación venida de lejos, desde el cabo de la tierra, una nación cuya lengua no comprendes, una nación de semblante feroz, que devorará el fruto de tu ganado y el fruto de su suelo, hasta destruirte (49-51). En el aprieto del asedio con que te estrechará tu enemigo, comerás el fruto de tu vientre, la carne de tus hijos e hijas que el Señor te haya dado (53).
La mujer más delicada y refinada, que apenas si posaba la planta del pie en la tierra, de tanta delicadeza y finura, mirará con malos ojos al esposo, a su hijo y a su hija. A la placenta que le sale de entre las piernas y al hijo que acaba de parir, desearía comérselos a escondidas (56-57).

Culmen. Se podría pensar, al leer estas últimas líneas, que hemos dejado atrás la peor de las calamidades que el Señor reservaba para los desgraciados que no conseguían oír su voz. Sería un error, puesto que su terrenal representante guardaba en la manga un castigo mucho peor para los que, además de no oír su voz tenían la audacia de decirlo y de quejarse. Aquel castigo, que por desgracia nunca llegó a materializarse, consistía en devolver los israelitas al faraón: «*El Señor os hará volver en naves a Egipto, y ahí seréis puestos en venta como esclavos, pero no habrá compradores*» (68).

No vale la pena preguntarse cómo los castigados podrían ser trasladados hasta la costa y allí ser embarcados a la fuerza en unas barcazas, ni por qué no habría compradores...

Este último versículo del capítulo de los benditos y de los malditos, que me he tomado la libertad de acortar un poco, no tiene ni pies ni cabeza. Sin embargo, el autor de las notas de pie de página se lo tomó muy en serio y afirmó: «*De todas las maldiciones, la vuelta a Egipto es probablemente la más cruel. De un plumazo se borra toda la historia salvífica precedente*» (Comentario al último versículo del capítulo 28 del Deuteronomio).

Esta afirmación es a la vez una falacia y una chorrada. Para muchos, la "historia salvífica" fue más bien una historia mortífera, y para los sobrevivientes una vida de privaciones, de obligaciones fuera de lugar, de hambrunas, de sufrimiento y de miedo... Poder volver a Egipto no habría sido un castigo, sino una liberación. Sin duda muchos lo intentaron y unos pocos lo consiguieron. Y a esos podemos estar seguros de que los egipcios se alegraron de verlos regresar y los trataron bien.

Es que Egipto siempre tuvo la reputación de ser un país muy acogedor, donde hasta los mismos israelitas en peligro de muerte encontraron asilo y protección. El más famoso fue Jeroboán, futuro rey de Israel, quien huyó a Egipto porque Salomón quería matarlo. Ahí se quedó bajo la protección del faraón Sosac, hasta que murió Salomón. Cuando Jerusalén fue conquistada por los babilonios, hubo un gran flujo de emigrantes israelitas hacia el Nilo. Entre ellos estaba el alocado profeta Jeremías, que se permitió criticar abiertamente al faraón, sin ser ni detenido ni expulsado. Es de recordar que, según la leyenda, José y María huyeron también a Egipto con su hijo Jesús.

Elección equivocada. Como dijo en una de sus obras un conocido escritor moderno: «Si —los israelitas— hubieran andado más listos, con la fama de sagaces que tienen, le habrían pedido a Yahvé que guiara a los egipcios a Canaán y los dejara a ellos cerca del Nilo» (Juan Eslava Galán, Historia del mundo contada para escépticos).

47. DEFUNCIÓN

Como su hermano Aarón, Moisés tuvo que subir a una montaña para morir en su cumbre. Nadie llegó a saber quién le obligó a hacerlo, ni por qué lo hizo. Todo lo que se nos dice al respecto es que «*Moisés subió de la estepa de Moab al monte Nebo, en la cima del Fisga, frente a Jericó, y el Señor le mostró toda la tierra*» (Dt 34, 1).

Desde aquel lugar elevado pudo ver de lejos y por última vez la región prometida a Israel y para él prohibida. Y el autor del Deuteronomio no dudó en afirmar que Tú, Yavé, tuviste la crueldad de recordarle una vez más que él nunca la pisaría, y que le dijiste con sorna: «*Esa es la tierra que prometí con juramento a Abraham, a Isaac y a Jacob, diciéndoles: se la daré a tu descendencia: Te la he hecho ver con tus propios ojos, pero no entrarás en ella*» (Dt 34, 4). De todas formas, si hubieras cambiado de parecer, habría sido demasiado tarde, porque Moisés murió en la cumbre de la montaña, que se hallaba en territorio de Moab. Tuvieron que bajar su cuerpo para enterrarlo en las cercanías de Peor, donde tenía su santuario el aborrecido Dios Baal.

«*Lo enterraron en el valle de Moab, frente a Bet Peor, y hasta el día de hoy nadie ha conocido el lugar de su tumba*» (Dt 34, 6). La elección no habría podido ser más acertada, ya que era el lugar donde se cree que fueron empalados por orden de Moisés los jefes de Israel. Quien lo eligió fue probablemente el sacerdote Eleazar, el hijo de Aarón. Fue entonces una venganza, una mala broma póstuma por el asesinato de sus hermanos Nadab y Abihú, y la prohibición de manifestar cualquier muestra de duelo.

JOSUÉ

48. PRELIMINARES

Con «Josué» entramos en lo que los autores de las biblias que suelo consultar llaman ampulosamente «los libros históricos». «*El libro de Josué narra la ocupación de la tierra prometida. Cierra, pues, el ciclo iniciado con la promesa hecha a los patriarcas.* [...] *El libro de Josué ofrece una visión muy simplificada de la ocupación de Canaán*» (Introducción al libro de Josué, primera página). De esto estoy seguro, y también de que la «ocupación» no fue tan fácil y expeditiva como se cuenta. Pudo durar años, incluso decenios, y como veremos más adelante no llegó a ser completa. Además, instalarse en una región previamente arrasada y sembrada de cadáveres carbonizados o putrefactos de gentes y de animales, y por lo tanto sin nada que se pudiera aprovechar, debía de ser una tarea terriblemente complicada y desagradable.

Y llegamos a lo que en las Biblias se admite de mala gana: «*La teología del libro ofrece para nosotros un lado oscuro: el jerem o exterminio. En virtud de él, cada victoria en la guerra santa culmina en el exterminio de toda la población, incluidos niños y mujeres. Según nuestro libro, el exterminio fue aplicado sistemáticamente a las poblaciones conquistadas*» (Introducción al libro de Josué ob. Cit.). Además, se debía quemar o destruir todas las pertenencias de la gente masacrada, consideradas como impuras. En realidad los invasores no podían, sin correr el riesgo de caer de inanición en pleno combate, eliminar todos los elementos comestibles del botín...

Relevo. Después de la muerte de Moisés, siervo del Señor, Este dijo a Josué, hijo de Nun: «*Moisés, mi siervo, ha muerto. Anda, pasa el Jordán con todo este pueblo en marcha hacia el país que voy a darles a los hijos de Israel*» (Jos 1,2).

Menudo favor le hiciste a Israel, Yavé: le regalaste un bonito país pero que no se podía ocupar si no se eliminara antes a sus legítimos ocupantes. Bueno, eso es lo que se cuenta, pero yo estoy convencido, y no soy el único, de que Tú no tienes nada que ver en aquel maldito asunto. Es que conquistar toda Cisjordania iba a ser una empresa no solamente criminal, sino también descomunal, que nunca sería completamente acabada. Quedarían enclaves, siendo los más notables Jerusalén y Gabaón.

¿Qué se podía hacer? Combatir, vencer, conquistar el país, despojar y expulsar a sus habitantes... y quedarse con sus casas, sus campos, sus viñedos, sus bodegas, su ganado y las más guapas de sus mujeres y de sus hijas.

¡Ni pensarlo! Tarde o temprano los hombres habrían vuelto, más aguerridos y con refuerzos. Además, todos sus bienes estaban contaminados y por lo tanto inservibles. Quedaba una única solución, que ya había sido experimentada con los reinos de Transjordania: el exterminio, es decir la eliminación integral de todos los seres vivos presentes en la zona. Se matarían, pues, a los hombres, a las mujeres, a los niños, a las niñas y a los bebés. Perecerían también los animales domésticos y todo bicho desprevenido que pasara por ahí.

Esto no bastaría. Después tendrían que ser desinfectadas y purificadas por el fuego todas las pertenencias de los exterminados, en las que se incluirían las piedras y los metales preciosos. No se podría comer la carne de las reses, ni probar el buen vino almacenado en las bodegas, ni coger los dátiles y los higos que colgaban de los árboles. Nadie podría hacerse, como ya se ha señalado, con las hijas bonitas del enemigo, ni siquiera con las más feas.

Intentar apropiarse de cualquier objeto que hubiera pertenecido a un idólatra sería como suicidarse, condenando al mismo tiempo a toda su familia. Todo el botín sería de Dios, y como se creía que le gustaba la carne muy hecha, se quemaría todo el ganado. Pero los hambrientos guerreros podrían utilizar los rescoldos de las hogueras para calentar los alimentos puros que sacarían de sus macutos.

Como Josué parecía abrumado por el peso de la tarea y de las responsabilidades que le esperaban, se cuenta que Tú le remontaste la moral con esas alentadoras palabras. «¡Ánimo, sé valiente! Que tú repartirás a este pueblo la tierra que prometí por juramento a sus padres» (Jos 1,6).

49. NULIDAD

Cansado de escribir y deseoso de enseñar algo a Albert, salgo a mi terraza con la Biblia que estaba utilizando en la mano. Son las seis de la tarde y mis vecinos están todos en su jardín. Albert, el abuelo, echa cabezadas en su sillón de mimbre, con su pipa todavía en la mano, sus gafas sobre la nariz y un periódico aún sin desplegar sobre las rodillas. La abuela está regando su parterre de tulipanes. Se llama Elisa y es una sesentona encantadora, siempre contenta, siempre sonriente, salvo cuando increpa a Albert por no apagar y guardar su pipa antes de entrar en la casa. Burrito está leyendo, tendido de bruces sobre un viejo colchón. Viéndolos todos ocupados me alejo para no molestarlos, pero Burrito me ha visto y grita:

—¡Hola!

El abuelo se sobresalta y caen al suelo sus gafas, la pipa y el periódico. Recoge sus cosas, las deposita sobre el sillón y se acerca para charlar conmigo.

—¿Sabes, Albert —le pregunto— , lo que es exactamente un juramento?

—Pues...

—Esperad —le corta Burrito— , tengo aquí mi diccionario.

Coge el *Pequeño Larousse Ilustrado* que había dejado sobre el colchón, lo abre, lo hojea y de repente dice:

—Ya lo tengo, escuchad: juramento s.m. quiere decir substantivo mas...

—Esto ya lo sabemos —le interrumpe Albert—, sigue leyendo.

—Bueno, ponen *afirmación o negación de una cosa que se hace tomando por testigo a Dios*. Es todo.

—Muy bien —digo yo—, ahora mirad esto. Les paso por encima del muro que nos separa la Biblia abierta y les indico, en la página 301, tres líneas subrayadas.

—Leed lo que Yavé, es decir Dios, dice aquí a Josué. ¿Qué opinas, Albert?

Albert se quita sin prisas las gafas para darse tiempo de reflexionar y finalmente contesta:

—Todo está muy claro. Uno no puede tomarse a sí mismo por testigo. El juramento es nulo. El Dios del Antiguo Testamento no tenía por qué cumplir su promesa.

—Tienes razón, y de no cumplirla se habrían evitado muchas atrocidades. Pero la cumplió. Al menos es lo que aseguran los incondicionales de la Biblia.

50. INVASIÓN

Al asumir sus funciones de comandante supremo del ejército y líder del pueblo, Josué se envalentonó, reunió a los jefes de Israel que no habían sido empalados en Peor y les ordenó que recorrieran el campamento para dar al pueblo esta orden: «*Abasteceos de víveres porque dentro de tres días pasaréis el Jordán, para ir a tomar posesión de la tierra que el Señor os da en propiedad*» (Jos 1, 11).

Preparar y llevar provisiones era algo imprescindible, ya que cualquier tipo de alimento que se encontrara en zonas habitadas por idólatras no se podría ni probar. Los combatientes tendrían por aliados a sus parientes instalados al este del Jordán: una media tribu de Manasés y ambas tribus al completo de Gad y de Rubén. Todos a Israel le debían un favor porque

Moisés había permitido que se instalaran en las tierras de los reyes Sijón y Og, que habían sido vencidos, despojados y ejecutados con la supuesta aprobación del Señor.

Josué envió un centenar de hombres a recorrer la orilla izquierda del Jordán para determinar el mejor medio de cruzarlo. Se podía talar árboles para construir algunos puentes o buscar los mejores vados y cruzar montando burros, bueyes, y caballos... pero era preferible que los cananeos creyeran que había sucedido algún milagro. Entonces Josué anunció al pueblo que el Arca de la Alianza iba a cruzar el Jordán sin necesitad de fabricar puentes o de utilizar animales. Le soltó una aburrida perorata que concluyó diciendo: «*La corriente de agua del Jordán que viene de arriba quedará cortada y se detendrá, formando como un embalse*» (Jos 3,13).

Así que el agua que corre por el Jordán viene de arriba... Esta frasecita, aunque quizá no lo parezca, constituye un magnífico ejemplo de un hecho que no se puede negar. Viniera de donde viniera el agua, sucedió que durante algunas horas dejó de llegar, y entonces: «*Todo Israel iba pasando por el cauce seco hasta que acabaron de pasar todos*» (Jos 3,17).

Por el cauce vacío, quizá, pero no seco: la arena quedaba mojada, había zonas con lodo e incluso charcas. Mientras iban pasando recibieron la orden de sacar, de donde habían pisado los sacerdotes que llevaban el Arca, doce piedras, una por cada tribu de Israel. Lo que luego se hizo con esas piedras no quedó en seguida muy claro.

El Jordán se cruza más fácilmente que el mar Rojo. Queda explicar cómo los invasores israelitas lo hicieron. José había dicho que la corriente se cortaría formando como un embalse. ¿Y cómo se obtiene un embalse? Normalmente construyendo una presa. Quizá ya había una; si estaba en mal estado, los cien hombres que Josué había enviado para preparar el paso la repararon. Si no existía, la construyeron. Construida o reparada, se dejó en su base un desaguadero que se taparía en el momento oportuno. Cuando todos los israelitas estuvieron listos para cruzar, el equipo cerró el paso del agua con tablas, mantas, pieles haciendo de juntas y gran cantidad de piedras y tierra. Apareció entonces en el lecho del río una zona sin agua de al menos un kilómetro de longitud, lo que permitió que todo el pueblo pudiera pasar en poco tiempo, y si los retrasados se mojaron los pies porque el embalse empezaba a rebosar, los cananeos no lo supieron.

Cuando todos estuvieron en la orilla derecha, los constructores de la presa destruyeron su obra. Luego se hizo correr la voz de que el dios de los invasores había detenido el agua del Jordán para que todos pudieran cruzarlo a pie enjuto. Aunque se incluye en el texto bíblico, entre paréntesis (algo inusual y sospechoso) que «*el Jordán baja crecido hasta los bordes todo el tiempo de la siega*» (Jos 3,15), yo afirmo que los israelitas escogieron para cruzar el río un periodo de gran sequía, cuando pasaba por su cauce muy poca agua. Llevaban años en Transjordania observando y vigilando el río mientras se estaban preparando sin prisas para el ataque a Cisjordania. Habrían tenido que estar todos chiflados para trasladarse a la otra orilla durante una crecida.

En Guilgal, al este de Jericó, donde Israel instaló su primer campamento en tierra de Canaán, se volvió a hablar de las piedras recogidas en el lecho del Jordán: «*Josué erigió en Guilgal las doce piedras sacadas del Jordán*» (Jos 4,20). Comprendo ahora porque yo les había perdido la pista. Me imaginaba que se trataba de piedras pequeñas, como las que se solían utilizar para lapidar a las mujeres adúlteras, pero aquellas, naturalmente, no se pueden erigir. Los invasores celebraron la Pascua en toda tranquilidad alrededor de las alargadas piedras sacadas del Jordán, que habían sido hincadas en el suelo.

Espías secretos. Cuando su ejército estaba todavía en la orilla izquierda del Jordán, preparándose para un ataque en toda regla, «*Josué mandó en secreto dos espías desde Satín, con este encargo: Id y reconoced la región y la ciudad de Jer-*

icó» (Jos 2,1), como si existiera un medio que no fuera secreto de despachar unos espías a curiosear en una región hostil.

De cualquier forma, no consiguieron pasar inadvertidos y el rey de la ciudad de Jericó supo pronto que estaban ahí y dónde se alojaban. Esos idiotas habían escogido la casa de la prostituta Rajab, que todos los varones de la ciudad conocían. Pero ella, al tanto del peligro que se cernía sobre Jericó, los escondió en su azotea en medio de unas gavillas de lino. Cuando los emisarios del rey vinieron para apresarlos, Rajab les dijo que ya habían salido de la ciudad y que si se daban prisa, tal vez podrían alcanzarlos. Pasado el peligro, les ayudó a huir con una cuerda, bajándolos por una ventana de su casa. Pero antes había pactado con ellos. Quedaron en que ella no los denunciaría y que ellos, una vez tomada la ciudad, dejarían intacta su casa y con vida a ella y a su familia. Para que la casa se pudiera reconocer fácilmente convinieron que pondría una cinta roja a la ventana por la que iban a escapar, lo que ella hizo cuando supo que los israelitas habían cercado la ciudad.

La prostituta Rajab se salvó con su familia, su hogar y un trozo de la muralla porque su casa estaba empotrada en ella.

Increíblemente, algunos padres de la Iglesia católica vieron en aquella cinta roja una prefiguración de la sangre de Cristo, y en Rajab una figura de la Iglesia...

51. DERRUMBAMIENTO

La noticia se había propagado como una plaga de langostas. Ya se sabía en todo el país que los temidos israelitas, con el apoyo de su sanguinario dios, habían cruzado el Jordán sin mojarse siquiera las sandalias, con sus armas, sus pertrechos, sus propios víveres, sus familias, sus sacerdotes, su Santuario portátil, su ganado, sus pulgas y su deplorable costumbre de consagrar a la gente antes de exterminarla. Las poblaciones de Cisjordania estaban aterrorizadas. A los reyes de los amorreos les desfallecía el corazón, y les faltaba coraje para enfrentarse a un enemigo con tan pésima reputación, que combatía bajo las órdenes de un dios injusto y cruel que no permitiría que sus tropas fueran derrotadas, a no ser que no cumplieran fielmente todos sus mandamientos.

Entonces llegó un hombre armado, que nadie había visto antes... Se identificó como «*el general del ejército del Señor*» (Jos 5,14). «*Josué cayó rostro en tierra, adorándolo. Después le preguntó:* "¿Qué manda mi señor a su siervo? Quítate las sandalias de los pies, porque el lugar que pisas es sagrado" (Jos 5, 15-16). Josué se apresuró en quitarse las sandalias. Satisfecho, el misterioso general desapareció y nunca se volvió a ver ni se oyó hablar de él. Quizá era un bromista, o un usurpador que Tú, Yavé, el auténtico Señor, castigaste y expulsaste.»

«*Jericó estaba cerrada a cal y canto por miedo a los hijos de Israel. Nadie salía ni entraba*» (Jos 6,1). Los invasores llegaron y cercaron la ciudad... los habitantes que no habían podido huir quedaron definitivamente atrapados, y los que habían huido no sabían adónde ir.

La leyenda y la Biblia cuentan que durante seis días los sacerdotes con el Arca, los trompetistas y la tropa daban una vuelta a la ciudad y luego iban a descansar a su campamento de Guilgal. El séptimo día se levantaron temprano y dieron siete vueltas. «*A la séptima vuelta, los sacerdotes tocaron las trompetas y Josué ordenó al pueblo: ¡Gritad! que el Señor os da la ciudad*» (Jos 6,16). Cada uno de los hombres lanzó un alarido de guerra que debió de helar la sangre de los desesperados sitiados... y la muralla se desplomó.

—¿Se puede —preguntó Burrito— derribar una pared con gritos y toques de trompeta?
—¿Se lo decimos, Albert?
—¡Claro! díselo tú.
—Sí, hijo, se puede, si veinte mil guerreros rodean la pared y le dan sin parar golpes con pesados mazos de bronce, mientras los gritos y los toques de trompetas marcan la cadencia.

Desde luego esto no habría funcionado con la gran muralla de China, pero algunos arqueólogos aseguran que el muro que rodeaba Jericó era de adobe, emparedado entre dos capas de delgadas lascas. Igual se habría derrumbado sin gritos ni trompetas.

—¿Entonces, por qué se molestaron los israelitas en montar esa pantomima?

—Porque querían que todos los habitantes del país creyeran que Yavé, el terrorífico dios de los invasores, había sido el verdadero autor del desplome de la muralla.

—¿Y ellos se lo creyeron?

—Casi todos. Todavía hoy, hay personas que siguen creyéndolo.

Después de la conquista de Jericó se pasó a la exterminación de todos sus ocupantes, humanos y animales. Tan sólo escaparon de la matanza las palomas que no estaban enjauladas, las golondrinas, los murciélagos y otros bichos alados que pudieron huir volando. Los invasores «*consagraron al exterminio todo lo que había dentro* (de la ciudad)*: hombres y mujeres, muchachos y ancianos, ovejas, vacas y burros; todo lo pasaron a cuchillo*» (Jos. 6,21).

Pero se respetó la vida de Rajab, la prostituta que había traicionado a su rey y a su ciudad. Gracias a ella se salvaron también su familia, su gato egipcio y todo el oro que había ganado honradamente en el ejercicio de su profesión.

52. ¡AY!

Josué envió tres mil hombres para atacar Ay, una ciudad cercana y más bien pequeña. Sorprendentemente, fueron rechazados y tuvieron que huir. El ejército de Ay los persiguió, causándoles treinta y seis bajas. Entonces al pueblo se le desmoronó el ánimo «*Josué se rasgó los vestidos, se postró rostro en tierra delante del Arca del Señor y así estuvo hasta la tarde*» (Jos 7,6).

A Josué los 36 hombres matados por las tropas de Ay no le importaban en absoluto. Le dolía un poco su orgullo herido, pero lo peor era el miedo que se apoderó de él y de todo el pueblo. Los legítimos dueños de la tierra, al enterarse de que las temidas tropas de Israel habían huido delante del reducido ejército de Ay, dejarían de temerlos. Todos se lamentaban: «*se enterarán los cananeos, y todos los habitantes del país nos cercarán y borrarán nuestro nombre de la tierra*» (Jos 7,9). Esto, por desgracia de la gente que iba a ser aniquilada, no sucedió. Se descubrió que la derrota se debía a que alguien se había quedado con algo del botín consagrado de la ciudad de Jericó. Lo que había ocurrido en Ay era, pues, un castigo de Dios. El culpable, un hombre llamado Acán, confesó su falta y enseñó los objetos robados, entre los cuales había un lingote de oro de 600 gramos.

Acán fue apedreado antes de ser quemado con lo que había guardado del botín consagrado. Se quemaron también a sus mujeres, a sus hijos, a sus hijas, sus bueyes, sus asnos, sus ovejas y su tienda con todo lo que contenía.

Después del castigo infligido al culpable y a los inocentes, la vida en la comunidad recobró su curso normal. Las tropas de Israel volvieron a atacar Ay, hicieron caer su ejército en una trampa y lo vencieron sin dificultad alguna. Sus habitantes fueron masacrados a consciencia, se prendió fuego a la ciudad y su rey fue expuesto colgando de un árbol hasta que vieron que estaba muerto. Entonces tiraron su cadáver a la entrada de la destrozada y calcinada ciudad y le echaron encima un montón de cascotes.

53. EL PACTO Y LA BROMA

Cuando los hombres que vivían en la ciudad de Gabaón supieron que los invasores israelitas se proponían eliminarlos hasta el último para hacerse con el país, los más listos idearon un truco para escapar a la masacre y conservar su tierra y su ciudad. Gabaón era la ciudad de los heveos, pero vivían con ellos hititas, cananeos, amorreos, perizitas y jebuseos. «*Se aliaron como un solo hombre para hacer frente a Josué y a Israel*» (Jos 9,2).

La astucia consistía en vestirse con ropa vieja, llevar sandalias remendadas, alforjas con parches, odres de vino usados y manchados —pero sin agujeros— y asnos flacos y roñosos, para hacer creer a Josué que venían de muy lejos atraídos por la fama del Dios de Israel. Fueron a verlo a su campamento de Guilgal y le propusieron que se hiciera un pacto. Josué cayó a pies juntillas en la trampa. Se estableció entre ellos e Israel una alianza de paz, que se firmó, como era costumbre en aquella época, jurando que se respetaría lo pactado. Satisfechos, los gabaonitas regresaron a Gabaón.

Poco después, los israelitas supieron por sus informantes que sus nuevos aliados vivían en una ciudad cercana y en sus alrededores. El pueblo empezó a murmurar y a burlarse de Josué y de los jefes de tribus que habían jurado como testigos. Pero no se podía hacer nada, porque no se quebranta un juramento sin exponerse a graves represalias divinas. Así que lo pactado quedó pactado: los gabaonitas eran intocables, pero «*aquel día los puso Josué de leñadores y de aguadores*» (Jos 9,27). La sentencia al parecer no fue aplicada: habrían sobrado aguadores y leñadores, mientras que los soldados eran siempre bienvenidos.

Paro solar. Cuando Adonisédec, rey de Jerusalén, supo que los gabaonitas habían firmado una alianza de paz con Israel, se asustó y pidió ayuda a los reyes de Hebrón, Yarmut, Laquís y Eglón. Los cinco reyes se juntaron con sendos ejércitos frente a Gabaón y la cercaron, preparándose para atacarla. Los gabaonitas solicitaron en seguida la ayuda de Israel. «*No abandones a tus siervos* —dijeron a Josué sus mensajeros— *ven en seguida a salvarnos*» (Jos 10,6).

Josué no se lo pensó dos veces; subió desde Guilgal con todas sus tropas, caminó toda la noche y cayó por sorpresa sobre los ejércitos de los cinco reyes al amanecer, cuando los soldados acababan de despertarse, lo que les obligó a levantar el sitio y a huir. Mientras corrían despavoridos, llegó una tormenta y cayeron de las nubes pedazos de hielo del tamaño de un huevo de ganso, que hicieron más víctimas que las espadas de Israel. Mientras los derrotados seguían huyendo bajo la mortal granizada y perseguidos por las tropas de Israel, a las que se había unido la pequeña guarnición de Gabaón, Josué de repente se detuvo y gritó:

«¡*Detente, sol, en Gabaón!*» (Jos 10,12).

El sol obedeció: se paró y tardó un día en ponerse. Es lo que se cuenta pero nadie pudo observar el fenómeno, porque durante todo el combate el sol estuvo oculto por una espesa capa de nubes de tormenta. Que el sol se detenga puede sorprender, pero no que tarde un día en ponerse, porque en nuestras latitudes, cuando se levanta el sol, siempre tarda un día en ponerse sin que sea necesario reducir o detener el movimiento de rotación de la tierra. Josué detuvo también la luna, pero en el valle de Avalón, y nadie se dio cuenta porque aquel día era luna nueva.

En la época de Copérnico y de Galileo, unos fanáticos partidarios de la teoría geocéntrica afirmaban que teníamos la prueba de que el sol giraba alrededor de una tierra inmóvil, porque Josué no había parado la tierra sino el sol. Para ellos era un argumento inapelable. Los comentarios actuales de la Biblia son mucho más mesurados. En uno se avanza con cautela que «*Algunos han entendido que el sol y la luna se detienen en el sentido de que dejan de brillar por causa de la tormenta*». Otro bastante más atrevido dice, «poéticamente», que «*El sol y la luna, obedeciendo la orden de Josué, se pararon para contemplar el espectáculo*» (Comentarios de Éx 10, 12-15). Y yo opino que cuando Yavé sugirió a Josué la idea de ordenar al sol y a la luna que se detuvieran, era simplemente para gastarle una broma...

En cuanto a los cinco reyes fugitivos, lo pasaron muy mal, pero se lo merecían por cobardes. Cuando vieron que la situación se ponía fea, abandonaron sus tropas y fueron a ocultarse en una cueva en Maquedá. Pero fueron descubiertos y Josué ordenó que se tapara la entrada de la cueva con grandes piedras, antes de retirarse a su campamento provisional, también en Maquedá. Pero cambió de parecer, volvió y dijo a sus hombres: «*Destapad la cueva y sacadme a estos cinco reyes*» (Jos 10,22). Los sacaron, los jefes de tropa les pusieron un pie sobre la nuca y Josué los mató con su espada. Después los colgaron de las ramas de los árboles para que cualquiera pudiera verlos. Antes de que llegara la noche, los descolgaron, los pusieron de nuevo en la cueva, volvieron a tapar la entrada con piedras, se marcharon y no volvieron nunca.

Entre los reyes ejecutados estaba Adonisédec, rey de Jerusalén. Josué lo mató, junto con sus cuatro aliados, pero no pudo penetrar en su ciudad para consagrarla al exterminio. Jerusalén, entonces ocupada por los jebuseos, no sería conquistada por los israelitas hasta varios siglos después.

54. ¡SÁLVESE QUIEN PUEDA!

El título que en mi Biblia le ponen a este capítulo, *Conquista de las ciudades del sur*, es inadecuado, lo que se nota desde la primera línea: «*Aquel mismo día, Josué tomó Maquedá y la pasó a cuchillo, consagrando al exterminio la ciudad, a su rey y a todos los seres vivientes que había en ella*» (Jos 10,28). Esto no era conquista, era destrucción, devastación y masacre. También se podría decir que era genocidio, o limpieza étnica...

Con todas las ciudades conquistadas se repetía el mismo procedimiento, que consistía en aterrorizar, perseguir, matar, rematar y finalmente quemar todo, junto con la ciudad, aunque a veces se olvidaban de prenderle fuego. O se olvidaban de mencionarlo.

El truco de solicitar una alianza de paz, como hicieron los gabaonitas, no funcionaba más. Los israelitas no querían la paz, querían la tierra; pero la querían vacía, purgada de todos sus habitantes y purificada. La única manera de no acabar consagrado y exterminado era poner pies en polvorosa. Es muy probable que, a medida que la horda invasora se adentraba más y más en el país, las ciudades se despoblaran, y que en las últimas que se destruyeron los carniceros de Josué solamente pudieran *pasar a cuchillo* a los inválidos, a los locos, a las aves enjauladas y a las vacas viejas que ya no se podían ordeñar.

Después de Maquedá se pasó a Libná y después de Libná a Laquis, acabando al mismo tiempo con las tropas del rey de Guécer, que acudía para ayudar a Laquis. De Laquis se pasó a Eglón, de Eglón a Hebrón y de Hebrón a Debir... «*Así fue como Josué conquistó todo el país...con todos sus reyes, sin dejar un solo superviviente*» (Jos 10,40).

Quedaban por conquistar y arrasar las ciudades estado del norte. Estas a Josué le facilitaron la tarea. Se unieron, cada una quedando bajo el mando de su propio rey. Los reyes cometieron el error de amontonar todas sus tropas en el mismo campamento, que habían instalado cerca de un arroyo. Era un ejército enorme pero poco disciplinado, con numerosos caballos y carros. Josué los sorprendió al despuntar el día, cuando se estaban vistiendo, los derrotó, los persiguió y los aniquiló «*hasta que no quedó ninguno vivo*» (Jos 11,8).

Luego Josué entró en Jasor, antigua capital de la región, y cuando salió todo lo que en ella se movía o podía hacerlo había sido, según la expresión también consagrada, «pasado a cuchillo». En el caso de Jasor se especifica que fue entregada a las llamas. Quedaban ciudades de menor importancia, instaladas en las colinas. Aquellas no fueron incendiadas porque los israelitas querían habitarlas, pero como no querían compartirlas no se dejó a ninguno de sus habitantes con vida. Excepcionalmente, «*el botín de esas ciudades, incluido el ganado, se lo repartieron los hijos de Israel. Pero pasaron a cuchillo a las personas hasta acabar con todas*» (Jos 11,14).

Desaprovechamiento de unos preciosos carros y crueldad con los animales. ¿Y qué hicieron con los caballos y los carros abandonados por los vencidos? Era uno de los más valiosos botines que se pudiera desear. Pues, los carros los quemaron... ¡Pero que tonta y retrasada era aquella gente! No se les pasó por la cabeza que podían utilizarlos en sus desplazamientos para el transporte de sus pertrechos, de sus víveres, de los heridos, de las mujeres a punto de dar a luz y de los niños pequeños. También podían emplearlos para la guerra: por este uso habían sido construidos.

En cuanto a los caballos, «*Josué los trató como le había dicho el Señor: a los vencidos les desjarretó los caballos y les quemó los carros*» (Jos 11,9). Esto no me lo puedo creer... Josué era un asqueroso mentiroso y, además, un individuo sanguinario y necio. Según lo que se deduce de la atenta lectura del Antiguo Testamento, Yavé es un Dios duro y un tanto injusto, pero no es tonto. Un verdadero Dios no puede ser tonto... Nunca habría mandado que se destruyeran unos preciosos carros. Tampoco habría querido que se desjarretaran los caballos, porque castigarlos a ellos habría sido no solamente cruel sino también absurdo. La orden de mutilar los caballos y de quemar los carros se la inventó Josué, sabiendo que nadie iba a contradecirlo.

¡Hola Yavé! ¿Dónde te ocultas? Tú también estás enfadado porque te gustan los caballos, ¿verdad? Los creaste Tú, para que podamos montarlos. Son dóciles y una vez que han comprendido lo que esperamos de ellos, nos llevan rápida y cómodamente a cualquier parte. Además, pueden llegar a ser agradables y fieles compañeros. Te imaginas a esos pobres animales con los jarretes seccionados en al menos dos de sus cuatro patas. No podían correr para escapar de los grandes predadores y sus heridas podían infectarse... Si a Josué no le gustaban los caballos, tenía que desengancharlos de los carros y soltarlos. Yo en tu lugar le habría dado a Josué su merecido. Habría hecho que un enemigo le diese un sablazo en una pierna, justo debajo de la pantorrilla, donde se encuentra el tendón que llamamos de Aquiles, aunque cada uno tiene el suyo propio. Eso, como advertencia. Y si reincidía, mandabas que le dieran también una cuchillada en la otra pierna. Y entonces él tenía que fabricarse un par de muletas.

Los intocables. Después de haber vaciado de sus ocupantes una buena parte de la tierra prometida, se hizo el reparto. Era una tarea harto complicada, dado el gran número de tribus, clanes y familias que competían por los mejores bocados. A la tribu de Judá le tocó la región de Jerusalén. La región, no la capital, que no había sido conquistada. Seguía ocupada por los jebuseos, que los hijos de Judá no pudieron consagrar al exterminio, ni tampoco expulsar. «*Por eso los jebuseos siguen habitando en Jerusalén en medio de Judá hasta el día de hoy*» (Jos 15,63). Hasta el día de hoy, no, pero cuando el rey David conquistó la ciudad, hacia el año mil a.C., sus descendientes todavía estaban ahí. La ciudad de Gabaón, habitada principalmente por heveos, no fue ni conquistada ni ocupada por Israel, porque los astutos gabaonitas se habían convertido en sus aliados y, de hecho, combatieron con ellos contra la coalición de los cinco reyes. Como Jerusalén y Gaza, Gabaón todavía existe, pero ahora no es más que una aldea. Se llama Ej-Jib y es conocida por sus numerosas bodegas en forma de botella.

Tampoco fue ocupada por los invasores la zona de Gaza, con cinco ciudades importantes, cada una gobernada por un príncipe: Ascalón, Ecrón, Asdod, Gat y Gaza, la más poblada. Las habitaban los filisteos, un pueblo belicoso llegado por mar, que estuvo casi continuamente en conflicto con Israel.

«*Y después de todo esto, murió Josué, siervo del Señor, a la edad de ciento diez años*» (Jos 24,29).

Como se puede ver, el autor dice que Josué murió a los 110 años, lo que desde luego es falso, pero no da ninguna indicación sobre lo que podría ser interesante, como por ejemplo la fecha aproximada de su muerte...

Atrevidas mentiras. En la última página del libro de Josué, se cuenta que los restos mortales de José (el hombre de las vacas gordas y de las vacas flacas) fueron enterrados en Siquén, porque era lo que él quería y le habían jurado que lo harían. Que se cumpliera su última voluntad era normal y obligado, pero «*los huesos de José, que los hijos de Israel habían traído de Egipto, los enterraron en Siquén, en un campo que había comprado Jacob a los hijos de Jamor, padre de Siquén, por cien monedas, y que pasó a ser heredad de los hijos de José*» (Jos 24,32).

Jacob no pudo ni comprar ni pagar el campo, porque Jamor y sus hijos estaban muertos, asesinados por los hijos de Jacob. Y si este hubiera pagado las cien monedas antes de la tragedia, —una posibilidad que no se debe descartar— sus hijos las habrían recuperado, puesto que «*se llevaron toda su fortuna, sus niños y sus mujeres, y saquearon cuanto había en las casas*» (Génesis 34, 26 a 29).

El haber sepultado los restos del gran hombre que fue José *el Egipcio* en un campo robado a la familia masacrada de Jamor fue un insulto a su memoria.

Sin salir de la última página se puede leer en los comentarios que «*Se acaba con el libro de Josué un gran capítulo de la historia de la salvación*». Debe de tratarse de un error: el comentador habrá confundido *salvación* con *salvajismo*... Y lo peor queda por venir.

He aquí la última frase del libro de Josué:
«Aquí estaba la tierra prometida, entregada por el Señor a Israel, repartida *entre las tribus y poseída pacíficamente*».

¡Sí señor! Pacíficamente... Es evidente que el autor de este comentario no se ha tomado la molestia de leer el libro de Josué.

Por fin han desaparecido dos sanguinarios líderes. En la penúltima página de aquel condenado libro, otra frase captó mi atención. Si la coloco aquí, al final, es porque sirve de puente para llegar al siguiente libro, el de los Jueces: «<u>Dos grandes modelos a imitar, Moisés y Josué</u>. (Sí, a imitar...) También se sobrentiende que, cuando estos dos individuos hubieron muerto, *"Israel dejó de servir al Señor. Es el tema del libro de los Jueces»* (Comentarios de pie de página, Jos 24, 29 y Jos 24,31, respectivamente).

Estas palabras son una mentira más. El Señor sabe muy bien —al menos es lo que diría yo si fuera creyente, y seguramente también lo que piensan los que lo son— que a lo largo de todos los libros bíblicos que vienen a continuación el pueblo sigue creyendo en Él, pero de forma más humana, más tolerante y menos mortífera.

En el libro de los Jueces aparecen nuevos personajes, mucho menos bárbaros y antipáticos que los dos líderes a los que se hizo alusión, cuyas perniciosas actuaciones más vale no intentar imitar, como se aconseja vilmente un poco más arriba. En los siguientes capítulos, lo que hace la gente no le importa tanto a Dios y a sus sacerdotes. Israel se aleja de las rígidas y ridículas reglas impuestas por Moisés, y de su maldita costumbre de matar a diestro y siniestro. Se entablan relaciones con los vecinos de otras etnias, incluso con los cananeos que pudieron escapar de la exterminación o que viven en zonas que Israel no llegó a conquistar.

JUECES

55. ALTIBAJOS

De las últimas palabras del libro de Josué, pasamos sin saltarnos una sola página a la introducción del libro siguiente, el de los Jueces, y entonces nos enteramos de que aquellos individuos no eran verdaderos jueces: «*Cuando se habla de jueces, no se ha de pensar que los personajes a quienes se aplica este apelativo lo fueron conforme a la acepción española del término*» (Introducción al libro de los Jueces, primera página).

Como los auténticos profetas, los seudo jueces se repartían en mayores y menores. «*Así, mientras que a los jueces llamados mayores se los encuentra empeñados en liberar a las tribus de sus enemigos, los menores parecen ejercer tareas de gobierno en tiempo de paz*» (Introducción a los Jueces ob. Cit.).

Aquellos funcionarios fueron, por orden de entrada en escena: Otoniel, Ehud, Sangar, luego una mujer: Débora, ayudada por Barac —un nombre en la época actual mundialmente conocido—, Gedeón, Tolá, Yaír, Jefté, Ibsán, Elón, Abdón, Sansón y Samuel —quien era también profeta.

El período «histórico» abarcado por el libro podría haber sido de un poco menos de doscientos años, finalizando en torno al año 1000 a.C.

Falsas noticias. El libro de los Jueces empieza mal. Josué había muerto, reinaba la confusión y cierta tendencia a la anarquía. Las noticias que circulaban eran inciertas y a menudo contradictorias. Los hermanos Judá y Simeón luchaban contra los cananeos y los perizitas y alardeaban de haberlos derrotado en Bézec. Se supo que el rey Adonibézec había huido, que fue alcanzado y que le cortaron los pulgares de las manos y de los pies. Adonibézec había perdido sus pulgares pero no había perdido el sentido del humor. Reconoció que él también había cortado pulgares y comentó: «*Setenta reyes, con los pulgares de pies y manos cortados, recogían sobras bajo mi mesa*» (Jue 1,7). Quizá los hermanos ni siquiera comprendieron que su prisionero les estaba tomando el pelo.

Después llegó la dudosa noticia de que los hijos de Judá habían conquistado e incendiado Jerusalén. Además, decían haber exterminado a todos sus habitantes. «*Los hijos de Judá atacaron Jerusalén. La pasaron a filo de espada y dieron fuego a la ciudad*» (Jue 1,8).

Un prudente comentario sugiere que pudo tratarse de la toma de un bastión cercano a Jerusalén pero no de la ciudad. Mientras tanto, el padre de los hermanos se jactaba de haber arrebatado Gaza a los filisteos, pero esto nadie se lo creyó, porque ni siquiera Josué se atrevió a intentar consagrar al exterminio una sola de las ciudades filisteas.

Luego se supo que los que habían atacado Jerusalén eran los benjaminitas, descendientes de Benjamín, el hijo menor de Jacob. Pero tampoco ellos consiguieron desalojar a los jebuseos, ni por las buenas ni por las malas. Como los jebuseos eran muy hospitalarios con los que no intentaban consagrarlos al exterminio, todos los atacantes que lo desearon pudieron quedarse a vivir con ellos. «*Por lo que los jebuseos han seguido viviendo en Jerusalén con los benjaminitas hasta el día de hoy*» (Jue 1,21).

«*Los hijos de Judá bajaron después a luchar contra los cananeos que habitan la montaña*» (Jueces 1,9). ¡Eso sí fue una gran hazaña!

Mientras ellos «bajaban a la montaña», un ángel subió y tan pronto como estuvo arriba soltó una atrevida mentira: «*Yo os hice subir de Egipto y os introduje en la tierra que juré a vuestros padres*» (Jue 2,1). Pierdes tu tiempo, angelito, todos sabemos que no fuiste tú. Quizá debía precisar que el querubín subió desde Guilgal; pero ¿qué hacía aquel extraño ángel en Guilgal?

Lucha pacífica contra la consanguinidad. A pesar de las eliminaciones llevadas a cabo por Moisés y por Josué, los israelitas seguían teniendo vecinos, y relacionarse con ellos era no sólo inevitable sino también deseable. Al principio, Dios se enfadó; luego, lo pensó mejor: «*El Señor permitió que aquellos pueblos se quedaran sin expulsarlos de inmediato, y no los entregó en manos de Josué*» (Jue 2, 23). ¿Y cómo se los iba a entregar, si Josué llevaba ya varios años muerto? ¡Despierta, Yavito! ¿No te diste cuenta de que ahora estamos en el libro de los Jueces?

Yo creo que Dios, que necesariamente es inteligente y culto, había comprendido que obligar a sus protegidos a reproducirse sin ningún contacto con otras etnias podía acarrear, a la larga, desagradables consecuencias.

Los vecinos no faltaban: había cananeos y cananeas, jebuseos y jebuseas, amorreos y amorreas, heveos y heveas, sidonitos y sidonitas, filisteos y filisteas, e hititas y perizitas de ambos sexos. Sin contar los viajeros y las viajeras que se dejaron seducir por los muchachos y las muchachas de Israel, y decidieron quedarse.

«*Los hijos de Israel habitaron en medio de los cananeos, de los hititas, de los amorreos, de los perizitas, de los heveos y de los jebuseos. Tomaron a sus hijas como esposas, y ellos entregaron sus hijas a los hijos de Israel, que sirvieron a sus dioses*» (Jue 3,6).

¡Pero que tolerante te has vuelto, Yavito! No te reconozco.

Primeros falsos jueces: Otoniel, Ehud y Sangar. Los hijos y las hijas de Israel sirvieron a Baal, y sobre todo a la atractiva diosa Asera, con tal entusiasmo que la paciencia y la tolerancia del Señor no tardaron en agotarse. Como castigo los vendió al rey de Arán, Cusán Risatain, y tuvieron que trabajar por él.

No sabemos para qué clase de obra el rey Cusán necesitaba a tantos trabajadores, ni a qué se dedicaron ellos durante los ocho años que duró su cautividad. Cuando estuvieron hartos de trabajar sin cobrar, «*clamaron al Señor, y el Señor les suscitó un salvador*» (Jue 3,9).

El salvador se llamaba Otoniel y era un hermano menor de Caleb, uno de los dos observadores —el otro era Josué— que no fueron *fulminados* cuando volvieron de su viaje de exploración por la tierra prometida. «*Vino sobre él el espíritu del Señor y juzgó a Israel. Salió a la guerra y el Señor entregó en su mano a Cusán Risatain*» (Jue 3,10).

Otoniel era un seudo juez extraño y sin demasiados escrúpulos. Juzgó en Israel y su sentencia cayó sobre un monarca extranjero que no había hecho nada especialmente malo. Él mismo lo atacó y con la bendición y la ayuda de Dios lo venció. Así se obtuvo la liberación gratis de la mano de obra que el rey Cusán había comprado. Siguieron cuarenta años de paz, durante los cuales murió Otoniel y al cabo de los cuales los hijos y las hijas de Israel volvieron a revolcarse en el pecado.

Entonces Dios otorgó fuerza y valentía a Eglón, rey de Moab, y éste, con el apoyo de los amonitas y de los amalecitas, atacó y venció a Israel. «*Los hijos de Israel estuvieron sometidos dieciocho años a Eglón*» (Jue 3,14). Cumplidos aquellos dieciocho años, imploraron al Señor para que les quitara de encima al déspota Eglón. El Señor mandó otro salvador, que se llamaba Ehud y era manco del brazo derecho. Ehud se encargó de llevar el tributo debido por Israel al obeso rey Eglón. Se las arregló para quedarse con él a solas, con el pretexto de verificar sin testigo la cantidad traída. Mientras el codicioso rey estaba contando las monedas de oro, Ehud le clavó en el abdomen, con su mano izquierda, su precioso puñal de doble filo que él mismo se había fabricado y se lo dejó como recuerdo. Pero no dejó el oro del tributo; lo cogió y huyó a Seirá, donde tocó la trompeta para llamar a los hijos de Israel. Ellos llegaron, lo siguieron y bajo su mando atacaron a Moab, causándole numerosas bajas. «*Aquel día Moab quedó sometido bajo la mano de Israel y el país estuvo en paz ochenta años*» (Jue 3, 30). Sí, amigo: ochenta años. Algo nunca visto antes y que no se iba a repetir.

A pesar de que en todo el país reinaba la paz, a Ehud le sucedió otro liberador llamado Sangar. De él tan solo se sabe que era hijo de Amat y que su arma preferida era una de esas largas varas con punta de hierro que se solían utilizar para picar los bueyes. «*Mató a seiscientos filisteos con una aguijada de bueyes, salvando también a Israel*» (Jue 3,31).

Lo que se cuenta que hizo Sangar no sirvió para salvar a Israel, que entonces estaba en paz con todos sus vecinos, sino para que los filisteos se enemistaran con los israelitas. Saber cuánto tiempo necesitó Sangar para matar a seiscientos de aquellos hombres sería interesante. Si hizo el trabajo en un solo día sí que fue una proeza, pero no si necesitó varios años. Además los filisteos, unos valientes guerreros recién establecidos en la zona, no se habrían dejado matar con un arma tan rudimentaria sin reaccionar con violencia…

Llega la jueza Débora con su amigo Barac. Después de la muerte de Ehud y de Sangar, los incorregibles hijos de Israel reincidieron, «*y el Señor los vendió a Jabín, rey de Canaán, que reinaba en Jasor*» (Jue 4,2). Josué había arrasado y quemado Jasor después de la masacre de sus habitantes y de su rey, que en aquella época también se llamaba Jabín. Al parecer el lugar había sido reocupado, y la ciudad de Jasor reconstruida por los cananeos.

Jabín, con novecientos carros de hierro y su ejército a las órdenes de Sísara, su general, tuvo avasallado a Israel durante veinte años. Una vez más, el pueblo suplicó al Señor para que le ayudara a sacudirse el yugo, y como Él no tenía a ningún hombre a mano, les mandó una salvadora, la profetisa Débora. Apoyada por su amigo Barac, que bajó del monte Tabor con diez mil hombres, Débora venció y aniquiló el ejército de Yabín. Se cree que el Señor intervino para desbaratar los carros y dispersar las tropas, pero yo pienso que no tuvo que hacerlo. Los carros de hierro eran impresionantes pero también viejos, pesados y muy lentos. Tan lentos que «*Sísara bajó del carro y huyó a pie*» (Jue 4,15), porque así iba mucho más deprisa. «*Huyó a la tienda de Yael, esposa de Yeber el quenita*» (Jue 4,17).

Con esa gente el rey Yabín estaba en paz; así que Sísara fue bien acogido. Pidió agua y ella le dio leche. Como estaba cansado, se tumbó y Yael lo cubrió con una manta. Esperó que estuviera bien dormido y entonces le hincó a martillazos una estaca en la sien. Sísara, el general del ejército de Yabín, nunca despertó. También Yabín salió malparado del asunto. «*La mano de los hijos de Israel fue haciéndose cada vez más pesada sobre Yabín, rey de Canaán, hasta que lo aniquiló*» (Jue 4,24). Después de la victoria, Débora y Barac se encaramaron a uno de los destrozados carros y entonaron un cántico, del cual he retenido los siguientes versos porque me parecieron un tanto cachondos:

A la ventana se asomó,
y tras la celosía gritó la madre de Sísara:
¿Por qué tarda en venir su carro?
Las más sabias de sus damas le responden:
y ella lo repite:
Estarán repartiéndose el botín encontrado:
una muchacha, dos muchachas por cada soldado
(Jue 5, 28-30).

No se volvería a hablar de Débora, ni de so amigo Barac, en todo el resto del libro de los Jueces.

56. *EL HOMBRE QUE NO QUISO SER REY*

Después de la desaparición del rey Jabín, transcurrieron cuarenta años de paz, pero entonces «*los hijos de Israel obraron mal a los ojos del Señor y Él los entregó durante siete años en las manos de Madián»* (Jue 6,1).

Los madianitas, los amalecitas y los hijos de oriente, unos nómadas venidos del desierto, instalaban sus campamentos en las cercanías de los lugares ocupados por los israelitas. Eran muy numerosos y pasaban al galope con sus caballos y con sus camellos por los campos, para devastar los sembrados y apoderarse de las cosechas. Para alimentarse robaban el ganado, la verdura de los huertos y las frutas que colgaban de los árboles, a veces rompiendo las ramas para alcanzarlas.

Venganza mesurada. Los madianitas, descendientes de la gente de Madián que había sobrevivido a la injusta y mortífera *guerra santa* ordenada por Moisés, sólo pretendían vengar a sus muertos, con la ayuda de sus vecinos los amalecitas —que también tenían cuentas pendientes con los israelitas— y de los nómadas que vivían más al sur, en el desierto. Querían molestar, hostigar y asustar a los israelitas, pero no querían matar a nadie. Ellos no desjarretaban los caballos, no maltrataban los animales y no los degollaban para luego quemarlos como solían hacer los israelitas. Cuando robaban reses, era para alimentarse.

Los israelitas tenían tres opciones: lamentarse, luchar o parlamentar y decir a los madianitas cuanto sentían lo que había hecho Moisés. Podían también preguntarles si deseaban algo como compensación. Eligieron la primera opción: se lamentaron. El Señor oyó sus lamentos y les envió un ángel mensajero. *«Vino entonces el ángel del Señor y se sentó bajo el terebinto que hay en Ofrá, perteneciente a Joás. Su hijo Gedeón estaba desgranando el trigo en el lagar, para esconderlo de los madianitas»* (Jue 6,11).

Con las alas replegadas y escondidas debajo de su capa, el ángel parecía una persona cualquiera. Gedeón se asombró cuando el divino mensajero le anunció que Dios le había asignado la tarea de echar de Israel a los madianitas y a sus aliados. Desconfiado, exigió una prueba. Pidió al ángel que se quedara sentado donde estaba mientras él iba a buscar los ingredientes necesarios. Volvió con un cabrito preparado y panes ázimos hechos con cuarenta y cinco kilos de harina —una cantidad enorme para una región devastada por las legiones de Madián— y los depositó bajo el árbol, que durante su corta ausencia había dejado de ser un terebinto para transformarse en una encina.

Siguiendo las instrucciones del ángel, Gedeón puso la carne y los panes sobre una roca plana y echó encima la salsa que había traído en una olla. «*El ángel del Señor alargó la punta del bastón que tenía en la mano, tocó la carne y los panes ázimos, y subió un fuego de la roca que consumió la carne y los panes ázimos. Después el ángel del Señor desapareció de sus ojos*» (Jue 6,21).

Gedeón quedó convencido pero, ¡qué prueba tan absurda!, Gedeón, que desgranaba a mano espigas sueltas de trigo para ocultarlo, tuvo que buscar y pudo encontrar en seguida 45 kilos de harina y un cabrito entero, cuando un par de costillas y medio kilo de harina habrían bastado. Y habría sido todavía más rápido y más económico presentar al ángel un pequeño montón de leña para que le prendiera fuego con la punta de su bastón mágico, como hizo con los panes y el cabrito.

Por la noche, mientras Gedeón estaba durmiendo, el Señor le dijo que debía destruir el altar de Baal que había en la ciudad y pertenecía a su padre Joás. Debía también hacer pedazos la estatua de Asera, que era de madera y se encontraba encima del altar. Obedeciendo las órdenes del Señor, sacó de su castigado rebaño un novillo de segundo parto y lo quemó en su honor sobre la madera de la Asera, que tuvo que cortar a hachazos en trozos. «*Lo llevó a cabo de noche y no de día, por miedo a la casa de su padre y a los hombres de la ciudad*» (Jue 6,27). Aunque eso lo hiciera de noche, fue un gran milagro que los golpes dados con el hacha y las llamas de la hoguera no despertaran a ningún hombre de la ciudad; y otro que se pudiera quemar enteramente un toro de unos dos años con una única estatua de madera...

Gedeón se tomó muy en serio su misión. Enviando emisarios a todas las tribus de Israel, logró reclutar a unos treinta mil hombres. Al Señor le pareció que era mucha gente y de alguna manera se lo hizo saber a Gedeón. Entonces despidieron a todos los que reconocieron que tenían miedo. ¡Qué buena idea tuviste, Yavé! Los miedosos estorban, hacen tonterías y son siempre los primeros en caer bajo los golpes del enemigo. Quedaban todavía diez mil voluntarios. Dios sugirió que se fueran todos a la fuente a beber. Unos bebieron directamente de la fuente, agachándose o arrodillándose, pero trescientos de ellos llevaban el agua a la boca con las manos y bebían lamiendo, como hacen los gatos y los perros. Satisfecho, el Señor envió a Gedeón un pajarito que se posó sobre su hombro y le musitó al oído: «*Os salvaré con los trescientos hombres que han bebido lamiendo*» (Jue 7,7).

Según las órdenes que Gedeón afirmaba haber recibido del Señor, dividió su reducido ejército en tres grupos de cien hombres, y a cada uno entregó un cuerno y un cántaro. En cada cántaro había una antorcha. Se acercaron con sigilo y en silencio al campamento y, sin previo aviso, empezó el concierto: «*Los tres grupos tocaron los cuernos y rompieron los cántaros. Cogieron en la izquierda las antorchas y en la derecha los cuernos para tocar*» (Jue 7,21).

Habían rodeado el campamento y sus ocupantes enloquecían. «*El Señor hizo que esgrimieran la espada unos contra otros en todo el campamento y que huyeran*» (Jue 7,22), pero nadie nos dice como lo hizo... Los israelitas llegaron de todas partes para perseguirlos, incluso los que habían sido eliminados porque les tenían miedo. Pero de un hombre que huye, nadie tiene miedo... Persiguieron a los príncipes madianitas Oreb y Zeed, los alcanzaron, los mataron y trajeron sus cabezas a Gedeón. «*Madián quedó sometido a los hijos de Israel y no volvió a levantar cabeza. El país estuvo en paz cuarenta años mientras vivió Gedeón*» (Jue 8,28).

Los madianitas, a pesar del daño que había hecho Moisés a sus padres y a todo su pueblo, no habían agredido físicamente a los israelitas, pero ellos no dudaron en matar a los príncipes cuando los alcanzaron. Fue no solamente un acto cruel e inútil sino también una lamentable tontería. Una vez muertos, los príncipes ya no servían para nada. Apresados y vivos, valían lo que Madián estaba dispuesto a pagar por su rescate.

Matanza improbable de setenta hombres sobre la misma piedra... Gedeón habría podido ser rey, pero no quiso. Cuando los israelitas se lo propusieron, les contestó: «*Ni yo ni mi hijo mandaremos sobre vosotros. El Señor es quien mandará sobre vosotros*» (Jueces 8,23).

Estaba equivocado: uno de sus hijos, el peor de todos, mandó sobre Israel, al menos sobre la ciudad de Siquén y su región. Cuando murió Gedeón, llamado también Jerubaal porque había derribado el altar de Baal que pertenecía a su padre, fue enterrado donde había nacido, en Ofrá. En seguida los hijos de Israel volvieron a rendir abiertamente cultos a Astarté —otro nombre de Asera— y a Baal.

«*Gedeón tuvo setenta hijos nacidos de él, pues tenía muchas mujeres. En cuanto a la concubina que vivía en Siquén, también le engendró un hijo, a quien llamó Abimélec*» (Jueces 8, 30-31).

Abimélec, un hombre ambicioso y sin escrúpulo, se fue a vivir en Siquén, donde residía su madre, la concubina, y toda la familia de su abuelo materno. Supo persuadirlos a todos y también a los notables de la ciudad —llamados a menudo señores de Siquén— , de que él era el más apto para gobernar. Les decía: «*Más vale que mande un hombre solo que setenta*», aludiendo a los hijos legítimos de su padre, que también eran sus hermanastros. Los habitantes de Siquén aceptaron la sugerencia y le adelantaron a Abimelec setenta siclos de plata tomados del templo de Baal Berit, entonces patrono de Siquén.

Abimélec contrató una cuadrilla de mercenarios y se fue con ellos a la casa de su fallecido padre para acabar con sus rivales. «*Llegó a casa de su padre a Ofrá, y mató sobre una piedra a sus hermanos, a los setenta hijos de Jerubaal. Quedó*

Jotán, el hijo menor de Jerubaal, que se había escondido» (Jue 9,5). A pesar de lo que acababa de hacer, Abimélec fue proclamado rey de Siquén por los señores de la ciudad.

Acerca de la matanza de los hermanos, es evidente que Abimélec tuvo que emplear numerosos ayudantes para inmovilizar a tantos hombres jóvenes y matarlos uno tras otro sobre la misma piedra. Además, si mató a setenta, como se dice, no pudo quedar un sobreviviente. Pero si se salvó el hijo menor, como también se dice en el mismo versículo, tan solo pudo matar a sesenta y nueve de sus hermanastros. Se puede objetar que uno más o menos no tiene importancia, pero sí la tiene porque si se deja sin corregir un error flagrante, ¿qué pasará con los que no son tan obvios?

Otra anormalidad del cuento es que Gedeón pudiera haber engendrado setenta y un varones, con un número desconocido de esposas y de concubinas, sin que le naciera una sola hija. Esto no pudo ser: tanto las leyes de la probabilidad como las de la fisiología no lo habrían permitido.

El asesino Abimélec consiguió mantenerse en el poder durante tres años, hasta que los señores de Siquén empezaron a enemistarse con él. Abimélec murió en Tebes cuando estaba sitiando la ciudad. Había en el centro de Tebes una torre fortificada y la gente se había refugiado en ella. Abimélec fue hasta la puerta de la torre para prenderle fuego. *«Entonces una mujer arrojó una muela de molino sobre la cabeza de Abimélec y le rompió el cráneo»* (Jue 9,53).

Moribundo, Abimélec ordenó a su escudero que lo rematara con su espada, porque el abominable machista no quería que se dijera que lo había matado una mujer.

Los juecitos Tolá y Yaír. Durante los veinte años que siguieron la muerte del falso rey Abimélec, las funciones de juez fueron desempeñadas por Tolá, al menos en el norte de Israel. Tolá era hijo de Fuá y nieto de Dodó. Él no fue un guerrero y no hacía falta que lo fuera: reinaba la paz en todo el país y el culto a dioses exóticos estaba pasado de moda. Tolá juzgó en

Israel durante veintitrés años. Luego «*murió y lo enterraron en Samir*» (Jue 10, 2).

Le sucedió Yaír, un galaadita. Le secundaban sus treinta hijos. Cada uno poseía un burro y tenía a su cargo una de las treinta ciudades del norte de Israel, «*que se siguen llamando hasta el día de hoy Yavot Yaír, en la tierra de Galaad*» (Jue 10,4).

Con Yaír, se sumaron veintidós años de paz a los veintitrés de Tolá.

57. EL VOTO

Una vez más, los hijos, las hijas e incluso los padres y los abuelos de Israel se dejaron seducir por cultos a dioses extraños. «*Sirvieron a los Baales, a las Astartés, a los dioses de Arán, a los dioses de Sidón, a los dioses de Moab, a los dioses de los amonitas, a los dioses de los filisteos*» (Jue 10,6). Y el Señor, también una vez más, se enfadó y permitió que los filisteos y los amonitas oprimieran a Israel, cada uno por su cuenta y en el lado del Jordán que le correspondía, aunque los amonitas llegaron a cruzar el río. La pesadilla duró dieciocho años, hasta que por fin los hijos de Israel se acordaron del verdadero Dios y, mirando el cielo, gritaron al unísono:

—¡Socorro!

No sabría decir sin miedo a equivocarme qué medio de comunicación —o que truco— utilizó el Señor para que lo que quería expresar llegara entero y audible a los oídos de los suplicantes. Para ahorrarme tiempo y dolores de cabeza, admitiré simplemente que si nosotros somos capaces de utilizar ondas electromagnéticas para intercambiar datos y sonidos sin abrir la boca, los dioses podrían hacer lo mismo con ondas electroespirituales... Todo lo que se sabe al respecto es que la respuesta fue inmediata y contundente: «*No volveré a salvaros: id e invocad a los dioses que os habéis escogido*» (Jue 10, 13-14).

¡Enhorabuena, Yavé! Hiciste bien en darles un susto. Estos ingratos se acuerdan de Ti únicamente cuando se han metido en un lío. Pero después, cuando viste que empezaban a romper las estatuas y quemar las imágenes de los falsos dioses que habían servido, te gustó tanto que les perdonaste sus desvíos. Una vez más... Cuando supieron que podían contar contigo, se agruparon en Galaad, pero no sabían a quién escoger como jefe. «*El pueblo y los príncipes de Galaad se dijeron unos a otros: el que emprenda el combate contra los amonitas estará a la cabeza de todos los habitantes de Galaad*» (Jue 10,18).

«*Jefté, el galaadita, era un guerrero valiente. Galaad lo había engendrado de una prostituta. La esposa de Galaad le había dado también hijos. Cuando crecieron, expulsaron a Jefté*» (Jue 11,1). Jefté se fue y se quedó al norte del río Yaboc, donde no tardó en encontrarse al frente de un grupo de hombres jóvenes que lo seguían en sus andanzas.

Cuando los israelitas de Galaad necesitaron un jefe para enfrentarse a los amonitas, se acordaron de Jefté y le mandaron una delegación de respetables ancianos para ofrecerle el puesto. Pero él, todavía resentido, tardó en decidirse. Finalmente, aceptó y el pueblo le nombró su líder. Se puso en seguida en contacto con el rey de los amonitas y entre ellos se intercambiaron proposiciones de paz, reproches y amenazas, que no condujeron a ningún resultado positivo. Entonces Jefté dijo: «*Que el Señor juzgue como juez entre los hijos de Israel y los amonitas*» (Jue 11, 17). Luego Jefté hizo el voto más imprudente e irreflexivo que se pueda imaginar: «*Si entregas a los amonitas en mi mano, el primero que salga de las puertas de mi casa a mi encuentro, cuando vuelva en paz de la campaña contra los amonitas, será para el Señor y se lo ofreceré en holocausto*» (Jue 11, 30-31).

Jefté venció a los amonitas. «*Fue una gran derrota y los amonitas quedaron sometidos a los hijos de Israel. Cuando Jefté llegó a su casa de Mispá, su hija salió a su encuentro con adufes y danzas. Era su única hija y él no tenía más hijos*» (Jue 11,33-34). Aterrado, Jefté desgarró todas sus prendas, maldiciéndose por lo estúpido que había sido. Pero ella, cuando supo lo del voto, se lo tomó con calma y tan solo le pidió a su padre un plazo de dos meses para ir de paseo por el monte con sus amigas. «*Al cabo de dos meses volvió donde estaba su padre, que hizo con ella según el voto que había pronunciado*» (Jue 11,39).

¿Y qué hizo su padre? Muchos piensan que la entregó simbólicamente a Dios para que se quedara virgen toda su vida, sin poder casarse nunca. Unos pocos creen que Jefté tenía que cumplir su voto y que lo cumplió, ofreciendo su hija a Dios en holocausto como si se tratara de un cordero. Y un holocausto es una ofrenda quemada...

Yo no creo que hizo tal cosa porque Dios, que no habla pero lo oye todo, especialmente cuando se hace una ofrenda a su favor, no pudo no percatarse de que Jefté dijo cuando pronunció su voto: «*El primero que salga*», no «*la primera*», y tampoco «*el primero o la primera*». Dijo también: «*lo ofreceré en holocausto*», no «*la ofreceré*». Estaba muy claro que el voto no podía atañer a una mujer, sino únicamente a un varón. Cuando lo hizo, Jefté debió de pensar en un servidor o un esclavo, porque cuando un jefe regresaba de una campaña militar, eran las primeras personas en salir a su encuentro para hacerse cargo de sus pertrechos y de su montura.

Durante la ausencia de su hija, Jefté tuvo tiempo de reflexionar y de rememorar cada una de las palabras que había dicho al pronunciar su voto. Se las repitió a su hija cuando regresó y ambos convinieron que el voto debía quedar sin efecto, porque a Jefté ningún hombre le había salido al encuentro cuando regresó. Lástima que al autor del libro de los Jueces no se le ocurrió mencionar el nombre de la hija de Jefté.

No debían decir eso. Los efraimitas estaban descontentos porque no habían sido invitados a participar en la guerra contra los amonitas, lo que les habría permitido hacerse con una parte del botín. Amenazaron a Jefté diciendo: «*Daremos fuego a tu casa contigo*» (Jue 12,1).

Los efraimitas eran los descendientes del hijo menor de José, que en Egipto su abuelo Jacob había bendecido antes que su hermano mayor Manasés, con el pretexto de que el menor llegaría a tener más descendencia y más poder que el mayor. Fue una afirmación sin fundamento que el porvenir se encargaría de desmentir. Al amenazar a Jefté, los efraimitas cometieron una estupidez que les iba a costar muy caro. «*Jefté reunió a todos los hombres de Galaad y declaró la guerra a Efraín*» (Jue 12,4).

Los efraimitas fueron vencidos y Galaad se hizo con todos los vados del Jordán, que antes eran de ellos. Pusieron guardias para vigilarlos y cuando alguien quería cruzar le preguntaban si era efraimita. Todos decían que no, pero si se sospechaba que uno mentía, le decían: «*Pronuncia por favor la palabra shibbolet, pero él pronunciaba sibbolet*» (Jue 12,6), porque los efraimitas no sabían pronunciar correctamente el sonido *sh*.

Los guardias, en vez de enviarlos a tomar clases de dicción, los degollaban. «*Cayeron entonces cuarenta y dos mil efraimitas*» (Jue, también 12,6). Esta cifra es ridícula; habrán querido decir *cuarenta y dos efraimitas*, y todavía es mucho porque, una vez que se supo lo que se hacía a los que se obstinaban en pasar por los vados vigilados, muy pocos quisieron tomarlos, prefiriendo cruzar el río a nado o quedarse siempre en la misma orilla y conservar la vida.

Los últimos juecitos. «*Murió Jefté el galaadita y lo enterraron en su ciudad de Galaad*» (Jue 12,7). Había juzgado en Israel durante solamente seis años. Le sucedió Ibsán de Belén, que tenía treinta hijos y treinta hijas. Ibsán era un juez inteligente y culto. Como medida contra los riesgos de la consanguinidad, mandó a sus treinta hijas a buscarse maridos fuera de Israel. «*Para sus treinta hijos hizo traer treinta muchachas de fuera*» (Jue 12,9).

Cuando murió Ibsán, llegó para tomar su puesto Elón de Zabulón, que juzgó en Israel durante diez años y no hizo nada especial, ni siquiera hijos.

Le sucedió Abdón, hijo de Hílel el piratonita, y él sí que hizo hijos, exactamente cuarenta, y tuvo treinta nietos y setenta burros para que cada uno de sus hijos y nietos tuviera el suyo propio. «*Murió y lo enterraron en Piratón, en la tierra de Efraín*» (Jue 12,15).

Es curioso que, en Israel, los padres de prole abundante tuvieran casi siempre sus hijos, y también sus hijas, por paquetes de diez. Es raro que en el Antiguo Testamento alguien tuviera tres, nueve, veintiséis o treinta y cuatro hijos.

58. PILLADO POR EL PELO

Cuando nació Sansón, la región que llamamos ahora franja de Gaza estaba ocupada por los filisteos, que siempre soñaban con estirar las mal definidas fronteras de su pequeño país. Mi propósito no es contar aquí las proezas de Sansón, ni sus altercados con sus turbulentos y vindicativos vecinos. Esto ya lo han hecho los cineastas. Me conformaré con detenerme en los pormenores de su corta vida que me parecen interesantes, empezando por el comienzo: su concepción.

Su madre no tenía nombre. En el texto la llaman despectivamente *la mujer*. No era en absoluto estéril como se cuenta, porque una mujer estéril no puede concebir y tener hijos, pero ella tuvo a Sansón... Durante una ausencia de su marido recibió una visita. «*El ángel del Señor le apareció a la mujer y le dijo: "Eres estéril y no has engendrado"*» (Jue 13,3). En seguida lo reprendió el Señor, lo que en las Biblias no se menciona: «¡Es así como te diriges a una respetable señora! Además estás equivocado: deberías saber que si no tiene hijos, la falta es de su marido, no de ella».

El ángel se avergonzó y se disculpó, pero no pudo hacer nada para ayudar a la señora, porque es bien sabido que los ángeles de alto rango son asexuados. No obstante, le envió con el beneplácito del Señor un ángel lego vestido de paisano, que no tenía ese hándicap. Entonces la señora futura madre de

Sansón quedó por fin embarazada, lo que confirmó que nunca había sido estéril. Ella dijo a su marido: «H*a venido a verme un hombre de Dios. Su semblante era como el semblante de un ángel de Dios, muy terrible*» (Jue 13,6).

Manoj, el cornudo marido de la futura madre de Sansón, quiso conocer al personaje. Su mujer lo condujo donde ella sabía que se podía encontrar. Manoj lo abordó con una ingenua, mal formulada e insustancial pregunta: «*¿Eres tú el hombre que habló a mi esposa?*» (Jue 13,11). El ángel luego contestó que sí, pero cuando Manoj le preguntó cómo se llamaba, no se lo dijo, alegando que era «misterioso».

Manoj no insistió y ofreció a Dios un cabrito en holocausto, pero la llama del fuego subió tan alto que «*cuando Manoj y su esposa la vieron, cayeron rostro a tierra*» (Jue 13,20). Como ya no podían ver nada, el ángel inseminador aprovechó la situación para escabullirse.

Pasaron nueve meses y «*la mujer dio a luz un hijo al que puso el nombre de Sansón*» (Jue 12,24). El niño creció rápido. En la página siguiente lo vemos, ya casi adulto, matar y despedazar un león joven que salía rugiendo de un viñedo. Hizo muchas cosas más, casi todas disparatadas. Para mí, la hazaña de Sansón más digna de interés es la que nos narra con pocas palabras el versículo 15,15 de este libro de los Jueces: «*Encontró una quijada fresca de asno, alargó la mano, la agarró y mató con ella a mil hombres*».

Tres palabras en este versículo retuvieron mi atención: «*quijada de asno*», y me puse a reflexionar. Luego, hablé del asunto con mi vecino. Albert fue categórico:

—Esto no se puede hacer. Una mandíbula de burro no es una ametralladora, y si lo ponen en la Biblia, razón de más para no creerlo.

Es cierto que en las Biblias hay sandeces, y no pocas, pero también hay materia para pensar, meditar, indignarse e incluso reír. Durante mi vida profesional, hace muchos años, he curado luxaciones y fracturas de mandíbulas humanas. Así que me pregunté:

¿Se podría matar a mil hombres de la manera que se cuenta? La respuesta es sí, pero tendrían que estar bien alineados y no moverse demasiado.

¿Pudo Sansón hacerlo? La respuesta es no.

Si me preguntaran si yo, con mis años, podría hacerlo, respondería. ¿Por qué no?

Dando con un bastón rústico fuertes golpes contra una roca, y aunque el bastón no tardó en romperse, calculé que si utilizara una quijada irrompible, con diecisiete golpes por minuto rompería mil veinte cráneos en una hora. Pues, un hombre tan fuerte como Sansón habría podido matar a mil filisteos en una hora, e incluso más si se encontraban en el fondo de un callejón sin salida.

—Entonces, ¿por qué dices que no pudo hacerlo? —quiso saber Burrito.

—Porque su mandíbula de burro se habría roto, como se rompió mi bastón, después de haber destrozado unos pocos cráneos de filisteos, y no tenía repuestos. Una quijada manejada por un hombre débil habría durado un poco más, pero con el riesgo de que todos los golpes no fueran mortales. El cráneo humano es también de hueso y algunos lo tienen muy duro. He dicho que podría hacerlo yo, y voy a explicar cómo. Pero ¡atención! que los que quieran experimentar se busquen calaveras en un osario: No quiero que se mate a nadie por mi culpa. He aquí la receta:

Hacerse con la mandíbula de un asno grande recién matado, sacarle la carne que le queda y los dientes, limpiarla y secarla. Pedir a un especialista que le haga un molde en negativo con una materia refractaria, que luego se llenará de hierro fundido. Dejar enfriar, desmoldar, lijar y dar a la pieza dos manos de pintura color hueso. Ya tenemos una bonita e irrompible copia de la famosa quijada bíblica de Sansón, que podemos colgar de una pared como trofeo, cuando no la usamos para romper calaveras o calabazas.

Sansón era peligrosamente propenso a enamorarse de las hijas de sus enemigos. Revelar el secreto de su excepcional fuerza física a la filistea Dalila fue como firmar su propia condena a muerte. Por su culpa perdió la libertad, los ojos y numerosos años de vida. Sansón murió cuando, de pie entre las dos columnas centrales del templo, «*empujó con fuerza y el templo se desplomó sobre los príncipes y sobre toda la gente que había en él. Los que mató al morir fueron más que los que había matado en vida*» (Jue 16,30).

59. GUERRA INTESTINA

«*Un levita, que vivía como extranjero en los confines de la montaña de Efraín, se casó con una concubina de Belén de Judá*» (Jue 19,1).

Un levita que no tiene nombre es algo inusual, cuando lo normal es que se cite los nombres de varios antepasados de los hombres que figuran en el Antiguo Testamento. De los hombres, no de las mujeres... Pero la mujer de este dramático relato bíblico sí tenía uno: la llamaban concubina. Era mejor que nada.

Sucedió que la concubina se enfadó con el levita y se marchó sin despedirse a casa de su padre. El levita fue a buscarla con su criado, porque la necesitaba para cocinar y lavarle la ropa. El suegro los recibió e hizo todo lo que pudo para retenerlos; pero el quinto día, por la tarde, el levita se fue con su criado y su concubina recuperada. Se señala que el levita llegó a la casa de su suegro con su criado y dos asnos, y que cuando emprendió el viaje de regreso fue «*con los dos borricos aparejados y su concubina*» (Jue 19,10), además de su criado. No sabemos quién de las tres personas tuvo que caminar, pero yo apostaría a que fue la mujer. Pasaron frente a Jebus —otro nombre de Jerusalén—, siempre bajo el dominio de los jebuseos. El criado propuso que fueran a pernoctar en esa acogedora ciudad, pero el levita rechazó la propuesta y dijo iracundo: «*No nos desviaremos a una ciudad extranjera, en la que no vive ningún hijo de Israel*» (Jue 19,12). El levita estaba equivocado, o mentía, ya que en la región toda la gente sabía que en Jerusalén vivían benjaminitas, junto con los jebuseos. Y ellos eran hijos de Israel. Además, los jebuseos tenían la reputación de ser muy buenas personas.

Ignorancia, estupidez y crueldad. El criado era menos tonto que el amo; la idea de ir a pasar la noche en Jerusalén era excelente, pero el levita quiso ir a hospedarse en Guibeá de Benjamín, una ciudad de mala fama, aunque en ella no vivían extranjeros. A la concubina nadie le preguntó su opinión. En Guibeá fueron hasta la plaza central, donde se sentaron sobre un banco de piedra, pero al principio nadie les hizo caso. Al atardecer llegó un anciano, también emigrante, que los acogió en su casa para la noche. «*Los hizo entrar y echó forraje a los borricos. Ellos se lavaron los pies, comieron y bebieron*» (Jue 19,21).

Lo que sucedió después no es más que una repetición alterada de lo que pasó en la casa de Lot, en Sodoma, reseñado en Génesis (19, 4-14), pero con consecuencias más dramáticas. Un grupo de hombres de la ciudad, unos depravados, rodearon la casa gritando: «*Saca al hombre que has recogido en tu casa, para que lo conozcamos*» (Jue 19,22). Es sorprendente que los malvados de Guibeá quisieran al levita, pero no al criado. Quizá por su condición de servidor no lo consideraban digno de recibir sus atenciones...

El dueño de la casa ofreció a los malvados su hija virgen, y luego la concubina de su invitado, pero las rechazaron y no se calmaron. Entonces el levita abrió la puerta, cogió la concubina, la echó fuera, volvió a cerrar la puerta y la atrancó. Sorprendidos por la ofrenda no solicitada y enfurecidos por no haber conseguido al forastero, «*ellos la forzaron y abusaron de ella toda la noche, hasta el amanecer*» (Jue 19,25).

La conducta de los tres hombres que se quedaron en la casa fue ignominiosa, en especial la del levita sin nombre, pero no mostraron ni aflicción, ni arrepentimiento. Por la mañana, cuando por fin soltaron a la desgraciada, se arrastró hasta la casa donde el levita había pasado la noche y se derrumbó delante de la puerta, moribunda. Salió el levita y en vez de hablarle y de tomarla en brazos para meterla en la casa y tenderla sobre una cama, le gritó: «¡*Levántate y vamos*!». Ella no contestó y no se levantó, porque estaba muerta. El odioso levita la cargó sin inmutarse sobre un borrico y se fue a su pueblo, seguido por el criado. Cuando estuvo en su casa, «*tomó un cuchillo y, agarrando el cadáver de su mujer, lo descuartizó miembro por miembro en doce trozos y los envió por todo el territorio de Israel*» (Jue 19,29).

Después de este acto inhumano se desencadenó una guerra interna entre los benjaminitas y las otras tribus de Israel, que al recibir el sangriento mensaje empezaron a reunirse. Pero todavía se podía llegar a un acuerdo: todo lo que tenían que hacer los benjaminitas de Guibeá era apresar y castigar a los culpables. Pero, sorprendentemente, no lo hicieron. Además, concentraron sus tropas alrededor de Guibeá para defenderla. Cuando los jefes de las tribus aliadas les dijeron: «*Entregadnos a esos hombres despreciables de Guibeá, para que los matemos y extirpemos esta maldad de Israel*» (Jue 20,13), los benjaminitas no aceptaron.

Querían luchar...

Estos tontos se condenaron ellos mismos. Se creían fuertes, porque tenían alistados veinticinco mil hombres diestros con la espada y setecientos honderos capaces de derribar con una sola pedrada a un hombre corriendo. Al principio, causaron a Israel grandes bajas, pero no tardaron en comprender que, siendo una sola tribu, no podrían seguir enfrentándose durante mucho tiempo a todas las otras, que además habían formado una coalición. Empezaron a perder cada vez más hombres, hasta que los sobrevivientes tuvieron que huir y refugiarse en el desierto.

Entonces «*los hijos de Israel se volvieron contra los benjaminitas, y pasaron a filo de espada desde la población de la ciudad hasta el ganado menor y todo cuanto había en ella.*

Asimismo, prendieron fuego a todas las ciudades que encontraron» (Jue 20,28).

Cuando todo estuvo arrasado, los israelitas de la coalición pudieron descansar, curar a los heridos y también reflexionar... Entonces empezaron a sentir pena por los benjaminitas. Pensaban y decían que habían destruido toda una tribu de Israel. Los que habían huido al desierto eran todos hombres jóvenes, salvo algunas viejas esclavas que se empeñaron en seguirlos para prepararles la comida, y sobre todo porque no sabían qué hacer ni adónde ir. Los benjaminitas que quedaban nunca podrían casarse y tener hijos, porque cuando se constituyó la coalición todos los israelitas habían jurado: «*Ninguno de nosotros entregará su hija como esposa a un benjamita*» (Jue 21,1). Tenían las manos atadas...

Dos curiosas maneras de reclutar mujeres. Habían también jurado que el hombre que no subiría a luchar contra Benjamín sería reo de muerte. Se informaron para saber si alguien no había cumplido su juramento, «*y resultó que no había subido a la asamblea ningún hombre de Yabés de Galaad*» (Jue 21,8). En seguida se consagró al anatema a Yabés de Galaad y a todos sus habitantes.

Para hacer el trabajo se envió un destacamento de doce mil hombres. Mataron a toda la desprevenida gente de la ciudad: hombres, mujeres y niños, salvo cuatrocientas vírgenes que se llevaron a su campamento. ¿Y cómo supieron que eran vírgenes? Como no podían saberlo y que no habían traído con ellos a algunas parteras para verificarlo, lo supusieron... Para no equivocarse demasiado, descartaron a las que aparentaban más de veinte años, a las que llevaban en brazos un bebé, sin preguntarles si era suyo o de una hermana mayor, y también a las más feas, porque se puede perdonar a una chica guapa que se pretende virgen sin serlo, pero no a una fea.

Las muchachas fueron conducidas al campamento de los israelitas en Siló, y allí les explicaron lo que se esperaba de ellas. Se despacharon emisarios a los benjaminitas refugiados en el desierto, para proponerles una paz honorable. Ellos volvieron y se repartieron gustosos a las galaaditas, también muy contentas de haber quedado con vida y de poder casarse con hombres jóvenes que no tendrían que compartir —al menos no en seguida— con otras esposas y concubinas. Pero no había bastantes para todos y esto era un grave problema, porque si un hombre podía casarse con varias esposas, en cambio, una mujer con varios maridos habría sido a los ojos del Señor una abominación.

Todos los hijos, los padres y también los abuelos de Israel se pusieron a cavilar sobre la cuestión, pero no se les ocurría nada. La solución la encontró un bisabuelo y a todos la idea les pareció buena. El medio que se emplearía no sería agresivo: se aprovecharía la gran fiesta anual de Siló para conseguir a las chicas que todavía faltaban. A los benjaminitas que aún no tenían pareja les explicaron lo que tendrían que hacer:

«*Cuando salgan las jóvenes de Siló a bailar en coro, salid de las viñas y cada cual raptará una joven de Siló. Después os marcharéis al territorio de Benjamín*» (Jue 21,21).

Así se hizo y fue fácil y rápido, puesto que las chicas, una vez que hubieron comprendido que no las raptaban para esclavizarlas sino para casarse con ellas, se echaban en los brazos de los chicos que les parecían más guapos; y ellos no se preocuparon por saber si ya habían tenido trato sexual con otros.

Los padres quisieron protestar e incluso pelear para recuperar a sus hijas, pero los que lo habían organizado todo los hicieron entrar en razón, diciéndoles que tenían mucha suerte de poder casar a sus hijas con benjaminitas sin quebrantar el juramento que habían hecho. En efecto, no les entregaban a sus hijas, ellos se las arrebataban.

RUT

60. SERENIDAD

En el pequeño libro de Rut no hay guerras, no hay masacres, no hay maldad, no hay hipocresía, ni siquiera hay disputas o riñas. Cuando muere una persona es siempre por causas naturales. En este libro el Señor no se entromete, respeta la voluntad y la intimidad de cada uno. Se queda arriba, mirando y escuchando. No quiere alterar el encanto del relato. Cuando abajo se pronuncia su nombre, es por casualidad o se debe a la costumbre, ya en aquella época muy arraigada. Únicamente el comentador de la obra se empeña en verlo por todas partes, en un desleal intento de socavar la voluntad propia de los personajes, diciendo por ejemplo: «*Dios salva y realiza su plan a través de Rut*»; y también: «*Noemí da un sentido religioso a su desgracia*». Un plan... un sentido religioso... ¿Y eso, cómo lo sabe? ¿Acaso se lo ha dicho el Señor?

La historia se puede resumir en pocas palabras. En una época de gran sequía y de hambruna, un matrimonio con dos hijos sale de Belén de Judá para ir a establecerse en Moab. La esposa, que se llama Noemí, se queda inesperadamente viuda. Sus hijos se casan con moabitas, pero al cabo de unos diez años ambos han muerto, seguramente víctimas de la misma enfermedad hereditaria que se llevó a su padre. No han dejado descendencia. Entonces Noemí toma la decisión de volver a Belén. Sus dos nueras, Orfá y Rut, lloran y no quieren separarse de ella. Noemí consigue que Orfá vuelva a reunirse con sus padres, pero Rut se obstina en seguirla, y de su obstinación surge uno de los más bellos y conmovedores versículos de todo el Antiguo Testamento. En realidad son dos, y rezan:

No insistas en que vuelva y te abandone.
Iré adonde tú vayas,
Viviré donde tú vivas;
Tu pueblo será mi pueblo
Y tu Dios será mi Dios;
Moriré donde tú mueras,
Y allí me enterrarán (Rut 1, 16-17).

Esto es lo que se puede leer en la Biblia de la Conferencia Episcopal Española. En la Biblia de Jerusalén (bajo estas líneas), la inversión entre verbos y pronombres, en mi opinión resta elegancia a los versos.

No insistas en que te abandone y me separe de ti, porque
adonde tú vayas, iré yo,
donde tú vivas, viviré yo.
Tu pueblo será mi pueblo
y tu Dios será mi Dios.
Donde tú mueras moriré
y allí seré enterrada (Rut 1, 16-17).

En la Biblia Reina Valera, el orden de las palabras se trastoca aún más, y ¡vaya sorpresa! se usa el futuro del subjuntivo, un tiempo inexistente en mi lengua materna:

No me ruegues que te deje y me aparte de ti;
porque a dondequiera que tu fueres, iré yo,
y dondequiera que vivieres, viviré.
Tu pueblo será mi pueblo, y tu Dios mi Dios.
Donde tú murieres, moriré yo, y allí seré sepultada
(Rut 1, 16-17)

Había leído el pequeño libro de Rut en mi tierra natal, en Francia, hace unos setenta y cinco años, y lo recordaba bastante bien. Pero en francés las palabras de Rut son prosa, en español son poesía —al menos en la primera versión citada. Cuando hace poco volví a leerlas, me parecieron tan cargadas de sentido que se me humedecieron los ojos.

Rut fue bien acogida en la región de Belén. Se casó con Booz, un buen hombre, del que tuvo un hijo que llamaron Obed y que iba a ser el padre de Jesé. Como Jesé era el padre del rey David, Rut fue una de sus bisabuelas y pudo ser, en su vejez, contemporánea suya, siempre que se considere exacta la genealogía que se facilita al final del libro.

Noemí no volvió a casarse pero cuando nació Obeb, el hijo de Rut, «*lo puso en su regazo y se encargó de criarlo. Las vecinas exclamaron: a Noemí le ha nacido un hijo*» (Rut 4, 16-17).

Si Noemí, que podía tener entonces entre cuarenta y cuarenta y cinco años, se hubiera casado de nuevo y antes que su nuera, y si hubiera dado a luz a un varón, muriéndose ella en el parto, Rut habría tenido que criarlo. El hijo de Noemí, al alcanzar la mayoría de edad, debía casarse con Rut, su cuñada y madre adoptiva, pues la ley exigía que la viuda tomara por esposo a un hermano de su difunto marido, siempre que existiera uno. Se originaba entonces una situación que podía llegar a ser muy embarazosa.

Retroceso. Volviendo a la introducción al librito de Rut —me la había pasado por alto—, veo con sorpresa que el papel que ella y su suegra desempeñan en el cuento es secundario; para no decir insignificante... Pero ¿por qué? Pues, porque así lo quiso el autor, desde luego no el autor del libro de Rut, sino el de la introducción y de los comentarios tontos que lo acompañan. Veamos cómo aquel aguafiestas entiende la historieta; «*Rut, la moabita, decide acompañar a su suegra Noemí en su desgracia y encuentra en Booz la salida a su situación. Sin embargo, el verdadero protagonista es Dios, que en la sombra* *realiza su providencia y le ofrece más de lo que podía esperar»* (Introducción al libro de Rut, Biblia de la Conferencia Episcopal Española).

Esto es fácil de decir, pero sería más difícil explicar por qué y cómo Dios lo hizo, y el autor ni lo intentó. Tampoco se molestó en tratar de entender por qué Dios se empeñaba en ayudar a Rut, quien se las arreglaba bastante bien sola, y dejó que murieran el marido y los dos hijos de Nohemí.

PRIMER LIBRO DE SAMUEL

61. EL ANTÍDOTO

Con este relato de la concepción y del nacimiento del profeta Samuel, que también fue juez, entramos en su primer libro, que en las citas se suele escribir (1Sam). En este primer libro se habla mucho del profeta, pero no aparece en el segundo (2Sam) porque muere antes de llegar al final del primero.

El padre de Samuel se llamaba Elcaná y era posiblemente levita. Como la madre de Sansón, la madre de Samuel se creía estéril. Pero ella, a diferencia de la madre de Sansón, tenía un nombre. Se llamaba Ana. La otra mujer de Elcaná se llamaba Fenina y tenía varios hijos. Se burlaba de Ana y la humillaba porque no llegaba a concebir. Pero ella, a pesar de su supuesta esterilidad, era la preferida de Elcaná, que la consolaba diciéndole: «¿*Acaso no soy para ti mejor que diez hijos?*» (1Sam 1,8). Elcaná tenía toda la razón, porque más vale para una mujer tener un marido enamorado y cariñoso que diez hijos que le hagan la vida imposible. Pero en aquella época, tener muchos hijos era tan ansiado como tener mucho ganado o mucho dinero.

Todos los años, Ana y Elcaná iban a ofrecer sacrificios en Siló, donde vivía el sacerdote Elí. En una ocasión, Elí supo que Ana había dicho que si Dios le concediera un hijo varón, se lo entregaría de por vida. Mientras estaba implorando al Señor, Elí la observaba y la creyó borracha. Cuando se dio cuenta de su error, se acercó a ella y hablaron... Antes de despedirla, Elí le dijo: «*Vete en paz y que el Dios de Israel te conceda lo que le has pedido*» (1Sam 1,17). Ella le dio las gracias y con su marido emprendió la marcha para volver a casa. De camino, se pararon para descansar y tomar un refrigerio. «*Ella comió y su semblante no fue el mismo*» (1Sam 1,18).

Cuando hubieron llegado a su casa, se fueron a la cama temprano y... «*Elcaná se unió a Ana, su mujer, y el Señor se acordó de ella*» (1Sam 1,19). ¡Tonterías! El Señor no hizo nada y ni siquiera se enteró de lo que pasó en la cama: Quien hizo algo fue Elí, el sacerdote. En el bocadillo que comió Ana durante el viaje le había puesto un antídoto para neutralizar los efectos de la poción anticonceptiva que Fenina le mezclaba con la comida dos veces a la semana. Se la preparaba una mujer conocedora de las plantas curativas y venenosas del monte. Elí, que la conocía bien, le mandó un emisario que le dijo que si no cesaba de suministrar en seguida la poción a Fenina, la denunciaría y la quemarían por bruja.

La amenaza surtió efecto: «*Al cabo de los días Ana concibió y dio a luz un hijo, al que puso el nombre Samuel*» (1Sam 2,20). Samuel creció y el sacerdote Elí, que ya era muy viejo, lo tomó a su servicio como aprendiz de sacerdote.

Visita fructífera. Con el paso de los años Elcaná, el marido de Ana, se volvió impotente. «*Entonces el Señor visitó a Ana que concibió y dio a luz tres hijos y dos hijas*» (1Sam 2,21).

¿Pero qué quiere decir esto? ¡Que Tú, Yavé, tuviste repetidas veces relaciones amorosas con una mortal, o que la *conociste* una sola vez y la dejaste embarazada de cinco hijos!... Esto no me lo puedo creer. Debe de tratarse de una granujada de aquel individuo que un día subió de Guilgal y se hace llamar «el ángel del Señor». ¿Sabes que no duda en declarar en público que fue él, y no Tú, quien sacó a tu pueblo elegido de Egipto?

Deberías vigilarlo de cerca.

62. LA ODISEA DEL ARCA

El hijo de Ana, Samuel, que tenía entonces tres hermanitos y dos hermanitas, todos de padre desconocido, seguía sirviendo al Señor al lado del decrépito Elí. Los dos hijos de Elí eran unos sinvergüenzas, que se comían la carne de los sacrificios y tenían relaciones con las prostitutas que ejercían su oficio a la entrada de la Tienda del Encuentro. Pero Tú, Yavé, no decías nada porque ya los habías juzgado y condenado.

Un día, o quizá fue más bien una noche, Samuel estaba durmiendo en el templo donde se guardaba el Arca, cuando soñó que el Señor lo llamaba y luego le decía: «*Mira, voy a hacer algo en Israel que a cuantos lo oigan les zumbarán los dos oídos*» (1Sam 3,11).

Poco después los israelitas tuvieron que luchar contra los filisteos, y ellos les infligieron una humillante derrota. «*Abatieron en el campo a cuatro mil hombres de la formación*» (1Sam 4,2). Mientras los sobrevivientes se lamentaban, a uno de ellos se le ocurrió ir a buscar el Arca y traerla al campo de batalla. Con el Arca llegaron los dos perversos hijos de Elí. Los israelitas rodearon el Arca y empezaron a lanzar sus gritos de guerra. Cuando los filisteos oyeron el alarido comprendieron que sus enemigos tenían con ellos el Arca y, al principio, se asustaron. Pero eran combatientes muy valientes. Recobraron el ánimo pensando que quizá podrían apoderarse del Arca; y una vez más arremetieron contra las ya castigadas tropas de Israel, y una vez más las vencieron, causándoles tremendas bajas: «*Fue una gran derrota, cayeron treinta mil infantes de Israel. El Arca del Señor fue apresada y murieron Jofní y Pinjás, los hijos de Elí*» (1Sam 4,10-11).

Cuando informaron a Elí de lo que había ocurrido se desmayó, se cayó y al chocar su cabeza contra una puerta, se mató. «*Su nuera, la esposa de Pinjás, estaba encinta y a punto de dar a luz. Cuando oyó la noticia del apresamiento del Arca de Dios y que habían muerto su suegro y su marido, se puso de cuclillas y dio a luz*» (1Sam 4,19). Así de sencillo y rápido...

En aquella época las mujeres israelitas, y probablemente también las de muchas otras etnias, no solían acostarse para parir. Esto lo hacían de cuclillas, lo que desde un punto de vista puramente fisiológico parece más natural y más lógico, siempre que no surgieran complicaciones.

El Arca con el dios Dagón. Los filisteos se llevaron el Arca como trofeo de guerra y la depositaron en el templo de Asdod —una de las cinco ciudades más importantes de su territorio—, justo al lado de su dios Dagón. Al día siguiente, al amanecer, Dagón yacía en el suelo, a la entrada del templo, con la nariz hincada en la tierra sucia. Lo limpiaron y lo volvieron a instalar en el templo, otra vez al lado del Arca. El segundo día, Dagón estaba de nuevo en el suelo, además lo habían cruelmente mutilado: «*Su cabeza y las manos estaban cortadas, junto al umbral*» (1Sam 5,4).

Tratar así a Dagón, el Dios de la lluvia y de la fertilidad de la tierra —aunque se represente a menudo con cabeza, torso y brazos de hombre y cola de pez— fue un acto vil y absurdo, que nadie reivindicó. Los filisteos capturaron el Arca, pero ellos la trataron con respeto y le reservaron una plaza de honor en su templo y junto a Dagón. Al parecer esa muestra de atención no fue comprendida por los incultos y necios espías israelitas que se ocultaban en Asdod.

A los raptores les amenazaba otro peligro, aunque no de la misma índole. Cuando al cabo de algunos días los habitantes de Asdod empezaron a padecer extraños tumores, decidieron mandar el Arca a Gat, una ciudad del interior del país. Pero resultó que «*una vez trasladada el Arca, la mano de Dios causó un pánico enorme en la ciudad. Hirió a sus gentes, desde el pequeño al grande, y les salieron tumores*» (1Sam 5,9).

Entonces llevaron el Arca a Ecrón, la ciudad más cercana, pero los ecronitas rechazaron el regalo. Muy enfadados, mandaron el Arca a Ascalón. La gente de Ascalón la llevó a Gaza, y de Gaza volvió a Asdod, su punto de partida.

Los tumores no eran en absoluto un castigo de Dios. Con el Arca los filisteos introdujeron en sus ciudades ratones, que se multiplicaban, se extendían por los campos y devastaban las cosechas. Además, eran portadores de pequeñísimas garrapatas, cuyas picaduras causaban tumores. Los hebreos, después de mil años de convivencia con aquellos bichitos, se habían vuelto inmunes a sus picaduras, pero no los filisteos, recién llegados en la región. No obstante, los que se curaban de sus tumores se volvían menos sensibles a nuevas picaduras.

Devolución y acogida lamentable. Cuando los filisteos hubieron averiguado de dónde provenía el peligro, en vez de guerrear contra sus enemigos, arremetieron contra los ratones y lograron eliminarlos con granos envenenados, mientras los príncipes discutían para decidir lo que se debía hacer con el Arca. «*Ellos llamaron a los sacerdotes y a los adivinos para consultarlos: ¿Qué hemos de hacer con el Arca del Señor? Indicadnos cómo la hemos de mandar a su sitio*» (1Sam 6,1-2).

El Arca estuvo unos siete meses en territorio filisteo. Finalmente, príncipes y sacerdotes se pusieron de acuerdo para devolverla a sus legítimos propietarios, con un regalito más bien insólito: cinco tumores de oro y cinco ratones, también de oro. Cada ciudad daba un tumor y cada príncipe un ratón.

Dos vacas tirando de un carro nuevo, fueron encargadas de llevar a los hijos de Israel el Arca, con los ratones y los tumores de oro. Las dos vacas eran jóvenes, sanas y fuertes. Tenían crías que los filisteos habían encerrado en una cuadra para que no las siguieran. «*Las vacas se encaminaron derechas por el camino de Bet Semes. Siguieron por la misma calzada mugiendo, sin apartarse a izquierda o derecha*» (1Sam 6,12).

Los príncipes filisteos las siguieron a distancia; cuando las vieron adentrarse en territorio israelita regresaron a su país. Las vacas llevaron el carro hasta el campo de Josué, donde había una gran piedra plana, y ahí se detuvieron.

Los hombres y las mujeres que estaban segando la mies se acercaron y rodearon el carro. Mientras esperaban a los levitas para que se hicieran cargo del Arca, solo podían —sin tocar ni los regalos ni el Arca— quitarles el yugo a las vacas, traerles un cubo de agua y dejarlas pastar en paz en el rastrojo. Se lo tenían bien merecido. Pero nada de esto hicieron: «*Entonces trocearon las maderas del carro y ofrecieron las vacas en holocausto al Señor*» (1Sam 6,14).

Luego llegaron los levitas e hicieron algo aún más sorprendente: «*Los levitas bajaron el Arca del Señor y el cofre que había a su lado, en el que se encontraban los objetos de oro, y los depositaron sobre la gran piedra*» (1Sam 6,15).

¿Y de dónde bajasteis el Arca, levitas ignorantes, mentirosos y estúpidos? ¿Acaso no habéis visto que del carro solo quedaban cenizas, ya que fue destrozado y utilizado como leña para quemar las vacas? Esto significa que unos vándalos han tenido que manipular el Arca para bajarla y no quemarla con el carro, y esto únicamente los sacerdotes podían hacerlo.

A Dios no le agradó el sacrificio. Tenía otro plan para esos dóciles y obedientes animales, que habían traído el Arca sin desviarse nunca de su camino y sin pararse una sola vez para ramonear las ramitas de los arbustos que bordeaban la calzada. Cuando desde arriba vio que le mataban sus vacas, que desplazaban ellos mismos el Arca sagrada y que destrozaban un precioso carro nuevo que habría podido servir para transportarla, echó chispas...

«*El Señor hirió a las gentes de Bet Semes, porque habían curioseado el Arca del Señor, matando a setenta hombres*» (1Sam 6,19). La verdad fue que no curiosearon el Arca, según sus propias leyes, la profanaron.

De cualquier forma, te felicito, Yavé, por haber acabado tan rápida y limpiamente con aquella perniciosa chusma. Seguro que de dejarlos con vida, aquellos bárbaros no habrían dudado en emular a Moisés, jurando que lo hicieron porque Tú lo habías ordenado.

63. EL PRIMER REY DE ISRAEL

Los israelitas querían un rey cuya autoridad se extendiera a todas las tribus de Israel. Samuel estaba en contra, diciendo que el rey ya lo tenían: era Dios. También les dijo que mantener a un rey tenía su precio. Les exigiría un diezmo sobre su ganado y todos los productos de la tierra, se llevaría a sus hijos como soldados y a sus hijas como siervas. Pero no le hicieron caso y tuvo que acceder a su deseo. Además, ni siquiera Dios estaba en contra. Debía de estar harto, tanto de las tonterías que hacían sus protegidos como de los líos en los que se metían. Así que Samuel, quien no quería admitir que había cedido a las exigencias del pueblo, declaró que Dios le había dicho: «*Escucha su voz y nómbrales un rey*» (1Sam 8,22).

Asesorados por el mismo Dios, con Samuel haciendo de portavoz y de mediador, los ancianos y los jefes de tribus eligieron a un benjaminita llamado Saúl. Era alto y fuerte y residía en Guibeá. La gente perversa que vivía en esa ciudad había sido completamente eliminada y reemplazada por otra. Hacía tiempo que los benjaminitas se habían reconciliado con todas las otras tribus de Israel, y la elección de Saúl como rey fue bien acogida. Samuel lo ungió derramándole, como era costumbre, un frasco de aceite sobre la cabeza mientras le decía: «*El Señor te unge como jefe sobre su heredad*» (1Sam 10,1).

¡Ojo! La primera batalla que libró Saúl fue contra los amonitas, que habían acampado frente a Yabés de Galaad y se proponían atacarla, saquearla y destruirla. La población de esa ciudad ya había sido aniquilada por los propios israelitas, cuando andaban buscando mujeres para los benjaminitas sobrevivientes. La reemplazó otra, atraída por la belleza del lugar y la fertilidad de la tierra.

Aterrorizados, los nuevos habitantes de Yabés de Galaad suplicaron a Najas, rey de los amonitas: «*Haz un pacto con nosotros y te serviremos*». Pero Najas, hombre tosco y pérfido, les contestó: «*Pactaré con vosotros con la condición de sacaros a todos el ojo derecho*» (1Sam 11,1-2). Entonces los ancianos de Yabés pidieron a Najas un plazo de una semana para poner un poco de orden en sus asuntos antes de despedirse de su ojo derecho. Najas, que no conocía a Saúl, aceptó.

Aprovechando la tregua, los ancianos despacharon emisarios a Saúl para pedirle auxilio. Cuando llegaron a Guibeá, Saúl volvía del campo con sus bueyes. Le informaron de las exigencias de Najas y Saúl, enfurecido, «*tomó la pareja de bueyes y la hizo pedazos, y repartiéndolos por todo el territorio por medio de mensajeros hizo saber que así se haría a los bueyes de los que no siguieran a Saúl y a Samuel*» (1Sam 11,7).

Es una lástima que no nos dan detalles sobre la técnica utilizada por Saúl para hacer pedazos su junta de bueyes.

Antes de que venciera el plazo, Saúl consiguió reclutar a trescientos treinta mil hombres entre los que no querían que les destrozaran sus bueyes, todos bien armados y pertrechados. Era a mi parecer una cifra muy exagerada. Tal vez el autor quiso decir treinta y tres mil... Muy temprano por la mañana del día siguiente se infiltraron en el campamento de Najas y «*batieron a los amonitas hasta que calentó el día. Los sobrevivientes se desperdigaron, de modo que no quedaron dos juntos*» (1Sam 11,11).

Los habitantes de Yabés de Galaad se quedaron con sus dos ojos, salvo dos ancianos que ya eran tuertos y una niña que había nacido ciega.

64. DESBARAJUSTE

Jonatán, hijo de Saúl, deseoso de emular a su padre, «*Derrotó la guarnición filistea que había en Guibeá y los filisteos se enteraron*» (1Sam 13,3). Que los empedernidos enemigos de Israel pudieran tener tropas en Guibeá, la patria chica de Saúl, era algo insólito. Pero si existió realmente aquella guarnición fue seguramente en virtud de un acuerdo y con ventajas recíprocas. Al atacarla, Jonatán quebrantó el acuerdo y seguramente también un juramento, lo que desencadenó la ira de los príncipes filisteos. «*Los filisteos se reunieron para luchar contra Israel: treinta mil carros, seis mil jinetes y una tropa tan numerosa como la arena de la orilla del mar*» (1Sam 13,5).

Extremosidad. Los filisteos vivían en un territorio pequeño y no podían permitirse el lujo de tener y de mantener en buen estado tantos carros. ¿Dónde los habrían aparcado y cómo los habrían ocultado? De hecho, poseían menos de cincuenta, que tal vez sus antepasados habían comprado de segunda mano a los hititas, después de la batalla de Kadesh. En cuanto a los seis mil jinetes, se puede que los tuvieran, pero les faltaban los caballos; y comparar los soldados a la arena de la orilla del mar era un sinsentido. Sin embargo esas fanfarronadas, algunos se las creyeron, y entre los que las creían cundió el pánico: «*Se ocultaron en cuevas, agujeros, roquedales, fosas y cisternas*» (1Sam 13,6).

Mientras las mujeres, los niños, los ancianos y los cobardes se amontonaban en agujeros y cisternas, los guerreros guerreaban. Jonatán y su escudero acabaron sin ayuda con la guarnición filistea de Guibeá, que se había refugiado en una garganta próxima a la ciudad. Después fueron a reunirse con las tropas de Saúl. Pero resultó que «*el día del combate no se encontró más espada ni lanza en mano de toda la tropa que la de Saúl y la de su hijo Jonatán*» (1Sam 13,22).

Los israelitas no tenían herreros capaces de fabricar lanzas y espadas y se rumoreaba que ni siquiera sabían afilarlas. Todo esto lo hacían los filisteos. No lo hacían gratis, y en tiempos de guerra se interrumpía el suministro. Mientras Saúl y sus oficiales se estaban preguntando si iban a luchar con hondas, arcos, hachas y cuchillos, o huir y esconderse en las montañas, oyeron gritos y lamentos proviniendo del campamento filisteo. Intrigados, se acercaron con cautela para ver lo que estaba pasando. «*Resultaba que la espada de cada uno se había vuelto contra el otro, originándose un desconcierto enorme*» (1Sam 14,20).

Los filisteos peleaban uno contra otro y se mataban los unos a los otros. Los israelitas que se habían alistado en el ejército filisteo desertaban con sus armas para incorporarse en el de Saúl. Los cobardes que estaban escondidos con las mujeres en las cisternas empezaron a salir y a perseguir a los filisteos que veían huyendo.

«*El Señor salvó aquel día a Israel*» (1Sam 14,23). Nosotros sabemos muy bien, amiguito Yavé, que el salvador no fuiste Tú. Fue el buen vino que los filisteos encontraron en una bodega oculta por un gran montón de heno. Uno de ellos, por torpeza, prendió fuego al heno y apareció la entrada de la bodega... Tenían la victoria al alcance de la mano, así que la festejaron con antelación. Pero el vino era tan bueno que bebieron... y bebieron... hasta que se volvieron todos como locos.

Los soldados de Saúl, exhaustos y hambrientos, tuvieron que esperar la noche para comer, porque Saúl había jurado que no lo harían antes. Cuando por fin llegó el crepúsculo, «*la tropa, completamente agotada, se lanzó al botín y se apoderó de ovejas, vacas y becerros. Los degollaban en tierra y los comían con la sangre*» (1Sam 14,31-32).

Se armó entonces un jaleo de todos los demonios, porque comer sangre —pero no derramarla— era pecado grave. Dios, varias veces invocado, no quiso meterse en eso y, de todas formas, solo se comunicaba con los profetas y sin testigos, según lo que ellos decían. Como Samuel no estaba con la tropa, todo se arregló con lamentos, discusiones, gritos, imprecaciones y amenazas. No se mató a nadie, porque nadie sabía a quién matar.

Nueva ola de exterminio. Samuel odiaba a los amalecitas por su enfrentamiento con Moisés en Refidín. Aquello había ocurrido hacía mucho tiempo. Los atacantes habían sido los israelitas y los vencidos los amalecitas, que fueron obligados a huir de su propio país.

Pero Samuel era rencoroso y testarudo. Cuando Saúl volvió victorioso y agotado de la refriega con los filisteos, le salió al encuentro y le dijo que se debía acabar de una vez con los amalecitas, y como Saúl vacilaba, insistió y le notificó la orden que aseguraba haber recibido del Señor: «*Darás muerte a hombres y mujeres, a muchachos, niños de pecho, a vacas y ovejas a camellos y asnos*» (1Sam 15,3).

Saúl se asombró, porque pensaba que después de la campaña de exterminio perpetrada por Josué, tal práctica se había vuelto obsoleta, pero no se discute una orden cuando proviene del Señor. Saúl, pues, se fue al Negueb con doscientos mil hombres, encontró los amalecitas —en realidad uno de sus campamentos— y los venció sin dificultad gracias a la superioridad numérica de sus tropas. Luego hizo lo que creía que le había ordenado el Señor, aunque no le gustara: «*Entregó al anatema a todo el pueblo, exterminándolo completamente a filo de espada*» (1Sam 15,8). Pero se llevó vivo a Agag, rey de Amalec, y a sus reses más gordas y sanas. Samuel fue al encuentro de Saúl y dio con él en Guilgal. En seguida le dijo: «*¿Qué son esos balidos de ovejas y esos mugidos de vacas que estoy oyendo?*» (1Sam 15,14). Saúl se lo explicó sin ocultarle nada. Samuel se enfadó y le dijo que Dios se arrepentía de haberlo elegido como rey. Exigió que le trajeran al prisionero y Saúl mandó a dos de sus soldados que fueran a buscar al rey Agag. Él se acercó, confiado y... «*Samuel descuartizó a Agag en presencia del Señor*» (1Sam 15,33).

¡Mientes, asqueroso y sanguinario profeta! El Señor ni ordenó ni presenció aquel acto de barbarie contra un prisionero de guerra indefenso. Como la presencia del Señor era siempre indetectable, y que Él no castigaba ni protestaba cuando los líderes y los profetas mandaban que se perpetraran en su nombre toda clase de crímenes, ellos podían hacer todo lo que les diera la maldita gana...

Luego se cuenta que el Señor envió a Samuel a la casa de Jesé, porque había visto entre sus hijos a un nuevo rey. Pero Samuel se asustó y dijo: «*¿Cómo voy a ir? Si lo oye Saúl me mata*» (1Sam 16,1). Esto es lo que se puede leer en la Biblia y quizá también lo que pensó Samuel, pero no lo dijo y no recibió de Dios ni sugerencia ni orden para ir a ungir rey a un desconocido.

La realidad era que el profeta se arrepentía de haber aceptado a Saúl como rey, porque no hacía exactamente lo que él quería. Se había fijado en un joven pastor muy diestro con la honda y que le parecía bastante listo. Cuando le vio abatir de una pedrada una perdiz que pasaba volando, pensó que tal vez podría matar a Saúl sin ponerse al alcance de su espada. Se informó y cuando supo que era hijo de Jesé, tomó un cuerno de aceite y se fue a Belén, donde vivía Jesé con su familia. Puesto que estamos hablando de Jesé, me habría gustado saber si su abuela Rut, que de las pocas mujeres que se citan por su nombre en el Antiguo Testamento es mi preferida, estaba todavía viva y residía también en Belén cuando el profeta llegó a la casa de su nieto. Pero supongo que esto, nadie me lo puede decir... Y como los nombres de las mujeres no se suelen incluir en las genealogías, es probable que el suyo se extinguiera al cerrarse la última página de su pequeño libro.

Unción con nefastas consecuencias. Samuel llegó a Belén con una novilla para ofrecerla en holocausto e invitó a Jesé y a todos sus hijos a asistir al sacrificio. Jesé presentó a sus siete hijos ante Samuel, pero Samuel dijo a Jesé: «*el Señor no ha elegido a estos*» (1Sam 16, 10). Samuel le preguntó si tenía más hijos aunque ya lo sabía, y Jesé le dijo que faltaba el menor, que estaba vigilando el ganado. Envió un criado a buscarlo y cuando hubo llegado, Samuel tomó en seguida el cuerno de aceite que había traído y lo ungió, lo que no gustó a sus hermanos, en especial al primogénito.

«*Y el espíritu del Señor vino sobre David desde aquel día en adelante*» *(1Sam 16,13)*. Pero para meterse sobre David, el espíritu del Señor tuvo que alejarse de Saúl, dejando el sitio vacante para que lo ocupara otro, no tan bueno como el del Señor. «*El espíritu del Señor se retiró de Saúl, y un mal espíritu comenzó a atormentarlo*» (1Sam 16,14).

A partir del momento en que David fue ungido, Saúl se volvió angustiado y taciturno porque el espíritu nuevo que llevaba encima lo atormentaba. Entonces los servidores del rey le aconsejaron que se buscara a una persona joven, que supiera tañer la cítara, y alguien le recomendó a David. Saúl lo acogió bien, llegó a estimarlo mucho y lo contrató como escudero, sin saber que había sido ungido. Cuando se sentía agitado, o deprimido, David tocaba su cítara y «el mal espíritu se retiraba de él». Luego, volvía...

65. EL ESPANTAJO

La primera y más insigne proeza de David fue matar al gigante filisteo Goliat. «*Era de Gat, y medía unos tres metros. Llevaba un yelmo de bronce en la cabeza y vestía una coraza de escamas de bronce que pesaba unos sesenta kilos*» (1Sam 17, 4-5).

Algunos, olvidando que la Biblia se considera palabra de Dios, afirman que Goliat nunca existió. Puede que tengan razón, que Goliat fuera un personaje estrictamente legendario, pero aun así no deja de ser interesante. Suponiendo que realmente existió, lo primero que uno se preguntará es si era tan alto como se dice. La respuesta sólo puede ser un rotundo NO. Teniendo en cuenta la tendencia crónica de la Biblia a exagerar cuando se trata de citar números, rebajaremos la altura de Goliat a dos metros y setenta y dos centímetros. Es la talla más alta alcanzada por un ser humano y registrada en el libro Guinness de los récords. El poco envidiable titular del récord fue el norteamericano Robert Wadlow (1918-1940), que padecía un tumor de la hipófisis.

Admitiremos, pues, que Goliat medía como máximo 2,72 metros. Pero, con el calzado apropiado, un yelmo muy alargado y su voluminosa coraza, podía parecer bastante más alto e impresionante.

David era la persona idónea para acabar con Goliat, aunque todo el mundo pensaba el contrario. Había sido pastor y era experto en el manejo de la honda. No le tenía miedo a Goliat, no porque fuese presuntuoso o insensato sino porque sabía que podía matarlo. David era un perspicaz observador. Cuando a Goliat le gritó: «*El Señor te va a entregar hoy en mis manos. Te mataré, te arrancaré la cabeza y hoy mismo entregaré tu cadáver a los del ejército filisteo, a las aves del cielo y a las bestias de la tierra*» (1Sam 17,46), David ya había comprendido todo.

Goliat no era un verdadero guerrero y, de hecho, no lo hemos visto participar en los combates. Era más bien un gigantesco pelele que se exhibía para asustar al enemigo. El gigantismo tiene su precio. Los que lo padecen suelen tener el torso y los miembros anormalmente alargados, pero con cierta debilidad ósea y muscular, más o menos acentuada según los individuos, y su fuerza física puede no ser a la medida de su corpulencia.

Según el relato bíblico, «*David metió la mano en el zurrón, cogió una piedra, la lanzó con la honda e hirió al filisteo en la frente. La piedra se le clavó en la frente y cayó de bruces en la tierra*» (1Sam 17,49).

Si Goliat no llevaba el yelmo puesto cuando la piedra lo alcanzó, todo pudo suceder como se cuenta. Pero no ponérselo habría sido una estupidez, porque con el yelmo parecía más alto. Así que es casi seguro que lo llevara puesto, sobre todo si se había fijado en lo que David tenía en la mano. Un yelmo cubre la cabeza y también la cara. Si no la cubriera no sería un yelmo, sería un casco. Admitiremos, pues, que Goliat llevaba puesto su yelmo, y que David no pudo de ningún modo clavarle una piedra en la frente. Pero, entonces, sacó del zurrón un canto rodado del tamaño de una manzana, dio a su honda más vueltas de lo previsto y el proyectil impactó en la parte del yelmo que estaba en contacto directo con la frente. Aturdido y desequilibrado, el gigante se tambaleó sobre sus largas piernas y cayó de espalda. Pero pudo también caer de bruces, como se cuenta, si se inclinó hacia delante al intentar no caerse hacia atrás. En cualquier caso, ni la piedra ni la caída mataron a Goliat: Lo mató David con su propia espada, que ya tenía en la mano cuando su víctima trató de levantarse.

La primera honda. En la época de David una honda no era nada nuevo. Este sencillo lanzaproyectiles es de hecho el arma arrojadiza a la vez más antigua y más fácil de fabricar que se conoce. La utilizó por primera vez *Homo habilis*, en África Oriental, hace unos dos millones de años. Uno de aquellos primitivos homínidos había sacado un hueso de la osamenta de una cebra, para romperlo y comerse la médula. Pero se dio cuenta de que venía con el hueso un trozo vacío de intestino tan largo como su brazo, que tenía un cabo enrollado alrededor del hueso. Para desenrollarlo, agarró por su cabo libre el trozo de tripa y, sin soltarlo, hizo girar el hueso por encima de su cabeza. Al cabo de seis vueltas, el hueso se soltó, salió disparado y fue a parar en el ojo izquierdo de otro *habilis* que se hallaba a una distancia considerable, dejándolo tuerto.

Lamentablemente, de aquella primitiva honda no nos queda ningún rastro arqueológico.

66. OBSESIÓN

Saúl empezó a enemistarse con David cuando este regresó a casa, después de haber matado a Goliat. Las mujeres, las chicas e incluso las niñas salían a su encuentro y cantaban:

Saúl mató a mil,
David a diez mil (1Sam 18,7).

Esto a Saúl no le gustó, pero a David no le dijo nada. Por la noche, mientras estaba como de costumbre tocando la cítara, quiso sin previo aviso clavarlo en la pared con su lanza. Lo intentó dos veces, pero no lo consiguió porque David vio llegar la lanza y la esquivó, también dos veces. Otro día, Saúl a David le ofreció a Mical, su hija mayor, pero cuando supo que ella amaba verdaderamente a David quiso casarla con otro. Finalmente, David se casó con Mical y su padre exigió, como dote, que le trajera cien prepucios de filisteos, pensando que ellos lo matarían mientras intentara circuncidarlos. Pero David los mató antes de circuncidarlos. Mató a doscientos y así pudo escoger los prepucios más grandes y más bonitos.

No, amigo lector, esto no es ninguna bobada: es una gran verdad bíblica, aunque no creo que haya sido inspirada por Dios. «*No se había cumplido el plazo cuando David se puso en camino con sus hombres, mató a doscientos de entre los filisteos y llevó al rey el número completo de prepucios para ser su yerno. Entonces Saúl le entregó por esposa a su hija Mical*» (1Sam 18,27).

Jonatán, el hijo de Saúl, admiraba y amaba a David y le disgustaba que su padre lo tratara tan mal y quisiera matarlo. En una ocasión a su padre le dijo: «*Expuso su vida, mató al filisteo y el Señor concedió una gran victoria a Israel. Entonces, te alegraste al verlo... ¿Por qué hacerte culpable de sangre inocente matando a David?*» (1Sam 19,5).

Saúl escuchó a Jonatán y juró que no mataría a David, pero hubo otra guerra contra los filisteos y David los derrotó. Volvió a la casa de Saúl y él, mientras David estaba tañendo con los ojos bien abiertos la cítara, intentó una vez más matarlo con su lanza. David vio venir la lanza, se hizo a un lado, cogió la lanza, la tiró por la ventana, tomó su cítara y huyó. Entonces Saúl mandó sicarios a su casa para que lo mataran. Pero Mical, su mujer, le dijo: «*Si no pones a salvo tu vida esta noche, mañana habrás muerte*» (1Sam 19,11).

Huidas repetidas. David le hizo caso: saltó por la ventana y puso tierra de por medio. Fue a ver a Samuel en su casa y le contó todo lo que hacía Saúl en su obsesión por matarlo. Samuel, que vivía en Ramá, se fue con David a Nayot, un pueblo más alejado de Guibeá. Pero Saúl tenía espías, que en pocos días dieron con el lugar donde se escondía David. En seguida envió sus esbirros para que acabaran con él; pero cuando llegaron, «*divisaron al grupo de profetas en trance de profetizar y a Samuel a la cabeza; el espíritu de Dios vino sobre ellos y se pusieron igualmente a profetizar*» (1Sam 19,20).

Saúl mandó a otros hombres, que también se pusieron a profetizar, y con otro grupo pasó lo mismo. Entonces, Saúl pensó que tendría que ir a Nayot para matar él mismo a David y se puso en marcha. Cuando llegó al pueblo, pasó cerca de una gran cisterna y no tardó en empezar también a profetizar, pero él, además, «*se despojó de sus vestidos y quedó profetizando ante Samuel. Permaneció desnudo en tierra todo aquel día y toda aquella noche*» (1Sam 19,24).

¡Qué ridículo debió de sentirse Saúl, un rey legal y solemnemente ungido, cuando la droga que había ingerido al pasar cerca de la gran cisterna dejó de hacer efecto! La droga, la había preparado para Samuel una anciana, con hongos alucinógenos que ella conocía bien. Cerca de la gran cisterna había una pequeña pila, con una fuente y agua fresca a disposición de los transeúntes. Samuel había puesto el extracto concentrado de setas en la pila y aconsejado a la gente del lugar que fuera a abastecerse de agua en otra fuente. Todos los que vinieron a por David pasaron cerca de la fuente y todos bebieron. Pero Saúl bebió más y quedó bajo los efectos de la droga durante mucho más tiempo.

Cuando todos hubieron recobrado su compostura, David ya no estaba en Nayot. Había ido a reunirse con Jonatán, el único amigo con quien podía contar, pese a que fuera el hijo de su perseguidor. Jonatán le aseguró que iba a hablar con su padre e intentar hacerle entrar en razón. Lo intentó pero no lo consiguió. Saúl se enfadó, lo llamó «hijo de una mala madre» y cuando Jonatán le preguntó: «*¿Qué te ha hecho? Saúl le arrojó la lanza para matarlo, y Jonatán comprendió que su padre estaba decidido a matar a David*» (1Sam 20,33). Menos mal que Saúl era muy torpe en el manejo de la lanza.

Jonatán y David se abrazaron y se separaron. David se refugió en una región montañosa y con cuevas, despoblada y de difícil acceso. «*Se le unieron las gentes en apuro, con deudas o de ánimo desesperado y él se convirtió en su jefe. Unos cuatrocientos estaban con él»* (1Sam 22,2). En cuanto a Saúl, en vez de luchar contra los enemigos de Israel, seguía buscando y persiguiendo a David. Cierto día, sucedió que David y sus seguidores estaban descansando en el fondo de una cueva, cuando Saúl llegó con sus tropas. Pero él se apartó de ellas, se acercó solo a la entrada de la cueva y... «*Saúl entró a hacer sus necesidades, mientras David y sus hombres se encontraban al fondo de la cueva*» (1Sam 24,4).

David se acercó sin hacer el menor ruido y consiguió cortar una orla del manto de Saúl. Es casi seguro que Saúl había colgado la prenda de un saliente de la pared rocosa de la cueva. Si la hubiera llevado puesta, habría corrido el riesgo de ensuciarla. Además, David no habría podido cortar la orla sin que se diera cuenta. Saúl salió de la cueva sin haberse percatado de la presencia de David y de su reducido ejército. David salió en pos de él, lo alcanzó y le dijo, enseñándole la orla como prueba, que en la cueva habría podido matarlo y que no lo había hecho. Y añadió: «*Tú, en cambio, estás buscando mi vida para arrebatármela*» (1Sam 24,12).

Al oír esas palabras Saúl lloró, llamó a David «*hijo mío*» y le dijo «*Ahora sé que has de reinar y que en tu mano se consolidará la realeza de Israel*» (1Sam 24,12).

Noticia breve. Mientras Saúl andaba buscando y persiguiendo a David, llegó y se propagó aquella noticia: «*Samuel murió. Todo Israel se reunió, hicieron duelo por él y lo enterraron en su casa de Ramá*» (1Sam 25,1). Nada más... Con estas dieciocho palabras se anuncia la muerte del profeta. Ocupan un poco más de la mitad del primer versículo del capítulo 25 del libro primero de Samuel. La segunda parte del mismo versículo señala que David se levantó y bajó al desierto de Farán.

Menos de un versículo, sin ningún comentario, para anunciar el deceso de un personaje con dos grandes libros en el Antiguo Testamento... No me gustaba Samuel, especialmente por lo que hizo al rey Agag, el amalecita, pero aun así yo le habría consagrado al menos un par de versículos para recordar lo que hizo bien, y desde luego también lo que hizo mal.

Expedición nocturna. Saúl había pedido a David que le jurara que no haría desaparecer su descendencia después de su muerte, y David se lo había jurado. ¿Por qué habría matado a Jonatán, su mejor amigo, o a Mical, que había sido su esposa? Mientras David huía o se ocultaba, Saúl había entregado Mical a otro hombre, pero eso a David no le importaba mucho. Él se había casado con Ajinoán, de Yezrael. Luego tomaría por segunda esposa a Abigail, una viuda que vivía en el desierto de Farán.

Las buenas intenciones de Saúl duraron poco. Mientras se encontraba en plena crisis de abatimiento y de desánimo, sus informadores le señalaron que David se hallaba en la estepa, ocultándose en unos riscos. Entonces salió de su letargo y se lanzó al desierto con tres mil hombres para cazar a David. Pero David, que también tenía su red de informadores, pudo observar su llegada y averiguar dónde toda esa gente iba a instalarse para pernoctar. Por la noche, acompañado de Abisay, uno de sus lugartenientes, penetró en su campamento.

«*David y Abisay llegaron de noche junto a la tropa. Saúl dormía, acostado en el cercado con la lanza hincada en tierra a la cabecera. Abner y la tropa dormían en torno a él*» (1Sam 26,7). Abisay quería clavar a Saúl en el suelo con su propia lanza, pero David retuvo su mano y le recordó que no se puede matar así a un ungido del Señor. Le dijo que tomara la lanza y un jarro de agua fresca que Saúl tenía al alcance de la mano.

«*Nadie los vio, ni se dio cuenta, ni se despertó. Todos dormían porque el Señor había hecho caer sobre ellos un sueño profundo*» (1Sam 26,12). Pues no, el Señor no hizo caer nada sobre ellos y el sueño profundo no vino ni del cielo ni de las nubes. Lo causó el potente somnífero que el jefe de los cocineros del rey, un viejo amigo de Jesé, había puesto en el irresistible guiso de venado que había preparado para la cena. Después se esfumó con un trozo del animal, que fue a cocinar y comer lejos del campamento. Saúl nunca lo volvió a ver, porque recogió sus utensilios y se marchó con los suyos a cocinar para un príncipe filisteo, y fue muy bien acogido.

Aquella noche en el campamento nadie se levantó y solo se oyeron ronquidos. Ningún hombre se movió, y los que se habían pasado con la bebida se orinaron en su ropa de noche, mientras soñaban que lo estaban haciendo detrás de un árbol. David y Abisay salieron sin prisas del campamento y fueron a pasar el resto de la noche en la cumbre de un cerro cercano. No demasiado temprano por la mañana del día siguiente, cuando vieron que los hombres de Saúl empezaban a moverse, David llamó a Abner, el jefe del ejército, y le gritó: «*Busca la lanza del rey y el jarro de agua que tenía a la cabecera*» (1Sam 26,16).

Abner, confundido, no contestó, pero Saúl reconoció la voz de David y comprendió que, una vez más, habría podido matarlo y le había perdonado la vida. Le pidió que bajara, lo llamó otra vez «hijo mío» y le dijo que se arrepentía. Pero David ya no creía en el arrepentimiento de Saúl. Contestó fríamente: «*Aquí está la lanza del rey, venga por ella uno de sus servidores*» (1Sam´ 26,22).

David no bajó al campamento de Saúl pero se puso a reflexionar y tomó la decisión de huir de Israel hasta la tierra de los filisteos. Entonces fue a pedir asilo, para él y los seiscientos hombres que lo acompañaban, a Aquís, rey de Gat, una de las cinco principales ciudades de los filisteos.

«*Se asentaron en Gat con Aquís, cada uno con su familia y David con sus dos esposas. Informaron a Saúl de que David había huido a Gat y él dejó de perseguirlo*» (1Sam 27,3-4). Además, Saúl tenía entonces otras preocupaciones...

Espiritismo. Los filisteos estaban preparando un ataque en toda regla contra Israel. «*Cuando Saúl vio el campamento filisteo, tuvo miedo y el pánico se apoderó de él. Consultó al*

Señor, pero no le respondió, ni en sueños ni por los oráculos ni por los profetas» (1Sam 28,5-6).

Entonces, en vez de reagrupar sus tropas para defender el país, se pasó el tiempo buscando un vidente, un adivino, o lo que sea, para pedirle que se pusiera en contacto con el espíritu del recién fallecido Samuel. Encontrar uno no fue fácil, porque él mismo los había expulsado de Israel.

Por fin pudo hablar con una desconfiada nigromante, cuyo nombre le había sido facilitado por una vieja prostituta que le debía un favor. El rey de los israelitas iba disfrazado, pero la mujer no tardó en reconocerlo. Por algo era vidente. Él le pidió que invocara al espíritu de Samuel y ella lo hizo, al menos fue lo que le dijo, ya que Saúl, naturalmente, no veía ni oía nada. Cuando le preguntó qué aspecto tenía la persona con la que había entrado en contacto, respondió que era: «*Un hombre anciano que sube envuelto en un manto*» (1Sam. 28,14).

Con esa perfecta descripción, Saúl comprendió en seguida que se trataba de Samuel y, olvidando que los espíritus no pueden ni subir ni bajar ni cubrirse con un manto porque no tienen cuerpo, se inclinó hasta tocar el suelo con la frente y quedó postrado. No se dice durante cuánto tiempo se quedó así… Cuando se hubo enderezado, pidió a la nigromante que le transmitiera al espíritu de Samuel el siguiente mensaje, para que le dijera lo que iba a suceder y qué debía hacer: «*Estoy en un gran apuro. Los filisteos me hacen la guerra y Dios se ha alejado de mí. Ya no me responde, ni con los profetas ni en sueños. Te he llamado para que me indiques lo que he de hacer*» (1Sam 28,15).

El espíritu de Samuel recibió el mensaje, puso su respuesta en la boca de la nigromante y ella la transmitió en seguida al destinatario:

«*Tú y tus hijos estaréis mañana conmigo, y el Señor entregará el campamento de Israel a manos de los filisteos*» (1Sam. 28,19).

Como se puede ver, en aquella lejana época un mensaje verbal era ya capaz de viajar a la velocidad de la luz, aunque tendrían que transcurrir milenios antes de que se pudiera transmitir por escrito, gracias al correo electrónico...

67. CAMBIO DE BANDO

Aunque David había matado a su gigante Goliat y derrotado varias veces sus tropas, fue bien acogido por los filisteos. Ya conocía a Aquís, rey de Gat. Le pidió que le concediera un lugar para vivir con sus hombres sin molestar a nadie. Aquís le regaló Sicelag, un poblado ubicado al sureste del país y por su situación excéntrica expuesto a los ataques de los nómadas del desierto.

«Aquís le concedió aquel mismo día Sicelag: por eso Sicelag pertenece a los reyes de Judá hasta hoy» (1Sam 27,6).

David, sus dos esposas y todos los hombres de su tropa con mujeres, niños y servidores se instalaron en Sicelag, y así se formó el núcleo del futuro reino independiente de Judá. Aquís también había hecho un buen negocio: desde Sicelag David asolaba la región que se extendía al sur, combatiendo a los guesureros, los quenitas, los guirizitas y sobre todo a los odiados amalecitas. A su regreso, David entregaba a Aquís una parte del botín y el rey de Gat, encantado, preguntaba: «¿*Dónde habéis hecho la incursión hoy?*» (1Sam 27,10).

Cuando los filisteos se reunieron para enfrentarse a los israelitas, David estaba con ellos, al lado de Aquís y con todos sus hombres. Pero a los príncipes filisteos no les pareció bien que unos israelitas fueran a luchar contra su propio pueblo y no los aceptaron en su ejército. Dijeron al rey de Gat: *«Despide a ese hombre y que se quede en el lugar que le asignaste»* (1Sam 29,4).

Entonces ellos se despidieron de Aquís y emprendieron la marcha para volver a Sicelag.

Cando David salía de Sicelag y se adentraba en el desierto para asaltar un pueblo o un campamento, *«no dejaba con vida hombre ni mujer para llevarlos a Gat, pensando: po-*

drían informar contra nosotros» (1Sam 27,11). David y sus seiscientos hombres se habían convertido en una próspera y mortífera banda de saqueadores.

Saqueadores saqueados. Rechazados por los príncipes filisteos, iban a reanudar sus correrías, pero al llegar a Sicelag vieron que durante su ausencia la ciudad había sido asaltada y destruida. No había en el suelo ningún cadáver, ni de personas ni de animales. Los asaltantes no habían matado a nadie, pero se habían llevado todo lo que se podía aprovechar: provisiones, utensilios de cocina, ganado, tiendas, niños y mujeres, incluyendo las abuelas, las bisabuelas y los recién nacidos. Ellos respetaban la vida: no solían exterminar a la gente y a los animales, como hacían demasiado a menudo los israelitas cuando se apoderaban de un campamento o de una ciudad.

Un siervo egipcio, que había huido de su dueño amalecita, guió a David hasta el lugar donde los saqueadores se encontraban. Habían saqueado otros pueblos y estaban festejándolo en medio de un enorme botín. Tenían a su disposición tanta comida y tantos pellejos de vino que muchos de ellos estaban borrachos o empachados.

«David los batió desde el alba a la tarde del día siguiente. Y no escapó ni uno, excepto cuatrocientos jóvenes que montaron en sus camellos y salieron huyendo» (1Sam 30,17).

Así que no escapó "ni uno"... con una pequeñísima excepción: «cuatrocientos jóvenes amalecitas, montando cuatrocientos dromedarios también jóvenes, sanos y muy rápidos»...

Bueno, cualquiera puede equivocarse... Veamos lo que se dice al respecto en otras biblias:

«Y no escapó de ellos ninguno, sino cuatrocientos jóvenes que montaron sobre los camellos y huyeron» (1Sam 30,17, Biblia Reina Valera).

«Ninguno de los amalecitas escapó, excepto cuatrocientos jóvenes que huyeron en camellos» (1Sam 30,17, Biblia Nueva Traducción Viviente).

Como se puede ver, la misma chorrada se repite en cada Biblia, pero con ligeras variantes. Para los autores de al menos tres de ellas, cero es igual a cuatrocientos; y las palabras «ninguno» y «muchos» son sinónimas... Sin embargo, para ser equitativo se debe señalar que todos no cayeron en la trampa. Hubo al menos una excepción:

«*David los batió desde el alba al anochecer; solo se salvaron de entre ellos cuatrocientos jóvenes que montaron en camellos y huyeron*» (1Sam 30,17, Biblia de Jerusalén). Así de sencillo; bastaba con prescindir de «ni uno» y de «ninguno»...

Recuperación con grandes ganancias. David y sus hombres recuperaron a sus mujeres, a sus madres, a sus hermanas, a sus hijas e hijos, su ganado y todas sus pertenencias. Además, se apoderaron del botín que los amalecitas habían obtenido de otros pueblos y ciudades. Era un botín cuantioso, y como se habían independizado de Aquís, no tuvieron que compartirlo con él. Tampoco se les pasó por la cabeza que se podía restituir a los pueblos que habían recibido la visita de los saqueadores. Pero «*David volvió a Sicelag y envió parte del botín a los ancianos de Judá y a sus amigos*» (1Sam 30,26).

Esa muestra de generosidad formaba parte de su estrategia para granjearse el apoyo de la población de Judá, que necesitaría para hacerse con el trono de Israel. Les dijo: «*Aquí tenéis una bendición para vosotros del botín de los enemigos del Señor*» (1Sam 30,26) ¡Qué tontería! ¡Cómo iban a ser sus enemigos! si ni siquiera lo conocían.

68. DERROTA VERGONZOSA

Cuando los filisteos lanzaron su gran ofensiva, los israelitas, en vez de combatirlos, huyeron. Abandonados por las tropas, murieron Jonatán y sus hermanos. Saúl, gravemente herido por varios flechazos, pidió a su escudero que lo rematara con su propia espada. Cuando vio que el escudero no le obedecía, se clavó él mismo la espada en el pecho. Después el escudero, un chico necio que ni siquiera estaba herido «*se echó a su vez sobre la espada y murió con él*» (1Sam 31,5).

Esto es lo que se cuenta en el capítulo 31 del primer libro del ya fallecido Samuel. ¿Pero por qué se tiene siempre que matar o ser matado? La realidad pudo haber sido bien distinta, y como la escena no fue observada por nadie, cada cual puede imaginársela como le convenga. Yo propongo otra versión de los hechos, más verosímil y menos deprimente: Cuando el escudero levantó la espada para clavársela en el pecho, la empuñadura chocó contra el tronco de un árbol y se la hincó en el brazo izquierdo. Quiso sacarla, pero se hizo un corte en la mano derecha con el filo de la espada y empezó a lamentarse y a proferir maldiciones. Dos jóvenes filisteos, que desde un momento lo estaban observando, prorrumpieron en sonoras carcajadas. Luego se calmaron, y como el escudero les caía bien, le sacaron la espada de Saúl del brazo y se la guardaron como trofeo de guerra. A él le vendaron sus heridas y se lo llevaron a la casa de uno de ellos. El escudero, que era huérfano, se quedó a vivir con los filisteos y se casó con una filistea.

Mientras tanto, en Israel, los habitantes de las ciudades huían, y así los filisteos podían ocuparlas pacíficamente.

Diagnosis. Cuando enseñé mi último borrador a Albert, me preguntó mientras estaba llenando su pipa:

—¿Los celos y el empeño de Saúl en perseguir a David para matarlo tenían fundamento?

—En absoluto, David siempre se había portado inmejorablemente con Saúl. Juntos habrían podido hacer mucho por Israel. Pero Saúl, con su alocada persecución lo estropeó todo. Ni siquiera odiaba a David, pero lo envidiaba por sus éxitos y, sobre todo, le tenía miedo. Y para él, el mejor medio de quitarse ese miedo de encima era matar a David. Pero esto no lo explica todo. Debía de padecer algún tipo de enfermedad mental.

Entonces Albert me dijo que Elisa tenía una pequeña Biblia, heredada de su bisabuela, y que se la iba a pedir para informarse sobre el individuo. Se informó y por la tarde me invitó a pasar un rato con él y su esposa, diciendo con razón que sería más agradable hablar sentados frente a una mesa y tomando algo, que por encima de una pared de metro y medio de altura. Ya que hacía buen tiempo, nos quedamos en el jardín, la pareja, Burrito y yo, sentados bajo un viejo nogal alrededor de una mesa redonda y fija de hormigón. Recuerdo que en el árbol cantaba un reyezuelo y que un enorme gato negro, probablemente castrado, ronroneaba en el regazo de la abuela Elisa.

Después de un intercambio de banalidades, Elisa instaló el minino sobre el sillón de mimbre de Albert, se levantó y entró en su casa. No tardó en volver, trayendo una bandeja con refrescos y la Biblia de su bisabuela. El libro me pareció como nuevo y se lo dije.

—Es que no la miramos casi nunca —dijo ella con un tono que sonaba un poco a disculpa—, no somos religiosos.

—Yo tampoco, querida vecina, yo tampoco.

—Todos aquí somos agnósticos —puntualizó Albert.

—Tengo que irme —anunció Burrito, que no sabía cómo meterse en la conversación—, me esperan en la playa.

Mientras se iba con su bicicleta, agitando la mano para despedirse, Albert cogió la Biblia de la bisabuela, la abrió y me dijo:

—Mira esto.

—Puedo mirar, pero no veré nada porque me he dejado las gafas en casa. ¡Qué letra tan pequeña! Bueno, ¿qué opinas tú del comportamiento del tío Saúl? Has sido veterinario, me lo dijo tu nieto.

—Sí, pero nunca he tenido que preocuparme por la salud mental de mis pacientes. Para los animales que enloquecen y se vuelven peligrosos, tenemos un tratamiento que no falla nunca: los sacrificamos.

—¡Ojalá se hubiera aplicado tu tratamiento a Saúl! Se habrían evitado derrotas y pérdidas de vidas humanas. ¿Y cuál es tu diagnóstico?

—Pues, ese rey tenía un grave problema de salud y no quería reconocerlo. Podía ser algún tipo de psicosis maniaco-depresiva, o de neurosis obsesiva, o tal vez de esquizofrenia. También habría podido tener un tumorcito en algún rincón del cerebro relacionado con la facultad de razonamiento.

—Entonces, el responsable del trastorno no pudo ser el *mal espíritu* que le mandó Yavé para ocupar el sitio del bueno, que había pasado a ser propiedad exclusiva de David.

—Quién sabe...

LIBRO SEGUNDO DE SAMUEL

69. DUDAS Y RIVALIDADES

No se sabe con exactitud quien fue el autor —o quienes fueron los autores— del segundo libro de Samuel. Lo que se sabe con toda certeza es que no fue el profeta Samuel, que ni siquiera habría podido acabar su primer libro, de treinta y un capítulos, porque se anunció su muerte al comienzo del vigésimo quinto. Entonces, ¿por qué un segundo libro de Samuel? Todo lo que sabemos es que, al principio, los dos libros que conocemos eran una sola obra. Se puede suponer que los traductores del texto original lo dividieran en dos partes para que así dos de ellos pudieran trabajar al mismo tiempo, cada uno con una mitad del libro. La tradición atribuye la autoría de los veinticuatro primeros capítulos del primer libro a Samuel, mientras que los capítulos restantes del primer libro y todo el segundo habrían sido redactados por el profeta Natán y el vidente Gad. Normalmente, el libro segundo de Samuel (2Sam), debería llamarse *libro de Natán*, porque a Natán lo vemos a lo largo de toda la obra. A Gad lo vemos poco y de Samuel solo nos quedan el recuerdo y el título.

Si traes una noticia a un hombre poderoso, más vale que sea buena... En la primera página se relata que David estaba en su casa reconstruida, en Sicelag, o quizá en su tienda junto a los escombros de su casa aún sin reconstruir, cuando llegó un amalecita con la noticia de la muerte de Saúl y de sus hijos. En seguida David se desgarró la ropa, como era costumbre, y todos los hombres presentes lo imitaron. Las mujeres, no. Ellas no solían rasgarse la ropa, al menos no delante de los hombres, lo que a los ojos del Señor habría sido una abominación...

Después de aquella demostración fingida de gran pesar, David quiso saber cómo había muerto Saúl. El hombre le explicó que pasaba por allí, huyendo del combate, cuando divisó al rey, tumbado y herido. Se acercó para preguntarle si podía ayudarle, pero entonces Saúl le gritó: «*acércate y remátame*» (2Sam 1,9). No pedía un favor, daba una orden: El hombre obedeció, agarró la espada de Saúl y se la clavó en el corazón, porque la orden de un rey no se puede desoír. Después el amalecita, en vez de seguir su camino, se fue a Sicelag para informar a David, pensando que tal vez le daría una recompensa.

El mensajero no tuvo que esperar durante mucho tiempo la recompensa: David llamó a uno de sus servidores y le dio la orden de llevárselo y de matarlo. Esto no quiere decir que fue aquel hombre quien mató o remató a Saúl. Quizá pasando por ahí vio a Saúl ya muerto y lo que contó a David lo ideó él. Pudo matar a Saúl también su escudero, antes de tratar de suicidarse; y el rey pudo acabar él mismo con su precaria vida, echándose sobre su espada como figura en el último capítulo del primer libro de Samuel. Así que la respuesta a la pregunta ¿quién mató a Saúl? queda en el aire.

Cuando David hubo comprobado que Saúl estaba muerto, se instaló en la ciudad de Hebrón. Entonces, «*los hombres de Judá vinieron a ungir a David como rey de la casa de Judá*» (2Sam 2,4).

Aparición y eliminación del rey de Galaad... Entonces Abner, jefe del ejército del finado Saúl, decretó que Isboset, un hijo poco conocido de Saúl, de unos cuarenta años, sería rey de Galaad y otros territorios de Israel. A David le quedaba únicamente el reino de Judá y Sicelag. Decidió que transitoriamente su capital sería Hebrón. Era la ciudad más importante de su territorio. Una ciudad que, como Jerusalén y Gaza, fue muy duradera. Sigue existiendo con el mismo nombre, y ahora se encuentra en el Estado palestino. «*La lucha entre las casas de Saúl y David fue larga. David iba fortaleciéndose mientras la casa de Saúl iba debilitándose*» (2Sam 3,1).

Pero Abner se acostó con una antigua concubina de Saúl, y a Isboset esto no le gustó porque la consideraba como parte de su herencia. Riñeron y Abner decidió pasarse al bando de David, que lo aceptó pero con una condición: debía devolverle a su primera esposa Mical, que había comprado con prepucios de filisteos y que luego Saúl casó con otro para fastidiar a David. Sin quererlo la había entregado a un hombre bueno, que se había enamorado de ella. Abner ordenó que fueran a buscarla y que la devolvieran a David. Cuando llegó, «*su marido la seguía, caminando y llorando tras ella*» (2Sam 3,16). Abner le dijo que debía regresar a su casa y él, resignado, se secó los ojos y se marchó.

Abner, ardiendo en deseos de volver a ocupar el cargo de jefe de las tropas, que se le había escapado con la defunción de Saúl, se presentó ante los ancianos de Israel para recordarles que el Señor había dicho: «*Por medio de mi siervo David salvaré a mi pueblo Israel de la mano de los filisteos*» (2Sam 3,18). Habló también con los benjaminitas y supo convencerlos: luego fue a la casa de David, en Hebrón, para informarle de lo que había hecho. «*Y David ofreció un banquete en su honor*» (2Sam 3,20).

El mismo día Abner fue asesinado por Joab, el lugarteniente de David. Todo el mundo lloró a Abner y David ayunó, pero aunque no ignoraba que el asesino era Joab, un viejo compañero de fechorías, no lo castigó porque sabía que Abner había matado a un hermano de Joab cuando las casas de Saúl y de David eran enemigas. Pero declaró que él y su casa no tenían nada que ver en la muerte de Abner, y dijo: «*Yo y mi reino somos inocentes para siempre ante el Señor de la sangre de Abner. Recaiga sobre la cabeza de Joab y sobre toda la casa de su padre*» (2Sam 3,29).

El rey Isboset tenía dos guardaespaldas, los hermanos Baaná y Recab, que eran como él benjaminitas. En pleno día, cuando

Isboset estaba durmiendo la siesta, los hermanos penetraron en su alcoba y lo hirieron en la ingle —curiosa manera de asesinar a alguien, muy practicada en aquella época precisamente porque debía de ser muy dolorosa— y cuando estuvo muerto, le cortaron la cabeza. Se pasaron toda la noche caminando y llegaron a Hebrón temprano por la mañana, con la cabeza todavía fresca. Se fueron a comunicar a David la buena noticia de la defunción de su rival, y como prueba de que le decían la verdad, le enseñaron la cabeza envuelta en grandes hojas de col. David ni se alegró ni se afligió. Tampoco se rasgó las vestiduras, pero dijo a los hermanos que en Sicelag, al hombre que le había anunciado la muerte de Saúl lo mató para pagarle su buena noticia. Y añadió: «*¡Qué menos voy a hacer a unos malvados que han asesinado a un hombre en su casa y sobre su lecho!*» (2Sam 4,11).

Por orden de David, a los hermanos Baaná y Recab, hijos de Rimón el beerotita, les cortaron los pies y las manos y después los colgaron. Algunos no aprenden nunca de los errores de los demás.

70. MUDANZA

David quería trasladar su capital de Hebrón a Jerusalén, un enclave donde seguían viviendo los jebuseos, en medio de un territorio ocupado por los benjaminitas, con los cuales mantenían buenas relaciones de vecindad. Al escogerla como capital, David no podía favorecer algunas tribus en detrimento de otras, porque no pertenecía a ninguna de ellas. Pero la ciudad quedaba por conquistar. Los jebuseos habían dicho a David: «*No entrarás aquí, pues te rechazarán hasta los cojos y los ciegos*» (2Sam 5,6).

Jerusalén era una ciudad fortificada cuyas murallas no eran de adobe, como las de Jericó. Una ciudad que nadie había podido conquistar. Sin embargo, el rey David la tomó. No la conquistó; se las arregló para entrar en ella. Sabemos que había dicho a sus hombres: «*Todo el que quiera luchar contra el jebuseo que se acerque al canal*» (2Sam 5,8).

Así que los jebuseos tenían para su abastecimiento en agua un canal que comunicaba con el exterior. Los israelitas tenían dos opciones: la primera era localizar la entrada del canal y utilizarla para penetrar en la ciudad, Pero el conducto era muy estrecho. Los hombres habrían tenido que caminar uno detrás de otro, y a la salida los jebuseos los habrían matado uno después de otro, sin prisas y a mansalva. La otra opción era *cerrar el grifo*, impedir que a los jebuseos les llegase el agua, lo que los habría obligado a rendirse. Pero si hubiera sido tan sencillo como parecía, la ciudad habría sido conquistada, perdida, y reconquistada una y otra vez. Los jebuseos debían de tener un sistema que impedía que el flujo del agua se pudiera detener desde el exterior, y por ello estaban tan seguros de que David no podría entrar en su ciudad.

Pero David se puso a cavilar, dilucidó el enigma y consiguió que el imprescindible líquido dejara de llegar a Jerusalén; pero, como medida de seguridad, no reveló a nadie cómo funcionaba el sistema. Cuando al cabo de cuatro meses todas las cisternas de la ciudad estuvieron vacías, los jebuseos empezaron a pasar sed, pero en vez de rendirse bebieron el vino que tenían almacenado en sus frescas bodegas. Se emborracharon y sin saber muy bien lo que estaban haciendo, abrieron de par en par las pesadas puertas de la ciudad. Los israelitas se acercaron con cautela y vieron, estupefactos, a las jebuseas y a los jebuseos viniendo a su encuentro, cantando y bailando, aunque los más bebidos tenían dificultades para mantenerse de pie.

No hubo combate alguno; por primera vez, Israel conquistó una ciudad de la tierra prometida sin consagrarla al exterminio ni destruirla. No se mató ni se expulsó a nadie, y si algunos jebuseos se marcharon para ir a vivir a otro lugar, fue por su propia voluntad.

No obstante, sería un grave error ver en ese comportamiento de David un acto de benevolencia o de generosidad. La realidad es que él quería Jerusalén para que fuese su capital, pero no la quería ni dañada ni despoblada: «*David habitó en la fortaleza y la llamó Ciudad de David. Después la amuralló desde el Milo a la casa*» (2Sam 5,9).

A David le importaba un comino la pureza de la «raza». En Hebrón, le habían nacido seis varones de seis mujeres diferentes. Es curioso que ninguna de aquellas mujeres hubiera parido una hija. Pero cuando estuvo instalado en su nueva capital, el rey David puso la vista en las jebuseas, y ellas sí que tuvieron hijas: «*David tomó otras mujeres y concubinas de Jerusalén después de su llegada de Hebrón, y le nacieron hijos e hijas*» (2Sam 5,13).

En Jerusalén, David tenía también a Mical, pero ella no lo amaba más. Añoraba a su segundo marido, que la quería de verdad y lloró cuando se la llevaron. A David le sobraban las mujeres. Yo en su lugar habría devuelto a Mical al hombre que la amaba. Pero eso, él no lo hizo.

71. HOMICIDIO ENCUBIERTO

David decidió que el Arca sería trasladada a Jerusalén y la pusieron en un carro nuevo, conducido por Uzá y Ajió. Durante el recorrido, al pasar por un camino en mal estado, el Arca se tambaleó y Uzá la agarró, impidiendo así que cayera al suelo. «*Se incendió, entonces, la cólera del Señor contra Uzá, y le hirió allí mismo por su temeridad. Y allí murió, junto al Arca de Dios*» (2Sam 6,7).

¿Pero de qué temeridad se está hablando? No hubo ni temeridad, ni pasividad, ni intención alguna. Hubo un movimiento brusco, involuntario e incontenible, es decir un puro reflejo, del que alguien se aprovechó para cometer un crimen premeditado. Si no hubiera habido baches en el camino, el asesino habría dado un empujón a Uzá para obligarlo a tocar el Arca.

Como faltaba un conductor, David no quiso llevar el Arca en seguida a Jerusalén. La dejaron en la casa de Obededon, en

Gat, una ciudad que normal e históricamente pertenecía a los filisteos, pero que quizá había pasado a ser propiedad de Israel.

El Arca permaneció tres meses en Gat, antes de ser trasladada a Jerusalén. Durante su estancia con la familia Obededón, con el viento que soplaba del sur pasando por el desierto del Negueb, el Arca se cubrió de polvo. La señora Obededón la limpió varias veces con un paño de lino húmedo, y por supuesto tuvo que tocarla. No le pasó nada; al contrario «*El Señor bendijo a Obededón y a toda su casa*» (2Sam 6,11).

También los filisteos, que no eran ni mucho menos sacerdotes del Señor, tuvieron que manipular el Arca para apoderarse de ella como trofeo de guerra, cargarla en uno de sus carros y transportarla de una ciudad a otra, para acabar con los ratones que anidaban en ella y finalmente para mandarla de vuelta a Israel. Ninguno de ellos fue castigado por su temeridad.

Entonces, ¿quién fue el hijo de puta que apuñaló a Uzá por detrás?

(Nota) Este pequeño capítulo figura también, con el título «Crimen disfrazado», en mi libro *120 buenas razones para dudar*.

72. MATANZA ASTRONÓMICA Y ABSURDA

Aunque una bendición divina no puede ser ni visible ni palpable ni oíble, alguien averiguó —y proclamó— que el Señor había bendecido a Obededón y a su familia. Mandó a David un mensajero para decírselo y él, entonces, recordó que el Arca llevaba allí tres meses y decidió ir a buscarla para instalarla en Jerusalén.

No la pusieron en un carro; la transportaron portadores, que naturalmente eran todos levitas, aunque no se especifica. Los acompañaba un aparatoso séquito, imprescindible porque los portadores debían turnarse muy a menudo, para que no se cayeran de agotamiento y el Arca con ellos... Es que «*cuando los portadores del Arca del Señor avanzaban seis pasos, se sacrificaban un toro y un animal cebado*» (2Sam 6,13).

Suponiendo que seis pasos de los portadores con su carga equivalían a cuatro metros, en un recorrido de un kilómetro se habrían sacrificado doscientos cincuenta toros e igual cantidad de animales cebados, dejando una estela de cadáveres tocándose e incluso solapándose. La distancia entre Gat (ahora Qiryat) y Jerusalén era y sigue siendo de aproximadamente cincuenta kilómetros en línea recta, y los caminos rara vez siguen una línea recta.

Recorrer esta distancia degollando dos reses cada seis pasos habría tomado por lo menos un mes, sin hablar de los problemas originados por la necesidad de abastecerse continuamente de animales vivos y sin defecto. ¿Y qué se hizo con los animales sacrificados? Para ofrecerlos al Señor en holocausto, es decir quemándolos enteramente, habría sido necesario deforestar toda la región y también comprar leña a los países vecinos... Se podía permitir que la gente se los comiera, pero, entonces, no habría sido un holocausto. Además era demasiada carne para que se pudiera eliminar en unos pocos días comiéndola. Habría empezado a pudrirse antes de que se hubiera consumido la centésima parte de la ingente cantidad disponible.

Este relato bíblico no tiene ningún sentido. Tan monumental masacre de indefensos animales al Señor no le habría gustado en absoluto. Es de suponer que habría huido del Arca para ir a atender a otros pueblos menos bárbaros, hasta que a Israel se le hubiera pasado la locura. En cuanto a David, fue más bien grotesco cuando, al llegar a Jerusalén con el Arca, bailaba al son de las trompetas en medio de la muchedumbre, mientras algunos lo aclamaban y otros se burlaban de él. Mical, que se había asomado a una ventana «*vio al rey David saltando y danzando ante el Señor y lo menospreció en su corazón*» (2Sam 6,16).

Entonces apareció Natán, un profeta inofensivo y más bien simpático, que volveremos a ver durante los reinados de David y de Salomón. Por eso sería lógico que el segundo libro de Samuel, en el que ni siquiera se cita el nombre de aquel profeta, se llamara *Libro de Natán*. Cuando el joven profeta empezó a profetizar, lo hizo mal porque le faltaba práctica. «*Aquella noche, vino esta palabra del Señor a Natán: ve y habla a mi siervo David*» (Nat 7,4-5). Pero volvamos a la realidad bíblica: la cita exacta es (2Sam 7,4-5).

Natán hizo lo que creía que el Señor le había mandado: se presentó ante David y habló. Y habló mucho. Pronunció más de trescientas palabras para trasmitir al rey de Israel el mensaje que yo resumo aquí en trece, y que resulta mucho más fácil de entender y de recordar: «Dile a David que me construya una bonita casa en madera de cedro».

Confusión con las fechas, crueldad con los caballos y compasión por un príncipe tullido... Pasamos al capítulo ocho y en seguida vemos algo muy extraño: «*Después de esto David abatió a los filisteos, los humilló y les arrebató Gat y sus zonas de apoyo*» (2Sam 8,1).

Esto no pudo de ningún modo hacerlo *después*, como se dice. Tuvo que hacerlo necesariamente *antes*, sino no habría podido dejar el Arca tres meses en la casa de Obededón, ubicada precisamente en Gat.

Luego, de la cercana Gat David saltó con su ejército a Siria, para atacar al rey Adadézer, quien pretendía extender su reino hasta el Eufrates. «*David le capturó mil setecientos hombres de caballería y veinte mil de a pie y desjarretó todos los caballos de tiro, dejando un centenar de ellos*» (2Sam 8,4), queriendo así emular a Josué... Era evidente que el rey David se estaba volviendo cada vez peor; y a mí ahora me gusta cada vez menos.

Sin embargo, para ser ecuánime se debe reconocer que David, a pesar de su crueldad con los animales y con los hombres en general, en raras ocasiones podía ser compasivo e incluso generoso. Por ejemplo, quiso saber si quedaba algún superviviente de la casa de Saúl, se informó y resultó que quedaba un hijo de Jonatán, llamado Mefiboset, que padecía algún tipo de deformación en ambos pies. David ordenó a sus servidores que se lo trajeran, y cuando llegó le dijo que se le iba a restituir la hacienda de Saúl, su abuelo, y que a partir de ese momento comería cada día a su mesa. Más adelante nos informan que «*Mefiboset tenía un hijo pequeño, llamado Micá* [...] *Habitaba en Jerusalén, porque comía siempre a la mesa del rey. Era tullido de pies*» (2Sam 9,12-13). Es extraño que Mefiboset tuviera un hijo pequeño, pero ninguna esposa...

73. EL REY BROMISTA

El rey de los amonitas había muerto. Su capital era la ciudad de Rabá —o Rabat-Amón—, que sigue siendo capital, pero ahora del reino de Jordania y con un nombre que, con el tiempo, ha sido un poco modificado, aunque sin desviarse mucho de su origen bíblico. Ahora se llama Ammán, una palabra que no tiene nada que ver con el dios egipcio Amón-Ra, pero sí con Amón, el hijo de Lot y de su hija menor.

El recién fallecido rey se llamaba Najas. Era probablemente aquel monarca loco que Saúl había perseguido y derrotado, porque quería sacar el ojo derecho a cada uno de los habitantes de Yabés de Galaad. Le sucedió su hijo Janún, quien había heredado de su padre la mala costumbre de gastar pesadas bromas, tanto a sus súbditos como a los viajeros despistados que pasaban por ahí. David, que no lo conocía, «*envió a algunos de sus servidores a darle el pésame por su padre*» (2Sam 10,2). Cuando ellos llegaron a Rabá, los jefes de los amonitas sugirieron a Janún que podían ser espías enviados por Israel para fisgonear por la ciudad. «*Entonces Janún prendió a los servidores de David, les rapó la mitad de la barba, les cortó su ropa por la mitad, hasta las nalgas, y los despidió*» (2Sam 10,4).

Cuando David se enteró, despachó algunos emisarios con prendas nuevas, para que los avergonzados servidores pudieran vestirse decentemente y salir de las cuevas donde de día se ocultaban para escapar a las burlas de los amonitas. Les afeitaron también la mitad de la barba que les quedaba y los llevaron a Jericó, donde se quedaron en cuarentena hasta que les volviera a crecer la barba. No quedaba más que lavar la afrenta en el campo de batalla, y de eso se encargó gustoso el vindicativo rey David.

No era una buena solución. Habría sido más sencillo, más económico en vidas humanas y más divertido devolverle a Janún la cortesía. Lo que debía hacer David era mandar que se raptaran algunos amonitas de alto rango, y raparles la mitad de todo el cuerpo, desde la coronilla hasta la pantorrilla de una sola pierna, y sin olvidar el pubis. Después se hubieran soltado vestidos con la mitad bien cortada de la ropa que llevaban y, naturalmente, con un solo zapato —o una sola sandalia. Y a ver lo que iba a opinar de la broma el rey Janún...

74. INFAMIA

«A la vuelta de un año, en la época en que los reyes suelen ir a la guerra, David envió a Joab con sus servidores y todo Israel. Masacraron a los amonitas y sitiaron Rabá, mientras David se quedó en Jerusalén» (2Sam 11,1).

David, que se aburría en su palacio, vio una tarde a una guapa mujer que se daba un baño en la pequeña piscina de una casa vecina. Quiso saber quién era, se informó y le dijeron que se llamaba Betsabé y que era la esposa de Urías el hitita, uno de sus oficiales. A David le daba igual que estuviera casada, soltera o divorciada. Envió a dos de sus servidores de confianza para que la trajeran a su palacio y la pusieran en su cama, le gustara o no. Resultó que le gustó y que, además, se sintió orgullosa de haber fornicado con el rey. Regresó a su casa, pero tres semanas después David recibió un billete de Betsabé con dos palabras: ESTOY EMBARAZADA.

«David, entonces, envió a decir a Joab: mándame a Urías el hitita» (2Sam 11,6).

Joab, el asesino de Abner, que había ascendido a jefe del ejército, se lo mandó en seguida. David pensaba que estaría encantado de quedarse en su casa y que criaría al niño creyendo que era suyo. Pero Urías dijo que sería para él una vergüenza quedarse en su casa, comer, beber y acostarse con su mujer mientras sus camaradas peleaban y dormían al raso. Pasó la noche tumbado a la puerta del palacio y ni siquiera fue hasta su casa para dar un besito a su esposa.

Para que Urías se quedara de buena gana en Jerusalén y sin sospechar nada, David debía nombrarlo jefe de la guardia del palacio y de la ciudad, y al que ocupaba el puesto mandarlo al frente para secundar a Joab.

Desde luego, esto David no lo hizo, pero se puso a reflexionar y se le ocurrió una idea diabólica: Cuando vio que Urías se preparaba para volver al frente, le entregó una carta sellada para Joab, que contenía su propia condenación. Joab leyó la carta y, cumpliendo con la orden del rey, mandó a Urías en primera línea, frente a un puesto de defensa donde sabía que los amonitas habían apostado sus mejores arqueros. Cuando por la noche sus compañeros fueron a ver cómo había quedado Urías, encontraron su cuerpo hecho un alfiletero.

Poco después, en Jerusalén, «*La mujer de Urías supo que su marido había muerto e hizo duelo por él. Cuando acabó el duelo, David envió a por ella y la recogió en su casa como esposa. Ella le dio un hijo, mas lo que había hecho David desagradó al Señor*» (2Sam 11, 26-27).

Lo más relevante de la historia de la cordera, es lo que Natán pensó y no dijo... El Señor decidió castigar a David y se lo hizo saber por su mensajero Natán. Antes de hablarle de castigo, Natán le contó a David esta historieta cargada de sentido: «*Había dos hombres en una ciudad, uno rico y el otro pobre. El rico tenía muchas ovejas y vacas. El pobre, en cambio, no tenía más que una cordera pequeña. La alimentaba y la criaba con él y con sus hijos. Ella comía de su pan, bebía de su copa y descansaba en su regazo. Era para él como una hija*» (2Sam 12, 1-3).

A la casa del rico llegó un peregrino, seguramente también acomodado —Si hubiera sido pobre, se habría albergado en la casa del pobre. Entonces el hombre rico, para preparar el banquete de acogida, en vez de sacar una res de su rebaño se apoderó de la cordera de su vecino pobre y la entregó a sus servidores para que la descuartizaran y la guisaran.

David había escuchado sin decir una palabra, pero luego gritó: «*Vive el Señor, que el hombre que ha hecho tal cosa es reo de muerte. Entonces Natán le dijo: "Tú eres ese hombre"*» (2Sam 12, 5-7). Y David, avergonzado, calló. Lo que Natán debía añadir, y no lo hizo porque morir joven no entraba en sus planes, es que al menos el rico no engañó ni mató al pobre después de haberle robado su mascota para comérsela con su invitado. David sí engañó a su víctima, dos veces: La primera al robarle a su mujer, la segunda al aprovecharse de su lealtad para conseguir que lo mataran otros...

Luego el profeta le repitió lo que creía que le había dicho el Señor: «*Cogeré a tus mujeres ante tus ojos y las entregaré a otro, que se acostará con ellas a la luz misma del sol*» (2Sam 12,11).

Así que si se aplicó la sentencia, todas las mujeres fueron entregadas al mismo hombre, para que se acostara con ellas en pleno sol... Menudo regalo le hiciste al tío... ¿No sabes, amigo Yavé, cuantas esposas, concubinas y complacientes criadas y esclavas tenía David? Yo no te lo puedo decir porque hace tiempo que he perdido la cuenta. Y para acostarse al sol con todas a la vez, ¿de dónde habría sacado aquel desgraciado una cama lo bastante ancha para contenerlas? Pero no creo que tuvieses Tú la culpa de que esta disparatada orden llegara a figurar en las Biblias. El error pudo cometerlo tu portavoz Natán, al apuntar sobre el trozo de pergamino que se guardaba en el bolsillo lo que creía que le habías mandado que dijera. Si, como sospecho, no se le daba muy bien la ortografía, habrá escrito *otro* en vez de *otros* y *se acostará* en vez de *se acostarán*. Además, debía de ser muy complicado distinguir el plural del singular en un idioma cuyo alfabeto, en la época de Natán y de David, todavía carecía de verdaderas vocales.

A David le quedaba Betsabé, la viuda del engañado y asesinado Urías, ya que a ella el Señor no la entregó a otro. Pero Natán no había acabado con los castigos. Quedaba uno, a la vez el más fácil de aplicar y el más injusto: «*Ahora, por haber despreciado al Señor con esa acción, el hijo que va a nacer morirá sin remedio*» (2Sam 12,14). Has dicho «el niño que va a nacer», ¿Pero no recuerdas que nos informaron del nacimiento del hijo de Betsabé en el último versículo del capítulo once? ¡Qué pésima memoria tienes, Natancito!

La alusión «al niño que va a nacer» figura en el versículo 14 del capítulo 12. Sin transición alguna se pasa al versículo siguiente, de tan solo dos frases: «*Natán se fue a su casa. El Señor hirió al niño que la mujer de Urías había dado a David y cayó enfermo*» (2Sam 12,15).

Dicho de otra manera, el Señor cayó enfermo después de haber herido al niño de la viuda de Urías y de David. Espero que no sea nada grave y que no te vayas a morir, Señorito mío, porque sin Ti este libro sería muy aburrido. Y ahora volvamos a la realidad supuestamente histórica: El Señor se recuperó rápido, pero «*Al séptimo día murió el niño*» (2Sam 12, 18).

Muerto el niño —sin remedio—, David volvió sin perder tiempo a acostarse con Betsabé y para consolarla le hizo otro hijo. Cuando hubo nacido, Natán lo llamó Yedidías, diciendo que el nombre lo había escogido el Señor. Era un nombre ostentoso, que no tardó en caer en el olvido. Los padres le pusieron al niño otro nombre: Salomón, y ese no cayó en el olvido...

Conquista por David de una ciudad ya tomada por Joab. Mientras David estaba haciendo otro hijo a Betsabé, Joab se había apoderado de Rabá de los amonitas, hoy Ammán de los jordanos. Una vez vencidos sus habitantes, Joab se retiró y se quedó fuera de la ciudad, pero sin dejar de vigilarla. Por su servicio de mensajería, informó a David de su conquista, y le dijo: «*Ahora reúne el resto del pueblo, acampa frente a la ciudad y* *tómala tú para que no sea yo quien la conquiste y le pongan mi nombre»* (2sam 12,28). David se puso en marcha, llegó frente a Rabá y la conquistó, librando una fingida batalla contra un ejército enemigo desarmado. Después se apoderó de la corona del rey de los amonitas, pero necesitó ayuda para ponérsela sobre la cabeza y no pudo aguantarla más de una hora. «*Su peso era de unos treinta y cinco kilos de oro y tenía una piedra preciosa*» (2Sam 12,30). Desde luego, lo que pesaba más no era la piedra, aunque fuera realmente preciosa.

75. ¡LEVANTAOS Y HUYAMOS!

Amnón, el hijo mayor de David, fingiendo estar enfermo atrajo a su media hermana Tamar, que era virgen, a su habitación. La violó y después la echó fuera de su cama y de su habitación. «*Amnón le cobró una aversión mucho mayor que el amor con que la había amado. Y le dijo: levántate y vete*» (2Sam 13,15).

Absalón, tercer hijo de David y hermano de Tamar, decidió que mataría a Amnón. Pasaron dos años y un día Absalón recibió en su finca a todos sus hermanos. Después del almuerzo, Amnón estaba ebrio y Absalón aprovechó la ocasión para mandar a sus servidores que lo mataran. Después de haber ejecutado al violador, Absalón huyó a Guesur, donde permaneció dos años. Entonces David ordenó a Joab que fuera a Guesur y volviera con Absalón. Joab fue a Guesur y volvió con Absalón, pero su padre no quiso ni verlo ni hablarle

«*No había en Israel un hombre tan hermoso como Absalón, digno de tan grandes elogios. De la punta del pie a la coronilla no había en él defecto alguno. Cuando se rapaba la cabeza —lo hacía al final de cada año, pues le pesaba demasiado—, el peso del cabello de su cabeza era de más de dos kilos en la balanza del rey*» (2Sam 14,25-27).

Absalón pidió a Joab que dijera a su padre que quería verlo. Insistió en que debía juzgarlo y, si lo encontraba culpable, mandar que lo ejecutaran. David se dejó convencer y dijo a Joab que se lo trajera. Pero cuando lo tuvo enfrente, se ablandó y se abrazaron.

Primera conspiración. «*Absalón se hizo luego con un carro, caballos y cincuenta hombres que lo precedían*» (2Sam 15,1). Se colocaba con su carro en la orilla de la vía de acceso a Jerusalén. Siempre pasaban personas con algún pleito que querían someter al rey. Absalón los atendía a todos y a todas con amabilidad y paciencia. Hablaba con ellos, les preguntaba de qué región eran o a qué tribu de Israel pertenecían. A todos los hombres que querían postrarse a sus pies, los levantaba y los abrazaba. «*De este modo obraba Absalón con todo israelita que venía a juicio ante el rey, robando el corazón de las gentes de Israel*» (2Sam 15,6).

Pasaron cuatro años y Absalón, a quien entonces todo Israel conocía, pidió a su padre que le permitiera instalarse en Hebrón. David le dijo que se fuera en paz y él se instaló en Hebrón, pero como rey, y pretendía reinar no solamente sobre Hebrón sino también sobre el resto de Israel.

«*Mandó emisarios por todas las tribus de Israel para anunciar: Cuando oigáis el sonido del cuerno decid: Absalón reina en Hebrón*» (2Sam 15,10).

La conjuración iba viento en popa. Ajitofel, uno de los dos consejeros de David, se había convertido en el consejero de Absalón. David había perdido mucho de su prestigio y Absalón era muy carismático. Casi todo Israel quería estar de su lado. Entonces David se asustó y tomó una decisión épica... Gritó: «*Levantaos y huyamos*» (2Sam 15,14).

Añadió: «*vamos rápidamente*», y para irse rápidamente, David se fue caminando con los suyos, pero abandonó a diez concubinas que ya no le gustaban y les dijo que debían quedarse para cuidar del palacio. Antes de haber salido por completo de la ciudad, se pararon... En el texto bíblico se dice y se repite que salieron a pie: «*El rey salió a pie con toda su familia. Salió a pie con toda la gente, deteniéndose en la última casa*» (2Sam 15, 16-17).

¿Y por qué se pararon? Pues, para lamentarse, llorar, rasgarse las vestiduras y perderse en interminables palabrerías. El rey habló mucho con Itay, de Gaza, que se obstinaba en seguirlo, y con el sacerdote Sadoc y los levitas, que se empeñaban en huir con el Arca a cuesta y finalmente tuvieron que llevarla de nuevo a la ciudad...

Todo esto es incoherente. Una huida no es un paseo. Los que tienen carros y caballos no huyen a pie y no se paran para discutir antes de haber salido de la ciudad. Y David tenía carros y caballos de sobra. Tenía los suyos —todos los reyes de un gran país los tienen— y los que provenían de los países vecinos que Israel había vencido y despojado. Intentar salir y alejarse de la ciudad caminando habría sido una insensatez, para no decir una estupidez... Y David era arrogante, injusto y cruel, pero no era estúpido. De lo contrario, no habría podido desentrañar el secreto de los jebuseos y apoderarse de Jerusalén.

Sin embargo, en ese pasaje del segundo libro de Samuel, sí hay estupidez, y no poca. Es la de su autor, que se refleja en todo lo que hacen y dicen sus asustados personajes. Por eso yo propongo mi propio relato de los hechos, igual de fantasioso, pero verosímil y factible:

Huyeron, pues, con los caballos y los carros, en los cuales echaron a toda prisa víveres, joyas, niños pequeños y un par de cabritos para los sacrificios. Y si ninguno de ellos sabía cómo enganchar los caballos a los carros, cada uno se hizo con un caballo, un camello, un buey, una mula o un burro, según su edad, su rango y sus conocimientos de los animales. Y para los que no quisieran o no supieran montar una de aquellas bestias, les quedaba una opción, más sencilla y mucho menos arriesgada: esperar tranquilamente la llegada del nuevo rey y juntarse a los que lo iban a aclamar.

«*Al llegar David a la cumbre donde la gente se postra ante Dios, le salió al encuentro Jusai, el arquita*» (2Sam 15,32). Jusai era uno de sus dos consejeros. Ya se sabía que el otro,

Ajitofel, se había puesto al servicio de Absalón. David ordenó a Jusai que se uniera también a Absalón, pero para espiarlo e incitarle a tomar decisiones inadecuadas

La mentira que causó el fracaso. Cuando Jusai llegó a Jerusalén, Absalón y los Israelitas que se habían puesto de su lado ya se hallaban en el palacio real, discutiendo sobre la mejor manera de atacar a las tropas de David, que se estaban reagrupando bajo el mando de Joab y de su hermano Abisay. Pidieron consejo a Ajitofel, y luego a Jusai, el espía de David. La estrategia propuesta por Ajitofel era la mejor, pero la rechazaron para seguir los engañosos consejos de Jusai, lo que acarrearía funestas consecuencias. Presintiendo lo que iba a suceder, Ajitofel salió del palacio, se fue al monte con su burro y allí se ahorcó.

Jusai, el espía, explicó al sacerdote Sadoc la táctica adoptada por los seguidores de Absalón, y él mandó mensajeros para informar a los jefes del ejército de David. El resultado fue que los que pensaban sorprender al enemigo fueron sorprendidos por el enemigo. Comprendieron entonces que Ajitofel tenía razón y que Jusai los había engañado. El encuentro tuvo lugar en el bosque del territorio de Efraín: «*Allí fue derrotado el ejército de Israel por los hombres de David. Aquel día hubo allí una gran mortandad: veinte mil baja*s» (2Sam 18,7).

David había ordenado, especialmente a Joab, pero muchos oyeron la orden, que no se hiciera ningún daño a su hijo. Cuando llegó Absalón donde estaban las tropas de Joab, que él creía en otro lugar, montaba una mula. Al pasar debajo de una encina, no se agachó lo bastante y su cabeza se encajó entre dos ramas que formaban una horqueta. La mula siguió su camino y él quedó colgado, con las piernas en el vacío. Era una situación embarazosa y grotesca para un hombre que había estado a punto de reinar sobre Israel, y también muy peligrosa porque Joab, que alguien fue a informar, llegó corriendo y le clavó tres jabalinas en el pecho.

Cuando supo lo que había ocurrido, el rey, como era de prever se desgarró la ropa, se afligió mucho y lloró la muerte de

Absalón. Entonces Joab fue a verlo en su palacio recuperado y entre otras palabras de reproche le dijo: «*Amando a los que te odian y odiando a los que te aman, hoy has dado a conocer que los jefes y los servidores no significan nada para ti. Sé de cierto que si Absalón siguiera vivo y si todos nosotros hubiéramos muerto, te parecería bien*» (2Sam 19,7).

Las palabras de Joab eran muy duras, pero no del todo desprovistas de sentido. Mataba sin piedad a los enemigos y Absalón, por luchar contra su padre el rey, era uno de ellos. Mientras Joab, Abisay y sus oficiales estaban reagrupando las tropas que quedaban leales al rey para defender el trono, ¿dónde estaba David y qué hacía? Regresando al capítulo quince, leemos que «*David subía la cuesta de los olivos llorando, con la cabeza cubierta y descalzo*» (2Sam 15,30).

David era viejo y no paraba de lamentarse. Como rey estaba acabado. Sabiendo que Absalón codiciaba el trono, debía abdicar a su favor y retirarse a un lugar tranquilo, arbolado y con preciosas vistas, donde le habrían construido un pequeño palacio. Entonces, liberado de las molestas obligaciones y preocupaciones que incumben a los reyes, habría podido disfrutar de sus mujeres favoritas, tañer la cítara y escribir versos. Absalón era joven, fuerte, guapo y muy popular. Habría llegado a ser un gran rey, y para mantener a raya los países vecinos podía contar con Joab y sus bien entrenadas tropas. Pero esto no podía ni pensarse porque David había jurado neciamente a Betsabé que su sucesor sería el bastardo Salomón, y quebrantar un juramento era una falta grave, mucho más grave que mandar a la muerte a uno de sus más fieles oficiales para hacerse con su esposa.

El embaucador. Entonces, como salido de la nada, «*Estaba allí por casualidad un hombre desalmado llamado Sibá, hijo de Bicri, benjaminita*» (2Sam 20,1). Sibá era, como Hitler, un loco que poseía el don de saber convencer a las multitudes. Soplaba en un cuerno para captar la atención, y después hablaba... Y todos los que lo oían quedaban pasmados. Ya casi toda la gente del norte de Israel había abandonado a David para seguir a Sibá. Por fortuna la gente de Judá, los del sur, cuando vieron y oyeron el sujeto, se taparon los oídos y no fueron contagiados. Sin embargo, David se asustó y mandó a un servidor suyo, llamado Amasá, para convocar a los hombres de Judá, dándole un plazo de tres días.

Mientras tanto, Joab y su hermano Abisay salieron con sus hombres para perseguir a Sibá. Se cruzaron con el mensajero Amasá, que no había cumplido con su encargo en el plazo fijado y debía ser castigado. A Joab se le cayó la espada al suelo cuando Amasá pasaba a su lado. «*Joab asió con la mano derecha la barba de Amasá para besarlo. Amasá no se percató de la espada que Joab tenía en la mano. Lo hirió con ella en el vientre y sus entrañas quedaron esparcidas por tierra*» (2Sam 20, 9-10). Con este acto de crueldad innecesaria, la poca simpatía que empezaba a sentir por Joab se derrumbó.

Sibá pasó por todas las tribus de Israel, pero en la última que visitó no fue bien acogido y tuvo que refugiarse en una ciudad amurallada. Cuando llegó Joab, desde lo alto de la muralla una mujer lo llamó y le dijo que le regalaría la cabeza de Sibá si le prometía no atacar la ciudad. A Joab no le interesaba la ciudad, así que aceptó la cabeza sin discutir. «*Cortaron la cabeza de Sibá, hijo de Bicri, y se la arrojaron a Joab*» (2Sam 20,22).

El último empalamiento. Poco después hubo en Israel una gran hambruna, David no sabía que hacer hasta que se le ocurrió llamar al Señor. «*La culpa es de Saúl y de su casa sanguinaria* —le musitó al oído el Señor mientras estaba durmiendo la siesta—, *porque intentó aniquilar a los gabaonitas*» (2 Sam 21,1). Los de Gabaón eran los descendientes de aquella gente que había conseguido pactar con Josué para que su ciudad no fuera consagrada al exterminio. Saúl no tenía el derecho de maltratar a los gabaonitas, porque se había hecho un juramento.

David se puso en contacto con los gabaonitas que habían sobrevivido a la masacre perpetrada por Saúl y les preguntó qué podía hacer por ellos. Los de Gabaón contestaron que querían que se les entregara a siete hombres descendientes de Saúl. David aceptó gustoso pagar la deuda, porque le permitía eliminar algunas personas que habrían podido competir con Salomón, su hijo preferido, por el trono de Israel. Descartó a Mefiboset, hijo de su amigo Jonatán, y escogió a dos de sus medios hermanos que no eran sus amigos, y cinco nietos de Saúl. Los siete hombres no pudieron escapar porque nadie les había informado de lo que se estaba tramando contra ellos. David mandó que los apresaran como si fueran criminales y «*los puso en manos de los gabaonitas, que los empalaron en el monte en presencia del Señor*» (2Sam 21,9).

Ahora que nos conocemos mejor, Yavé, estoy convencido de que no has presenciado, como se dice, tan cruel y feo espectáculo. Habrán querido decir *en ausencia del Señor*.

LIBRO PRIMERO DE LOS REYES

76. CALEFACCIÓN

Con mi *calefacción* entramos en el primer libro de los Reyes. Ellos, como Samuel y las Crónicas, tienen dos libros. Pero, a diferencia de los libros de Samuel, en los de los Reyes hay reyes a lo largo de ambas obras, e incluso antes y después.

«El rey David era ya viejo, entrado en años. Sus servidores le cubrían con mantas, pero no entraba en calor» (1Re 1,1).

Entonces sus servidores idearon un truco para ahorrarse la molestia de encender fuego diez veces al día y de ponerle pellejos de agua caliente en la cama por la noche. Decidieron traerle una mujer joven y bonita para que durmiera sobre su pecho y así lo mantuviera caliente al menos durante la noche.

«Buscando una muchacha hermosa por todo el territorio de Israel encontraron a Abisag, la sunamita, y la llevaron al rey. La joven tenía muy buena presencia. Fue su doncella y le servía, pero el rey no se unió con ella» (1Re 1,4).

¿Y por qué no se unió con ella? ¿Se había vuelto impotente? Quizá, y yo apostaría a que la culpa fue de la chica, cuya listeza no debía de estar a la altura de su belleza. En un intento desesperado de estimular el cansado miembro del rey, que debía de distar mucho de seguir viril y operativo, se lo habrá puesto en remojo, por equivocación, en agua que acababa de hervir para otro uso...

77. SEGUNDA CONSPIRACIÓN

Adonías, el cuarto hijo de David, quiso también hacerse con el trono de su padre. Se imaginaba que lo haría mejor que su difunto hermano Absalón. «*Como él, compró carros y caballos y contrató mercenarios para formar una escolta de cincuenta hombres, que desfilaban ante él*» (1Re 1,5).

Apoyaban a Adonías el sacerdote Abiatar y Joab, el jefe del ejército, ya casi tan viejo como el rey. El profeta Natán, que tenía sus antenas, fue a informar a Betsabé de lo que se estaba cocinando. Ella fue a ver al rey para recordarle que había jurado que su sucesor en el trono sería Salomón. David repitió el juramento, llamó a los que le quedaban fieles y les dijo: «*Montad a mi hijo Salomón en mi propia mula; bajadlo a Guijón y allí lo ungirán rey de Israel el sacerdote Sadoc y Natán el profeta. Tocad entonces el cuerno y proclamad: ¡Viva el rey Salomón!*» (1Re 1,33-34).

Después de haberse autoproclamado rey, Adonías lo estaba festejando en compañía de los que lo respaldaban. Cuando oyeron el sonido de las trompas se acabó abruptamente la celebración. Llegó corriendo el hijo del sacerdote Abiatar con pésimas noticias: Salomón había sido ungido rey y ya ocupaba el trono, que David le había cedido de buena gana. Entonces cundió el pánico y todos huyeron intentando ponerse a salvo, aunque ninguno sabía a donde ir. Adonías pensó que su hermano lo iba a matar, corrió hasta la Tienda del Encuentro y se agarró a los cuernos del altar. No los soltó hasta que Salomón le hubo mandado decir que si se portaba bien, no le pasaría nada.

Entonces murió David, después de haber comunicado a Salomón sus últimas recomendaciones, lo que dejó a los conjurados algunos días de tregua. Cuando, después del entierro, todo hubo vuelto a la normalidad, la primera víctima de Salomón fue su hermano Adonías. Este tuvo la osadía de encargar a Betsabé, la madre de Salomón, que le pidiera a su hijo, para él, a Abisag, la chica que calentaba al reyDavid y por torpeza le quemó su virilidad.

Como respuesta a la petición de Adonías, «*el rey Salomón le envió a Benaías, hijo de Yehoyadá, que cargó sobre él y lo mató*» (1Re 2,25).

Cuando Joab se enteró de lo que había sucedido a Adonías, él también se fue corriendo a la Tienda del Señor y se agarró a los cuernos del altar. Salomón ordenó a Benaías, que era jefe de la guardia del difunto rey, que fuera a sacar de ahí a Joab, pero él no quiso moverse y declaró que donde estaba moriría. Entonces Salomón dijo a Benaías: «*Haz como él ha dicho. ¡Carga contra él y entiérralo! De tal modo apartarás de la casa de mi padre y de mí la sangre inocente derramada por Joab*» (1Re 2,31). Salomón hacía alusión a los asesinatos de su medio hermano Absalón y de Abner, y quizá también a la más reciente y especialmente repugnante muerte del mensajero Amasá.

El nuevo rey puso al frente de su ejército a Benaías. Al sacerdote Abiatar, lo desterró, recordándole que era reo de muerte.

78. SUNTUOSIDAD EXAGERADA

«*Salomón emparentó con el faraón, rey de Egipto. Tomó a la hija del faraón y la condujo a la Ciudad de David mientras terminaba de edificar el palacio, el templo del Señor y la muralla en torno a Jerusalén*» (1Re 3,1). Toda la información sobre un supuesto enlace de Salomón con una princesa egipcia cabe en este versículo. Acerca del padre de la princesa, el faraón, no sabemos nada, y de la novia ignoramos hasta su nombre. Ante esta carencia de datos, lo que se debe hacer es suponer que el rey Salomón nunca tomó por esposa a una mujer egipcia de sangre real. Además, los soberanos egipcios no solían entregar sus hijas a pretendientes extranjeros. Si Salomón tuvo en su harén esposas y concubinas egipcias, es poco probable que una de ellas fuera hija de faraón.

En las Crónicas encontramos la dudosa noticia de que Salomón a la princesa egipcia le había construido un palacio, pero seguimos ignorando su nombre y el de su padre: «*Salomón trasladó a la hija del faraón desde la ciudad de David al palacio que le había construido, pues se decía: Mi mujer no puede vivir en el palacio de David, rey de Israel, porque el lugar donde ha estado el Arca del Señor es sagrado*» (2Crón 8,11).

Mucho oro y demasiadas mujeres. Salomón fue un rey inteligente, culto, orgulloso y astuto, que consiguió hacerse con una cuantiosa fortuna en oro y plata. Es de sospechar que la cantidad del metal amarillo que, según las Escrituras, llegó a poseer ha sido muy exagerada. Pero ¿quién podía saber lo que se ocultaba en los sótanos del palacio y del templo, en las bodegas y en los escondrijos cavados en la roca? Salomón se permitió el lujo de mandar que le fabricaran objetos costosísimos y sin utilidad alguna. Por ejemplo, «*el rey fundió doscientos escudos de gran tamaño en oro batido, con seis kilos de oro batido por cada uno*» (1Re10, 16-17).

Aquel tesoro, que no habría podido de ningún modo utilizarse para la guerra, Salomón lo guardaba para exhibirlo y así suscitar la admiración —y la envidia— de sus invitados y visitantes. «*Luego construyó un gran trono de marfil revestido de oro finísimo*» (1Re 10,18). El trono era enorme y muy alto; tenía seis peldaños, con dos leones de pie en cada peldaño, sobre los lados, y dos más, arriba, junto a los brazos de aquel tronazo.

«*Todas las copas para bebidas del rey Salomón eran de oro y toda la vajilla de la casa "Bosque del Líbano" de oro puro*» (1Re 10,21). Las copas de oro en aleación con plata y cobre (oro de 18 quilates) eran idóneas para cualquier clase de bebida, pero los cubiertos se habrían deformado, lo que para la corte de Salomón no tendría importancia porque no tenían ni necesitaban cubiertos, que de todas formas aún tardarían mucho en ser inventados. En cuanto a la vajilla de oro puro que se menciona en el versículo 10,18, debían de colgarla de las paredes como adorno, porque una olla de oro puro puesta sobre brasas candentes se habría fundido. Los cocineros del rey debían de utilizar utensilios de cobre, de hierro, de bronce y de terracota.

Salomón «*poseía mil cuatrocientos carros y doce mil caballos acuartelados en las ciudades para carros y en Jerusalén en torno al rey*» (1Re 10, 26). También cobraba impuestos y tributos: «*El peso de oro que llegaba a Salomón cada año era de seiscientos sesenta y seis talentos de oro* (casi 20 de nuestras modernas toneladas), *sin contar los tributos impuestos a los mercaderes por el tráfico comercial*» (1Re 10,14 -15).

Otras riquezas que dejó Salomón al morir fueron el templo y el palacio real. Se cree que el templo se construyó en siete años y el palacio real en trece. Las piedras se tallaban en las canteras con herramientas de hierro y de bronce —el acero quedaba todavía por inventar. La madera, la suministraba Jirán, rey de Tiro, y Salomón se la pagaba con aceite de oliva y trigo. Cuando todas las obras estuvieron acabadas, le regaló también ciudades: *veinte ciudades en la tierra de Galilea*. Debían de ser ciudades pobres y muy pequeñas, ya que Jirán las aceptó con poco entusiasmo; y se quejó: «*¿Qué ciudades son estas que me has regalado, hermano mío?*» *(1Re 9,13).*

Es que la generosidad de Salomón no iba a la par con su escandalosa riqueza. Con las grandes obras que durante su reinado se llevaron a cabo en Jerusalén, se emplearon numerosos obreros y peones, los cuales tuvieron que trabajar sin cobrar ninguna remuneración. Eran los descendientes de los cananeos, amorreos, perizitas, jebuseos y otros pueblos, «*a quienes los hijos de Israel no habían podido exterminar mediante el anatema. Salomón los redujo a mano de obra forzada*» (1 Re 9,21).

Y para acabar con el capítulo, una última cita, a mi parecer la mejor: «*El rey Salomón superó a todos los reyes de la tierra en riquezas y conocimientos*» (1Re 10,23). A todos los reyes de la tierra... Así que superó a los reyes persas, a los reyes asirios, a los emperadores de China y a todos los faraones de

Egipto, que también eran reyes y vivían en la tierra. Seguro que si las pirámides y la esfinge no hubieran tenido ya dos milenios de existencia cuando se redactaron los libros de los Reyes, el autor no habría dudado en decir que fue Salomón quien mandó que se construyeran.

La visitante. «*La reina de Saba oyó la fama de Salomón en honor del nombre del Señor, y vino a ponerlo a pruebas con enigmas*» (1Re 10,1). ¿Pero qué pinta aquí el honor de tu nombre, Yavito, entre la reina de Saba y Salomón?
En el segundo libro de las Crónicas, se repite el versículo pero sin tu nombre ni su honor. El autor debió de comprender que donde los había puesto estaban de más. Entonces, amigo Yavé, por favor, recógelos y resérvalos para otra ocasión.
«*La reina de Saba oyó la fama de Salomón y fue a probarlo con enigmas*» (2Crón 10,1). Ahora la oración suena bastante mejor. Muchas gracias por haber rectificado.
La reina no llegó con las manos vacías. Trajo una gran manada de camellos, piedras preciosas, perfumes concentrados y un asombroso cargamento de ciento veinte talentos de oro (más de tres toneladas).
Sabemos que la reina propuso a Salomón enigmas y que él supo encontrar la respuesta a todos. Sabemos que ella estuvo embobada por lo que veía y oía y que el asombro le cortó la respiración. Sabemos incluso que dijo al rey: «*Era verdad lo que oí en mi país acerca de tus enigmas y de tu sabiduría. No daba crédito a lo que se decía, pero ahora he venido y mis propios ojos han visto. ¡Ni la mitad me narraron!*» (1Re 10,6-7).
Todo esto el autor lo dice con muchos detalles superfluos, pero nos deja ignorar hasta el nombre de la reina, y ella resulta tan enigmática como sus enigmas, de los que ni siquiera nos dejó una muestra. No sabemos si era joven o madura, esbelta o rolliza, bonita o fea. Tampoco sabemos dónde se ubicaba el reino de Saba, ni por qué ella emprendió un azaroso viaje desde aquel lejano país para ver al rey de Israel. Pero de lo que podemos estar seguros es que no fue únicamente para sondear

la perspicacia de Salomón y regalarle camellos, piedras preciosas y oro.

Me estaba preguntando si iba a dejar inacabado —por ahora— el capítulo sobre la reina de Saba o si debía buscar en seguida algunos datos fuera de mis Biblias, cuando me llegó una inesperada llamada de mi vecino Albert:

—¡Mira! más bien ¡oye! Encontré algo sobre la reina de Saba.

—¿En la Biblia de la bisabuela?

—No, en Internet. Si te interesa, te hago un resumen y te lo mando por Burrito.

—¡Claro que me interesa! Tu nieto puede venir cuando quiera.

Con el compendio que me hizo Albert, se aprende que el nombre árabe de la reina de Saba podría ser *Belquís* —el nombre me gustó y lo adopté al punto—, y que según la tradición etíope se llamaba *Maqueda*. Pero algunos etíopes llevan el asunto mucho más lejos, asegurando que la reina de Saba tuvo un hijo de Salomón, que después de la muerte de su madre habría fundado una dinastía muy duradera. Una dinastía que se habría extinguido el pasado siglo, cuando fue derrocado su último representante, el emperador Haile Selasie, fallecido en 1975.

En cuanto al reino de Saba, si realmente existió es casi seguro que se hallaba en el actual Yemen. Esto muchos ya lo suponían, pero ahora las búsquedas arqueológicas tienden a confirmarlo, lo que no aporta ninguna prueba de que en Saba hubo una reina que se fue de crucero hasta Cisjordania, llevando consigo camellos y una fortuna en oro. Si realmente lo hizo, fue para conseguir algo para ella muy importante, quizá un pacto que le concediera lo que llamamos hoy en día *exclusividad*, para comprar en Israel los productos que escaseaban en su país y pagarlos con lo que ella tenía: oro, perfumes, piedras preciosas, madera de sándalo y camellos. Para el transporte de la mercancía vendida o comprada podía contar con la flota de Jirán, rey de Tiro. «*La flota de Jirán, la que transportaba el oro de Ofir, trajo también madera de sándalo en gran cantidad, y piedras preciosas*» (1Re 10,11).

Se ignora si hubo entre la reina Belquís y Salomón un pacto pero lo que sabemos es que, según la Biblia, ella se fue tan cargada como cuando había llegado. «*El rey Salomón concedió a la reina de Saba cuanto ella quiso y pidió, además de los regalos que él le hizo con munificencia regia*» (1Re 10,13). Así que Belquís dio y recibió: hubo trueque. Hoy diríamos *compraventa*.

Más oro y, además, sándalo. «*El rey Salomón construyó una flota en Esión Guéber, cerca de Elat, a orillas de mar rojo en tierra de Edón*» (1Re 9,26). Salomón tenía, pues, su propia flota en el golfo de Acaba, en un puerto con salida al mar Rojo, mientras su amigo Jirán tenía una de las suyas en Tiro, un puerto en la costa mediterránea, que era su capital y hoy sigue siendo un puerto del actual Líbano. Pero debía tener también barcos en Esión Guéber o en Elat para el transporte de la muy apreciada madera de sándalo y del oro de Ofir. Jirán suministró a Salomón marineros experimentados que se juntaron a las tripulaciones israelitas, cuyos conocimientos del mar y de la navegación dejaban mucho que desear.

«*Llegaron a Ofir, y de allí trajeron cuatrocientos veinte talentos de oro que llevaron ante el rey*» (1Re 9,28).

Era mucho oro, demasiado para ser creíble, ya que el talento hebreo equivalía a más o menos treinta kilos. En la actualidad un solo talento sería toda una fortuna. Con el oro de los impuestos y de los tributos que le pagaban los estados vasallos, Salomón debía de ser uno de los hombres más ricos de la tierra.

Salomón tenía también mujeres, demasiadas mujeres... Refiriéndose a las moabitas, amonitas, edonitas, sidonitas e hititas, el Señor había dicho a los hijos de Israel: «*No os unáis a ellas ni ellas a vosotros, pues seguro que arrastrarán vuestro corazón tras sus dioses*» (1Re 11,2).

No era una orden, ni siquiera una prohibición estricta, parecía más bien un consejo. Dios había comprendido que una inyección de sangre foránea de vez en cuando era algo saludable en un pueblo donde las uniones entre primos y medios hermanos eran frecuentes. Pero para el Dios Yavé existía un peligro todavía mayor que la consanguinidad. Era la competencia desleal que le hacían los falsos dioses, sirviéndose de las mujeres como cebos.

«Pero Salomón se unía a ellas por amor y <u>tuvo setecientas mujeres con rango de princesas y trescientas concubinas</u>» (1Re 11,2-3). Que el rey Salomón pudiera unirse «por amor» con mil mujeres es una de las más exorbitantes barbaridades que he leído en toda mi larga vida. Ni siquiera habría podido recordar sus rostros, y aún menos llamarlas por sus respectivos nombres sin equivocarse continuamente. Si Salomón hubiera tenido las mil mujeres que la leyenda y las Biblias le asignan, habría sido por orgullo, no por amor. El simple hecho de alojar, vestir, alimentar, vigilar y satisfacer sexualmente a tantas esposas y concubinas habría sido de por sí una tarea sobrehumana. Pero señalar —en una obra inspirada por Dios como la Biblia— que por añadidura tenía que enamorarse de todas y de cada una, demuestra que el autor anónimo del primer libro de los Reyes era un farsante o un loco.

Tantas mujeres juntas habrían transformado el palacio de Salomón en un infierno... Para un rey como Salomón, poseer un harén de mil mujeres habría significado acoger en su palacio al menos tres mil quinientas personas más. Cada concubina llegaba con su criada y algunas de las princesas debían de tener más de una. Para alojar a toda aquella gente se necesitaban miles de aposentos o de casas y mucho espacio para construirlos. Aquellas señoras no eran monjas; no habrían aceptado vivir en celdas aunque fuesen de lujo. Y esto no era más que una faceta del problema. Era necesario contratar cocineros, pinches, coperos, lavanderas, costureras, limpiadoras, cuidadoras, parteras... Y también celadores, músicos y todo un ejército de eunucos... Y además intérpretes y escribas: Casi todas las princesas, siendo extranjeras, no sabían ni leer ni escribir el hebreo, y la mayoría de las concubinas debían de ser analfabetas.

Conviene señalar también los nefastos efectos de la promiscuidad: convivencia difícil, celos, aburrimiento, quejas, riñas, huidas y suicidios.

Ponerse a cuestas a tanta gente y tantas molestias habría sido una monumental tontería. Salomón era orgulloso pero no tonto. Se debe admitir que se inflaron desmesuradamente el número de sus mujeres, especialmente el de las princesas. ¿De dónde habría sacado Salomón a setecientas mujeres de sangre real?

Para llegar a un número más próximo a la realidad histórica, conviene dividir todo por diez. Le habría quedado a Salomón setenta princesas y treinta mujeres del montón, lo que era más que suficiente para un solo hombre.

Yo en su lugar me habría conformado con cinco, escogidas entre las más bellas. Mandaba que un carpintero me fabricara una cama de cinco plazas y me acostaba en el centro, con dos de mis esposas a mi izquierda y dos más a mi derecha. La quinta habría dormido en una litera, para poder levantarse temprano y servirnos el desayuno en la cama. Pero como no hubiera sido justo que fuera siempre la misma, se habrían turnado.

En cuanto a Salomón, al parecer se cansó de las cien mujeres que le habíamos dejado. Nos lo dicen claramente en (1Re 11,5): «*Salomón iba en pos de Astarté, diosa de los sidonios*»... Además, sus esposas y sus concubinas seguían rindiendo culto a sus propios dioses. Así que el Señor se enfadó contra Salomón, que se lo tenía bien merecido. Le informó de que le iba a quitar el reino, pero no en seguida, solo después de su muerte. Tampoco se lo quitaría del todo: la parte sureña del país, con Jerusalén como capital, quedaría para su hijo y heredero Roboán.

Un castigo que se inflige una vez que el pecador está muerto no puede ser disuasivo. Así que Salomón no se molestó en reformarse.

Cuando David le cedió el trono de Israel, Salomón no tenía más de veinte años. Reinó durante cuarenta y habría podido durar mucho más, pero agotado por sus mujeres y por correr tras las diosas, falleció a los sesenta años, seguramente de un paro cardíaco.

79. SUCESIÓN Y SECESIÓN

Jeroboán, el futuro rey de Israel, era un líder respetado y entendía de obras. Había servido a Salomón como jefe de la leva que el rey reclutó para la construcción del Miló, una suerte de terraplén que permitía ampliar la zona habitable de Jerusalén. A Jeroboán le gustaba pasearse por el campo y hablar con los trabajadores de la tierra. Durante uno de sus paseos, le salió al encuentro un viejo profeta llamado Ajías, que llevaba un manto nuevo y tenía para él un importante mensaje del Señor.

Ajías sacó de su funda un puñal bien afilado, cortó su manto nuevo en doce trozos y dio diez de ellos a Jeroboán, porque el Señor había dicho: «*Rasgaré el reino de manos de Salomón y te daré diez tribus. La otra será para él*» (1Re 11,31-32).

Esto podía decírselo sin destrozar su manto nuevo, o al menos utilizando una prenda vieja. Seguro que a Yavé aquel profeta no le gustaba y quiso fastidiarlo. Jeroboán, pues, tendría diez tribus y reinaría en el norte, mientras Roboán, el heredero legal de Salomón, se quedaría en Jerusalén como rey de la tribu de Judá. Pero diez tribus en el norte y una en el sur son once tribus, no doce. La tribu olvidada era la de los benjaminitas. El Señor no se acordaba de ella y el profeta Ajías, que acababa de llegar de Siló, no sabía siquiera que existía y se estaba preguntando qué debía hacer con el trozo sobrante de su manto, que tenía en la mano. Los benjaminitas quedaban libres de escoger su bando. Por motivos de proximidad, y sobre todo porque todavía quedaba mucho oro en Jerusalén, decidieron unirse al reino de Judá.

Sin embargo, en los comentarios se sugiere otra explicación, ni más ni menos verosímil: *La extraña suma de diez tribus asignadas a Jeroboán, más la única reservada a Judá, puede explicarse por el hecho de que la tribu de Levi no poseía entonces territorio propio* (Comentario a 1 Re 11,32).

Salomón, que seguía con vida aunque por poco tiempo, quiso oponerse a la decisión del Señor y mandó que se matara a Jeroboán.

Asilo político, por supuesto en Egipto: «*Salomón intentó matar a Jeroboán, pero Jeroboán emprendió la huida a Egipto, junto a Sosac, rey de Egipto, donde permaneció hasta la muerte de Salomón*» (1Re 11,40). Egipto, como ya se ha dicho repetidas veces y pese al odio que sentía Moisés por ese fascinante país, había sido siempre muy acogedor.

Cuando Salomón hubo muerto, los jefes de las diez tribus del norte mandaron mensajeros a Jeroboán para rogarle que volviera. En Siquén hubo una asamblea, en la que Roboán, el hijo del recién fallecido Salomón, se comportó como si hubiera querido que lo rechazaran. Cuando los israelitas del norte le dijeron que si redujera las cargas que su padre les imponía, a él lo servirían con mucho gusto, el presuntuoso heredero de la corona les contestó:

Mi padre hizo pesado vuestro yugo,
yo añadiré peso a vuestro yugo.
Mi padre os azotaba con látigos,
*yo os azotaré con escorpione*s (1Re 12,14).

Cuando Roboán pronunció aquellas palabras debía de estar loco o borracho, o quizá se trataba de una necia broma. Pues no, Roboán no estaba ni loco ni borracho, y no bromeaba. Lo que sucedió fue que alguien le murmuró al oído lo que tenía que decir, junto con el juramento de que lo matarían si no lo hacía. La profecía tenía que cumplirse, y no se habría cumplido si Roboán hubiera dicho lo que los jefes de las diez tribus separatistas querían oír.

Ellos, desilusionados, enfadados e indecisos, se retiraron a su campamento para reflexionar. Roboán les envió para parlamentar a su jefe de leva, un hombre que se llamaba Adorán. Pero ellos no lo adoraron, lo insultaron y lo mataron a pedradas. Entonces «*Roboán se apresuró a subir a su carro para huir a Jerusalén*» (1Re 12,18).

Como había sido profetizado por Ajías, Jeroboán fue proclamado rey de las diez tribus unidas del norte del país. Instaló provisionalmente su capital en Siquén, una ciudad cargada de historia.

En cuanto a Roboán, «*al llegar a Jerusalén reunió a toda la casa de Judá y a la tribu de Benjamín, ciento ochenta mil jóvenes dispuestos para la guerra, con objeto de combatir contra la casa de Israel*» (1Re 12,21). Pero el Señor, harto de aquellas guerras continuas que no le dejaban descansar en paz, ordenó al profeta Semaías —A Ajías, entonces muy viejo y casi ciego, no le agradaba salir de su casa— que fuera a decir a Roboán que todo lo que sucedió lo había planeado Él mismo, y que tenía que despedir a sus tropas y no intentar hacerse con el reino del norte. Tal vez lo amenazó también con quitarle las dos tribus que le quedaban, aunque esto no se menciona en el Libro.

Los excitados jóvenes entendieron la amenaza, se calmaron, se tomaron el tiempo de pensarlo mejor y se fueron cada uno por su lado a buscarse un par de esposas para fundar una familia.

80. ¡MUÉSTRATE!

Jeroboán, rey de Israel, estaba preocupado porque muchos de sus ciudadanos iban a Jerusalén a rezar y a ofrecer sacrificios en el templo. Se decía «*el corazón del pueblo se volverá a su Señor, a Roboán, rey de Judá, y me matarán*» (1Re 12,27).

Entonces Jeroboán mandó que le fabricaran dos becerros de oro y dijo a su pueblo: «*Basta ya de subir a Jerusalén, éste es tu Dios, Israel, el que te hizo subir de la tierra de Egipto*»

(1Re 12,28). Y como nadie te ha visto nunca, Señor creador del universo, aquella pobre gente no podía saber que no eras Tú. Muchos creyeron lo que les dijo Jeroboán, y los más listos, que comprendieron que se trataba de una piadosa mentira, callaron para congraciarse con el rey.

Si creaste a Adán y Eva a tu imagen, y si todos somos sus descendientes, es obligado que Tú y yo y todos los seres humanos nos parezcamos, al menos exteriormente. Pero como no te dejas ver nunca, cualquiera puede inventarse un dios y pretenderse su representante en la tierra. Esto Jeroboán podía hacerlo, podía crear un dios nuevo con rasgos humanos, pero le pareció más sencillo y menos temerario copiar lo que ya existía. Su modelo pudo ser la diosa egipcia Hathor, que ha sido venerada hasta en la región del Sinaí y a veces se representa como una vaca.

Cuando Jeroboán vio que su res de oro era bien acogida por el pueblo, nombró sacerdotes, y construyó lugares de culto con altares, donde se quemaba incienso y se ofrecían sacrificios. Instituyó incluso una fiesta y un calendario.

Sugerencia. Si quieres, Yavito, acabar de una vez con los becerros de oro, con Baal, Astarté, Miltón, Moloch y otros falsos dioses, haz una imagen de Ti y de tu gloria, pero a escala humana puesto que debes de ser inmensamente grande. No la entregues a los hombres —sabes cómo son—, podrían copiarla para sacarle algún provecho. Para que pueda ser vista por todos los pueblos del mundo, dibújala en el cielo y hazla girar alrededor de la tierra como si fuera un satélite, pero solamente de vez en cuando, porque es bien sabido que lo que se ve a menudo deja pronto de suscitar interés.

81. LA TRAMPA

Por orden del Señor, un hombre de Dios fue a Betel, donde Jeroboán había erigido un altar a su nuevo dios. Iba a quemar incienso en su honor cuando llegó el hombre de Dios y lo sorprendió con el incensario en la mano. «*Cuando Jeroboán oyó que el hombre de Dios gritaba contra el altar de Betel, extendió su mano desde lo alto del altar diciendo: prendedlo*» (1Re 13,4). Su mano se secó y su brazo quedó extendido, mientras el altar se hacía trizas. El rey suplicó al hombre de Dios para que le devolviera el uso de su mano. «*Entonces el hombre de Dios aplacó el rostro del Señor y la mano de Jeroboán volvió hacia él y quedó como antes*» (1Re 13,6).

Tranquilizado y agradecido, Jeroboán quiso que el hombre de Dios entrara en su casa para tomar un refrigerio y beber una copa de vino. Pero él no podía aceptar, porque la orden que había recibido del Señor implicaba que no debía ni comer ni beber durante el viaje y que, además, no podía volver a su casa por el camino que había tomado para llegar a Betel. Tenía que buscarse otro, y tener mucho cuidado en las encrucijadas y las bifurcaciones. Se despidió de Jeroboán y se fue con su hambre y su sed, después de haber escogido con cuidado su ruta de regreso.

En Betel vivía un anciano que había sido profeta, aunque de poca monta. Sus hijos, que habían observado y escuchado todo lo que hicieron y se dijeron el rey Jeroboán y el hombre de Dios, fueron a contárselo a su padre. El viejo profeta, que en su casa se aburría, se hizo explicar por donde iba a pasar el hombre de Dios para volver a su pueblo, y cuando sus hijos le hubieron aparejado el asno, se puso en marcha. Pasando por un atajo, no tardó en encontrar al hombre que andaba buscando. Lo saludó y le dijo: «*Ven conmigo a casa y toma algo de comer*» (1Re 13,15).

Mentira letal. El hombre de Dios declinó cortésmente la invitación y explicó al anciano por qué no podía comer ni beber. Pero él le replicó que esto ya lo sabía, porque era también profeta y Dios le había mandado un mensajero para decirle: «*Hazle volver contigo a tu casa y que coma pan y beba agua, mas le estaba mintiendo*» (1Re 13,18). El hombre de Dios, que estaba cada vez más hambriento y sediento, cayó en la trampa y dio buena cuenta de todo lo que la mujer del viejo profeta le puso en la mesa.

De sobremesa, el antiguo profeta reveló al hombre de Dios que lo había engañado, y que el Señor acababa de comunicarle por transmisión telepática el castigo que le imponía por su desobediencia: su cadáver no sería admitido en la tumba de sus padres. Al hombre de Dios le pareció ligera la sanción y reanudó satisfecho su viaje de regreso, sin sospechar que le asechaba otro peligro: «*De camino un león le salió al encuentro y lo mató*» (1Re 13,24).

Su cadáver quedó tendido en el camino, con el león de un lado y el asno que montaba el hombre de Dios del otro, ambos de pie y muy quietos. Informado por la gente que pasó por ahí, el viejo profeta, que se sentía responsable de la tragedia, fue a recoger el cadáver, lo cargó sobre su propio burro y se lo llevó para enterrarlo. «*Depositó el cadáver en su propia sepultura y entonaron lamentaciones por él*» (1Re 13,30). Dio también instrucciones a sus hijos para que, cuando muriese, fuese enterrado en la misma tumba que la del hombre de Dios.

En este cuento, hay algo extraño: el león no hirió el asno cuando saltó sobre el hombre de Dios para matarlo, aunque el hombre iba montado sobre el animal. El burro no tuvo miedo, no intentó huir y, además, se quedó junto al león para vigilar el cuerpo, que el felino no despedazó. Pero este comportamiento se puede explicar:

En el asesinato del Hombre de Dios, el león, el asno y el Señor eran cómplices.

82. LOS REYES MALDITOS

Después de Salomón, siete reyes registrados en el libro primero de los Reyes gobernaron el recién independizado reino del norte, llamado sencillamente Israel. Mientras tanto, en el sur, Roboán tomaba posesión del palacio que al morir le dejó su padre Salomón. Volveremos a hablar de él cuando le llegue el turno. Todas las fechas citadas son las que figuran en la *Sinopsis cronológica de la Biblia de Jerusalén*.

Increíble. Antes de adentrarme en mi relato muy esmirriado de los hechos y de las fechorías de los reyes, dejo caer aquí una muestra de la ponzoña destilada por las palabras del autor anónimo del libro... Unas palabras a menudo tan cargadas de odio como los actos de muchos de los mismos reyes: «*Arranqué el reino de la casa de David y te lo di a ti, pero tú no has sido como mi siervo David, que guardó mis mandatos y me siguió con todo su corazón, haciendo solo lo que es correcto a mis ojos. Tú has actuado peor que todos los que te han precedido, porque has ido a hacerte otros dioses. [...] Por ello traeré el mal a la casa de Jeroboán y exterminaré a todo varón de Jeroboán como se barre del todo la basura. A los de Jeroboán que mueran en la cuidad los devorarán los perros, y a los que mueran en el campo los devorarán las aves del cielo*» (1Re 14,11).

No te preocupes, Señorito Yavé, todos sabemos que Tú no dijiste nada de eso. Salta a la vista que esa execrable prosa no tiene absolutamente nada de divino. Es obra estricta y trágicamente humana. Estas palabras formaban parte de un mensaje «del Señor», transmitido por el profeta Ajías, entonces ya ciego, a la mujer de Jeroboán, quien había viajado a Siló para consultarlo acerca de su hijo enfermo. Naturalmente, el niño no se curó de su enfermedad. No tardó en morir, y fue así el único miembro de la familia de Jeroboán en no ser asesinado...

Tampoco se debe tomar en serio la expresión «a los ojos del Señor», que aparece en todo el Viejo Testamento, pero se vuelve pesadamente repetitiva en mi compendio de los hechos de los reyes. Recomiendo que cada vez que se tropiece con ella, se interprete como, por ejemplo: «según el arbitrario criterio del autor».

1. Jeroboán (931-910 a.C.) Fue el primero y reinó sobre Israel durante unos veinte años. Por haber fabricado ídolos

de oro, lo que no perjudicó a su pueblo, Jeroboán, un hombre honrado y justo, que no había asesinado ni maltratado a nadie, fue uno de los más odiados y castigados. Como ya sabemos, su hijo primogénito cayó enfermo siendo todavía un niño y murió. Finalmente toda su familia fue masacrada. Además, sus sucesores en el trono de Israel debían arrepentirse de sus pecados, pero al parecer no lo hicieron. «A los ojos del Señor» Jeroboán fue uno de los peores reyes de Israel mientras que David, saqueador y exterminador de pueblos indefensos, asesino y torturador de caballos, siempre se cita como ejemplo a seguir.

2. Nadab (910-909 a.C.) Otro hijo de Jeroboán, sucedió a su padre y también obró mal a los ojos del Señor, aunque reinó menos de dos años, porque debía arrepentirse de las faltas cometidas por su padre y no le dejaron suficiente tiempo para que pudiera hacerlo: «*Conspiró contra él Baasá, hijo de Ajías; lo mató en Guibbetón de los filisteos*» (1Re 15,27).

3. Baasá (909-886 a.C.) Después de haber asesinado a Nadab se instaló en su trono y «*una vez rey, mató a toda la casa de Jeroboán, no dejando con vida a ninguno*» (1Re 15,29). Aunque obró muchísimo peor que los dos reyes de la eliminada casa de Jeroboán, pudo mantenerse en el trono de Israel durante veintitrés años, hasta que él también irritó al Señor, no por sus crímenes, sino por haber fabricado ídolos con sus propias manos. Así que su casa fue condenada a ser tratada como él había tratado la de Jeroboán.

4. Elá (886-885 a.C.) Hijo de Baasá, reinó durante un poco más de un año, hasta que lo asesinó uno de sus empleados. No vivió lo bastante para obrar mal a los ojos del Señor.

5. Zimrí (885 a.C.) Servidor de Elá, lo mató para arrebatarle el trono y cuando lo tuvo, y aunque reinó muy poco tiempo, «*mató a toda la casa de Baasá, sin dejar ni un solo varón,*

pariente o amigo» (1Re 16,11). Zimrí reinó siete días, durante los cuales estuvo muy ocupado... Murió carbonizado en el palacio real, al que él mismo había prendido fuego.

6. Omrí (885-874 a.C.) Era jefe del ejército; después del regicidio de Zimrí y luego de su muerte, fue proclamado rey por el pueblo. Según las engañosas —aunque sagradas— Escrituras, Omrí fue uno de los peores monarcas de Israel. Pero ¿por qué? Porque «*en todo siguió el camino de Jeroboán*» (1Re 16,26).

Yo opino, y no soy el único, que fue uno de los mejores. Omrí, elevado hasta el trono por su valor personal y la voluntad libremente expresada del pueblo, no asesinó a nadie, ni siquiera al repugnante Zimrí, y a él nadie lo mató para robarle el trono. Sin embargo, al principio Omrí tuvo que enfrentarse a otro pretendiente al trono de Israel: Tibni, hijo de guinat. Finalmente «*Tibni murió —no se precisa cómo— y reinó Omrí*» (1Re 16,22).

Hizo valiosas obras; por ejemplo, compró toda una colina por doce talentos de plata —un chollo—, «*la fortificó y en lo alto construyó una ciudad a la que puso el nombre de Samaría*» (1Re 16,24). Samaría iba a ser, durante muchos años, la capital del joven reino de Israel y la ciudad más importante de toda la región.

Me estaba diciendo que este personaje bíblico merecía mejor atención que esas pocas líneas, cuando mi cansada vista se fijó en la siguiente nota, que había pasado por alto: «*La breve noticia acordada a Omrí no se corresponde con la importancia histórica de este rey, que fundó una dinastía conocida en las fuentes asirias como "Casa de Omrí". Estableció la nueva capital en Samaría, un lugar estratégico e independiente respecto a los intereses tribales, orientado hacia la zona costera próxima a Fenicia, con cuyos reinos su dinastía estableció estrechas relaciones*» (Nota de pie de página, sobre 16, 23-28).

Por otra fuente nos enteramos de que «*Omrí era probablemente de origen árabe y no israelita, aunque se lo considere también de la tribu de Isacar. Fue primero jefe militar y luego, a la muerte de Elá, que había sido asesinado por Zimrí, y después de una serie de luchas con Tibní (otro aspirante al trono), fue proclamado rey»* (Biografía y vidas, la Enciclopedia Biografía en línea).

7. Ajab (874-853 a.C.) Sucedió a su padre Omrí y a los ojos del Señor fue todavía peor que los que lo habían precedido. Su mayor error fue casarse con la princesa extranjera Jezabel, una mujer muy atractiva pero perversa. Rendía un culto desenfrenado y contagioso a Baal. Odiaba a los profetas de Yavé y quería matarlos a todos. Hubo numerosas guerras entre Ajab y el rey de Siria Ben Hadad. Durante la última, «*un hombre disparó su arco al azar e hirió al rey de Israel por entre las placas de la coraza*» (1Re 22,34). El mismo día, cuando llegó la noche, había muerto.

A los ojos del Señor, ninguno de los siete reyes *malditos* actuó bien, pero los peores no fueron los que asesinaron a sus predecesores para hacerse con el trono, y el hecho de masacrar a toda su familia se consideraba un justo y merecido castigo de Dios. Los peores eran los que permitían en su reino el culto a divinidades foráneas, porque de no permitirlo no habrían podido mantenerse en el trono. Pero algunos se pasaron un poco, como Ajab, que para complacer a Jezabel lo fomentaba.

Durante el reinado de Ajab, que volveremos a encontrar con algunos de los reyes del reino de Judá que fueron sus contemporáneos, se empieza a hablar del profeta Elías, un nuevo llegado en la escena.

83. TONTERÍA FATAL

Con el reinado de Ajab, también se relaciona la bien conocida y lamentable historia de «*La viña de Nabot*».

Nabot tenía en Yezrael un viñedo, junto a la casa de verano de los reyes de Israel. El rey Ajab, que había puesto los ojos en la parcela, a Nabot le propuso: «*Dame tu viña para que pueda tener un huerto ajardinado, pues está pegando a mi casa; yo te daré a cambio una viña mejor o, si te parece bien, te pagaré su precio en plata*» (1Re 21,2).

Era para Nabot una buena oportunidad de conseguir un viñedo mejor, más grande y ubicado en un lugar más alejado de la casa del rey y de su detestable esposa, y por lo tanto más seguro. Podía también regatear y lograr vender su parcela por el doble de su valor. Nabot debía decir al rey Ajab, por ejemplo: «Por favor, majestad, déjame algunos días para pensarlo bien y hablar del asunto con mi mujer», lo que le dejaba tiempo para reflexionar y comentar la propuesta del rey con sus familiares y sus amigos. Pero el tonto de Nabot replicó al rey Ajab con tono irritado: «*Dios me libre de cederte la herencia de mis padres*» (1Re 21,3).

El rey se fue desilusionado y abatido. Jezabel, su mujer, le preguntó lo que le pasaba y cuando lo supo, le dijo: «*Yo misma me encargo de darte la viña de Nabot*» (1Re 21,7).

Jezabel cumplió su promesa: pagó a algunos falsos testigos, y ellos se las arreglaron para que Nabot fuera acusado de haber maldecido al rey y a Dios. Lo lapidaron hasta que murió y su viña pasó a ser propiedad del rey, sin que tuviera que pagarla.

84. LOS FAVORITOS

Mientras en Israel se sucedían siete reyes, solamente cuatro ocuparon el trono de Judá, y ninguno tuvo que matar a su predecesor para reinar.

1. Roboán (931-913 a.C.) El hijo de Salomón reinó durante dieciocho años. Al Señor no le gustó todo lo que hizo, pero su descendencia no fue castigada como la de algunos reyes del norte. Aunque tenía el templo cerca de su palacio, Roboán construyó santuarios. «*En el país hubo incluso consagrados a la prostitución, que cometieron los mismos actos abominables*

de los pueblos que el Señor había expulsado delante de los hijos de Israel» (1Re 14,24).

Lo que hizo Roboán con los santuarios y la prostitución no perjudicó tanto al país como lo que no hizo: No tomó las disposiciones idóneas para proteger su capital contra una posible incursión. Informados de ese punto débil por sus espías, los egipcios llegaron vestidos como los hebreos, entraron en Jerusalén como en su casa y se hicieron con el oro y otras riquezas acumulados por Salomón. «*Sosac, rey de Egipto, subió contra Jerusalén, apoderándose de los tesoros del templo del Señor y del palacio real. Se hizo con todo, incluso con los escudos de oro que Salomón había fundido»* (1Re 14,26). Comprendiendo que había sido muy imprudente, el rey Roboán quiso que todos creyeran que no le quedaba oro; así que mandó a sus herreros que le fabricaran escudos de bronce. Veremos más adelante que Sosac y sus hombres no llegaron a hacerse con todas las riquezas que se escondían en Jerusalén. Ni muchísimo menos...

2. Abías (913-911 a.C.) Era hijo de Roboán, reinó durante unos escasos tres años y murió. "*Su madre se llamaba Maacá, hija de Absalón*" (1Re 15,2). Citar el nombre de una madre y, además, especificar de quién era hija, como se solía hacer con los varones, es algo rara vez visto en este libro. Por ello no podía dejar de mencionarlo...Para saber si Abiás hizo en tan poco tiempo algo que merezca ser recordado, es preciso reportarse al segundo libro de las Crónicas. Ahí no informan que Abías tuvo que enfrentarse a Jeroboán, entonces rey de Israel. La batalla la ganó el rey de Judá y «*cayeron muertos quinientos mil soldados escogidos de Israel»* (2Cró 13,17). Es de suponer que el cronista quiso decir *quinientos soldados,* y ya es mucho.

3. Asá (911-870 a.C.) Asá, hijo de Abías, comenzó a reinar en Judá cuando a Jeroboán, rey de Israel, le quedaban todavía dos años de vida pero no parece que hubo cualquier tipo de

enfrentamiento entre ellos. En cambio, «*ocurrieron guerras incesantes entre Asá y Baasá, rey de Israel*» (1Re 15,16).

Después de haber exterminado a todos los miembros de la familia de su predecesor Jeroboán, Baasá había fortificado la ciudad de Ramá, cercana a la de Guibeá de los benjaminitas, para obstaculizar a Asá en sus desplazamientos. Entonces Asá sacó de sus escondrijos el oro y la plata que los egipcios no habían hallado y los envió al rey de Siria Ben Hadad, para que le ayudara a quitarse de encima al molesto Baasá. Ben Hadad aceptó encantado el tesoro y arremetió sin contemplaciones contra su aliado Baasá, obligándolo a dejar sus obras en Ramá para defender sus fronteras del noreste. Asá reunió a todo el pueblo en Ramá y todos empezaron a trabajar: «*Se llevaron la piedra y la madera con las que Baasá fortificaba Ramá y con ellas el rey fortificó Gabá de Benjamín y Mispá*» (1Re 15,22).

Asá fue un rey valorado por el Señor porque erradicó la prostitución sagrada y destruyó los ídolos de sus padres pero sin eliminar todos los santuarios, porque a algunos los consideraba valiosas obras de arte.

En las Crónicas se cuenta que trescientos mil guerreros de Asá derrotaron al ejército de un millón de hombres de Zeraj de Cus, que además tenía carros de combate. Y no sólo los derrotaron sino que también los mataron a todos: «*Cayeron los cusitas hasta no quedar uno solo vivo*» (2Cró 14,12). Sobra decir que aquel episodio de la vida de Asá es pura fantasía. Ni siquiera se sabe realmente quiénes eran los cusitas y dónde se encontraba el «país de Cus». Si los israelitas hubieran hecho prisioneros, quizá ellos se lo habrían dicho...

Sin salir de las Crónicas, leemos que «*El año trigésimo noveno de su reinado Asá enfermó gravemente de los pies; pero ni siquiera en su enfermedad buscó al Señor, sino a los médicos*» (2 Crón 16, 12). E hizo bien, ya que al Señor, aunque era un buen ginecólogo, sus conocimientos médicos se limitaban a una estrecha zona incluida entre el ombligo y la entrepierna. Además, Atendía únicamente a las personas del sexo femenino...

Asá reinó durante cuarenta y un años. Se cree que con ese longevo rey hubo al menos diez años de paz y que algunas familias israelitas abandonaron su país, en el norte, para ir a vivir al reino de Judá.

4. Josafat (870-848 a.C.) Ese bisnieto del primer rey de Judá reinó durante veintidós años. Fue el último rey en ser reseñado en el primer libro de los Reyes. «*En todo siguió el camino de su padre, Asá, sin desviarse nada de él*» (1Re 22,43).

Cuando Josafat empezó a reinar, Ajab llevaba cuatro años en el trono de Israel. Ambos mantuvieron buenas relaciones. Pasaron los años y Josafat, viendo que por culpa de su bisabuelo sus arcas estaban vacías, mandó que le construyeran una flota para ir a Ofir a ver si allí todavía quedaba oro. Pero hubo una tempestad en el golfo de Acaba y todos sus barcos se fueron a pique. Ocozías, el hijo del rey Ajad entonces ya muerto, propuso a Josafat que sus siervos fueran a por el oro con sus propios barcos y sus tripulaciones, pero Josafat declinó la oferta.

Es que el rey Josafat tenía una buena razón para rechazarla. Con el paso del tiempo, las revelaciones de algunos viejos servidores y sus propias indagaciones, había llegado a convencerse de que todavía quedaba mucho oro en su propio palacio. Probablemente mucho más de lo que habría obtenido de una azarosa expedición a Ofir.

85. ELÍAS, EL MAGO

Al insigne profeta Elías le gustaba, y se le dada muy bien, observar los cielos y predecir el tiempo. Había comunicado al rey Ajab que se avecinaba una temporada anormalmente seca. Estaba preocupado porque Jezabel, la esposa del rey, odiaba a los profetas del Señor y quería exterminarlos a todos. Lo había intentado —no ella sola, por supuesto— y lo habría conseguido sin la intervención de un mayordomo del palacio llamado Abdías, quien pudo ocultar a cien de ellos en una cueva.

Una noche, Elías soñó que Dios le aconsejaba que fuera a ocultarse en el torrente de Querit. Le dijo también: «*Habrás de beber sus aguas y he ordenado a los cuervos que allí te suministren alimentos*» (1Re 17,4).

A Elías le pareció bien, y sin preguntarse cómo se las arreglarían los cuervos para servirle la comida, fue a ocultarse en el cauce del torrente, por donde pasaba todavía un hilillo de agua. Se instaló bajo un saliente rocoso que le daba sombra y esperó tranquilamente que llegara la cena, mientras observaba una pareja de aguzanieves revoloteando encima del agua en pos de algunos diminutos insectos.

Dos veces al día, los cuervos iban a recoger trozos de pan, de queso de oveja y de carne asada, que los niños depositaban para ellos sobre unas lascas planas que sobresalían de las fachadas de las casas, fuera del alcance de los perros y de los gatos. Cuando los cuervos volvían a sus nidos, que se encontraban en los álamos que bordeaban el cauce del riachuelo, casi siempre peleaban y se les escapaba la comida que traían para sus polluelos. Elías la recogía y si no había riñas, les lanzaba piedras para obligarlos a gritar y abrir el pico. Pero debía fijarse bien en lo que recogía porque las aves soltaban cualquier cosa, incluyendo sus excrementos. Un día le dio en el ojo derecho un trozo de hueso de cabra que por poco lo deja tuerto.

Nueva sugerencia divina. Como había vaticinado el profeta, hacía meses que no llovía y al cabo de una semana el lecho del torrente se había secado por completo. Elías bebió hasta la última gota del agua que tenía de reserva en un odre y se tumbó sobre su lecho de hojarasca para echar la siesta. Mientras dormía a pierna suelta le llegó un nuevo mensaje del Señor, que le sugería que fuera a ver a cierta viuda, en Sarepta, y que ella le suministraría comida, bebida y cobijo.

Encontró a la viuda fuera, recogiendo leña. Elías la saludó y le pidió que le cocinara una torta, pero ella se quejó, diciendo que en su alcuza de aceite y en su orza de harina casi no quedaba nada. Suspirando añadió: «*Entraré y prepararé el pan para mí y mi hijo, lo comeremos y luego moriremos*» (1Re 17,12).

Entonces Elías sacó de su bolsillo secreto un siclo de oro, se lo puso en la mano y le dijo: «Si me cuidas bien, mañana habrá más». El semblante de la mujer se iluminó y sus ojos brillaron como el trozo de metal amarillo que tenía en la mano. Cogió la leña y entró en la casa para cocinar.

Comieron una gran torta y luego huevos de codornices hervidos, que el hijo de la viuda había ido a recoger en el campo por la mañana. Cuando Elías se levantó para ir a descansar en el cuarto que le había asignado la dueña de la casa, divisó por casualidad, en una repisa, la orza de harina y la alcuza de aceite. Ambas estaban llenas a rebosar. «Esto sí que es un milagro», pensó para sus adentros.

«*Después de estos hechos cayó enfermo el hijo de la dueña de la casa; su mal fue agravándose hasta el punto de que no le quedaba ya aliento*» (1Re 17,17). Entonces la madre se enfadó contra Elías, acusándolo de haber causado la muerte de su hijo. Pero él, que era no solo profeta sino también curandero, cogió al niño y se lo llevó a su habitación. Lo echó sobre la cama sin perder tiempo en desvestirlo ni quitarle las sandalias. «*Luego se tendió tres veces sobre el niño, e imploró el Señor: Dios mío, que el alma de este niño vuelva a su cuerpo*» (1Re 17,21).

Estas últimas palabras las gritó para que la viuda, que se había quedado fuera de la habitación, pudiera oírlas, pues esos gritos no eran más que comedia. Cuando Elías se tumbó por tercera vez sobre el pecho del niño, expulsó con violencia el huevo de codorniz entero que le obstruía la garganta, impidiendo que pudiera respirar normalmente. El profeta salió de la habitación con el niño caminando a su lado y fue a reunirse con la viuda. Ella al verlos exclamó: «¡Esto sí que es un milagro!».

Leña mágica. Con el beneplácito del rey Ajab, Elías convocó a los hijos de Israel y a los profetas de Baal en el monte Carmelo, y ahí habló al pueblo: «*¿Hasta cuándo vais a estar cojeando sobre dos muletas? Si el Señor es Dios, seguidlo; si lo es Baal, seguid a Baal*» (1Re 18,21). Los profetas de Baal y el pueblo no supieron que decir; Elías siguió hablando: «*Quedo yo solo como profeta del Señor, mientras que son cuatrocientos cincuenta los profetas de Baal. Que nos den dos novillos y que ellos elijan uno*» (1Re 18,22).

Intermedio. Albert, a quien había enseñado mi borrador de este capítulo consagrado enteramente al profeta Elías, se asombró y exclamó:

—Has escrito aquí que los profetas de Baal eran cuatrocientos cincuenta; esto no puede ser; que un reino tan diminuto pudiera tener tantos profetas sería una locura.

—Es que no eran, ni mucho menos, tan numerosos. A menudo rebajo yo drásticamente las cifras bíblicas que me parecen exageradas, dividiéndolas por diez, pero en este caso no lo haré. Prefiero dejar al profeta Elías acabar solo y a su manera con la competencia.

—Podrías dividir el número de los profetas por cien, y el remanente quedaría aceptable.

—Esto no se podría hacer —objetó Burrito, que no se había perdido una sola palabra de la conversación—, porque el resultado de la división sería cuatro y medio, y la mitad de un profeta muerto no serviría para nada.

—Pues sí —replicó Albert—, se puede hacer, y sin matar a nadie. Basta con suponer que los cuatro profetas enteros son expertos en el arte de engañar a la gente para sacarle dinero, y que el medio profeta es un aprendiz que ha recorrido la mitad del camino entre la ignorancia total y el pleno conocimiento del oficio.

—¡Vaya! —dije yo— el mismo profeta Elías no lo habría pensado y expresado mejor.

Continuación. Como el número de los profetas baalistas disponibles no podía de ningún modo influir en el desarrollo de los acontecimientos, el asunto siguió su curso...

Trajeron los novillos y los profetas de Baal eligieron uno. El otro lo entregaron a Elías, único profeta de Yavé presente. Le ayudarían algunos voluntarios reclutados entre los espectadores, pero que en realidad ya habían sido escogidos y serían todos copartícipes. Cada grupo descuartizaría su becerro y lo pondría sobre la leña, pero nadie encendería el fuego. Elías dijo a los profetas de Baal: «*vosotros clamaréis invocando el nombre de vuestro dios y yo clamaré invocando el nombre del Señor. Y el dios que responda por el fuego, ese es Dios*» (1Re 18,24).

Y así se hizo. Se descuartizaron los novillos, se pusieron sobre la leña y los cuatrocientos cincuenta profetas de Baal empezaron a implorar a su dios para que encendiera la leña. Como no pasaba nada, gritaron, se hicieron cortes con cuchillos por todo el cuerpo, se mesaron la barba y el cabello, pero no consiguieron que su dios hiciera lo que le pedían, ni siquiera que les diera una señal que indicara que los estaba oyendo.

Mientras tanto, Elías y sus ayudantes instalaban el altar portátil del Señor. Pusieron encima doce piedras, una para cada tribu de Israel. Entre las piedras pusieron la leña y sobre la leña el novillo desollado y descuartizado. Alrededor del altar, cavaron un foso poco profundo: vaciaron sobre la leña cuatro tinajas de agua, hasta que la leña estuvo bien empapada y que el foso se llenó por completo. Entonces, Elías invocó al Señor y «*cayó el fuego del Señor y devoró el holocausto y la leña, lamiendo el agua de las zanjas*» (1Re 18,38).

Era evidente que el verdadero dios no podía ser Baal. Todo el pueblo cayó de bruces con la cara en el polvo, muy abundante porque la sequía no había remitido todavía. Elías gritó, dirigiéndose a los hombres que habían presenciado la escena: «*Echad mano a los profetas de Baal, que no escape ni uno*» (1Re 18,40).

Todos los hombres del pueblo cayeron sobre los aterrorizados profetas de Baal, como caería una tropa de sodomitas sobre un par de ángeles expulsados del cielo. «*Les echaron manos encima y Elías les hizo bajar al torrente de Quisón y ahí los degolló*» (mismo versículo). Por supuesto, de aquella ejecución múltiple se encargaron otros, no Elías como se cuenta en el texto bíblico...

Para encender la leña mojada, ¿qué truco se utilizó? Lo más probable, es que ni siquiera estaba mojada. La habrán impermeabilizado con una resina vegetal. Cuando fueron a buscarla para la prueba, ya la tenían preparada. Además, sabemos que una de las tinajas contenía un líquido inflamable más ligero que el agua. El texto bíblico mismo lo dice claramente: «*El fuego lamió el agua de la zanja*».

El contenido de la cuarta tinaja podía ser nafta natural o petróleo, hidrocarburos que en algunas zonas volcánicas pueden aflorar a la superficie del suelo. Y para encender el fuego, debían de tener una diminuta lámpara encendida y disimulada en el montón de leña de reserva. Cuando todo estuvo listo, pusieron sobre el altar un último haz de leña, hueco y con la lamparita al interior. Cuando la pequeña llama entró en contacto con el vapor del hidrocarburo proveniente de la cuarta tinaja, hubo una repentina y breve explosión, lo que impresionó en extremo a la muchedumbre que estaba mirando.

Matanza razonada. Muchos se preguntarán por qué Elías fue tan cruel con los perdedores, pues ordenó que se los mataran en seguida y sin dejar a ninguno con vida. Estaban agotados, ensangrentados y avergonzados. ¿No era un castigo suficiente? Es que la matanza no fue ningún castigo, ni tuvo nada que ver con el odio o la venganza. Era una simple y trágica medida de seguridad. Es casi seguro que algunos de los profetas de Baal eran más listos que sus fanatizados compañeros. Ellos miraron de reojo lo que pasaba en el equipo de sus rivales. Se dieron cuenta de que hacían trampas, y Elías lo supo porque lo leyó en sus rostros. Entonces tomó la decisión de eliminarlos a todos en seguida. Por el mismo motivo era preciso separarlos lo más pronto posible del pueblo, porque podían avisarle a gritos mientras iban siendo ejecutados. Así que «*Elías los hizo bajar al torrente de Quisón*» (1Re 18,40), un lugar muy tranquilo, para degollarlos en privado.

Después de la matanza, ¿qué se hizo con los cadáveres? No se dice nada al respecto, pero se debe suponer que no se quedaron sin sepultura. Los familiares de las víctimas se habrán hecho cargo de ellos. Pero quedó la sangre, y para limpiar el río Elías pensó que tendría que llover. Él mismo había previsto tormentas y chubascos, pero como tardaban en llegar subió al monte Carmelo y se sentó a descansar «*encorvado hacia tierra, con el rostro entre las rodillas*» (1Re 18,42).

Como en esa incómoda posición no veía nada, ordenó a su criado que subiera hasta la cumbre. Subió y bajó siete veces y cada vez que bajaba, decía a Elías que no había visto nada. Pero la séptima vez, le anunció que había divisado una nubecilla que subía del mar. Entonces Elías se levantó y con su criado bajó a Yezrael.

«*En unos instantes los cielos se oscurecieron por las nubes y el viento, y sobrevino una gran lluvia*» (1Re 18,45). El agua corrió a raudales por el torrente de Quisón, llevándose al Jordán y al mar Muerto la sangre inocente de los 450 profetas de Baal.

Si Jezabel hubiera querido salvar a Elías en vez de matarlo, no lo habría hecho mejor. El rey Ajab contó a su esposa Jezabel lo que Elías había hecho con los profetas de Baal. Cuando ella supo que todos habían sido degollados por orden de Elías, se puso como una víbora y, queriendo dar un buen susto a Elías antes de acabar con él, le envió un mensajero para avisarle de que al día siguiente estaría muerto. Elías no esperó al día siguiente para huir. Despidió a su criado, se vistió con prendas viejas y en seguida se puso en marcha. Caminó durante cuarenta días, hasta llegar al Sinaí, la montaña de Dios. Allí se refugió en una cueva, y mientras estaba descansando, el Señor le hizo una visita de cortesía. Al menos fue lo que luego diría él, pero como estaba solo nadie pudo ni confirmarlo ni negarlo. Además, si el Señor realmente pasó por allí y le habló, no pudo verlo porque «*al oírlo, Elías cubrió su rostro con el manto*» (1Re 19,13). Pudo hablarle una persona cualquiera que pasaba por ahí, y que para bromear le habría dicho: «Yo soy el Señor»...

«*Antes de despedirme* —diría más tarde Elías— *el Señor me ordenó ir a Damasco para ungir rey de Siria a Jazael, a*

Samaría para ungir rey a Jehú; y luego donde estuviera Eliseo para ungirlo profeta y sucesor mío. Y Dios habría dicho también —siempre según Elías—: *Al que escape a la espada de Jazael lo matará Jehú, y al que escape a la espada de Jehú lo matará Eliseo»* (1Re 19,17).

Cuando Elías encontró a Eliseo, estaba arando con sus bueyes. *«Tomó la junta de bueyes y los ofreció en sacrificio. Con el yugo de los bueyes, asó la carne y la entregó al pueblo para que comiera»* (1Re 19,21). Era un hermoso sacrificio, en el que no se quemó la carne; se asó y se entregó al pueblo. ¡Lástima que tuvieran que comerla cruda! Porque no se puede de ninguna manera asar dos bueyes con la escasa madera sacada de un solo yugo... Eliseo fue a despedirse de su padre y de su madre —es de suponer que no tenía ni esposa ni hijos— y siguió a Elías.

Breve ojeada a las fantasiosas batallas de Samaría y de Afec. Se intercalan entre el encuentro de los dos famosos profetas y el inicio del libro segundo de los Reyes. Ambas batallas, las ganó Israel con pocos hombres, pocos medios y pocas pérdidas, pero aconsejado y espoleado por un profeta sin nombre —algo verdaderamente inusual.

Ben Hadad, el rey de Siria, que soñaba con apoderarse de Samaría, había amenazado al rey de Israel diciéndole: *«Dame tu plata, tu oro, tus mujeres y tus hijos. Mañana enviaré a mis siervos que registrarán tu casa y las casas de tus siervos, y echarán mano a cuanto sea precioso a tus ojos para llevárselo»* (1Re 20,5-6). ¡Nada menos!

Entonces el rey de Israel, respaldado por los ancianos y el profeta sin nombre, salió de Samaría con tan solo siete mil hombres y derrotó a los ejércitos de Ben Hadad y de los treinta y dos reyes que eran sus aliados. Es que ellos, los jefes, se hallaban en la ciudad de Sukkot, donde habían bebido hasta emborracharse... El rey de Siria logró salvarse, huyendo a caballo con sus aliados.

Los sirios se recuperaron: «*A la vuelta de un año, Ben Hadad pasó revista a los arameos y subió a Afec para luchar contra Israel*» (1Re 20,26). Llegaron los hijos de Israel y acamparon a poca distancio de sus enemigos. «*Parecían dos rebaños de cabras, mientras que los arameos llenaban la tierra*» (1Re 20,27).

Se quedaron así durante siete días; luego las tropas de Israel cayeron repentinamente sobre el ejército de cien mil hombres de Ben Hadad y lo arrollaron. Quedaron veintisiete mil supervivientes, que huyeron y se refugiaron en Afec. Pero la muralla de la ciudad se derrumbó sobre ellos... Ben Hadad salió ileso de los escombros y el rey de Israel le perdonó la vida. Lo subió a su caro e hicieron un pacto. Ben hadad dijo que iba a devolver a Israel las ciudades que su padre le había tomado y que el rey Ajad podría instalar bazares en Damasco.

En el relato —aquí muy abreviado— de aquellas hazañas de Israel ¿hay algo que se pueda considerar histórico? En mi opinión, no hay absolutamente nada, y el autor del siguiente comentario de pie de página pensaba probablemente lo mismo cuando escribió: «*Tales relatos circulaban en principio de forma independiente y se referían a un rey de Israel, que la tradición posterior identifica con Ajab. Las narraciones bíblicas se entrecruzan con breves relatos proféticos. La imagen de Ajab victorioso contrasta con su final trágico*» (Comentario sobre 1Re capítulo 20). Sí que contrasta, y no poco. Ya hemos visto en el capítulo 82 (Los reyes malditos) que el rey Ajab, que volveremos a encontrar en los Libros Proféticos y en las Crónicas, nunca derrotó a los sirios.

LIBRO SEGUNDO DE LOS REYES

86. DESAPARICIÓN

Eliseo siguió a Elías hasta que este desapareció sin dejar rastro. Nadie pudo averiguar donde se había metido y no se encontraron nunca ni su cadáver, ni su tumba. Un poco antes de eclipsarse había dicho a Eliseo que podía pedirle cualquier cosa antes de que fuera *arrebatado*. Eliseo le pidió dos tercios de su espíritu. Elías le aseguró que los tendría si consiguiera verlo en el momento en que fuese arrebatado. Al parecer lo vio, pero no claramente. De cualquier forma, Eliseo no necesitaba el espíritu de Elías porque tenía el suyo propio. Cuando Elías hubo desaparecido, Eliseo contó que «*mientras iban conversando por el camino, de pronto un carro de fuego con caballos de fuego los separó a uno del otro. Subió Elías al cielo en la tempestad*» (2Re 2,11).

Lo más extraño fue que Elías no subió al carro: subió directamente al cielo... en la tempestad. Entonces, ¿para qué sirvió el carro? Debía de ser un carro viejo, cargado de paja o de heno, al que prendieron fuego unos amigos o admiradores de Elías, para ayudarle a desaparecer. El cargamento y el viejo carro ardieron, junto con los caballos que no eran más que grandes pellejos atiborrados de pinochas secas e impregnadas con nafta. Elías, con la confusión debida al fuego y al fuerte viento, se escabulló sin que Eliseo llegara a saber exactamente cómo. Quería que todo el mundo lo creyera muerto, pero si creían que había subido al cielo, mejor aún. Sabía que los sicarios de Jezabel lo andaban buscando para matarlo y que tarde o temprano lo conseguirían. Lo que se puede afirmar con toda certeza es que no subió al cielo: la ley de la gravedad no se lo habría permitido; y también que Jezabel no logró su propósito de acabar con él, porque si sus esbirros lo hubieran encontrado y matado, ella se habría jactado de su éxito.

Quizá lo que soñé yo fue realmente lo que hizo él. Entonces, ¿adónde fue a parar el profeta Elías? Una de las posibles respuestas a esta pregunta me llegó una noche, mientras estaba durmiendo. Soñé que yo mismo era Elías y que al pasar cerca del carro ardiendo una llama me había lamido la cara. Fui a pedir asilo a un amalecita que había curado un año antes de una fractura doble de la mandíbula. Cuando llegué a su campamento, a pesar de mi barba quemada me reconoció en seguida. Le conté lo de Jezabel y él me dijo que lo iba a arreglar todo.

Me rapó cuidadosamente la cara, me hizo un corte de pelo como el de los egipcios y me vistió con prendas egipcias recuperadas en los campos de batalla. Me regaló un puñal egipcio y una recia mula también egipcia, aunque no se notaba a primera vista. Luego me puso un espejo egipcio en las manos y mientras yo me estaba mirando sin reconocerme, fue a hablar con alguien en una tienda cercana. Cuando volvió le acompañaba una bella mujer egipcia, que también montaba una mula. Mi viejo amigo amalecita me dijo:

—Se escapó de Sicelag, donde la retenían como rehén. Vete con ella a Egipto y su familia te recibirá como se recibe a un rey.

Nos encaminamos y... me desperté, disgustado por no saber lo que después iba a suceder.

87. ELISEO Y LOS OSOS

Cuando Eliseo regresó de despedir a Elías, cincuenta miembros de la comunidad de profetas, que los habían seguido a cierta distancia, se postraron ante él y le dijeron, refiriéndose a

Elías: «*El espíritu del Señor tal vez se lo ha llevado y lo haya arrojado sobre alguna montaña*» (2Re 2,16).

Querían mandar en su busca a cincuenta hombres de guerra, lo que a Eliseo no le parecía una buena idea, pero insistieron tanto que les dijo «*mandadlos*». Lo buscaron durante tres días y no lo encontraron ni vivo ni muerto. Además, nadie lo había visto.

Masacre injustificada. Algunos días después, mientras Eliseo iba subiendo solo por un camino empinado que conducía a Betel, algunos muchachos se burlaron de él. No lo insultaron, solo le gritaron: «¡*Sube, calvo! ¡sube, calvo!*». Eliseo se detuvo, les lanzó una mirada torva y profirió algunas maldiciones. «*Entonces salieron dos osos del bosque y despedazaron a cuarenta y dos de aquellos muchachos*» (2Re 2,24).

Sobre ese triste episodio de la vida del profeta Eliseo se ha dicho y escrito mucho. Algunos opinan que Dios y el profeta han salido malparados del asunto, mientras que unos pocos no dudan en afirmar que lo que a los chicos les ocurrió se lo habían buscado. Deberían más bien preguntarse, suponiendo que lo que se cuenta sea conforme a la realidad de los hechos, ¿qué sucedió exactamente? Responder a esta pregunta es fácil, con tal que se determine primero lo que no pudo suceder. Pues dos osos no pudieron de ningún modo matar y despedazar a cuarenta y dos chicos que no estuvieran atados de pies y manos. Ni siquiera a cuarenta y dos niños de diez años.

Dos osos pueden matar solamente a dos individuos a la vez. Los dos primeros, pillados por sorpresa, son presa fácil. Los dos siguientes ya están corriendo, y alcanzarlos toma tiempo. Luego todo se complica: los chicos huyen en todas direcciones y los más ágiles trepan a los árboles, que en un bosque no pueden faltar.

Si los osos se han dado un festín antes del ataque, serán pesados y torpes y habrá pocas víctimas mortales. Pero si llevan varios días en ayunas, habrá todavía menos; lógicamente solo dos, una por cada animal, porque ningún oso hambriento, teniendo la comida entre las patas, la abandonaría para perseguir otra presa que estuviese corriendo. El comportamiento normal del predador es quedarse con su presa para comérsela, y sobre todo para impedir que un congénere se haga con ella.

Todo queda muy claro: los chicos no fueron matados por los osos, que quizá ni siquiera aparecieron. Entonces, ¿quiénes fueron los asesinos? Seguramente los guardaespaldas no deseados de Eliseo, aquellos cincuenta profetas de la comunidad, que a menudo seguían al maestro para recoger algunas migajas de sus conocimientos. Ellos, alertados por las imprecaciones de Eliseo, acudieron y arremetieron contra los chicos, golpeándolos con sus cayados y luego infligiéndoles heridas profundas para que todos creyeran que los culpables fueron los osos. Y ellos no eran dos, como los osos, sino cincuenta, lo que no dejaba a los atacados ninguna oportunidad de escapar.

Leemos en el texto bíblico que se mataron a cuarenta y dos de ellos. ¿Significa esto que había más? Es lo que significa, pero no los había. Los profetas aprendieron de las incursiones de David en el Negueb que es siempre preferible no dejar ningún testigo. Si ponen que murieron 42 chicos, es que no había más, porque un solo sobreviviente habría permitido que se desenmascarase a los verdaderos culpables. Pero podía haber menos, incluso mucho menos, y también menos profetas, porque los autores de los libros del Antiguo Testamento, cuando tenían que apuntar números rara vez resistían a la tentación de inflarlos.

¿Y qué habría sucedido si Eliseo hubiera seguido su camino sin decir ni hacer nada? Es difícil de saber, tal vez no habría ocurrido nada: los chicos se cansaban de llamarlo *calvo* y se marchaban. Podía ocurrir también que algunos, para divertirse, le tiraran pequeñas piedras. Otros, para demostrar que tenían mejor puntería los imitaban, escogiendo piedras cada vez más grandes, y lo que hubiera comenzado como un juego habría acabado siendo un asesinato... ¿Justificaría la matanza esa posibilidad? No, en absoluto. Lo que debían hacer los profetas era dar a los muchachos un buen susto, con algunos empujones y patadas en el trasero para los que habrían tardado en comprender. Y nada más.

Castigo original. La esposa de uno de los miembros de la comunidad de los profetas fue a ver a Eliseo y le dijo: «*Tu servidor, mi marido, ha muerto, y ahora viene un acreedor a llevarse a mis dos hijos como esclavos*» (2Re 4,1).

Esto sí que era una buena noticia... Seguro que murió a consecuencia de una herida que le infligió uno de los chicos en un intento desesperado de escapar. Algunos de ellos debían de tener pequeñas navajas, y quizá también hondas.

Eliseo preguntó a la viuda si tenía en casa algo que se pudiera vender y ella le contestó que solo le quedaba una alcuza de aceite. Él le dijo entonces; "*Anda y pide a todas tus vecinas vasijas de las de importación, vasijas que estén vacías*» (2Re 4,3). Cuando hubo reunido todos los recipientes, la viuda se metió en una habitación con sus dos hijos pequeños, y Eliseo le mandó que cerrara la puerta. No habló de la ventana. Entonces la viuda empezó a vaciar el aceite de la alcuza en las vasijas que le habían prestado. Cada vez que su alcuza estaba vacía, la ponía sobre el alféizar de la ventana y en seguida se volvía a llenar.

Naturalmente, el aceite se pagaba con el producto de una colecta impuesta por Eliseo a los cuarenta y nueve profetas restantes. Uno de ellos llenaba continuamente la alcuza, mientras los otros le traían el aceite que compraban en la ciudad. Cuando todos sus recipientes estuvieron llenos, la mujer avisó a Eliseo, y él le dijo: «*Vete a vender el aceite y paga a tu acreedor*» (2Re 4, 7).

Sorprendente, no... ¿Por qué tantas complicaciones? Habría sido mucho más sencillo y rápido entregar el dinero de la colecta a la viuda, o pagar directamente al acreedor. Desde luego, pero si Eliseo eligió este proceso, fue precisamente porque era largo y fastidioso. No lo hizo para que pareciera un milagro, puesto que incluso los niños supieron enseguida de dónde provenía el aceite. Pudo más bien ser un castigo de Eliseo a los miembros de la comunidad de profetas, por su innecesaria crueldad con los chicos.

Eso, Eliseo habría podido hacerlo él mismo... Cuando pasaba por la ciudad de Sunén, Eliseo solía hospedarse en una habitación que una amable sunamita había mandado construir para él en su terraza. El profeta, agradecido, encargó a su criado Guejazi que se informara para saber qué se podría hacer por ella. Guejazi se informó y al día siguiente, a su amo le dijo: «*Por desgracia no tiene hijos y su marido ya es anciano*» (2Re 4,14).

Como ella estaba todavía en edad de concebir, Eliseo pensó que esto tenía remedio, y encargó a Guejazi la tarea de solucionar el problema. Guejazi obedeció. Algunas semanas después, el profeta y vidente Eliseo anunció a la sunamita que iba a tener un hijo o una hija, pero ella ya se había dado cuenta.

El niño nació, pues era un varón, y creció. Pero al alcanzar los cuatro años sufrió violentas cefaleas y cayó en un estado comatoso profundo. La madre montó su burra y se fue a toda prisa al monte Carmelo, donde sabía que se encontraba Eliseo. Le explicó lo que había ocurrido y él envió en seguida a Guejazi a su casa con su bastón, para que lo pusiera sobre la cara del niño. La sunamita y el profeta se pusieron también en marcha. Cuando llegaron, el criado salió a su encuentro y les dijo que el niño no había despertado todavía. Él había comprendido que no estaba muerto.

Eliseo entró y subió sobre la cama. «*Se tumbó sobre el niño, boca con boca, ojos con ojos, manos con manos. Manteniéndose recostado sobre él, la carne del niño iba entrando en calor*» (2Re 4,34). Después el profeta se levantó y fue a dar algunos pasos; volvió y se tumbó una vez más sobre el niño, que entonces estornudó y abrió los ojos.

Eliseo era también un gran curandero: entendía de reanimación y practicaba el boca a boca...

Hambruna en Samaría. El viejo Ben Hadad, todavía rey de Siria pero por poco tiempo, atacó a Israel y sus tropas llegaron hasta Samaría, su nueva y codiciada capital. Pero como no podían penetrar en ella, la sitiaron. Los samaritanos, que se habían olvidado de renovar sus provisiones, pasaron hambre hasta tal punto que «*una cabeza de asno llegó a costar ochenta siclos de plata, y el cuarto de una medida de estiércol de paloma, cinco*» (2Re 6,25).

El estiércol de paloma puede no ser tan repugnante como, por ejemplo, una boñiga fresca de vaca, pero es un abono mucho más concentrado y peligroso, que se debe utilizar con moderación. Y no es en absoluto comestible... Entonces, si no se podía comer, ¿qué hacía la gente con las cagarrutas de palomas y por qué se vendían tan caro? Es que si en Samaría no quedaba nada de comida y muy poco vino, en cambio, sí había agua. Los samaritanos disponían de algunas buenas fuentes en el interior de la ciudad, lo que les permitía cultivar una preciosa planta de crecimiento rápido y que no necesita tierra... Pero necesita agua... y abono. Así que cada uno llenaba de agua cualquier recipiente de buen tamaño que tuviera a su disposición, lo ponía en un lugar sombreado, le echaba algunas pizcas del precioso estiércol de paloma y cultivaba berros... Desde luego esto no bastaba, ni mucho menos, para llenar los estómagos, pero impedía que los asediados pudieran sufrir escorbuto. Y ya era mucho.

Canibalismo. El rey estaba comprobando el buen estado de las murallas cuando una mujer se le acercó y solicitó su ayuda. El rey le preguntó: «*¿qué te aflige?*» Y ella le explicó que su vecina le había dicho: «*Entrega a tu hijo y lo comeremos hoy, y mañana comeremos el mío. Así que cocimos a mi hijo y nos lo comimos. Al otro día le dije: Entrega a tu hijo y lo comeremos, pero ella lo escondió*» (2Re 6,28-29). Al oír esas palabras, el rey se desgarró las vestiduras y se enfadó contra Eliseo —que por cierto no tenía nada que ver en el asunto—, diciendo que su calva cabeza no iba a quedar más tiempo sobre sus hombros.

En seguida mandó a un heraldo, es decir un mensajero de alto rango, para notificar su decisión al interesado. Eliseo se hallaba en su casa de Samaría, hablando con los ancianos de la ciudad. Cuando oyó que alguien se acercaba, dijo: «*Ese hijo de asesino ha enviado a uno a cortarme la cabeza*» (2Re 6,32). Añadió, bajando la voz: «*le vamos a dar una sorpresa*». Cuando entró el heraldo, lo encajaron entre la pared y la pesada puerta, y los ancianos lo mantuvieron así apoyándose todos sobre la puerta. El rey mismo vino a ver lo que hacía su heraldo en la casa de Eliseo, pero no lo vio porque él, asustado y avergonzado, se quedó calladito detrás de la puerta. Entonces Eliseo anunció que el día siguiente, la arroba de harina se vendería a un siclo, pero nadie lo creyó y el rey se fue, olvidando su propósito de cortarle a Eliseo la cabeza.

Por la tarde, llegaron a la puerta de la ciudad cuatro leprosos; no sabían qué hacer. Se decían que si se quedaran fuera, morirían, y también si se decidieran a entrar porque en la ciudad hasta el rey pasaba hambre. El más listo de ellos dijo entonces a los otros: «*Pasémonos al campamento de Siria; si nos dejan vivir, viviremos y comeremos, y si nos matan, moriremos*» (2Re 7,4).

Llegaron al campamento y no los mataron, porque en el campamento sirio no había nadie. Los sirios habían huido, abandonando sus tiendas y todo lo que había dentro. Se supo después que habían oído un estruendoso ruido de carros y caballos, como si llegara al galope un gran ejército. Pensaron «*el rey de Israel ha pagado a los reyes de los hititas y a los de Egipto para que vengan contra Siria*» (2Re 7,6).

En realidad, el ruido lo tenían en la cabeza. Unos espías de Eliseo, que se habían alistado como mercenarios en el ejército sirio, habían mezclado con la comida de los soldados y de los oficiales una decocción de setas y plantas alucinógenas. La droga no era dañina pero hacía que los tímpanos vibraran a una frecuencia inusual y generaran sonidos extraños, anormalmente amplificados. Era la misma droga que el profeta Samuel había utilizado para hacer perder el juicio a Saúl y a sus hombres cuando perseguían a David para matarlo, pero con algo más.

Inciso indispensable. «Esto no figura en mi Biblia» —protestarán algunos lectores—, «¿Por qué el autor se empeña en sacar a relucir hongos y plantas para explicar hechos expuestos con claridad en el texto original?» Con claridad, quizá; pero de eficacia aleatoria, fantasiosa o nula...

Para alejar de Samaría al ejército sirio, según el texto bíblico el Señor había hecho que los soldados y sus oficiales oyeran un "estrépito de carros y caballos". Así que los sitiadores se imaginaron que les llegaban encima una coalición de egipcios e hititas pagada por Israel para atacar a Siria. Se asustaron y huyeron. El autor bíblico nos cuenta en unas pocas palabras lo que se cree que hizo el Señor, pero no se molesta en explicarnos cómo lo hizo. Yo digo que el trastorno fue causado por extractos de plantas y de setas alucinógenas introducidos en la comida por espías israelitas, porque es lo que me parece más lógico. Estas plantas y estos hongos (los mejor conocidos pertenecen al género Psilocybe) existen realmente y muchos los utilizan... sobre todo como droga. Desde luego, cada uno puede optar por la proposición que le parezca más conveniente. Puede incluso idear él mismo una tercera...

El lector recordará lo que pasó cuando David penetró, de noche, en el campamento donde dormía rodeado por sus soldados el rey Saúl, y pudo llevarse su lanza. En realidad, no pasó nada, porque «el Señor había hecho caer sobre ellos un sueño profundo». Pero ¿cómo lo hizo caer? Esto, solo Él lo sabe. En aquel caso recurrí yo al cocinero, quien les puso en la olla colectiva un banal e inofensivo somnífero.

Más adelante veremos que durante el reinado de Ezequías, en el reino de Judá, el ángel del Señor «golpeó» a ochenta y cinco mil soldados asirios. «*Todos eran cadáveres al amanecer*» (2Re 19,35). Yo pensé que aquellos desgraciados, al ser «golpeados» por el ángel verdugo debieron de sufrir mucho, e hice que alguien les pusiera en su última comida del día un potente veneno de efecto casi instantáneo.

También aparecerán o ya han aparecido, en mi texto, unas pocas alusiones a hierbas de propiedades afrodisíacas y a otras —¡cómo no!— anticonceptivas.

Se derrumban los precios. Los leprosos, después de comer, beber y llenarse las alforjas, fueron a informar a la población de Samaría. Receloso, el rey envió a algunos hombres con los pocos caballos que no habían sido comidos, porque se guardaban para las urgencias, a verificar que no se trataba de una trampa. Ellos a los sirios les siguieron fácilmente la pista, dado que había objetos sembrados por todas partes. Como el ruido persistía en sus oídos, se imaginaban que el enemigo los perseguía. Cuando los hombres de Samaría vieron que los sirios habían cruzado el Jordán, regresaron para avisar al rey. Entonces todo el pueblo salió de Samaría para ir a saquear el campamento.

En la abundancia que siguió a la escasez, el precio de la harina cayó hasta un siclo la arroba, como había anunciado Eliseo.

88. NUEVA DINASTÍA

Ben Hadad, el rey de Siria, estaba enfermo. Lo avisaron de que Eliseo se había puesto en camino para hacerle una visita. El rey envió a su encuentro a su ayudante Jazael, con un suntuoso y embarazoso regalo: «*La carga de cuarenta camellos con todo lo mejor de Damasco*» (2Re 8,9).

Eliseo no rechazó el descomunal obsequio, que representaba el precio, fijado por el rey de Siria, de la consulta que deseaba obtener del profeta y curandero hebreo. Todo lo que deseaba saber Ben Hadad era si iba a morir de la enfermedad que padecía. La respuesta que tendría que transmitir Jazael a su rey no fue tan clara como la pregunta. A Jazael Eliseo le dijo: «*A la enfermedad, sobrevivirá, pero el Señor me ha revelado que moriría sin remedio»* (2Re 8,10).

Después, Eliseo lloró, y cuando Jazael le preguntó por qué, le dijo que era por el mal que haría a Israel. Se secó los ojos y explicó: «*Matarás a sus jóvenes a espada, despedazarás a sus pequeñuelos y hasta has de abrir el vientre a sus embarazadas*» (2Re 8,12). Jazael se asombró y preguntó cómo, siendo él tan insignificante, llegaría a hacer algo tan considerable. Jazael no dijo nada ni pareció demasiado sorprendido cuando Eliseo le contestó: «Me ha mostrado el Señor una visión en la que tú eres el rey de Siria» (2Re 8,13). Era como si Eliseo hubiera dicho a Jazael: «Está previsto que el rey tiene que morir, aunque no de su enfermedad, y que tú vas a reinar. Entonces, ¿qué estás esperando?».

Cuando Jazael hubo regresado a Damasco, Ben Hadad quiso saber lo que Eliseo había dicho. «Dijo que ibas a recuperarte de tu enfermedad», fue la lacónica respuesta del futuro rey. Al día siguiente, Jazael se levantó temprano y ahogó a Ben Hadad en su cama con una manta. Luego tomó la manta, la plegó, la guardó en un arca, se mojó los ojos con un paño húmedo y salió a la vista de todos rasgándose las vestiduras. Declaró que Ben Hadad había sucumbido a su enfermedad y que, antes de morir y por juramento, lo había hecho su sucesor. Como en el cuerpo del finado no había ningún signo de violencia y que, además, el rey era muy viejo y estaba enfermo, todos lo creyeron y lo proclamaron rey de Siria.

A pesar del mal augurio emitido por Eliseo, Jazael no fue un monarca peor que la mayoría de sus enemigos los reyes de Israel. No era tan sanguinario como lo fueron algunos de los «malditos» cuya lista arranca con el capítulo 89; una lista en la que destacan por su crueldad el tercero y los seis últimos.

Vuelve Elías. Después de salir de su escondite en el monte Sinaí y antes de esfumarse, el fugitivo Elías contó que Dios le había encargado la tarea de ungir rey de Siria a Jazael, y rey de Israel a Jehú, un ambicioso militar del ejército israelí. Dijo también que al que escapara a la espada de Jazael, lo mataría Jehú, y al que escapara a la espada de Jehú, lo mataría el propio profeta Eliseo, que nunca llevaba ni habría sabido utilizar una espada. ¿Y quién era el enemigo —o la enemiga— que no se debía dejar escapar? Esto lo veremos en los hechos de los reyes «malditos», que se resumen a continuación.

89. DOCE MALDITOS MÁS

Después de Ajab, y hasta la conquista del país por Asiria, doce reyes se sucedieron en el reino de Israel, con su capital en Samaría, la ciudad edificada por el rey Omrí. Pero a casi todos los monarcas de Israel les gustaba irse de vacaciones a Yezrael, una aldea tranquila rodeada de viñedos, donde habían construido un pequeño palacio.

1. Ocozías (853-852 a.C.) Sucedió a Ajab, su padre, y reinó menos de dos años. Ocurrió que una noche *«Ocozías cayó del balcón de su cámara alta en Samaría, quedando malherido»* (2Re 1,2).

Aquel idiota, en vez de llamar a un médico o a un buen curandero como Eliseo, envió mensajeros a consultar a Baal Zebub. Elías, que entonces estaba rumiando una estrategia para desaparecer de forma espectacular y sin matarse en el intento, interceptó los mensajeros y los mandó de vuelta a Ocozías, con una pregunta: «*¿No hay acaso Dios en Israel para que vayáis a consultar a Baal Zebub?*» (2Re 1,3).

Disgustado, Ocozías mandó a un oficial con cincuenta hombres para apresar a Elías, pero no apresaron a Elías y no volvieron. El rey envió a otro oficial con otros cincuenta hombres, pero tampoco regresaron. El pueblo empezó a murmurar que un fuego caído del cielo los había consumido a todos, pero lo más probable es que tuvieran miedo de presentarse ante el rey sin haber cumplido la orden y huyeran. Al tercer pelotón que mandó el rey no le pasó nada, porque su jefe cayó de rodillas ante Elías y le suplicó para que no lo matara. Elías fue con él al palacio real y dio a Ocozías una consulta gratis:

El diagnóstico: tus heridas no se curarán. El pronóstico: te queda como mucho una semana de vida.

2. Jorán (852- 841 a.C.) Sucedió a su hermano Ocozías, que no había tenido hijos. Durante su reinado, se alió con Josafat, rey de Judá, para luchar contra Mesá, rey de Moab y entonces vasallo de Israel, que se había rebelado porque el tributo que tenía que pagar le parecía excesivo. Los aliados derrotaron a los moabitas, destruyeron muchas de sus ciudades, cegaron sus manantiales y cubrieron sus campos de piedras. Los moabitas se refugiaron en la ciudad amurallada de Quir, pero llegaron los honderos, que la cercaron y empezaron a demolerla. Después de haber intentado sin éxito huir a Siria con algunos hombres, el rey Mesá, desesperado, «*tomó entonces a su primogénito, el que había de reinar tras él, y lo ofreció en holocausto sobre la muralla*» (2Re 3,27).

El sacrificio salvó la ciudad y muchas vidas humanas, porque «*una cólera inmensa se desató entre los israelitas, que se retiraron*» (2Re 3,27). Y así se acabó la guerra.

Jorán murió atravesado por una flecha disparada por Jehú, el hombre que le iba a sustituir en el trono de Israel. Con su muerte finalizó la dinastía fundada por su abuelo Omrí.

3. Jehú (841-814 a.C.) Sucedió a Jorán después de haberlo matado, y fundó la dinastía más longeva de las diez tribus separatistas de Israel. Lo ungió un profeta subalterno de la comunidad mandado por Eliseo, que le derramó aceite sobre la cabeza diciendo: «*Te unjo rey del pueblo del Señor de Israel. Derrotarás a la casa de Ajab, tu señor. Así vengaré sobre Jezabel la sangre de mis servidores los profetas*» (2Re 9,7). A la odiada reina madre Jezabel, le esperaba una muerte vergonzosa: «*Y a Jezabel la comerán los perros en el campo de Yezrael*» (2Re 9,10).

Lo que se exigía de Jehú no provenía de la voluntad de Dios sino de un plan establecido por Elías, cuando se escondía en una cueva del Sinaí. El mismo no pudo llevar a cabo su plan, porque se cagaba de miedo y huyó simulando una poco convincente subida al cielo. Eliseo tomó el relevo; se encargó de incitar a Jazael a proclamarse rey de Siria, aunque no le gustara, y no ungió él mismo al pretendiente al trono de Israel y asesino Jehú, como quería Elías.

El nuevo rey de Israel cumplió con entusiasmo con su cometido, acabando con los familiares, los amigos, los servidores y los esclavos del asesinado rey Jorán, pero a sus setenta hijos no los ejecutó él. Era demasiado trabajo. Lo hicieron los notables de Samaría, donde todos residían. Les cortaron el cuello y enviaron las cabezas a Jehú, quien se encontraba en Yezrael buscando a Jezabel. Cuando ella se asomó a una ventana, Jehú gritó que la tiraran a la calle, lo que hicieron en seguida y con mucho gusto sus eunucos. Ella cayó entre las patas de los caballos, que la pisotearon.

Cuando Jehú hubo comido, bebido y descansado, dijo a sus servidores: «*Atended a esa maldita y dadle sepultura, pues no deja de ser hija de rey*» (2Re 9,34). Pero los servidores solo pudieron sepultar la cabeza, los pies y las manos de Jezabel. Todo el resto había sido devorado por los perros...

Es lo que nos cuenta el autor del segundo libro de los reyes, pero se equivocó, o mintió. Unos perros hambrientos habrían empezado por las manos y los apéndices de la cara. Luego se habrían comido la carne de los brazos, de los muslos y las vísceras, dejando el cráneo y el tronco, o al menos su osamenta. Los profetas que, para que se cumpliera la profecía se llevaron el cuerpo y dejaron sus extremidades, fueron unos imbéciles. Debían hacer el contrario...

Eficaces medidas contra la superpoblación. Jehú se instaló en Samaría, donde acabó con todos los supervivientes de la casa de Jorán. Pero la obra maestra de Jehú fue lo que hizo con los seguidores de Baal. El primer paso fue reunir a todo el pueblo en Samaría y anunciar: «*Ajad dio culto a Baal; Jehú le dará mucho más*» (2Re 10,18).

El segundo fue proclamar que se haría un gran sacrificio a Baal y mandar que todos sus fieles se reunieran en su templo. Cuando el templo estuvo lleno, empezó el sacrificio: los hombres de Jehú llegaron y mataron a todos los baalistas desarmados que se encontraban atrapados en el edificio... Y esto no fue más que el comienzo de todo lo que hizo Jehú para erradicar el culto a Baal en su reino. Con todo ese derroche de vidas humanas, Israel se despobló y Jehú no pudo impedir que Jazael, el nuevo rey de Siria, se hiciera con todas sus tierras y ciudades de Transjordania.

A pesar de haber matado más ciudadanos de Israel que todos los otros reyes malditos juntos, Jehú fue el preferido del Señor, que le anunció que su dinastía ocuparía el trono hasta la cuarta generación. La única falta de Jehú, según quien pretende hablar en nombre de Dios, fue no haberse retractado de los pecados de Jeroboán, el primer rey de Israel...

4. Joacaz (814-798 a.C.) Segundo de la dinastía, ese hijo de Jehú reinó sobre un territorio muy disminuido. La situación no mejoró cuando se hizo cargo del trono. Los arameos de Siria continuaban hostigando a Israel y «*Joacaz se había quedado con un ejército de tan solo cincuenta jinetes, diez carros y diez mil infantes*» (2Re 13,7).

Entonces Asiria invadió Siria. Jazael y su hijo Ben Hadad, de atacantes pasaron a atacados y tuvieron que dejar a Israel en paz, para ocuparse de sus propios problemas.

Como su padre Jehú, Joacaz no se retractó de las faltas de Jeroboán.

5. Joás (798-783 a.C.) Tercero de la dinastía, era hijo de Joacaz. «*Hizo el mal a los ojos del Señor, no retractándose de ninguno de los pecados que Jerobóan, hijo de Nebat, hizo cometer a Israel*» (2Re 13,11). Sin embargo, Joás no fue castigado por lo que había hecho Jeroboán y en sus enfrentamientos

con otros monarcas fue más bien exitoso. Fue a ver a Eliseo, entonces muy viejo y aquejado por el reuma. El profeta le dijo que tomara un arco y disparara una flecha por la ventana. Joás apuntó hacia Siria y disparó la flecha. Pero él fue mucho más lejos que su flecha; durante su reinado derrotó a Siria varias veces, recuperó los territorios que su abuelo y su padre habían perdido y llegó incluso a saquear Damasco.

Las relaciones que Joás mantenía con el reino del sur, al principio buenas, no tardaron en deteriorarse. Amasías, rey de Judá, emprendió contra Israel una guerra que le costó muy caro. Las tropas de Joás vencieron a las de Judá y llegaron hasta Jerusalén, penetraron en la capital, la saquearon y cuando salieron, fue con un voluminoso botín.

Durante el reinado de Joás, murió Eliseo y lo enterraron en un lugar tranquilo, lejos de la ciudad. Pasaron varios años y un día ocurrió que algunos hombres estaban enterrando a uno de sus parientes en el mismo lugar, cuando pasó por casualidad una banda de maleantes que ellos conocían. Asustados, los sepultureros tiraron el cadáver en la tumba abierta de Eliseo y huyeron. «*Entonces, el cadáver entró en contacto con los huesos de Eliseo, cobró vida y se puso en pie*» (2Re 13,21).

Menos mal que pasaron por ahí los delincuentes: los que huyeron estaban enterrando a un hombre vivo... El hecho era evidente, innegable y por desgracia repetible. No obstante, el comentador de este cuento bíblico, que no había comprendido nada, dijo ingenuamente: «*El cadáver de Eliseo tiene capacidad de comunicar vida como cuando el profeta estaba vivo*». ¿Entonces, por qué no se comunicó vida a sí mismo?

Los ladrones, que solamente robaban a los ricos y no asesinaban, ayudaron al hombre salido del sepulcro a recuperarse del susto y del maltrato, y él pudo explicarles que los que iban a sepultarlo vivo eran sus hijos. Querían que muriera para hacerse con sus bienes, pero sin cometer un parricidio. Así que decidieron enterrarlo sin haberlo matado antes.

Lo que no se dice y no se sabrá nunca. Mientras reinaba Joás en Israel, murió Jazael, rey de Siria, y le sucedió su hijo Ben Hadad. Me gustaría saber qué pretendía Jazael cuando puso a su hijo primogénito el nombre del rey que él mismo había asesinado para robarle el trono.

6. Jeroboán ll (783-743 a.C.) Hijo de Joás, reinó en Israel durante unos cuarenta años, al principio en colaboración con su padre, y no hubo entre ellos discrepancia alguna. «*Hizo el mal a los ojos del Señor y no se retractó de todos los pecados que Jeroboán, hijo de Nebat, hizo cometer a Israel*» (2Re 14,24).

¿Y por qué iba a arrepentirse de las tonterías que cometió su tocayo, hijo de Nebat? No se arrepintió de lo que no hizo pero recuperó todos los territorios que en algún momento había poseído Israel. Pese a que Jeroboán II llegara a ser el rey más poderoso de Israel después de Salomón, en la Biblia se aprende muy poco de su vida y de sus campañas militares. El comentador del capítulo lo reconoce, diciendo: «*Llevado siempre por motivos religiosos, el redactor no presta mucha atención a este reinado*».

7. Zacarías (743 a.C.) Empezó a reinar en Israel cuando murió su padre Jeroboán II, y no fue tan longevo como él. Tampoco se retractó de los pecados del primer rey de Israel. No fue castigado por eso, pero fue asesinado: «*Salún, hijo de Yabés, conspiró contra él; lo atacó en Yibleán y lo mató para reinar en su lugar*» (2Re 15,10).

Zacarías de Israel no llegó a reinar ni siquiera un año. Era el cuarto rey de la dinastía de Jehú, que con su muerte finalizó.

8. Salún (743 a.C.) El asesino Salún consiguió a duras penas mantenerse en el trono durante un mes y le faltó tiempo para actuar mal a los ojos del Señor. Fue derribado y matado por otro asesino, peor que él y mucho más longevo.

9. Menajén (743-738 a.C.) Era jefe de la guarnición de Tirsá, al este de Samaría, cuando decidió hacerse con el trono. «*Menajén, partiendo de Tirsá, atacó Tapúaj, a sus habitantes y a su territorio, y por no haberle abierto las puertas, masacró a su población y abrió el vientre a todas las mujeres encintas*» (2Re 15,16).

El tirano reinó en Samaría al menos durante cinco años. También hizo mal a los ojos del Señor, pero no por masacrar y destripar a sus conciudadanos, sino porque él tampoco se retractó de los pecados de Jeroboán primero. Ni siquiera se arrepintió de sus propios crímenes, pero esto a los ojos del Señor era secundario...

Menajén tuvo que tratar con Pul, rey de Asiria, que quería apoderarse de Israel. Con mucha plata pudo obtener que Pul le dejara consolidar su tiránico poder sobre el país. Al parecer Menajén no fue asesinado. Murió en su cama, lo que no excluye que hubiera podido ser envenenado justo antes de meterse en ella.

10. Pecajías (738-737 a.C.) Hijo del odioso Menajén, reinó menos de dos años y no se sabe si hizo algo valioso. Lo que sí se sabe es que tampoco él se hizo cargo de los pecados de Jeroboán primero.

11. Pécaj (737- 732 a.C.) Era ayudante de Pecajías y pensó que si nadie había conseguido acabar con el temido y desconfiado Menajén, tal vez sería más fácil matar a su hijo, y tenía razón. Contrató a cincuenta hombres para que le ayudaran a urdir una conspiración contra el rey y lo mataron sin dificultad en su palacio.

Pécaj se mantuvo en el trono durante algunos años, lo que le dejaba bastante tiempo para retractarse de los desvaríos de Jeroboán primero, pero tampoco él quiso hacerlo. Tenía otras preocupaciones. La amenaza de una invasión en regla se cernía cada vez más sobre Israel: «*En tiempo del rey Pécaj, llegó Taglatfalasar, rey de Asiria, y tomó Abel Bet, Maaca,*

Janóaj, Cadés. Jasor, Galaad, Galilea y toda la tierra de Neltalí, deportando sus habitantes a Asiria» (2 Re 15,29). Por lo menos los asirios no masacraban a la gente como solían hacer los hebreos. A los desterrados los instalaban en otros lugares donde, a veces, estaban más libres y más felices que en Israel.

De repente apareció Oseas, que iba a ser el último de los malditos, los que se obstinaban en no complacer al Señor, cargando con los pecados de Jeroboán primero.

12. <u>Oseas</u> (732-724 a.C.) Según una costumbre ya bien establecida, se hizo con el trono matando a su predecesor. Reinó sobre un territorio reducido a Samaría y a sus alrededores: era vasallo del rey de Asiria y le pagaba tributo. «*Hizo mal a los ojos del Señor, aunque no tanto como los que lo precedieron*» (2Re 17,2).

De los pecados de Jeroboán primero no se habló más. Seguro que nadie se arrepintió de ellos. Tampoco se reprochó a Oseas el asesinato de Pécaj: el homicidio era en aquella época y en aquel lugar un pecado leve. Oseas podía seguir reinando en Samaría sin preocupaciones, como vasallo y bajo la protección de Asiria y de Salmanazar, su rey. Pero aquel idiota lo traicionó, pidiendo ayuda a Egipto. Esto a Salmanazar no le gustó y echó al traidor en un calabozo.

Con Oseas encarcelado, Samaría fue sitiada por los asirios, que tardaron tres años en conquistarla. Habrían podido abrir brechas en las murallas, o incendiar la ciudad, pero no lo hicieron. No querían destruir la ciudad, la querían entera e intacta, para habitarla.

Cómo pudieron sobrevivir tres años los habitantes de Samaría sin recibir vituallas del exterior es un misterio. Quizá se las suministraban los sitiadores, y los sitiados se las pagaban con oro, plata y chicas bonitas para el disfrute de los oficiales. Cuando, al cabo de tres años, no les quedó ni oro ni plata, y que todas las chicas bonitas estuvieron embarazadas o con un niño, los samaritanos abrieron las puertas de la ciudad y empezaron a preparar su equipaje para el exilio.

90. LOS REYES DEL SUR

Después de Josafat, último de los monarcas favoritos del Señor registrados en el primer libro de los Reyes, se sucedieron en el trono de Judá, en Jerusalén, dieciséis más. En su conjunto, no actuaron tan mal como sus homólogos de Israel, lo que se debió sobre todo a que no tuvieron que retractarse de los pecados de Jeroboán, que fue rey de Israel, no de Judá. Pero muchos de ellos hicieron disparates y cometieron errores, especialmente los primeros y el último.

1. <u>Jorán, de Judá</u> (848-841 a.C.) Hijo de Josafat, Jorán de Judá «*se casó con una mujer de la familia de Ajab e hizo mal a los ojos del Señor*» (2Re 8,18). Ajab, hijo de Omrí, marido de Jezabel y rey de Israel, no era una persona recomendable a los ojos del Señor, y sobre todo a los ojos de los profetas.

Viendo que Jorán era un rey un poco indolente, los edomitas, que como ya se ha dicho ocupaban un vasto territorio al sur del mar Muerto, se rebelaron contra Judá, que los mantenía avasallados. A pesar de haber sufrido al principio una derrota que las tropas de Judá no supieron aprovechar, «*Edón se independizó así del poder de Judá*» (2Re 8,22).

2. <u>Ocozías, de Judá</u> (841 a.C.) Hijo de Jorán y de Atalía, una hija del rey de Israel Omrí y por lo tanto hermana o media hermana del rey Ajab de Israel, Ocozías se hizo cargo del reino cuando murió su padre. Fue a combatir al lado de Jorán de Israel contra Jazael, rey de Siria y asesino de su predecesor Ben Hadad. «*Regresó Jorán de Israel a Yezrael, para curarse de las heridas que le habían hecho los arameos*» (2Re 8,29).

Ocozías fue a visitar a Jorán de Israel, entonces convaleciente. Salieron para dar un paseo y encontraron en el campo de Nabot a Jehú, que andaba eliminando, con la presunta bendición del Señor, a todos los miembros de la casa de Ajab, a la que se hallaba también unido Ocozías de Judá por ser hijo de Atalía, hermana del fallecido rey Ajab. Así que Jehú, después de matar a Jorán de Israel de un flechazo, mandó que se disparara también a Ocozías, que estaba huyendo. Herido, «*se refugió Ocozías en Meguibo, donde murió*» (2Re 9,27).

3. Atalía (841-835 a.C.) Esposa de Jorán de Judá y madre de Ocozías. Reinó en Judá al menos durante seis años. «*Cuando la madre de Ocozías supo que su hijo había muerto, se dispuso a exterminar a toda la estirpe real*» (2Re 11,1).

No se trataba de la estirpe real de Israel sino de la de Judá, incluyendo a todos los varones de su propia familia, para así acabar con la dinastía de David. Pero Josebá, una hermana de Ocozías, consiguió ocultar a uno de sus sobrinos, entonces de solamente un año, mientras los estaban asesinando. «*Estuvo seis años con ella escondido en el templo del Señor, mientras Atalía reinaba en el país*» (2Re 11,3).

Cuando el niño hubo crecido, la princesa Josebá se puso de acuerdo con el sacerdote Yehoyadá para derribar a la usurpadora y él se hizo cargo de todo. El día escogido para la entronización, los guardias del templo lo rodearon y el nuevo rey, entonces de siete años, apareció. «*El sacerdote hizo salir al hijo del monarca y le impuso la diadema y las insignias reales. Aplaudieron y gritaron: ¡Viva el rey!*» (2Re 11,12).

Cuando Atalía oyó el griterío salió para ver lo que sucedía. Entonces divisó al niño con las insignias reales y empezó a gritar: «¡Traición!, ¡traición!», mientras rasgaba su lujoso vestido de lino que de todas maneras no iba a necesitar más. Fue ejecutada cuando entraba en el palacio real por la puerta de los caballos.

4. Joás, de Judá (835-796 a.C.) Era hijo de Ocozías y de Sibia. Su tía Josebá lo salvó de la matanza organizada por su abuela Atalía, y fue ungido rey a los siete años. En los primeros años de su reinado tuvo que ser ayudado y aconsejado por el sumo sacerdote Yehoyadá. Se dice que «*Joás hizo lo recto a los ojos del Señor a lo largo de toda su vida*» (2Re 12,3). A los ojos del Señor, quizá, pero no a los ojos de todo el pueblo.

Supo recolectar mucho oro y plata para pagar las reparaciones que necesitaba el templo, pero después tuvo que regalar a Siria todos los tesoros del templo y otros objetos, profanos o sagrados. «*Por entonces Jazael, rey de Siria, emprendió una campaña para atacar a Gat y la capturó; luego se dirigió contra Jerusalén*» (2Re 12,18). Jazael se hizo con todo lo que le dio Joás, renunció a atacar Jerusalén y volvió a Damasco con un voluminoso botín obtenido sin derramar una gota de sangre.

Pasando al segundo libro de las Crónicas, se descubre que Joás mandó que se apedreara hasta matarlo a Zacarías, el hijo del entonces fallecido sacerdote Yehoyadá, que tanto había hecho por él, antes y después de su acceso al trono. Zacarías había criticado públicamente su conducta. Aunque Joás murió en su cama, fue después de haber sido herido por unos conspiradores que querían vengar la muerte de Zacarías.

5. Amasías (796-781 a.C.) «*Actuó exactamente lo mismo que su padre Joás*» (2Re 14,3). Vamos a ver en seguida que esta afirmación no tiene fundamento y que la segunda frase citada rebate la primera: «*Cuando el reino estuvo afianzado en sus manos, mató Amasías a los servidores que habían asesinado al rey su padre*» (2Re 14,5). Pues su padre no mató a nadie al comienzo de su reinado; lo mataron a él al final, y no por el mismo motivo.

Amasías estuvo en guerra con los edomitas y los derrotó en el valle de la Sal, conquistando la ciudad de Sala. Se enorgulleció de su éxito hasta tal punto que se atrevió a mandar a Joás de Israel un provocador mensaje en el que decía: «*Sube que nos veamos las caras en la guerra*» (2Re 14,8). Esto, tampoco lo hizo su padre.

El rey Joás de Israel le aconsejó que se quedara en casa, diciéndole que si se empeñaba en su decisión causaría un desastre y conduciría a todo su reino a la ruina. Amasías no le hizo caso y se enfrentaron en Bet Semes. La derrota de Judá fue aplastante y Amasías fue hecho prisionero. Joás arremetió luego contra Jerusalén y sus tropas no entraron por la puerta, como hicieron los egipcios: abrieron en la muralla una enorme brecha de cuatrocientos codos de ancho (más de 180 metros), lo que me parece muy exagerado y además no necesario. Una apertura de quince a veinte metros de ancho habría bastado. Una vez que estuvieron en la ciudad, los hombres de Joás la saquearon, llevándose el oro, la plata, las armas y todo lo que tenía algo de valor, además de unos cuantos rehenes.

Liberado, Amasías sobrevivió quince años a su vencedor, pero llegó un día en que el pueblo no lo aguantó más. «*Se tramó una conspiración contra él en Jerusalén, por lo que huyó a Laquís, pero enviaron hasta allí gente en su busca y lo asesinaron*» (2Re 14,19). Esto sí se parece mucho a lo que a su padre le hicieron.

6. Ozías (781-740 a.C.) A veces llamado Azarías, Ozías de Judá tenía dieciséis años cuando inició su reinado, que duraría al menos cuarenta. Él también, según la consabida fórmula, hizo exactamente como su padre, aunque se demuestra más adelante que hizo muchas cosas, acertadas o equivocadas, que nunca hizo ni intentó hacer su padre.

La información que tenemos en el segundo libro de los reyes acerca de Ozías es más bien escasa. solamente nos enteramos de que fue leproso, que lo confinaron de por vida en una residencia aislada y que gobernaba en su lugar su hijo Jotán. Pero con las Crónicas, se aprende que antes de caer enfermó, recuperó y reconstruyó Elat, un importante puerto del golfo de Acaba —que hoy en día sigue existiendo y siendo importante—, del que en épocas salomónicas zarpaban los navíos rumbo a Ofir.

Ozías luchó también contra los filisteos, los árabes y los nauritas; cavó pozos y construyó torres. «*Tenía bajo sus órdenes un ejército de trescientos siete mil quinientos guerreros valerosos*» (*2Crón 26,13*). Pero, «*al hacerse poderoso, se llenó de soberbia hasta pervertirse*» (2Crón 26,16).

Un día, se le ocurrió entrar en el templo y quemar él mismo incienso, un privilegio de la exclusiva incumbencia de los sacerdotes consagrados. Muy enojado, pero prudente, el sacerdote Azarías se hizo acompañar por unos corpulentos subalternos para ir a increpar al rey. Lo pillaron con el incensario en la mano y lo amonestaron con dureza. Ozías no los escuchó y se puso furioso. «*Mientras se encolerizaba con los sacerdotes, la lepra brotó en su frente*» (2Crón 26, 19). Lo que pasó después ya lo sabemos: la reclusión para el rey leproso, la regencia para su hijo Jotán.

7. Jotán (740-736 a.C.) «*Tenía veinticinco años cuando subió al trono y reinó dieciséis años en Jerusalén*» (2Re 15, 33). Como se puede ver, los reinados de Jotán y de su padre se solapan. Es de suponer que el hijo gobernó el país doce años como regente, y luego fue rey durante solamente cuatro. Él también hizo exactamente como su predecesor, aunque en 2Crónicas se dice con ironía: «*salvo que él no penetró en el templo del Señor para quemar incienso*» (27,2).

Como su padre, Jotán construyó torres y fortalezas, y también provocó al rey de los amonitas y así pudo vencerlo. «*Jotán se hizo poderoso porque se afianzó en los caminos del Señor*» (2Crón 27,6). Si era tan sencillo hacerse poderoso, ¿por qué tantos reyes se desviaron de aquellos caminos del Señor?

8. Ajaz (736-716 a.C.) Cuando subió al trono, Ajaz tenía veinte años y no llegó a reinar durante más de otros veinte años. Murió pues a los cuarenta años. Se le acusó de haber quemado un hijo suyo en la hoguera, pero sin más información. Es posible que lo hiciera, pero pudo ser porque el niño había muerto ya, quizá víctima de una enfermedad contagiosa. En tal caso solo trató de impedir la propagación del mal.

Durante el reinado de Ajaz, Israel y Siria formaron una coalición contra Judá, amenazando a Jerusalén. Entonces Ajaz mandó emisarios a Teglatfalasar, rey de Asiria, para pedirle ayuda, y para dar más peso a su petición «*tomó la plata y el oro que se encontraban en el templo del Señor y en los tesoros del palacio real y los envió como regalo al rey de Asiria*»

(2Re 16,8). Al parecer Teglat aceptó el regalo —aunque en las Crónicas se dice el contrario— y atacó y conquistó Siria, pero Judá ya había perdido el puerto de Elat.

«Cuando Ajaz fue a Damasco a saludar a Teglatfalasar, viendo el altar que había en Damasco, envió al sacerdote Urías un modelo del mismo y un proyecto para su reproducción» (2Re 16,8). Al llegar Ajaz a Jerusalén vio que el altar estaba listo y lo utilizó. Se trataba de un altar, no de un ídolo, y que yo sepa Ajaz no obligó a nadie a rendir culto a dioses extraños, ni tampoco al Dios de Israel. Y como prueba de que fue un buen rey sabemos que nadie trató de matarlo: *«Se durmió con sus padres y lo enterraron en la ciudad de David»* (2Re 16,20).

9. Ezequías (716-687 a.C.) Hijo de Ajaz, empezó a reinar a los veinticinco años, cuando le quedaba veintinueve años de vida por delante. *«Hizo lo recto a los ojos del Señor, exactamente lo mismo que David»* (2Re 18,3).

Si el autor de estas líneas no es un ignorante se debe admitir que es un farsante, puesto que para demostrar que Ezequías no hizo lo mismo que David, no faltan los ejemplos:

Cuando David, de acuerdo con el rey filisteo de Gat, hacía incursiones en el desierto del Neguev contra indefensas poblaciones nómadas, *«no dejaba con vida hombre ni mujer...»* (1Sam 27,11). Ezequías nunca actuó así con sus enemigos. Decir que hizo exactamente como David es mentira y difamación.

Durante sus conquistas, en una ocasión *«David desjarretó todos los caballos de tiro»* (2Sam 8,4). Ezequías no fue tan cruel con los animales.

Es bien sabido que David mandó a la muerte a uno de sus más fieles oficiales para hacerse con su mujer. No creo que Ezequías hiciera nada parecido.

Invirtiendo los papeles, añadiré que David no destruyó la serpiente de bronce de Moisés, una pequeña obra artística cargada de recuerdos, pero Ezequías, en su empeño para acabar con los ídolos, sí lo hizo, lo que de todos modos no mató ni hirió ni perjudicó a nadie.

Una de las pocas hazañas de Ezequías fue perseguir a los filisteos hasta las puertas de Gaza. David no se aventuró tan lejos en la tierra de los filisteos. Además algunos de ellos habían sido sus amigos.

Cuando Ezequías empezó a reinar en Jerusalén, en Israel Asiria había cercado Samaría. Tres años más tarde, la ciudad se rindió y sus habitantes fueron deportados a Jabor, un territorio asirio. Pasó un decenio y Senaquerib, el nuevo rey de Asiria, quiso conquistar también el reino de Judá. Cuando estaba sitiando Laquis, una ciudad ubicada al suroeste de Jerusalén. «*Ezequías, rey de Judá, envió un mensaje a Senaquerib. El mensaje decía: retírate y te pagaré cuanto me impongas*» (2Re 18,14). El tributo impuesto fue de trescientos talentos de plata y treinta de oro.

Ezequías entregó a Senequerib todo el oro del templo y del palacio real, y las guarniciones, también de oro, de las puertas. El rey asirio se hizo con el valioso tesoro y despachó su copero mayor a Jerusalén para proponer a Ezequías la paz. Una paz que implicaba que los habitantes de Jerusalén fueran deportados a otra tierra igual de buena. Consultado, el profeta Isaías instó a Ezequías a que no hiciera nada, diciendo que a Senaquerib le podía ocurrir una desgracia. Y ocurrió: «*Aquella misma noche, el ángel del Señor avanzó y golpeó en el campamento asirio a 185.000 hombres. Todos eran cadáveres al amanecer*» (2Re 19, 35).

¿Cómo se puede transformar, en una sola noche, a 185.000 aguerridos y sanos soldados en cadáveres, sin causarles heridas y sin hacer ruido? solo puede existir una respuesta: envenenándolos. Del trabajo se encargaron unos amigos arameos del profeta Isaías, que se habían alistado como cocineros en el ejército asirio. Ellos no probaron la comida; tampoco Senaquerib y sus oficiales estuvieron entre los cadáveres, porque ellos no comían nada que antes no hubiera sido probado por un esclavo o un prisionero de guerra. En cuanto al ángel del Señor, lo dejaremos en su papel de comodín, sabiendo que un solo ángel no habría podido «golpear» en una sola noche a 185.000 guerreros.

Sin embargo, el rey asirio tenía miedo, no porque pudiera él también ser envenenado, sino porque le habían avisado que el rey fantasma Tiraca, del misterioso País de Cus, lo estaba atacando por detrás. Regresó a Nínive, donde no tuvo que enfrentarse con ningún cusita; pero le ocurrió algo mucho peor... Mientras estaba rezando a su dios Nisroc, dos de sus hijos lo mataron a sablazos y huyeron. Otro de sus hijos, llamado Asaradón, y que no tuvo nada que ver en el asesinato, le sucedió.

Aquellos acontecimientos al rey Ezequías le alegraron el corazón: ya no tenía más enemigos. Podía descansar, escuchar música y disfrutar de sus mujeres. Pues, no... «*En aquellos días, Ezequías cayó enfermo de muerte*» (2Re 20,1).

Al profeta Isaías no se le daba muy bien profetizar, pero poseía un fino sentido del humor. Vino a ver al rey enfermo, le tomó el pulso, le miró la lengua, se rascó la barba y dijo: «*Pon orden en tu casa porque vas a morir y no vivirás*» (2Re 20,1). A esta perla no añado yo ningún comentario... Para colmo, el profeta se equivocó: el rey no murió y vivió... Pero Isaías no quiso reconocer que se había equivocado. Afirmó que si el rey no murió fue porque a él el Señor le había gastado una broma, regalando a Ezequías quince años más de vida.

En la Biblia de Jerusalén, Isaías enuncia su pronóstico de forma menos disparatada, pero también menos graciosa: «*Pon orden en tu casa, pues eres hombre muerto y no revivirás*».

Para que el rey siguiera viviendo debía curarse de una úlcera mortal, así que le aplicaron sobre la úlcera una torta caliente de higos. En seguida la úlcera dejó de ser mortal y con el tiempo se curó.

Simpleza. Los asirios no volvieron a molestar al rey de Judá y a su pueblo, pero Merodac Baladán, entonces rey de Babilonia, informado de la enfermedad del rey Ezequías, le envió algunos mensajeros con un bonito regalo. No sabemos en qué consistía aquel regalo, pero debía de ser algo muy valioso, porque a Ezequías le gustó tanto que enseñó a los emisarios de Merodac todos sus tesoros. «*Nada quedó en su palacio y en todos sus dominios que Ezequías no les mostrase*» (2Re 20,13).

Cuando Isaías estuvo al tanto de la tontería que había hecho el rey, acudió al palacio y le preguntó: «*¿Qué han visto en tu palacio?*» Y Ezequías le contestó ingenuamente: «*Han visto todo cuanto hay en mi palacio; no quedó nada en los tesoros por enseñarles*» (2Re 20,15). Isaías no tuvo que devanarse mucho los sesos para profetizar que tarde o temprano todos los tesoros que todavía quedaban en el palacio acabarían en Babilonia.

Riquezas inagotables. Los tesoros del templo y del palacio real de Jerusalén poseían una particularidad asombrosa, casi milagrosa: se renovaban continuamente. El rey Salomón había acumulado enormes riquezas, pero el año quinto del reinado de su hijo Roboán el faraón Sosac penetró en Jerusalén y «*se hizo con todo, incluso los escudos de oro que había fundido Salomón*» (1Re 4,26).

Cuando el rey Amasías provocó tontamente al rey de Israel Joás, éste penetró en Jerusalén con sus tropas por una brecha y se llevó el oro, la plata, las armas y todos los tesoros del palacio. Normalmente, no debía quedar nada.

Pero las arcas del palacio y del templo se volvieron a llenar, sino ¿cómo habría podido pagar Ezequías el tributo a Sanaquerib? «*Entregó Ezequías todo el dinero que se encontraba en el templo del Señor y en el palacio real, y hasta desguarneció las puertas del palacio real*» (2Re 18,15). Quitar las guarniciones de las puertas para que todos creyeran que no quedaba oro en Jerusalén era una buena idea, pero Ezequías la echó por tierra cuando enseñó a los emisarios de Merodac Baladán «*la cámara del tesoro, con la plata, el oro, los aromas y el aceite perfumado, así como el arsenal y todo lo que había en los tesoros*» (2Re 20,13).

¿De dónde sacó Ezequías todas estas riquezas? ¿Había debajo del palacio una cámara secreta con grandes reservas de oro y objetos preciosos, a las que se recurría cuando se agotaban los tesoros que se exponían en la superficie?

Resumiendo, se podría decir que Ezequías fue un rey un tanto bonachón pero también intolerante e iconoclasta, obsesionado por eliminar todo rastro de cultos extraños, aunque él no mandaba que se masacraran a los que los practicaban. Además, era insuperablemente ingenuo. Quizá fue uno de los motivos por los que nadie se molestó en asesinarlo: Habría sido demasiado fácil.

10. Manasés (687-642 a.C.) Hijo de Ezequías, ascendió al trono cuando era todavía un niño. No se portó bien a los ojos del Señor, de los profetas y de por lo menos la mitad del pueblo. «*De este modo, reconstruyó los santuarios que su padre, Ezequías, había destruido, y erigió altares dedicados a Baal*» (2Re 21,3).

Instaló una estatua de la diosa Asera en el templo del Señor y se dijo que arrojó a uno de sus hijos a la hoguera. Tratándose de él puede que lo hiciera, porque estaba a todas luces mentalmente perturbado. El Señor se enfadó y amenazó, utilizando como siempre a los profetas como portavoces. Pero sus amenazas no iban dirigidas a Manasés, sino a Jerusalén: «*Pues aplicaré a Jerusalén la misma medida que a Samaría y los mismos pesos que a la casa de Ajab, y fregaré Jerusalén como se friega un plato y se lo pone boca abajo*» (2Re 21,13).

En el segundo libro de las Crónicas, el castigo divino es menos extravagante, más justo, más directo y más eficaz, porque golpea al culpable sin extenderse a su familia, a su ciudad o a su país: «*Entonces el Señor hizo venir contra ellos a los jefes del ejército de Asiria, que apresaron a Manasés con ganchos, lo ataron con cadenas de bronce y lo llevaron a Babilonia*» (2Crón 33,11). Debían más bien llevarlo a Nínive, la capital de los asirios... Pero todo el mundo puede equivocarse, incluso los redactores y los traductores de los textos bíblicos, quienes a veces dicen una cosa y en la página siguiente afirman el contrario.

En Babilonia Manasés, encarcelado y encadenado, tuvo tiempo de reflexionar y de curarse de su locura. Se olvidó de Baal y de Asera y volvió al Dios de sus padres, suplicando y humillándose. «*El Señor lo atendió, escuchó su oración y le concedió el retorno a Jerusalén, a su reino*» (2Crón 33,13).

Los que escucharon su oración fueron sus carceleros babilonios. Se sorprendieron, luego se informaron. Cuando supieron que el prisionero había sido traído por unos asirios despistados, que habían confundido Babilonia con Nínive, a Manasés lo liberaron y le regalaron una mula para que pudiera regresar a Jerusalén. De nuevo instalado en su capital, Manasés sacó del templo y de otros lugares de culto los dioses foráneos que él mismo había puesto. Mandó construir alrededor de Jerusalén una segunda muralla, más alta que la primera, y pasando de un extremo a otro, ordenó que todos y todas rindieran culto al Señor Dios de Israel. Pero algunos no obedecieron.

11. <u>Amón</u> (642-640 a.C.) Hijo de Manasés, ocupó el trono de Judá hasta que fue asesinado por sus servidores. Había reinado durante dos años. «*En todo siguió los caminos de su padre, dando culto a los ídolos que él había servido y postrándose ante ellos*» (2Re 21,21).

En 2Crónicas, añaden que Amón «*no se humilló ante el Señor como se había humillado su padre; al contrario, multiplicó sus culpas*» (33,23). ¡Claro!, a él no lo llevaron encadenado a Babilonia. Cuando hubo muerto, el pueblo persiguió y ejecutó a los responsables del asesinato y después proclamaron rey a su hijo, de tan sólo ocho años.

12. <u>Josías</u> (640-609 a.C.) Había nacido cuando su padre Amón era todavía un chico de no más de dieciséis años. Él mismo empezó a reinar siendo aún más joven y es de suponer que el sacerdote Jilquías tuviera que intervenir, al principio, tanto para su educación como para ayudarlo a gobernar el país. Y él le inculcó conceptos opuestos a los de su padre en materia religiosa.

Josías reinó durante treinta y un años y habría podido seguir reinando mucho más si no hubiera cometido un error *mortal*. Pero «*hizo lo recto a los ojos del Señor, siguiendo los caminos de David, sin desviarse a derecha ni a izquierda*» (2Re 22,2). Pues, no, Josías no siguió los caminos de David e hizo muy bien en no seguirlos. Pero citar continuamente a David como ejemplo a seguir es no solamente absurdo, sino también capcioso y peligroso, porque se podría interpretar como una incitación a la intolerancia criminal.

Durante el reinado de Josías y mientras se hacía un inventario en el templo «El sumo sacerdote Jilquías dijo al sacerdote Safán: «*he hallado en el templo del Señor un libro de la ley*» (2Re 22,8). El escrito recuperado pasó a llamarse *Libro de la Alianza* y pudo servir de base para la redacción de los cinco primeros libros del Antiguo Testamento, una obra que, según la mayoría de los historiadores, se inició bajo el reinado de Josías.

El rey Josías emprendió y llevó a cabo una cuidadosa purga de todos los elementos apegados a cultos prohibidos. «*Suprimió los sacerdotes paganos designados por los reyes de Judá. Eliminó igualmente a los que ofrecían incienso a Baal, a la luna, al sol, a los astros celestes y a todo el ejército de los cielos*» (2Re 23,5). Me gustaría saber en qué acepción entendía el autor los verbos *suprimir* y *eliminar*...

Josías sacó también a la diosa Asera del templo del Señor y, para que no volviera, la quemó. Derritió o destrozó los altares, las dependencias consagradas a la prostitución, las imágenes de otros dioses y los objetos de culto. Lo que no podía destruir lo profanaba; pero aquello, no sabría decir cómo lo hacía.

Sobre las circunstancias que rodearon la muerte del rey Josías, disponemos de dos versiones. En la primera, «*subió el faraón Necó, rey de Egipto, contra el rey de Asiria... El rey Josías fue a su encuentro pero Necó lo mató nada más verlo*» (2Re 23,29).

El relato que se encuentra en el segundo libro de las Crónicas de la misma Biblia es muy distinto: El faraón envió un mensaje a Josías para decirle que no venía contra Judá y pidiéndole que lo dejara pasar para ir a combatir a sus enemigos. «*Pero Josías no retrocedió, pues estaba decidido a combatir*» (2Crón 35,22).

Y Josías combatió, pero muy mal. En seguida los arqueros egipcios lo hirieron a flechazos. Sus hombres lo sacaron de su carro para ponerlo en otro, posiblemente más rápido, y lo llevaron a Jerusalén, donde murió. El encuentro con el faraón tuvo lugar en la llanura de Meguibo, al norte de Samaría, una región que ni siquiera formaba parte del reino de Judá.

Si Josías quiso suicidarse, al enfrentarse al ejército en pie de guerra del faraón, escogió un procedimiento que no podía fallar.

13. Joacaz (609 a.C.). La insensata conducta del rey Josías frente al faraón tuvo funestas consecuencias. Cuando el pueblo supo que había muerto, proclamó como rey a su hijo Joacaz, de veintitrés años. Durante su reinado de solamente tres meses, «*hizo mal a los ojos del Señor*», y también a los ojos del faraón Necó, quien lo hizo prisionero y se lo llevó a Egipto. No regresó nunca.

14. Joaquim (609-597 a.C.) El faraón puso en el lugar de Joacaz a su hermano Eliaquín, pero como el nombre no le gustaba lo cambió en Joaquim. Además, Necó exigió un tributo de cien talentos de plata y diez de oro, que Joaquim pagó con un impuesto que tuvo que soportar el pueblo. El rey de Egipto no volvió a molestarlo, pero Nabucodonosor, rey de Babilonia, emprendió contra él una operación militar: «*Joaquim le quedó sometido durante tres años, pero luego se rebeló*» (2Re 24,1).

Entonces le cayeron encima, como divino castigo por sus pecados, bandas de malhechores amonitas, moabitas arameos y caldeos. Pero no lo mataron, ya que nos informan que «*se durmió con sus padres y le sucedió en el trono su hijo Joaquín*» (2Re 24,6). Esto es lo que se relata en el libro segundo de los Reyes, pero en 2Crónicas se puede leer: «*Nabucodono-*

sor, rey de Babilonia, subió contra él y lo condujo a Babilonia atado con cadenas de bronce» (36,6).

Entonces, ¿murió en Babilonia, o le permitieron volver a Jerusalén como hicieron con su antepasado Manasés? El comentador del capítulo dice: «*Es novedoso y desconcertante este dato del cronista*». Es exactamente lo que opino yo.

15. Joaquín (o Jeconías) (597 a.C.) «*Dieciocho años tenía Joaquín cuando inició su reinado y reinó tres meses en Jerusalén*» (2Re 24,8). Entonces llegó el abominable Nabucodonosor y el pobrecito tuvo que rendirse. Nabu se lo llevó a Babilonia, junto con toda su familia, sus criados e incluso sus eunucos. Deportó también a los jefes, los notables, los cerrajeros, los herreros y todos los hombres aptos para servir en su ejército. Nabu no se olvidó de hacerse también con el tesoro que el tonto de Ezequías había enseñado a los emisarios de Merodac Baladán, uno de sus predecesores en el trono de Babilonia.

Veamos ahora lo que se dice en las Crónicas acerca del penúltimo rey de Judá. «*Tenía Joaquín ocho años cuando comenzó a reinar y reinó en Jerusalén tres meses y diez días*» (2Crón 36,9). En tan poco tiempo y siendo un niño «*hizo lo que el Señor detesta*», pero nadie sabe lo que hizo. Todo lo que sabemos es que Nabu mandó que se lo llevaran a Babilonia junto con el tesoro. «*Nombró rey de Judá y de Jerusalén a Sedecías, hermano de Joaquín*» (2Crón 36,10).

Como se puede ver en el libro de los Reyes, Joaquín es un chico de dieciocho años, mientras que en las Crónicas es un niño de ocho años. Esto podría explicar porque Nabu se llevó al niño a Babilonia y puso en su lugar a un hermano mayor o a un tío, quien se distinguió por su total incompetencia como rey.

Joaquín —también llamado Jeconías— fue liberado en 561 a.C. por Evil Merodac, entonces rey de Babilonia. Se quedó en la capital caldea, fue admitido de por vida a comer a la mesa del rey, «*y de parte del rey se le concedió un sustento permanente, día tras día, durante todos los días de su vida*» (2Re 25,30).

16. Sedecías (597-587 a.C.) Nabucodonosor, «*en lugar de Joaquín puso por rey a su tío Matatías, cambiando su nombre en Sedecías*» (2Re 24,17).

En el libro de los Reyes, pues, Joaquín llegó al trono a los dieciocho años y le sucedió su tío. En las Crónicas, el mismo Joaquín empezó a reinar a los ocho años y le sucedió un hermano mayor.

Hermano o tío, Sedecías lo hizo todo mal. No escuchó los consejos del profeta Jeremías y cometió la estupidez de rebelarse contra Babilonia, lo que desencadenó una sucesión de deplorables acontecimientos, que llegarían hasta la destrucción de Jerusalén y el fin del reino de Judá y de la dinastía de David.

Nabu llegó con todo su ejército y cercó Jerusalén. Cuando al cabo de dos años no quedó absolutamente nada que se pudiera comer en la ciudad. Sedecías y sus hombres abrieron una brecha y huyeron, pero no pudieron ir muy lejos. Fueron alcanzados cerca de Jericó, las tropas de Sedecías se dispersaron y él fue capturado y sometido a juicio. «*Sus hijos fueron degollados a su vista, y a Sedecías le sacaron los ojos, lo encadenaron con doble cadena de bronce y lo condujeron a Babilonia*» (2Re 25,7).

Pero ¿por qué fueron tan crueles los caldeos con Sedecías? Nos lo dicen en las Crónicas: fue condenado por perjuro. «*Se rebeló contra el rey Nabucodonosor, que le había tomado juramento solemne de fidelidad*» (2Crón 36,13).

91. AUTODESTRUCCIÓN

Después de la caída de Jerusalén y de la deportación de sus habitantes, «*Nabucodonosor, rey de Babilonia, nombró a Godolías, hijo de Ajicán, gobernador del pueblo que había quedado de Judá*» (2Re 25,22). El gobernador se instaló en Mispá, una bella ciudad ubicada entre Betel y la destrozada Jerusalén. Los jefes de los israelitas que no habían sido ni matados ni deportados fueron a saludarlo. Godolías los recibió con cordialidad, les dijo que no tenían que preocuparse y que podían quedarse en el país. «*Servid al rey de Babilonia, les aconsejó, y os irá bien*» (2Re 25,24).

Los israelitas que tuvieron la suerte de escapar de la deportación habrían podido pasarlo muy bien. El país se había despoblado, había tierra disponible y animales abandonados que se podían recuperar. Además, la poderosa Babilonia los protegía contra cualquier conato de invasión por los egipcios o los asirios. Todos los jefes estuvieron de acuerdo con Godolías y lo confirmaron por juramento. Sin embargo, siete meses después volvieron encabezados por un fanático llamado Ismael. Mataron a Godolías y a toda la gente que vivía con él, hebrea y caldea.

«*Entonces todo el pueblo, desde el más pequeño al mayor, y los jefes de tropas, se pusieron en marcha y fueron a Egipto, porque tuvieron miedo de los caldeos*» (2Re 25,26).

El comentador del versículo dice con razón que «*así se desbarató toda esperanza de restauración inmediata del reino*». Ya Sedecías había sido la causa, por quebrantar su juramento, de la destrucción de Jerusalén y de la deportación de sus habitantes, amén de su propia desgracia. Esto, los asesinos no podían ignorarlo. Sin embargo, ellos también rompieron su juramento de fidelidad a Godolías, matándolo a él y a toda su gente. Es de suponer —y de esperar— que al menos aquel crimen absurdo no quedó impune.

LIBROS DE LAS CRÓNICAS Y LIBROS SIN CLASIFICAR

92. PRINCIPIO DE INCERTIDUMBRE BÍBLICO

En la introducción a los dos libros de las Crónicas, el redactor se pregunta: «*¿Quién escribió esta extraña historia que tan pobre competencia hace a la ya transmitida de Samuel y Reyes?*» A esta pregunta no se puede contestar, porque los autores de los libros de la Biblia tenían la mala costumbre de no firmar sus obras, de modo que acerca de quienes fueron aquellos autores la incertidumbre es total e irremediable.

En las primeras páginas del primer libro de las Crónicas se encuentran las soporíferas genealogías de los principales personajes del Antiguo Testamento. Admitiremos que todos existieron y que las genealogías han sido correctamente establecidas, pero esto no impedirá que algunas de ellas estén viciadas, porque la filiación por vía paterna es aleatoria. Veamos el caso de Roboán, el hijo de Salomón que fue sucesor suyo en el reducido reino de Judá. Sabemos por las Escrituras que su madre era la amonita Nanma y suponemos que su padre fue el rey Salomón porque ella era una de sus numerosísimas esposas, pero no podemos afirmarlo.

En el más optimista de los casos, los genes de David llegaron, aunque más ralos que la sustancia activa cien veces diluida de un medicamento homeopático moderno, hasta el último eslabón de la dinastía, que fue el irresponsable Sedecías. En el más pesimista, se desviaron antes de llegar a Roboán, quizá incluso antes de llegar a Salomón. Si Betsabé engañó a su marido Urías el hitita con David, pudo también engañar a David con otro hombre durante una de sus campañas militares...

Únicamente una genealogía establecida por vía materna es fiable, aunque no excluye el riesgo de un intercambio de recién nacidos, un riesgo compartido con las genealogías fundadas en la ascendencia paterna.

En el Antiguo Testamento la incertidumbre reina en todos los libros. No se puede saber quién fue la esposa de Caín, ni quiénes eran los hijos de Dios, ni cómo pudo flotar el arca de Noé en tierra firme y sobre las montañas, ni por qué no quedaron vestigios de las castigadas ciudades de Sodoma y Gomorra, ni por qué Moisés y «su Dios» odiaban al pueblo egipcio hasta el punto de querer masacrar a todos sus primogénitos...

La incertidumbre a mi parecer más trascendental es que no hay manera de saber dónde estaba Dios, y a qué se dedicaba, antes de tomar la decisión de crear el espacio, la materia y la vida. Pero ¿para qué preocuparse? si también «es imposible determinar simultáneamente y con exactitud la posición y la velocidad de una partícula subatómica».

Esto, como todos sabemos lo dijo Werner Eisenberg (1901-1976), y su idea, que quizá le ayudó un poco a ganarse el Nobel de física en 1932, pasó a llamarse *Principio de incertidumbre de Eisenberg*.

93. *CENSO SATÁNICO Y CASTIGOS DIVINOS*

En los dos libros de las Crónicas se narran sobre todo las hazañas y los percances de los reyes, la mayoría ya conocida, con una irrefrenable propensión a la desmesura cada vez que se mencionan números.

Después del relato de la matanza de algunos ridículos gigantes exhibidos por los filisteos —uno con seis dedos en cada mano y cada pie—, apareció inesperadamente Satán. Había subido para persuadir al rey David de que hiciera un censo de todos los israelitas. No tuvo Satán que insistir demasiado para que David se dejara convencer. Dado que Satán no tiene, como Dios, sus profetas para representarlo en la tierra es probable que se pusiera él mismo en contacto con David, mediante el viejo truco que consiste en entrometerse en lo que uno está soñando.

El rey encomendó a Joab y a los jefes la desagradable tarea de llevar a cabo el censo. Joab obedeció a regañadientes porque desde el último censo la población se había disparado y, sobre todo, dispersado. No sería fácil, pero una orden del rey no se puede discutir. Se despidió y se fue para cumplir escrupulosamente con su cometido. Cuando regresó, los resultados del censo se hicieron públicos:

«Había en Israel un millón ciento veinte mil diestros en el manejo de la espada, y en Judá cuatrocientos setenta mil varones diestros en el manejo de la espada. No se incluyó en este censo a Leví y a Benjamín porque Joab detestaba la orden del rey» (1Crón 21,5-6).

¡Carajo! Si se añaden a estas cifras los diestros con la espada sin censar de Leví y de Benjamín, llegamos a casi dos millones de espadachines. Con los lanceros, los arqueros, los honderos, los jinetes, los conductores de carros, los trompetistas, los cocineros, los enfermeros y los jefes con sus escuderos y sus servidores, los hebreos disponían de un ejército de unos tres millones de hombres. Con tal potencia militar, las doce tribus de Israel juntas podían conquistar Asiria o Egipto sin tener que luchar y derramar sangre. Todo lo que tenían que hacer era avanzar gritando y tocando sus cuernos.

Ahora volvamos a la realidad. Dividiendo todo por cinco, nos quedan 600.000 hombres que bien entrenados, bien armados y disciplinados, todavía podían hacer mucho daño al enemigo. A decir verdad, el censo fue solo un pretexto para hacer creer que David había hecho algo que no debía hacer. Luego llegaría el castigo. Satán no tenía intermediario para dirigirse a los hombres, pero Dios tenía al menos uno. Se llamaba Gad y era el vidente de David. A Gad, el Señor le dijo: «*Ve a decir a David: te propongo tres cosas, elige una de ellas y la realizaré*» (1Crón 21,10).

Los tres regalos que se proponían a David para su elección eran los siguientes: tres años de hambre, tres meses huyendo de sus enemigos, o tres días de peste... Como David tardaba en decidirse, «*El Señor mandó la peste a Israel y murieron setenta mil israelitas*» (1Crón. 21,14).

Y fuera de la ciudad, ¿Qué pasó? David salió de Jerusalén para ver si la peste había hecho también víctimas en el campo. Miró hacia arriba y vio al ángel exterminador con su espada todavía en la mano. Por casualidad se hallaba justo encima del campo de Ornán, el jebuseo. Cuando alguien gritó: ¡basta ya!, desapareció. Antes de esfumarse, el sospechoso ángel había dejado caer un mensaje para David: debía construir un altar, pero no en cualquier parte. Se tenía que instalar en la era de Ornán, el jebuseo.

«*David le dio a Ornán unos siete kilos de oro por el lugar. Construyó allí un altar para el Señor y ofreció sobre él holocaustos*» (1Crón 21, 25-26).

¿Qué opinar de esta extraña crónica? Pues que Satán no tuvo nada que ver en el asunto. Dios tampoco, porque no suele hablar directamente con los videntes, ni siquiera con los profetas. Hubo probablemente una epidemia de peste que la mafia sacerdotal, encabezada por Gad, aprovechó para reforzar su autoridad y presionar a David para que erigiera un altar en un sitio que ellos habían escogido. Además, se apoderaron de al menos las tres cuartas partes de la cantidad pagada por David al jebuseo, matando así dos pájaros de una pedrada. En cuanto al amenazador ángel del Señor, era de verdad un ángel... artísticamente dibujado sobre una gran cometa, que se balanceaba suavemente encima del campo de Ornán, al cabo de un fino cordel cuya extremidad agarraba el mismo jebuseo oculto en una fosa. Cuando los cómplices vieron que David oteaba al falso ángel, uno de ellos gritó: «¡basta ya!» —curiosa manera de dirigirse a un ángel de Dios—, y Ornán tiró del cordel y ocultó el artilugio en su fosa.

En realidad existen dos versiones del censo: la divina y la satánica. Mi «censo satánico» se basa en el capítulo 21 del primer libro de las Crónicas, titulado *Castigo por el censo*. Este capítulo no es más que una copia muy alterada del capítulo 24 del segundo libro de Samuel, que lleva como título *El censo de David*. En el libro de Samuel, anterior al de las Crónicas, quien mandó que se hiciera el censo fue Dios: «*Se encendió una vez más la cólera del Señor contra Israel e indujo a David contra ellos: Anda, haz el censo de Israel y Judá*» (2Sam 24,1). La ira del Señor era en aquellos tiempos tan anormalmente inflamable que ni siquiera merece la pena preguntarse de dónde vino la chispa que causó el incendio.

El encargado del censo fue también Joab y llevarlo a cabo le tomó más de nueve meses. El número de diestros con la espada fue menor: ochocientos mil en Israel y quinientos mil en Judá. Los castigos propuestos y el que se aplicó fueron los mismos. El ángel pintado estuvo en su lugar hasta que lo hicieron desaparecer. Ordenaron a David que construyera el altar en el mismo lugar pero el precio pagado al jebuseo por su tierra fue insignificante: «*David compró la era y los bueyes por medio kilo de plata*» (2Sam 24,24).

Era increíblemente barato y, además, se incluían en el precio al menos una yunta de bueyes. Es comprensible que el cronista subiera el precio, y también que hiciera intervenir en su copia a Satán. El papel que se asignó a Dios en el texto original era tan despreciable que no dudó en colocar en su lugar al pobre diablo, un personaje que en su opinión era más acorde con las circunstancias. La razón por la que se inflaron los resultados es un misterio, pero el descomunal cambio al alza del precio pagado al jebuseo quizá se pueda explicar: la cantidad mencionada en la copia podría ser la verdadera.

¿Equivocación, o ignorancia? Otra anormalidad del censo de David es que en sus dos versiones se separan Israel y Judá, como si fueran dos reinos distintos. Cuesta admitir que tanto el autor del segundo libro de Samuel, como el del primero de las Crónicas, ignoraban que en tiempos de David y de Salomón las doce tribus de Israel eran una sola nación, con un solo rey. El reino se escindió en dos naciones después de la muerte de Salomón, no antes, como se recuerda en este mismo libro. El colmo es que esto, hasta el mismísimo Dios lo ignoraba y no dudó en ordenar a David: «*Anda, haz el censo de Israel y Judá*» (2 Sam 24,1. Biblia de la Conferencia Episcopal Española). Veamos ahora el mismo versículo en la Biblia de Jerusalén: «*Anda, haz el censo de Israel y de Judá*». Se añadió una segunda preposición *de*, pero el error quedó sin corregir. Y en la Biblia Reina Valera: «*Ve, haz un censo de Israel y de Judá*»...

Incluso los autores de la Biblia Nueva Traducción Viviente cayeron en la trampa. Según ellos, Dios habría dicho a David: «*Ve y cuenta a las personas de Israel y Judá*».

Ya ves, Yavé, cómo se burlan de Ti los hombres. Trastocan lo que se cree que Tú has hecho, dicho o inspirado, aun cuando tienen la información correcta delante de las narices o al alcance de la mano. Me pregunto cómo puedes aguantar esto sin que se encienda de verdad tu sagrada ira...

Al ver tantas equivocaciones y contradicciones en una banal historia bíblica de censo, pensé que podría ser interesante, y quizá también divertido, ver cómo reaccionaría mi vecino Albert al leer esta disparatada prosa supuestamente de inspiración divina. Lo llamé y le propuse que viniera con su esposa y su nieto a pasar un rato con nosotros y ver nuestra casa desde el interior. Quedamos en que sería el día siguiente, por la tarde.

Plática entre vecinos. Burrito no vino con ellos, porque su madre se lo había llevado de viaje por una semana. Mi mujer aprovechó la ausencia del niño para preguntar a Elisa por qué le habían puesto este curioso apodo, lo que yo nunca habría hecho. Entonces Elisa explicó en tono melancólico:

—Hacía poco que el niño estaba con nosotros cuando un granjero que conocíamos trajo a mi marido, para que le curara, un asnito de menos de un año. Un malhumorado caballo le había dado una tremenda patada y tenía varias costillas rotas.

—Pobrecito —murmuró Isabel—, ¿y tu marido pudo curarlo?

—Sí, pero como necesitaba cuidados y vigilancia, tuvo que quedarse con nosotros. Lo pusimos en un pequeño establo que a veces tenía que compartir con otros animales heridos. Nuestro nieto le cobró cariño, y también nuestra vieja gata, que iba a tumbarse entre sus patas cuando quería echarse una siestita.

—Al cabo de cuatro meses —terció Albert—, los huesos estaban bien consolidados y el animalito parecía muy feliz de vivir con nosotros. Entonces vino el granjero para pagarme y llevárselo. No me debes nada, le propuse yo, si le regalas a mi nieto el burrito. Él me dijo que tenía que pensarlo y que me llamaría el día siguiente.

—Cuando llamó —dijo Elisa— Albert no estaba en casa y contesté yo. El granjero me dijo que podíamos quedarnos con el animal porque ya lo habíamos pagado con los cuidados, el pienso y el tiempo pasado con él, y estoy segura de que tenía razón.

—¿Y qué pasó con la mascota? —quise saber yo.

—Pasó que ella —respondió Albert— salió un día dejando abierta la puerta que daba a la calle, para ir a ver el vestido de boda de la hija de nuestra vecina. El burro salió tras ella sin que se diera cuenta, pasó un coche y lo atropelló.

Y Albert no pudo hacer nada para salvarlo —se lamentó Elisa, mientras sacaba un pañuelo de su bolso para secarse los ojos.

—¿Y qué podía hacer? Cuando llegué, estaba muerto. Al año siguiente me retiré. Vendimos nuestra casa con su corral y su establo y ahora, como veis, estamos aquí.

Elisa y Albert nos dijeron que su nieto se llama Jasón pero que todo el mundo sigue llamándolo Burrito, lo que no le molesta en absoluto porque le parece que la palabra suena bien y además le recuerda a su mascota. Pero sus abuelos le prometieron que una vez cumplidos sus doce años dejarían de una vez para todas el mote en el cajón de los recuerdos. Y esto todos lo saben y lo aprueban, incluso los profesores y los alumnos de su colegio

—Tendré que recordarlo yo también —dije yo— ¿y cuándo cumplirá sus doce años?

—Dentro de once meses, pero ya hemos empezado a llamarlo por su nombre normal. Tenemos que acostumbrarnos.

—Entonces, la próxima vez que lo vea le llamo Jasón. Ahora, Albert, quisiera enseñarte algo.

Comprobación. Le cogí del brazo, lo llevé hasta mi pequeño despacho, nos sentamos y le puse delante de los ojos el capítulo 24 del segundo libro de Samuel.

—Lee esto, después te enseñaré una copia alterada de este texto y me dirás cuáles son, a tu juicio, las modificaciones más notables.

Albert se puso las gafas y leyó sin prisas el capítulo. Cuando hubo acabado, me pasó el libro y yo lo abrí, poniéndole a la vista el capítulo 21 del primer libro de las Crónicas.

—Ahora tienes aquí el texto manipulado por el autor de este libro de las Crónicas.

Albert leyó el capítulo con mucha atención y volvió a la página del libro de Samuel, que no se había perdido. Luego, juntando y apretando con la mano izquierda las páginas que separan las dos versiones del *Castigo de David*, podía mirarlas alternativamente sin tener que hojear el libro. Todavía con la mirada fijada en lo que acababa de leer, Albert hablaba sin mirarme, como si estuviera pensando en voz alta:

—Increíble... Dios se enfada no se sabe por qué y da a David una orden que parece una trampa. Es evidente que si el rey no obedece comete una falta grave. Pues obedece, pero resulta que no debía, y Dios, como castigo, le permite escoger entre tres calamidades. No cabe la menor duda de que el Dios de Israel era un bromista, y también un criminal porque finalmente mató de una sentada a setenta y siete mil hombres.

Entonces Albert me mira para preguntarme:

—¿No te parece extraño que la peste haya golpeado únicamente a los hombres adultos, sin tocar a las mujeres y a los niños?

Sin esperar mi respuesta, continuó, visiblemente impresionado por lo que había leído:

—Bueno, el cronista hizo bien en echar a Dios y en colocar en su lugar a Satán, pero no entiendo por qué al jebuseo le ha cambiado el nombre: con Dios se llamaba Araúna y con el cronista pasó a llamarse Ornán. Veo que de todos modos se acabó el censo, pero el número de los guerreros diestros con la espada es astronómico, en especial en el texto rectificado. En cuanto al precio de la parcela comprada al jebuseo creo que el cronista tiene razón, porque con siete kilos de oro los sacerdotes y el vendedor podían forrarse, pero no con medio kilo de plata. Y una cosa más: el cronista ha olvidado mencionar los bueyes, que en el texto original iban incluidos en el precio de la tierra.

94. PRODIGALIDAD Y VORACIDAD

El rey Ezequías quiso que se purificara el templo. Entonces los sacerdotes, los levitas y sus ayudantes pusieron manos a la obra. Recogieron todas las cosas impuras que los impíos predecesores de ese rey habían amontonado en el edificio. Las llevaron al torrente Cedrón, que hacía de basurero. Cuando el templo estuvo bien limpio y purificado, empezaron a ensuciarlo.

Desaprovechamiento. «*Llevaron siete novillos, siete carneros, siete corderos y siete chivos como sacrificio expiatorio*» (2Crón 29,21). Todas estas reses iban a ser sacrificadas y mientras estaban esperando su turno, aparecían sobre el suelo recién limpiado y purificado del templo charcas de orina, boñigas y cagarrutas. Pero lo más asqueroso quedaba por llegar: «*Los sacerdotes sacrificaron los novillos, recogieron la sangre y rociaron con ella el altar*» (2Crón 29,22).

Después de los novillos, se degollaron los carneros; después de los carneros los corderos y después de los corderos los chivos expiatorios. Pero a ellos les impusieron las manos para que cargaran con los pecados de cada uno. Cada vez que se degollaba un animal, se rociaba el altar con su sangre. Aquella sangre todavía caliente chorreaba del altar y se mezclaba en el suelo con las deyecciones de los animales. ¡Vaya porquería, pero qué festín para las moscas!

De la carne cruda se pasó a la carne quemada, sin provecho para nadie porque ni siquiera al Señor le gustaba y algún día lo iba a decir... Se carbonizó la carne, la grasa y la sangre, y el templo se llenó de humo. Se alejaron volando las moscas y el Señor huyó con ellas, porque detestaba el olor a humo. Naturalmente, su desaparición pasó desapercibida —la aliteración es fruto del azar...

Después del holocausto hubo sacrificios, y después de los sacrificios más holocaustos, ya que cada persona generosa podía ofrecer el suyo. «*El número de los holocaustos ofrecidos por la ciudad fue de setenta novillos, cien carneros y doscientos corderos*» (2Crón 29,32). Aquello era para las ofrendas profanas, veamos ahora lo que se gastó para las sagradas:

«*Las ofrendas sagradas fueron de seiscientos novillos y tres mil ovejas*» (2Crón 29,33). ¡Una locura! Para degollar tantas víctimas, los sacerdotes no daban abasto y todos los levitas tuvieron que ayudarlos. Se hicieron también holocaustos con la grasa de los animales, a pesar del humo y del mal olor de la grasa cuando se está quemando. «*Toda la comunidad permaneció postrada hasta que se consumió el holocausto*» (2Crón 29,28). Sí señor, postrada...

Así que todos tuvieron que quedarse arrodillados o de bruces sobre el suelo sucio durante varios días, hasta que se consumieran enteramente los seiscientos novillos y las tres mil ovejas, además de las reses traídas por las personas generosas. Y mientras toda la comunidad se quedaba postrada y no podía desplazarse, ¿quién se encargaba de ir a buscar y de traer la enorme cantidad de leña necesaria para quemar todos estos animales?

No es de extrañar que tantos hijos de Israel prefirieran rendir culto a Baal, Astarté y otros dioses y diosas cuyos sacerdotes no eran ni tan exigentes ni tan crueles con sus fieles.

La abundancia sigue a la escasez. Cuando llegó la fiesta de la Pascua, se limpió y purificó una vez más el templo. Luego el rey Ezequías envió mensajeros a Judá y también al muy castigado Israel, entonces ocupado por los asirios. La misión de los emisarios era informar al pueblo, para que viniera a la fiesta. Llegaron numerosos y con la intención de quedarse durante los siete días que suele durar la fiesta de la Pascua, pero se divirtieron tanto que «*La comunidad decidió prolongar la fiesta otros siete días*» (2Crón 30,28).

Ezequías había regalado a la comunidad mil novillos y siete mil ovejas, y también los jefes habían reservado para la fiesta mil novillos y siete mil ovejas, porque no podían ofrecer menos que el rey. Ya no se trataba de quemar a esos animales en holocausto. Se asaron y se utilizaron como reclamo para que la gente acudiera al templo a comer... y también a rezar. Tanta proteína gratis atrajo a muchos fieles, y también a muchos infieles, forasteros y gorrones que no se habían purificado. «*Sin embargo, comieron la Pascua en contra de lo prescrito*» (2Crón 30,18). Pero Ezequías rezó por ellos y no les pasó nada.

¡Qué benevolencia! Otros reyes, por ejemplo David, los habría masacrado sin piedad con todos los miembros de su familia, sus servidores, sus esclavos y su ganado.

La Pascua de la glotonería fue un éxito. No se había visto nada igual desde el reinado de Salomón.

Es curioso que el Dios de los israelitas, quien castigó con la muerte, en el desierto, a miles de hombres, mujeres y niños hambrientos por haber comido crudas algunas codornices, permitiera que unos extranjeros incircuncisos e impuros penetraran en el templo para atiborrarse de carne, cada día, durante al menos dos semanas...

Es que el dios de los israelitas no era el verdadero Dios, sino una copia de Ti inventada por Moisés, que él utilizó como incentivo para que le siguieran los extranjeros que vivían en Egipto y le permitieran conquistar Cisjordania. Pero, como ya sabrá el lector, por descuido suyo —aunque él siempre culpaba al pueblo—, el proyecto no cuajó mientras vivió y mandó el líder Moisés.

Tolerancia. Al final del segundo libro de Las Crónicas se salta sin transición de la deportación, alrededor de 586 a.C., a la conquista de Babilonia por los persas y a la promulgación del edicto de Ciro, en 538 a.C., que autorizó la vuelta de los deportados a su país de origen. De lo que sucedió en el intervalo, se sabe poco.

Una vez instalado en Babilonia, el rey persa Ciro decidió conceder a los israelitas desterrados la libertad de vivir donde les diera la gana y de rendir culto al dios o a los dioses de su elección. Pero en el Antiguo Testamento se presenta el asunto de tal forma que se debe entender que el rey Ciro había recibido del Dios de Israel, por medio de los profetas, el encargo de la reconstrucción del templo de Jerusalén. El monarca se lo tomó muy en serio y promulgó un decreto, de palabra y por escrito, que circuló por todo el territorio. Rezaba el decreto:

«Así dice Ciro, rey de Persia: el Señor, Dios del cielo, me ha encargado todos los reinos de la tierra. Él me ha encargado construirle un templo en Jerusalén de Judá. Quien de entre vosotros pertenezca a ese pueblo puede volver» (2Crón 36,23).

95. *RETORNO (Esdras y Nehemías)*

Con la llegada de Esdras, salimos de las Crónicas. El libro de Esdras empieza por otra versión del edicto de Ciro, inútilmente alargada por pesadas añadiduras. La sigue un inventario de los cinco mil cuatrocientos objetos de oro y plata devueltos a los que iban a emprender el viaje de regreso. Viene después una lista parcial de los hombres de la expedición, pero no existe ninguna lista de las mujeres, ni completa ni parcial.

«*La comunidad al completo estaba formada por cuarenta y dos mil trescientas sesenta personas*» (Esd 2,64). A esta cifra conviene añadir 7.337 esclavos y 200 cantores y cantoras. También tenían animales: 736 caballos, 245 mulos, 435 camellos y 6.720 asnos. Me cuesta imaginar tantos burros rebuznando todos a la vez... No figuraban en la lista ni bueyes, ni vacas, ni ganado menor.

Llegados a Jerusalén, los repatriados se instalaron en las casas que no habían sido completamente destruidas e iniciaron la reconstrucción de las murallas y del templo. Pero los lugareños —a menudo llamados *pueblos de la tierra*— se opusieron por todos los medios a su disposición. Escribieron una carta y la mandaron al rey persa Artajerjes, sucesor de Ciro, y así lograron que diera la orden de paralizar las obras, diciendo: «*Así pues, ordenad a esos hombres que detengan su trabajo y que la ciudad no se reconstruya hasta que yo lo ordene*» (Esd 4,21).

Cuando Artajerjes hubo muerto, a su sucesor Darío se le ocurrió un día hacer pesquisas en los archivos del palacio, y en ellos dio por casualidad con una copia del edicto de Ciro. Entonces promulgó un nuevo decreto ordenando que se reconstruyera el templo, especificando que todos los gastos correrían de su cuenta. En el decreto de Darío iban incluida sanciones para los que sucumbieran a la tentación de entorpecer las obras, por ejemplo: «*También ordeno que a todo aquel que no cumpla este decreto le será arrancada una viga de su casa, se le azotará amarrado a ella y su casa será reducida a un montón de escombros por este delito*» (Esd 6,11).

Los repatriados reanudaron las obras pero contrataron a unos chavales a los que encargaron la tarea de vigilar de cerca a la gente que vivía en tiendas, en cuevas o en cualquier otro refugio sin vigas a las que se pudiera amarrar a alguien para azotarlo.

En la octava página del libro de Esdras, de las trece que contiene la obra, aparece el personaje encabezando una lista de dieciséis antepasados suyos. El más antiguo resultó ser Aarón, hermano de Moisés y primer sumo sacerdote de Israel. Con quince eslabones entre ellos, hay tantas posibilidades de que Esdras hubiera sido descendiente de Aarón, como las hay de que yo lo sea de Leonardo da Vinci.

Devolución. El rey de Persia se las arregló para que le devolvieran a Esdras todo lo que su familia había perdido. Además, el día de la despedida le entregó una amable carta que él mismo había escrito, de la que se conserva una copia que se reprodujo y se incluyó en las Biblias.

Copia de la «auténtica» carta de Artajerjes a Esdras: «*Artajerjes, rey de reyes, desea la paz a Esdras, sacerdote y escriba experto en la ley del Dios del cielo. He dado la orden de que todos los israelitas de mi reino, sacerdotes y levitas, que quieran volver a Jerusalén, vayan contigo*» (Esd 7,12-13).

No se sabe la fecha exacta de la partida de Esdras para Jerusalén, ni si el rey de Persia era entonces Artajerjes I o Artajerjes II. No podía lógicamente tratarse del rey Artajerjes que había congelado las obras del templo... Esdras se puso en marcha acompañado por otros sacerdotes, levitas, cantores, porteros y sirvientes del templo. Al iniciarse el viaje, el libro pasó a la primera persona; quien hablaba era Esdras. En las últimas páginas, volvería a la tercera.

Cuando Esdras llegó con su séquito a Jerusalén, le dijeron que el pueblo, los sacerdotes y los levitas hacían buenas migas con la gente de la tierra. Mantenían relaciones amistosas y amorosas con cananeos, perizitas, jebuseos, amonitas, moabitas, egipcios e idumeos.

¿Y qué otra cosa podían hacer? Maldecirlos... combatirlos... ¿Y por qué? Muchos hombres y muchas muchachas se habían casado y tenían hijos, y eso a Esdras no le gustó nada. Se lamentaba: «*Tanto ellos como sus hijos se han casado con las hijas de estos, mezclando así la raza santa con las gentes del país*» (Esd 9,2).

¡No te pases, Esdras! Todos sabemos que los israelitas son un pueblo, no una raza, y no un pueblo santo. Ni mucho menos... Cuando le dijeron que los más amistosos con sus vecinos idólatras o politeístas eran los sacerdotes y los jueces, Esdras se rasgó sus costosas vestiduras compradas en Babilonia y se derrumbó. Entonces muchos de los hombres que se habían casado con mujeres que no gozaban del privilegio de ser israelitas «*reconocieron que habían pecado y propusieron a Esdras que se hiciera un pacto con Dios para expulsar a todas las mujeres extranjeras y a los nacidos de ellas*» (Esd 10,3).

Esos desalmados habían tenido tiempo de pensarlo mejor. Entre los repatriados había numerosas chicas sin marido ni novio ni pretendiente, porque muchos varones se habían casado durante el exilio con babilonias, asirias y persas. Con ellas vivían felices, liberados de las exigencias del sacerdocio hebreo, y no tenían la menor intención de volver.

Mientras tanto, en Jerusalén, cualquiera podía deshacerse de su indeseable —a los ojos del Señor— familia sin correr el riesgo de quedarse soltero de por vida. Dijeron a Esdras: «*¡Ánimo, manos a la obra!*» y él aprovechó su buena disposición para pedirles que confirmaran el pacto por juramento. Se convocaron a los repatriados para que se reunieran en Jerusalén, y se les notificó que «*según la decisión de los ancianos, quien no se presentara en tres días vería confiscados todos sus bienes y sería expulsado de la comunidad*» (Esd 10,8).

Los hombres de Judá y de Benjamín aprobaron la decisión tomada por juramento, salvo un pequeño grupo que tenía por jefe al levita Sabtay. A las mujeres nadie les preguntó su opinión, aunque representaran numéricamente más de la mitad de la población. Después, se procedió al censo de los hombres que tendrían que expulsar a su familia o marcharse con ella, mientras los que habían jurado se apoderarían de sus casas, de sus tierras, de sus animales y de sus esclavos, si los expulsados los tenían.

El camino hacia un Estado teocrático, intolerante y replegado sobre sí mismo había sido trazado por Esdras.

Nehemías: «*En el mes de Nisán del año veinte del rey Artajerjes, siendo yo el responsable del vino, lo tomé y se lo serví al rey*» (Neh 2,1). Así empieza el libro de Nehemías, después de un primer capítulo consagrado a la oración.

Leer todo el libro de Nehemías sin saltarse una página es una tarea muy tediosa. Es uno de los pocos libros de la Biblia que presenta la particularidad de haber sido escrito como si el personaje principal fuera el autor del libro. Y quizá lo fue realmente...

Nehemías, como Esdras, fue autorizado por el rey de los persas a volver a su país de origen. Se proponía nada menos que reconstruir la ciudad de Jerusalén, pero tuvo que conformarse con reconstruir la muralla, lo que no fue fácil porque las autoridades locales no israelitas hicieron todo lo que pudieron para impedírselo. También se reparó la puerta, y después Nehemías fue nombrado gobernador. No se da ninguna información sobre su residencia en Jerusalén. No era un palacio pero debía de ser un edificio muy grande, porque recibía a mucha gente. Él mismo explica:

«*Los judíos y los prefectos que se sentaban a mi mesa eran ciento cincuenta hombres, aparte de los que venían de los países limítrofes. Lo que se preparaba diariamente —un toro, seis carneros escogidos y aves— era a costa mía. Cada tres días se traía abundancia de vino de todo tipo. Aun así, no reclamé la provisión que me correspondía como gobernador*» (Neh 5,17-18). ¡Qué generosidad! Pero ¿dónde comían las mujeres? asquerosos machistas, ¿en el establo?

También Nehemías arremetió contra los israelitas casados con mujeres extranjeras. Él mismo cuenta: «*Por aquellos días observé que algunos judíos se habían casado con mujeres asdoditas, amonitas y moabitas. De sus hijos, la mitad hablaban asdodeo* —Asdod era uno de los cinco principados que los filisteos poseían en la franja de Gaza— *o el idioma de otros pueblos, pero no sabían hablar judío*» (Neh 13,23-24).

Estos chicos y chicas hablaban el idioma que habían aprendido de sus padres, ¡idiota! Era normal que no supieran una sola palabra de hebreo si en su entorno nadie lo hablaba. Deberías comprender, Nehemías el aguafiestas, que ellos no tenían la culpa... Nehemías no lo comprendió, se enfadó contra ellos e incluso pasó a los actos y luego escribió en su libro: «*Les reprendí y los maldije, hice azotar a algunos de ellos, les arranqué el cabello y les hice jurar en el nombre de Dios: ¡No caséis a vuestras hijas con extranjeros! ¡Y vosotros y vuestros hijos no os caséis con extranjeras!*» (Neh 13,25).

Después de haber leído atentamente el libro de Esdras y el de Nehemías, se entiende mejor por qué la gente, que vivía en paz con sus vecinos antes de la llegada de aquellos dos detestables individuos, se oponía con tanto empeño a la reocupación de Jerusalén por los hebreos y a la reconstrucción de su templo.

96. HISTORIETAS NADA HISTÓRICAS

En mi biblia preferida, bajo el subtítulo "Introducción a las narraciones", se halla la innecesaria información siguiente: «*Estos libros no narran historias realmente acaecidas. Los datos históricos, la geografía y la cronología son tratados y combinados con tal libertad que el resultado final es convencional y artificial*».

De eso ya me había dado cuenta yo cuando, de adolescente leí, no toda la Biblia sino estos cuentos y algunos pasajes cortos, siempre escogidos entre los que me parecieron más entretenidos o al menos no demasiado aburridos.

Son cuatro cuentos, de los cuales tres tienen como personaje central a una mujer. Ya conocemos uno, bonitamente narrado en el pequeño «libro» de Rut, en mi opinión el más humano y agradable de leer de todo el Antiguo Testamento. Quizá el autor lo apartó de los otros impulsado por el piadoso temor a una contaminación espiritual, ya que la heroína de aquella historia no era israelita, sino moabita.

Naturalmente, refiero yo esas historietas a mi manera, trastocando, podando y rebanando, pero dejando siempre a los personajes principales intactos.

Tobías (El octavo marido). Contrastando con el pesado texto del libro de Nehemías, plagado de circunloquios y de repeticiones, el estilo del autor del libro de Tobías es en conjunto directo, ligero y agradable. La historia de Tobías y de su familia tuvo por escenario la ciudad de Nínive, algunos años antes de su destrucción por los babilonios y los medos. Tobías viajó también hasta la bonita ciudad de Ecbatana, entonces capital de los medos, que ahora se llama Hamadán y se encuentra en la región suroeste de Irán. Al principio quien habla es Tobit, el que iba a ser padre de Tobías: «*Mi padre murió y quedé huérfano. Cuando me hice un hombre, me casé con Ana, una mujer de nuestra familia. De ella tuve un hijo al que puse por nombre Tobías*» (Tob 1, 8-9).

Tobit había perdido el uso de sus ojos cuando, una cálida noche de verano, se quedó dormido en su patio sin fijarse en que algunos gorriones anidaban en el borde de la tapia justo encima de su cabeza. Los excrementos todavía calientes de los pájaros le cayeron sobre los ojos, contagiándole una enfermedad que se manifestó por unas manchas blancuzcas, que se extendieron hasta dejarlo completamente ciego.

Los principales protagonistas del cuento fueron, además de Tobías y sus padres, Ajicar, sobrino de Tobit, que llegó a ocupar altos cargos en la corte de dos reyes, sucesivamente; Sara, una bella muchacha siete veces viuda y siempre virgen, porque el perverso demonio Asmodeo mataba a sus maridos, uno tras otro, antes de que pudieran acostarse con ella; Ragüel, padre de Sara, desesperado porque Sara era su única hija e iba a quedarse sin descendencia; Gabael, que vivía en Ragués de Media y era como el banquero de la familia. Queda por nombrar a Rafael, un ángel áptero de nacimiento, pero culto, listo y bondadoso, que reveló su verdadera identidad justo antes de despedirse para subir a sus apartamentos celestes por la invisible escalinata de Jacob.

Tobías se fue de viaje hasta Ecbatana de Media, para visitar a Ragüel y pedirle que le diera como esposa a su hija Sara. Le acompañaba Rafael, que le servía de guía y le ayudaba con sus consejos. Por la tarde del primer día de viaje, acamparon en la orilla del río Tigris. Tobías fue descalzo hasta el río para lavarse los pies, pero un gran pez sacó repentinamente la cabeza del agua e intentó darle un mordisco en un pie. Rafael le gritó: «*Atrápalo y no lo sueltes*» (Tob 6,3).

Tobías se estaba preguntando cómo iba a agarrarlo sin que tratara de devorarle la mano cuando se fijó en una puntiaguda estaca abandonada al borde del agua. La cogió, agitó un poco el agua con la punta de un pie para atraer el pez y cuando apareció, siempre hambriento, le hincó la estaca por sus enormes fauces hasta donde pudo. Sin tratar de retirarla, agarró al bicho por las agallas, lo sacó del agua y lo remató con su cuchillo. Rafael le dijo que abriera el pez y recogiera el corazón, el hígado y la hiel. «*Si alguien tiene los ojos afectados por manchas blancas* —añadió—, *se los untas con la hiel, soplas sobre ellos, y queda curado*» (Tob 6,9).

Tobías puso la hiel en un frasquito y lo guardó en una de sus alforjas, pensando que tal vez podría con ella curar a su padre de su ceguera. Recogió también las vísceras que le había indicado Rafael sin preguntarle para qué tenía que hacerlo. Después asó una parte del pez y se la comieron. Todo el resto lo cortó en finas tiras, las saló y las tendió al sol para secarlas y conservarlas.

Antes de llegar a Ecbatana, Rafael explicó a Tobías lo que tendría que hacer para que no lo matara el endemoniado Asmodeo, como había matado a los otros maridos de Sara. Llegaron a su destino y fueron bien acogidos, pero Ragüel se mostró renuente a entregar su hija a Tobías, diciendo que casarse con ella sería como condenarse a muerte, y que no quería que se convirtiera en el octavo marido asesinado. Pero viendo que Tobías no desistía de su intención, escribió un contrato de matrimonio en toda regla y lo entregó a Sara.

Noche de boda agitada. Llegada la hora de acostarse, entraron en la alcoba y Tobías echó en el brasero donde se quemaban perfumes el corazón y el hígado del pez. En seguida un humo denso y maloliente invadió la alcoba. El demonio Asmodeo salió de debajo de la cama donde se había puesto al acecho, tosiendo, estornudando y lloriqueando. Quiso huir por la chimenea, pero el conducto era demasiado estrecho para él. Al intentar escapar, cayó en el brasero y se quemaron las membranas de sus alas. Entonces huyó por la ventana y como ya no podía volar, fue a parar al suelo. «*Rafael salió en seguida tras él y lo retuvo allí, atado de pies y manos*» (Tob 8,3). Ignoro lo que después hizo con él.

Los recién casados apagaron el brasero, abrieron la ventana de par en par, para que la brisa de la noche se llevara el humo, y se metieron en la cama.

En medio de la noche, Ragüel, el padre de la novia, se levantó y fue con sus criados a cavar una fosa, pues se dijo: «*es posible que haya perecido, y ello nos convierta en burla y escarnio para la gente*» (Tob 8,10). Cuando la fosa estuvo lista, él y su mujer mandaron a una criada a la habitación de los recién casados para averiguar, con la máxima discreción, si el octavo marido seguía vivo o si estaba muerto. Cuando volvió la criada, sonreía, y ellos comprendieron que no había pasado nada. Por lo menos, nada malo...

En el libro de Tobías hay animales que rara vez aparecen en la Biblia. Hay un pez, un perro y gorriones. Lo que hace el can en el cuento es para mí un enigma. Cuando Rafael y Tobías salieron de Nínive, «*el perro marchó con ellos*» (6,1); y cuando emprendieron el viaje de regreso «*el perro iba tras ellos*» (11,4). El papel del pez está relacionado con el de los gorriones. Ellos fueron la causa de una gran desgracia que sufrió Tobit, que la colaboración del pez, involuntaria y para él fatal, permitió remediar.

Cuando Tobías regresó a casa, aplicó en seguida la hiel del gran pez sobre los ojos de su padre. Entonces se desprendieron unas finas pieles blancas y Tobías se las quitó. «*Tobit se echó al cuello de su hijo y gritó entre lágrimas: Te veo, hijo, luz de mis ojos*» (Tob 11,13).

Judit (Amputación). En un corto preámbulo al libro de Judit, el autor señala que ese nombre de la heroína del cuento significa «la judía». Insiste también en el hecho, para él evidente, de que el verdadero protagonista del memorable suceso no fue Judit, sino el mismísimo Dios: «*Dios salvó a Israel por la mano de Judit*» (Jdt 8,16). Pues no, el Dios Yavé no cometió la torpeza de intervenir en ese asunto, y Judit no lo necesitó ni se molestó en invocarlo.

Desde el primer versículo el lector queda informado de que el libro de Judit no puede de ningún modo considerarse una obra histórica: «*Corría el año duodécimo del reinado de Nabucodonosor, que reinó sobre los asirios en la gran ciudad de Nínive. Entonces reinaba Arfaxad sobre los medos en Acbatana*» (Jdt 1,1).

El error es tan monumental que resulta difícil creer que el autor pudo ser hebreo. En Israel incluso los niños no podían ignorar que Nabucodonosor no reinaba sobre los asirios y que su capital era Babilonia. De hecho, los judíos no incluyen el libro de Judit en su Tora, considerándolo apócrifo.

¿Y cuándo se supone que tuvieron lugar los acontecimientos que se relatan en la obra? He aquí la respuesta: «*Hacía poco que, después del destierro, el pueblo se había reagrupado en Judea y había tenido lugar la consagración del templo y del altar que habían sido profanados*» (Jdt 4,3).

Pero cuando se reagrupó el pueblo en Judea fue después de que Persia hubiera conquistado Babilonia y promulgado su famoso decreto que permitía a los hebreos deportados que lo quisieran volver a casa. Nabucodonosor llevaba entonces al menos cuarenta años muerto y enterrado. El autor nunca se apartó de su equivocación. En los cuatro primeros capítulos de su libro, el estribillo *Nabucodonosor rey de los asirios* aparece cinco veces. No obstante, una vez asumido que muchos de los personajes son ficticios, y que los que no lo son no están en su debido lugar y a menudo tampoco en su debida época, se debe reconocer que al relato no le falta sentido.

El rey había encargado a Holofernes, el jefe de su ejército, la conquista de toda Cisjordania. Holofernes estaba informado del modo de actuar del sanguinario Josué, cuando se apoderó de la mayor parte del país sin dejar un solo ser humano vivo, salvo unas pocas excepciones. Pensó que era un buen método para convencer a la gente de que debía dejarse conquistar sin oponer resistencia, y decidió probarlo al menos una vez.

«*Durante la siega del trigo bajó a la llanura de Damasco, prendió fuego a sus mieses, exterminó a sus rebaños de ovejas y bueyes, saqueó sus ciudades, devastó sus campos y degolló a todos sus jóvenes*» (Jdt 2,27).

Después de aquella advertencia, el pánico corrió por todo el país y las ciudades abrieron sus puertas. Holofernes penetró en ellas sin derramamiento de sangre, instaló guarniciones y reclutó hombres para su ejército. Pero «*había recibido orden de terminar con todas las divinidades de la tierra, a fin de que todas las naciones adorasen solo a Nabucodonosor y todas las lenguas y tribus lo proclamasen dios*» (Jdt 3,8).

Era algo que los israelitas no podían aceptar. Que se destruyera los ídolos y los santuarios de los falsos dioses les parecía bien. Ellos mismos lo hacían cada vez que se les presentaba una ocasión de poder hacerlo. Pero sabían que no se haría ninguna distinción entre los falsos dioses y el verdadero. Así que no quisieron rendirse. Cuando Holofernes estuvo informado de su decisión quiso saber por qué se sentían tan seguros de sí mismos. Consultado Ajior, el jefe de los amonitas, le dijo que si los israelitas hubieran cometido alguna maldad, su dios se enfadaría contra ellos y entonces se dejarían conquistar y avasallar casi sin combatir. De lo contrario, ni intentarlo.

Todos los hijos e hijas de Israel de la región se encerraron en Betulia, una pequeña ciudad fortificada y ubicada en un lugar elevado. Los enemigos acamparon abajo, en el valle. Siguiendo los consejos que les dieron los jefes de los países ocupados, que colaboraban con ellos porque no les gustaban los israelitas: ocuparon la fuente donde los betulianos sacaban toda el agua que necesitaban. A los sitiados solamente les quedaban dos opciones: rendirse o morir por deshidratación. Se fijaron un plazo de cinco días. Si Dios no los ayudaba, al vencer el plazo, se rendirían. Dios no los ayudó y no se rindieron. Quien los ayudó fue una mujer, una hermosa viuda llamada Judit. Vino a hablar con los jefes y les dijo que ella conocía una tercera opción...

Todos sabemos que Judit consiguió seducir a Holofernes y quedarse a solas con él, pero ¿qué pasó exactamente? Nada bueno para Holofernes porque se comportó como un tonto.

«Cuando Judit entró y ocupó su lugar, Holofernes se turbó y presa de la pasión, sintió un violento deseo de poseerla» (Jdt 12,16). Desear a una mujer hermosa es para un hombre algo perfectamente normal. Lo anormal sería no desearla...

Mas para satisfacer su violento deseo, Holofernes escogió la peor táctica: *«El, fascinado por ella, bebió tanto vino como jamás había bebido en los días de su vida»* (Jdt 12,20).

Completamente borracho, se derrumbó sobre su lujosa cama con dosel y quedó inconsciente. Judit pudo así cortarle tranquilamente el cuello con su propia espada, sin que su víctima pudiera ni moverse ni gritar. A Holofernes Judit le hizo perder la cabeza dos veces, la segunda literalmente y sin remedio. Entregó su sangriento botín a su criada, que la estaba esperando detrás de la tienda. Ella puso la cabeza en el saco de las provisiones y ambas salieron del campamento sin atraer la atención. Una vez fuera, subieron corriendo hasta Betulia y entraron en la ciudad por una puerta secreta.

Cuando, a la mañana del día siguiente, los oficiales del ejército asirio penetraron en la tienda para despertar a su general y lo vieron tendido en el suelo, desnudo y sin cabeza, hicieron lo mismo que los israelitas: lloraron y se rasgaron sus uniformes. Entonces todos los soldados los imitaron. Los hombres y las mujeres de Betulia bajaron gritando y tirándoles piedras con sus hondas. Desorientados, los presuntos asirios echaron a correr en todas direcciones, a medio vestir y con sus prendas rasgadas que les caían sobre los pies o se enganchaban en las zarzas del bosque. Corrió la voz por el campo y por las ciudades. Todos los pueblos, incluso los que se habían sometido, empezaron a perseguir a los fugitivos, matándolos con las armas que ellos abandonaban.

Después, los betulianos empezaron a saquear el campamento de Holofernes. Contenía, además de las tiendas y de las armas, tantos objetos de valor o de gran utilidad que para llevárselos y luego repartirlos tuvieron que trabajar durante un mes. A Judit le tocó la lujosa tienda de Holofernes, con todas las riquezas que contenía.

«Nadie se atrevió a amenazar a los hijos de Israel mientras ella vivió, ni mucho después de su muerte» (Jdt 16,25).

Los abedules (Añadido al libro de Judit). Si damos por descontado que el autor del libro de Judit no era judío, supondremos que no era tampoco nativo de Cisjordania y que no dominaba el arameo. Supondremos también que escribió su libro de Judit en griego, pero no era griego porque después de la conquista del imperio persa por Alejandro, ningún griego culto habría caído en tan burdas equivocaciones. Nuestro hombre era posiblemente romano y escritor de historietas y cuentos. Lo cierto es que no era ni remotamente historiador.

No se puede saber dónde tenía su residencia, pero yo apostaría a que vivía en una gran ciudad cosmopolita, como Alejandría de Egipto, donde podía obtener datos para su obra de las numerosas familias judías que allí residían, pero es también plausible que no hubiera salido nunca de Roma, donde no faltaban los judíos.

Como suelen hacer muchos escritores, nuestro historietista se formaba una imagen mental de un personaje, de una escena, de un lugar, y luego lo describía. Imaginó la ciudad donde se habían refugiado los israelitas ocupando la cumbre aplanada de un altozano de suaves y boscosas laderas. Imaginó también, en la base de la colina, una fuente rodeada de abedules, y como el nombre del abedul, en latín, es *betula*, decidió llamar a la ciudad de su cuento *Betulia*. Un nombre muy romano.

Ester, reina de Persia (Decreto reversible). En el libro de Ester, no hay como en el de Judit sorprendentes errores históricos y geográficos. El autor, prudente, echó mano a unos personajes que no aparecen en otros libros del Antiguo Testamento. Creó el rey Asuero porque en Persia tenía que haber un rey, pero ninguno llevó ese nombre. Al israelita Mardoqueo y al amalecita Amán se les atribuyó sendas genealogías. El primero descendía del rey Saúl, el benjaminita; el segundo de Agag, rey de Amalec, que Saúl había vencido y hecho prisionero, pero que luego el profeta Samuel asesinó y descuartizó cuando estaba preso e indefenso. Cada uno era enemigo mortal del otro, y con ellos el autor inyectó mucho empuje a su cuento.

Los acontecimientos narrados tuvieron lugar en Susa, antigua capital de los elamitas y lugar de residencia preferido de los reyes de Persia. En aquella ciudad vivían Mardoqueo y su prima Ester, que era huérfana y se había criado con él.

En el palacio real, durante un banquete que iba a durar, como era costumbre, por lo menos siete días, «*el rey mandó a los siete eunucos destinados a su servicio personal que llevaran ante su presencia, adornada con la corona real, a la reina Vasti, para que la gente y los nobles pudieran admirar su hermosura. Pero la reina Vasti se negó a obedecer la orden que le transmitieron los eunucos*» (Est 1,11-12).

El rey se enfadó con ella, tomó la decisión de repudiarla y decidió sustituirla por otra reina. Las candidatas no faltaban y Mardoqueo se las arregló para que su prima formara parte de ellas. Después de una preparación que duró un año, las pretendientes fueron presentadas al rey, y como Ester era la más bella de todas, el rey la instaló en el trono de la repudiada Vasti.

Mardoqueo, que para estar más cerca de su protegida Ester, se alojaba con los eunucos del palacio, descubrió por casualidad que estaban preparando un atentado contra el rey y los denunció. Los detuvieron, confesaron y los ejecutaron. «*EL suceso fue consignado en la crónica del reino en presencia del rey*» (Est 2,23).

Amán, un descendiente del rey Agag asesinado por Samuel, era el dignatario de más rango y peso después del rey, y todos debían inclinarse ante él. Mardoqueo se inclinaba ante el rey, pero no ante Amán. Este, en vez de enfurecerse abiertamente contra Mardoqueo, urdió un plan para acabar no solamente con él, sino también con todos los israelitas que vivían en Persia. ¡Menuda empresa! en un territorio que en aquella época se extendía desde el Indo hasta el Nilo. El rey aprobó el proyecto sin examinarlo ni exigir explicaciones. Entregó a Amán el agaguita su anillo con el sello real, dejándolo libre de hacer lo que le diera la gana. Luego, se desinteresó del asunto.

Entonces Amán redactó un decreto condenando a los israelitas que tenían su residencia principal en el país; luego envió mensajeros por todo el imperio, «*con cartas en las que se ordenaba destruir, matar y exterminar a todos los judíos, jóvenes y viejos, mujeres y niños, y saquear sus bienes en un solo día, el trece del mes duodécimo*» (Est 3,13).

Amán se impacientaba porque la fecha fijada para la matanza quedaba muy alejada y Mardoqueo, que se sentaba a menudo a la puerta del palacio, ni siquiera se movía cuando él pasaba. Entonces su mujer le sugirió que hiciera una gran horca de veinticinco metros de altura, sin explicar por qué tenía que ser tan alta, y que pidiera al rey permiso para colgar a Mardoqueo de ella. Aquello a Amán le pareció una buena idea, y ordenó a sus servidores que empezaran en seguida a fabricar la horca.

Aquella noche, el rey no lograba conciliar el sueño y no sabía que hacer. Entonces se le ocurrió ordenar que le trajeran los archivos del palacio. Los examinó detenidamente y vio que Mardoqueo le había salvado la vida. Cuando se había registrado el suceso en su presencia, no se había fijado en el nombre del denunciador.

Mala sorpresa. Amán fue al palacio real y solicitó una audiencia porque quería pedir al rey que le permitiera colgar a Mardoqueo. Sin dejarle tiempo para exponer su petición, el rey le preguntó qué se podía hacer para un hombre que se quería honrar. Amán, creyendo que el hombre que se quería honrar era él, contestó: «*Que le traigan vestiduras regias usadas por el rey y un caballo que el rey haya montado y le pongan* *una corona real en la cabeza*» (Est 6,8). Añadió que un alto dignatario del palacio real debía vestir al hombre y pasearlo por la ciudad sobre el caballo. Al rey la sugerencia le pareció bien y anunció a Amán que el dignatario sería él. Le ordenó: «*Toma las vestiduras y el caballo, como has dicho, y haz todo esto con el judeo Mardoqueo*» (Est 6,10). Amán se sorprendió y comprendió en seguida que ya no podía pedir al rey permiso para colgar a Mardoqueo. No le quedaba otra alternativa que la de obedecer. Además, tuvo que inclinarse ante Mardoqueo antes y después de pasearlo por la ciudad montando el caballo del rey.

El segundo día de un banquete organizado por Ester, y en presencia de Amán, el rey le dijo a ella: «*Te daré lo que me pidas, reina Ester; aunque sea la mitad de mi reino, te será concedido*» (Est 7,2).

Como a ella no le interesaba la mitad del reino, aprovechó la oferta para informar al rey de lo que había tramado Amán. El rey no se lo podía creer, pero cuando vio que Amán empezaba a temblar y que su semblante cambiaba de color, comprendió que Ester decía la verdad. Salió al jardín para reflexionar antes de tomar una decisión. Cuando volvió, Ester estaba sentada sobre un canapé y Amán, inclinado encima de ella, le pedía en voz baja que intercediera ante su real marido para que a él le perdonara la vida. El rey se imaginó que estaba tratando de besarla. Se enfureció y gritó: «*Y se atreve a violentar a la reina en mi propio palacio*» (Est 7,8).

Se calmó cuando uno de sus servidores se acercó para avisarle que en la casa de Amán había una gran horca que había preparado para colgar a Mardoqueo. El rey entonces dijo a sus invitados y a todas las personas presentes que la horca de Amán se iba a estrenar aquella misma noche, y su aterrorizado propietario comprendió en seguida que el honor de estrenarla sería para él.

Después se invirtieron las disposiciones tomadas. El rey entregó a Mardoqueo su anillo con el sello real, diciéndole que podía hacer lo que le pareciera mejor para los judíos de Persia, sin caer en la cuenta de que lo mejor para los judíos seria lo peor para los persas. En seguida, Mardoqueo redactó otro decreto que impugnaba el primero, y despachó mensajeros por todo el territorio. El resultado fue que los judíos, en vez de ser eliminados, eliminaron a todos los que no les gustaban. Como el decreto de Mardoqueo llevaba el sello real pudieron hacerlo en toda legalidad. El decreto incluía castigos inspirados de las campañas de exterminación perpetradas por los israelitas en su *tierra prometida*. Por ejemplo: «*Toda ciudad o región que no obedezca estas disposiciones será arrasada con ira a lanza y fuego*» (Est 8, 12).

Entonces muchos persas, para quedar con vida, renegaron de su dios Ahura Mazda. No dudaban en afirmar que eran israelitas, y se sospechaba que en algunas familias los varones se circuncidaban los unos a los otros, por si a los exterminadores se les ocurriera verificar. Aun así los judíos mataron a setenta y cinco mil personas, pero no se apoderaron de sus bienes, a sus ojos impuros. De esto se encargaron los vecinos.

Tanto Mardoqueo como Amán abusaron del poder que les había otorgado el despreocupado rey. Cuando a éste le comunicaron el número de las víctimas persas debidas al decreto de Mardoqueo, no se lamentó ni se rasgó las vestiduras. Al contrario, preguntó a Ester si quería algo más, y ella le pidió que se colgaran de la horca de Amán los cuerpos de sus diez hijos. El rey dio órdenes para que se hiciera y a ella le regaló la casa de Amán.

En el libro de Ester no se cita ni se hace alusión a ningún hecho que se pueda considerar histórico, y el papel de Ester es más bien secundario. Las masacres mencionadas no habrían podido suceder en Persia, porque el mazdeísmo —la religión que practicaban los persas— exigía que sus adeptos fueran justos y tolerantes. La sola verdad histórica que se puede ver en el libro de Ester es el odio persistente que reinaba entre amalecitas e israelitas. Tenía sus raíces, como ya hemos visto, en el Éxodo, cuando las hordas de Moisés invadieron el territorio donde pastaban los rebaños de los amalecitas.

Para sacar partido a esa realidad, el autor, quizá un judío poco religioso, creó dos personajes: Amán, descendiente de Agag, el amalecita, y Mardoqueo, descendiente de Saúl, el benjaminita. Los enfrentó a lo largo de toda la obra, dando finalmente la victoria a su preferido.

97. LOS MACABEOS

En los libros del Antiguo Testamento se salta de Ester a los Macabeos. Queda entre ambos libros un espacio de tiempo considerable, que no existiría si se hubiera colocado después del libro de Ester los Sapienciales, los Poéticos y los Proféticos, en vez de los Macabeos. Estos cronológicamente deberían estar en el antepenúltimo lugar. En el penúltimo estarían los Asmoneos y en el último, el libro de la Sabiduría. En la Biblia de la Conferencia Episcopal, los Asmoneos no aparecen y en la de Jerusalén se citan en la *síntesis cronológica*, al final del libro, lo que desde luego es mejor que nada.

El primer libro de los Macabeos es obviamente histórico. Es más, refleja casi toda la historia de Israel durante un período de cuarenta años, en especial las hazañas de Judá Macabeo, pero la historia de Israel no acaba con los Macabeos...

Salgo y me paseo meditabundo por mi terraza sin darme cuenta de que Albert está en su jardín y me ha visto. Me llama y doy un respingo.

—Lo siento, no quería asustarte.

—No me has asustado, me has sorprendido. Me estaba preguntando qué iba a decir sobre los libros de los Macabeos. Lo he pensado bien y mi conclusión es que no tienen absolutamente nada de divertido. Creo que lo mejor que pueda hacer es pasarlos por alto.

—¡Claro que no son divertidos! Pero a mí me parecen interesantes. Me habías aconsejado que los leyera. Pues, los he leído. Deberías tratar de sacarles algún comentario para tu libro.

—Es que ahora mi propósito, como ya sabes, es escudriñar en los libros del Antiguo Testamento hasta dar con los hechos graciosos que se esconden en ellos. Los necesito para amenizar las escenas de violencia o de perfidia que en estos libros abundan. Además, estoy resentido con la Iglesia Católica, porque no incluye en sus Biblias un libro de los Asmoneos. Sus reyes y sus sacerdotes no fueron peores que sus homólogos de la dinastía de David, y hubo entre ellos una carismática reina, que ocupó el trono de Israel durante al menos nueve años.

—¡No me digas!

A pesar de lo que había dicho a Albert, cuando estuve de nuevo solo en mi pequeño despacho pensé que el lector que tuviera la paciencia de seguirme hasta llegar conmigo a los Macabeos, quizá se preguntaría quiénes eran aquellos hombres y qué pintaban en el Antiguo Testamento. Entonces leí una vez más la *Introducción a los libros de los Macabeos*. La primera frase retuvo toda mi atención, por lo que decidí citarla aquí: «*Los libros de los Macabeos tratan de un periodo crítico de la historia del pueblo judío (175-134 a. C.): Su enfrentamiento a la helenización impuesta por los reyes seléucidas, sucesores de Alejandro Magno en Siria. Este enfrentamiento, motivado por la defensa de su libertad religiosa y política, tuvo lugar cuatro siglos después de la caída de la monarquía davídica (587 a. C.)*».

Luego, empecé a examinar el asunto desde un punto de vista distinto del que había adoptado antes, y tuve que admitir que era un tanto arbitrario. Entonces, lo pensé mejor y decidí seguir los consejos de mi vecino y amigo.

El primero de los Macabeos fue Matatías. Murió y le sucedieron sus hijos, uno después de otro. Cuando los enemigos conseguían, a duras penas y con grandes bajas, acabar con uno, otro tomaba el relevo.

Matatías se señaló por tomar la decisión de luchar incluso el sábado, algo que antes se castigaba con la muerte. Al parecer esto funcionó bastante bien, aunque arremetieran primero contra sus desprevenidos compatriotas que mantenían relaciones demasiado amistosas con los griegos y sus dioses.

«*Organizaron un ejército y descargaron su ira contra los pecadores y su cólera contra los apóstatas*» (Mac 2,44). Y también «*circuncidaron por la fuerza a los niños no circuncidados que encontraban en territorio israelita*» (Mac 2,46).

—Y a los adultos no circuncidados —preguntó Burrito cuando me oyó reportar el hecho a Albert—, ¿qué les hacían?

—A ellos no les hacían nada —comenté yo—, No iban a molestarse en circuncidarlos, cuando era más rápido y más fácil matarlos.

«*A Matatías le sucedió su tercer hijo, Judas, apodado Macabeo*» (Mac 3,1). Durante seis años, Judas peleo contra los sirios y otros pueblos vecinos pro griegos, que para los israelitas eran enemigos. Finalmente y a pesar de haber obtenido de Roma un tratado de mutua defensa, Judas Macabeo fue vencido y matado por el general seléucida Báquides, entonces gobernador de Siria y otros países del este. Le sucedió Jonatán Macabeo, su hermano mayor.

«*Con la muerte de Judas volvieron a surgir apóstatas por todo el territorio de Israel y levantaron cabeza todos los malhechores*» (Mac 9,23).

Ignoro y no deseo saber cómo Jonatán se las arregló con los apóstatas y los malhechores. Lo más importante que hizo fue conseguir negociando lo que Judas no había ni logrado ni soñado luchando: la paz, al menos con Báquides y sus tropas. «*Báquides aceptó* —la oferta de paz— *y accedió a las peticiones de Jonatán. Juró no hacerle daño en toda su vida y le devolvió los prisioneros que había capturado. Partió luego para su tierra y no volvió más a territorio judío*» (Mac 9, 71-72).

Por desgracia para Jonatán, cayó en una trampa que le habían tendido los habitantes de Tolemaida. Ellos lo apresaron con los hombres que le acompañaban y luego debieron de matarlos a todos, porque ninguno volvió.

Con el último de los Macabeos, arranca la dinastía de los Asmoneos. Otro de los hijos de Matatías, el sumo sacerdote Simón, sucedió a su hermano Jonatán. Murió a manos de Ptolomeo, su propio yerno, quien había formado una coalición para derribarlo. Se mataron también a dos de los hijos de Simón, pero el tercero, Juan Hircano, escapó, se proclamó sumo sacerdote y fue el primer rey de la dinastía de los Asmoneos. Reinó de 135 a. C. a 105 a.C.

Le sucedieron:

Aristóbulo I (104-103 a.C.).

Alejandro Janeo (103-76 a.C.).

Salomé Alejandra (76 a. C.-67 a.C.).

Aristóbulo II (67 a. C.-63 a.C).

Hircano II (63 a. C.-40 a.C). Como vasallo de Roma.

Cada monarca asumía también la función de sumo sacerdote, salvo la reina Salomé Alejandra. Durante su reinado, el sumo sacerdote fue el futuro rey Hircano II, su hijo.

Con Hircano II, la dinastía de los Asmoneos se extinguió. El rey que le sucedió, también como vasallo de Roma, fue Herodes el Grande, quien reinó hasta su muerte, en 4 a.C.

98. JOB, SATÁN Y LOS HIJOS DE DIOS

Job, el hombre más rico del país, «*poseía tres mil camellos, siete mil ovejas, quinientas yuntas de bueyes, quinientas burras y una servidumbre numerosa*» (Job 1,3).

La servidumbre numerosa, la necesitaba para alimentar, cuidar y vigilar a tanto ganado. Job tenía también tres hijas y siete hijos. Era un hombre feliz y respetado.

Llegada de los hijos de Dios y de Satán. «*Un día los hijos de Dios se presentaron ante el Señor; entre ellos apareció también Satán*». El Señor preguntó a Satán «*¿de dónde vienes?*». Satán respondió al Señor: «*de dar vueltas por la tierra; de andar por ella*» (Job 1,6-7).

¡Hola, Señorito Yavé! Pasó mucho tiempo desde la última vez que tuve la ocasión y el placer de charlar Contigo. Veo que tus hijos han venido a hacerte una visita. Siento curiosidad por saber cuántos son y cómo se llaman, pero no te lo voy a preguntar porque no te gustaría y sé de antemano lo que me responderías si pudieras comunicarte con nosotros los humanos: «Son numerosos y se llaman hijos de Dios». Pero ¡qué tolerante te has vuelto, amigo! Satán da vueltas por el mundo y viene a verte con tus hijos. Ya sospechaba yo que tu supuesta intolerancia era pura calumnia, una excusa de los hombres para justificar sus desvaríos y sus crímenes. La verdad es que eres ahora la tolerancia divinizada. Le dices a Satán, como si estuvieras hablando con un viejo amigo: «*¿Te has fijado en mi siervo Job? En la tierra no hay otro como él; es un hombre justo y honrado que teme a Dios y vive apartado del mal*» (Job 1,8).

Satán respondió, con tono burlón aunque amable, que si Job era bueno, honrado y generoso, era porque siendo muy rico podía permitírselo sin que le faltara nada de todo lo que pudiera desear.

«Estás equivocado, Satancito —objetó el Señor—, y te lo voy a demostrar». Luego añadió: «*Haz lo que quieras con sus cosas pero a él no lo toques*» (Job 1,12).

Al cabo de unos pocos días el proyecto pasó repentina y trágicamente de la fase teórica a la fase activa y destructora. Mientras Job estaba comiendo en su casa, llegó un mensajero para avisarle de que unos cuatreros se habían llevado sus bueyes y sus burras, matando de paso, antes de huir al desierto, a los hombres que los cuidaban. Poco después llegó la noticia de que todas sus ovejas habían perecido en un incendio, junto con los pastores que estaban con ellas. Mientras tanto, los caldeos se hicieron con todos sus camellos, después de apuñalar a sus guardianes. Luego Job supo que sus siete hijos y sus tres hijas habían muerto «*cuando un huracán cruzó el desierto y embistió por los cuatro costados la casa, que se derrumbó sobre los jóvenes y los mató*» (Job 1,19).

El narrador se equivocó o quiso engañar al lector, puesto que un solo huracán no puede soplar simultáneamente por los cuatro costados de un edificio. Tuvieron que actuar al mismo tiempo cuatro vientos, viniendo de los cuatro puntos cardinales, que al acercarse a la casa cobraron fuerza y la golpearon todos a la vez y por sus cuatro lados, para así aplastar por completo a sus ocupantes. Es increíble lo que Dios y Satán llegan a hacer cuando decidan unirse para gastar una malévola broma a los hombres.

Digresión sobre el canibalismo ritual. Cuando a Job no le quedó otra cosa que la ropa que llevaba encima, en vez de cuidarla bien, ese tonto «*se rasgó el manto, se rapó la cabeza, se echó por tierra y dijo: Desnudo salí del vientre de mi madre y desnudo volveré a él*» (Job 1,21).

—¿Qué significa esto? —me preguntó Albert—, pensaba yo que los creyentes, una vez muertos, se iban al cielo, al purgatorio o al infierno. Nunca he oído decir ni he leído que alguien haya vuelto al útero de su progenitora.

—Al útero, no; pero pensándolo bien, creo que no habría sido del todo imposible que Job fuera a parar al vientre de su madre... pasando por su estómago. Pero ella debía solicitar ayuda: Alguien tenía que matar a Job, desnudarlo como él quería, desollarlo y trincharlo en trocitos que su madre habría salado, secado al sol y luego cocinado y comido poco a poco. Esto puede parecerte tonto, ¿verdad? Pero, a diferencia de muchas de las historias que se cuentan en la Biblia, es posible. Se hizo en muchos países del mundo y quizá todavía se practica, como ritual. Hace unos sesenta años, un compañero y yo sorprendimos sin quererlo, en el centro dental de Nha Trang (Vietnam), a nuestro guardia africano llevándose a la boca un trocito de cecina que acababa de sacar de una pequeña caja. Cuando nos vio, se sobresaltó y en seguida nos rogó: «Por favor, no la toquéis, es carne secada proviniendo de un brazo de mi padre fallecido...».

—Así que aquel hombre comulgaba literalmente —comentó Albert— con el «espíritu» de su padre, comiéndose un fragmento de su cuerpo. Esta costumbre se parece sospechosamente a la eucaristía, con la diferencia de que él se zampó de verdad un pedacito de su antepasado, mientras que lo que ingieren los cristianos no es más que un pastelillo cocido sin levadura.

Nueva visita de los hijos de Dios y de Satán. Los hijos de Dios volvieron a visitar a su padre y, una vez más, su amigo Satán los acompañaba. En seguida Dios le preguntó si se había fijado en su siervo Job, que a pesar de haberse vuelto el hombre más pobre del país persistía en su honradez. Satán le dijo que si lo golpeara con enfermedades, seguro que lo maldeciría. El Señor le respondió: «*Haz lo que quieras con él pero respétale la vida*» (Job 2,6).

Dios no tuvo que repetírselo, Satán en seguida «*hirió a Job con llagas malignas, desde la planta de los pies a la coronilla*» (Job 2,7). Job cogió un trozo de teja para rascarse las heridas y se tumbó en el polvoriento suelo mientras su mujer se burlaba de su obstinación en no maldecir a Dios. No le hizo caso y la llamó necia.

Tres amigos vinieron a hacerle compañía y trataron de consolarlo. Todos hablaron mucho, casi siempre en versos, y la charla se prolongó hasta el capítulo 32. Después llegó Elihú, otro amigo de Job, y él también habló en versos y no se detuvo antes de haber alcanzado el capítulo 37. Tomó el relevo el mismísimo Dios, pero él habló desde una tormenta y con una voz tomada prestada, hasta que por fin calló al tropezar con el epílogo.

Como Job, a pesar de su desgracia, no había maldecido a Dios una sola vez, ni siquiera en sus peores pesadillas, Satán reconoció honradamente que había perdido la apuesta. Así que a Job le curaron sus llagas y le devolvieron todo el ganado que le habían quitado, pero duplicándolo. «*Job llegó a poseer catorce mil ovejas, seis mil camellos, mil yuntas de bueyes y mil borricos*» (Job 42,12).

Desproporción: seis mil camellos y ninguna vaca... ¿Qué puede hacer una persona con seis mil camellos, que se deben alimentar, cuidar y vigilar? Sin hablar de la envidia e incluso del odio que puede generar tal alarde de riquezas. Una cantidad de camellos mil veces menor y dos docenas de asnos bastaban, y a Job le habrían causado menos problemas. Para un hombre del campo y su familia seis camellos eran más que suficientes, con algunas yuntas de bueyes y sobre todo vacas, buenas vacas para ordeñar a diario, pero que al parecer Job no tenía...

La generosidad de Dios y de Satán no acabó con el ganado. Como no podían devolverle los diez hijos que le habían matado con sus vientos cruzados, hicieron que tuviera otra vez tres hijas, todas hermosas, y siete hijos. Pero no se les pasó por la cabeza aprovechar la oportunidad para repartir más equitativamente los sexos en la prole de Job, regalándole cinco hijas y cinco hijos.

Finalmente, «*Job murió anciano tras una larga vida*» (Job 42,17).

El libro de Job acaba con esta bonita redundancia, difícil de trastocar sin caer en lo absurdo, porque no se puede morir anciano tras una corta vida, ni morir joven tras una larga vida.

99. PEQUEÑOS ACIERTOS Y GRANDES EQUIVOCACIONES

He decidido no meterme con los Salmos, no por miedo a divinas represalias sino porque ante las ciento veinte páginas de irracionalidad en versos de la obra, me encontré tan desanimado que la dejé a un lado. Seguí adelante y me detuve al llegar a los Proverbios, y luego pasé al libro de Qohélet, llamado Eclesiastés, sin salir de este capítulo 99, porque ambas obras tienen en común un texto que parece haber sido despojado de toda alusión a Dios y a la religión. Esa particularidad suscitó interesantes reacciones y declaraciones de los autores y comentaristas bíblicos. En la introducción al libro de los proverbios, se puede leer: «*En Proverbios parece estar aus-*

ente el hábito teológico que caracteriza a la literatura bíblica para dejar paso, en líneas generales, a consideración de tipo pragmático, a una normativa social que ayude al individuo a ordenar su vida». En efecto, y esto es precisamente lo que a mí me gusta: ese paso abrupto de la fantasía a la realidad, de lo divino a lo humano...

Acerca del libro de Qohélet, llamado Eclesiastés, el comentador da un paso más diciendo: «*Sorprende en esta pequeña obra el espíritu librepensador de su autor, respecto a la tradición teológica de su pueblo*». También es sorprendente, y encomiable, que uno de los primeros librepensadores de la historia en dejar su impronta hasta en la Biblia haya sido, además, un israelita.

Como todos los libros bíblicos llamados Sapienciales, el libro de los Proverbios se atribuye al rey Salomón. Ahora todos sabemos —aunque unos pocos testarudos siguen sin admitirlo— que Salomón no fue el autor de ninguno de ellos, porque cuando fueron escritos llevaba ya bastante tiempo muerto. Los Proverbios, que en mi Biblia ocupan treinta y seis páginas, son una selección de sentencias y refranes, a veces presentados como consejos dados por un padre a su hijo. Vienen a continuación algunos ejemplos; a cada uno le siguen mis propios opiniones, críticas y comentarios, que no son en absoluto inmunes a los fallos de memoria y a la contaminación por fuentes equivocadas...

1. Libro de los Proverbios

«*Escucha, hijo mío, recibe mis palabras, y aumenta los años de tu vida*» (Prov 4,10).

Si el padre enseña a su hijo a comer sano, a beber sin emborracharse, a practicar deporte y a no desafiar a hombres más fuertes o más diestros que él en el manejo de las armas, seguramente vivirá más.

«*El impulsivo comete locuras, el reflexivo se muestra paciente*» (Prov 14,17) Puesto que el impulsivo no puede ser paciente y que el reflexivo no suele cometer locuras, no veo que provecho se puede sacar de este proverbio.

«*Las canas son corona de gloria, el fruto de una vida honrada*» (Prov 16,31). Esta afirmación es una sonada tontería. En todos los tiempos han existido delincuentes famosos con el cabello como la nieve. Si las canas fueran *corona de gloria*, los peores criminales no dudarían en decolorarse el pelo para parecer honrados.

«*No está bien favorecer al culpable ni declarar culpable al inocente*» (Prov 18,5). ¡Claro que no está bien! En mi opinión es uno de los actos más abyectos que se pueda cometer, e igual de infame es el culpable que deja que se condene en su lugar a un inocente.

«*La soberbia lleva a la ruina, la humildad conduce al triunfo*» (Prov 18,12). La soberbia puede a veces llevar a la ruina, casi siempre después de pasar por el triunfo. Pero la humildad no conduce ni al triunfo ni a la ruina: no conduce a ninguna parte.

«*Un obsequio abre al hombre caminos, le permite llegar hasta los grandes*» (Prov 18,16). Con esta mal disimulada exhortación a practicar el soborno, se nota que el autor de los Proverbios se ha dado cuenta de que siendo humilde no se obtiene nada...

«*El perezoso mete la mano en el plato, pero es incapaz de llevarla a la boca*» (Prov 19,24). Contra este trastorno existe un remedio infalible: Al perezoso dejadlo tres días sin comer nada y el cuarto día servidle un apetitoso guiso de ternera. Veréis como va a levantar la mano...

«*La necedad se pega al corazón del joven, la vara de la corrección la despegará*» (Prov 22,15). Pues no, porque la necedad no es un delito, sería más bien una enfermedad, y no se puede lograr que uno sea menos tonto pegándolo.

«*Respuesta con tino es beso en los labios*» (Prov 24,26). Acerca de este equívoco refrán prefiero no opinar, porque ignoro en qué sentido lo entendía el autor. Que cada uno lo interprete como le convenga.

«*Si encuentras miel, come lo justo, no sea que te empaches y vomites*» (Prov 25,18). Darse un atracón con miel que no haya sido untada sobre pan o galletas me parece difícil. ¿Pero a qué viene esto, entre un versículo sobre la paciencia y otro acerca de las visitas a los vecinos? (no citados).

«*Si tu enemigo tiene hambre, dale de comer; si tiene sed, dale de beber. Así amontonarás brasas sobre su cabeza*» (Prov 25, 21-22). Tal actuación con un enemigo de verdad no está exenta de riesgos. En el mejor de los casos, tu enemigo se volverá tu más fiel amigo. En el peor, se disgustará tanto que deseará matarte y quizá lo haga. Naturalmente, entre estos dos extremos cabe toda una gama de posibilidades.

«*Meterse en discusión ajena es como agarrar un perro por las orejas*» (Prov 26,17). Bien observado y bien dicho. Con este refrán se debe reconocer que al autor no le falta por completo el sentido del humor.

«*Quien cava un hoyo cae en él; a quien rueda una piedra se le viene encima*» (Prov 26,27). Para cavar un hoyo de cierta profundidad tienes que estar dentro, no fuera, así que no puedes caerte en él. En cuanto a la piedra, tan sólo te puede venir encima si, queriendo emular a Sísifo, la empujas cuesta arriba.

Última sonrisa: «*Son leales los golpes de un amigo, engañosos los besos del enemigo*» (Prov 27,6). Yo opino que si das golpes —leales o desleales— a tus amigos, no tendrás más amigos. Pero podrás conseguir otros besando a tus enemigos, y también a tus enemigas.

2. **El atípico Eclesiastés**. En la introducción al libro del Eclesiastés nos explican que este título es la traducción aproximada de la palabra hebrea *Qohélet*, nombre que se da el autor de esta pequeña y curiosa obra. Una obra que debería más bien llamarse libro de Qohélet, lo que excluiría todo riesgo de confusión con otro libro bíblico titulado *Eclesiástico*.

Como en el primer versículo de su libro Qohélet se dice *hijo de David*, se creyó al principio que el autor era Salomón, al que se atribuyó también el *Cantar de los cantares*, los *Proverbios* y el *libro de la Sabiduría*. Ahora se reconoce casi unánimemente que ninguno de aquellos libros fue redactado en la época de Salomón, porque el hebreo de los textos originales ya había sido contaminado por palabras y expresiones arameas. El *Eclesiastés* pudo haber sido redactado en la época de Esdras o incluso más tarde.

La persona que se hacía llamar Qohélet aparece como un hombre culto —él diría *sabio*— y un tanto escéptico. Su texto puede ser irónico, contradictorio, desconcertante y con giros insospechados. «*En cuanto al contenido, no pueden pasar desapercibidas las aparentes contradicciones que apuntan en diferentes lugares. Nuestro autor ofrece puntos de vista que parece no tener interés en armonizar*» *(Introducción al libro de Eclesiastés)*.

«*Yo Qohélet fui rey de Israel en Jerusalén. Me dediqué a investigar y a explorar con método todo lo que se hace bajo el cielo*» (Ecl 1,12-13). Sorprendente, no... Investigar era una ocupación poco común en su época, y que luego sería sancionada por las religiones y las sectas nacidas del cristianismo. Además, él lo hacía metódicamente. Solo le faltaba experimentar para igualarse a nuestros modernos científicos.

«*El único bien del hombre es comer y beber, y regalarse en medio de sus fatigas*» (Ecl 2,24). Olvidas algo muy importante, Qohélet, olvidas el amor.

He aquí, reducida a ocho estrofas, una muestra de lo que el autor llama «sentido del tiempo» y que para el comentador bíblico del capítulo es «un poema justamente famoso»:

«Todo tiene su momento, y cada cosa su tiempo bajo el cielo»:
«Tiempo de nacer, Tiempo de morir;
Tiempo de plantar, tiempo de arrancar;
Tiempo de destruir, tiempo de construir;
Tiempo de llorar, Tiempo de reír;
Tiempo de buscar, tiempo de perder;
Tiempo de arrojar piedras, tiempo de recogerlas;
Tiempo de rasgar, tiempo de coser;
Tiempo de callar, tiempo de hablar;
Tiempo de amar, tiempo de odiar;
Tiempo de guerra, tiempo de paz» (Ecl 3,1-8).

«Y considero más felices a los muertos, que ya no existen, que a los vivos que todavía viven; y pienso que todavía es más feliz quien no ha existido, pues no ha visto las barbaridades que se cometen bajo el sol» (Ecl 4,2-3). Te equivocas, Qohélet: tanto los que están muertos como los que no han nacido no pueden ser ni felices ni desgraciados. Los primeros porque no les queda memoria para recordar las barbaridades que han visto, como por ejemplo las que se esconden en tu Eclesiastés; y los segundos... No hay segundos porque, como tú dices, no han existido.

De cuando en cuando, Qohélet se acuerda del Señor y aprovecha la ocasión para dar buenos consejos: *«Cuando lleves un asunto ante Dios, no tengas prisa en hablar ni tomes decisiones precipitadas. Dios está en el cielo y tú en la tierra»* (Ecl 5,1).

«*Más vale el día de la muerte que el del nacimiento*» (Ecl 7,1). Siento tener que decirte, Qohélet, que te equivocas hasta las orejas. Cuando nacemos todavía no estamos conscientes de que existimos, y si sufrimos no nos damos cuenta y no podemos recordarlo. Pero cuando tenemos que morir, si nadie nos asesina limpiamente y por sorpresa podemos pasarlo muy mal, pero tampoco podemos recordarlo.

«*El sabio tiene el corazón a la derecha, el necio lo tiene a la izquierda*» (Ecl 10,2). El autor, siendo un sabio, no podía ignorar que todos tenemos el corazón en la parte izquierda del cuerpo: pero era también un bromista y al propagar esa creencia solo pretendía fastidiar a los necios, que al darse cuenta de que los latidos de su corazón provenían de la izquierda, lo creyeron. Pero también Qohélet estaba equivocado, porque creía que el pensamiento y los sentimientos se cocinaban en el corazón. De esta creencia quedan huellas en el mundo moderno, que se manifiestan cuando decimos, por ejemplo, que un hombre tenía un buen corazón, aunque sabemos que acaba de morir de un infarto del miocardio.

«*No critiques a un poderoso, ni siquiera en tu habitación, pues un pajarito correría la voz*» (Ecl 10,20). Este consejo es tan viejo como el mundo y, no obstante, está siempre de actualidad. Olvidarlo todavía nos puede causar disgustos y problemas.

100. VERSÍCULOS ERÓTICOS (Cantar de los cantares)

No se sabe ni cuándo ni dónde ni por quién fue escrito el *Cantar de los cantares*. Todo lo que se puede afirmar es que su autor no pudo ser el rey Salomón, y que el escrito no es más antiguo que los otros libros que tradicionalmente se le han atribuido. Podría incluso ser más reciente.

En el Cantar, Dios no se entromete y los amantes se las arreglan muy bien sin su ayuda. Ellos mismos asumen la plena responsabilidad de sus pensamientos y de sus actos. No se lamentan, no se quejan, no invocan al Señor y tampoco lo maldicen. Lo ignoran. Son una prueba flagrante, incluida en la Biblia, de que Dios no es en absoluto necesario. De hecho, cuando los seres humanos se empeñan en meterlo en sus asuntos, no hace más que complicarlos.

En el cantar no vi una sola vez la palabra *Dios*, ni la palabra *Señor*, pese a que en la introducción al libro se dice: «*El nombre divino aparece tan solo una vez, y de forma abreviada*». ¿Y dónde está el nombre divino abreviado? Pues en el epílogo (versículo 8,6), en la penúltima página del libro. En el citado versículo la amada pide a su amado *que la guarde indeleblemente en su corazón, y que en su brazo se haga grabar su nombre*.

En este versículo no hay ningún nombre divino abreviado, pero hay el adjetivo femenino y no abreviado *divina*: «*Grábame como sello en tu corazón, grábame como sello en tu brazo, porque es fuerte el amor como la muerte, es cruel la pasión como el abismo; sus dardos son dardos de fuego, llamaradas divinas*» (Cant 8,6).

Esto no tiene nada que ver con Dios ni con el cielo, porque en los cielos todo lo divino es masculino. Dios es necesariamente varón; si no lo fuera, lo llamarían Diosa. Los ángeles, como los eunucos, no tienen femenino. No existen ángelas, ni *eunucas*. Los hijos de Dios al parecer no tienen hermanas. En cuanto a Satán y a sus acólitos, se supone que todos son machos. ¡Qué triste y aburrida debe de ser la vida en el cielo! Y también en el infierno.

Los personajes principales del Cantar son Sulamita y Salomón y no cabe duda de que el autor se refería a Salomón, hijo de David. De haberlo conocido, viéndolo con su escandaloso harén de varios centenares de esposas y concubinas, y además buscando los favores de diosas exóticas, habría escogido un amante más digno para Sulamita. De todo lo que se dicen los enamorados, solo citaré algunos pasajes escogidos entre los que me gustan más o me parecen divertidos. Los lectores que quieran leer toda la historia la encontrarán en mi Biblia favorita a partir de la página 1.053, y a partir de la página 821 en la de Jerusalén.

Habla la amada: «*Soy morena pero hermosa, muchachas de Jerusalén. No os fijéis en mi tez morena, pues el sol me ha bronceado*» (Cant 1,5-6). Sulamita hablaba como si tener el pelo negro y la tez morena fuera una imperfección. Es posible que temiera que la confundieran con una de las trabajadoras del campo, que se quedaban casi todo el día al sol.

Habla el amado: «*Te comparo, amada mía, a la yegua de la carroza del faraón ¡Bellos son tus flancos oscilantes, y bello tu cuello entre collares!*» (Cant 1,9). Salomón compara su amada a una yegua pero Sulamita no puede enfadarse, porque la yegua es la que tiene el honor de llevar de paseo al faraón, tirando de su carroza.

Habla también el poeta: «*¡Mira la litera de la Sulamita! Sesenta valientes la escoltan, de los más valientes de Israel*» (Cant 3,7). Sulamita es una princesa; viaja en una litera y con una escolta, pero el autor de la historia no dice de qué país era originaria. Sigue hablando el amado y seguirá hablando hasta el final, pero sin desviarse de los versículos que yo en este texto le he asignado, porque me parecen los más dignos de interés:

«*¡Qué bella eres, amada mía, qué bella eres! Palomas son tus ojos tras el velo. Tus cabellos como un rebaño de cabras que triscan por la sierra de Galaad. Tus dientes, cual hato de ovejas trasquiladas*» (Cant 4,2).

Al falso Salomón del Cantar no le salían bien las comparaciones. Ponían de manifiesto que no era un verdadero rey. Para describir poéticamente a una mujer hermosa, el hijo de David habría escogido las piedras preciosas y el oro, no las palomas, las cabras y las ovejas, tan feas cuando están recién esquiladas.

«*Tus pechos* —continúa Salomón— *son dos crías mellizas de gacela que pacen entre rosas*» (Cant 4,5). He visto en

África muchas gacelas, de tres especies distintas, con cuernos y sin ellos, y puedo afirmar que ninguna de ellas se parecía, ni remotamente, a los pechos de una mujer.

«*La juntura de tus caderas es un collar, tu ombligo una ánfora redonda*» (Cant 7, 2-3). Las comparaciones son un poco menos disparatadas pero le queda mucho que aprender.

«*Se asemeja tu talla a una palmera y tus pechos a racimos. Me dije: treparé a la palmera, cosecharé sus dátiles*» (Cant 7, 8-9). No ha aprendido nada, y ahora cae en lo estrafalario. Compara su amada a una palmera y sus pechos a racimos de dátiles. Lo mejor es que se propone trepar a la palmera. Al pobrecito la intensidad de su amor por Sulamita le habrá secado los sesos. ¡Y cómo iba a darse cuenta! si él también creía, como Qohélet y toda la gente de su época, que los sentimientos germinaban en el corazón.

Los pechos de la hermanita. Ya se hizo alusión al epílogo del Cantar, al comienzo del este capítulo, pero después del epílogo vienen los «*apéndices*», que arrancan con algunos versos cargados de sobrentendidos, como los siguientes:

Tenemos una hermanita, sin pechos todavía.
¿Qué haremos con nuestra hermanita cuando sea pedida?
Si es una muralla, la coronaremos con almenas de plata.
Si es una puerta, la reforzaremos con tablones de cedro"
(Cant 8, 8-9).

En los comentarios se sugiere que «*Tal vez esta hermana pequeña, cuya integridad es protegida, es Jerusalén, ciudad amurallada y con puertas bien cerradas*». Pero en otro comentario, quizá de otra persona, se opina que «*Sin embargo bien puede referirse a la muchacha que no supo guardar su viña*».

Pero la hermanita creció, y también sus pechos, y entonces quien habla es ella:

Yo soy una muralla, y mis pechos como torres;
pero a sus ojos, soy embajadora de paz.

Salomón tenía una viña en Betleamón (ver nota al final);
arrendó la viña a los guardas
y cada uno le entregaba por sus frutos mil siclos de plata.
Mi propia viña es para mí, los mil siclos para ti, Salomón,
y doscientos para los guardas (Cant 8, 10-12).

¡Qué reparto tan extraño! La hermana, ya adulta y con grandes pechos, se queda con la viña de Salomón; él se pone la plata en los bolsillos, y los guardas cobran doscientos siclos de proveniencia desconocida. En el comentario bíblico referente a estos dos últimos versículos, se hace alusión a «*la prostitución sagrada y a la venalidad de los sacerdotes (los guardianes de la viña)*».

Nota: Quizá el autor quiso escribir Betelamón o Betel Amón. En la Biblia de Jerusalén, la viña está en Baal Hamón. Sigue un comentario corto: localidad desconocida. La localidad, quizá; pero no el dios Baal, ni el nombre o apellido Amón (o Hamón). En el Antiguo Testamento al menos tres personajes lo llevaron.

101. EL MISÓGINO (Eclesiástico o Sirácida)

El Eclesiástico es el único libro del Antiguo Testamento cuyo autor es conocido. Se llama Jesús, hijo de Eleazar, hijo de Sira. Para descartar todo riesgo de confusión con cierto mesías que varios siglos después llevaría el mismo nombre, al autor del Eclesiástico se le suele llamar Ben Sira y a su obra *Sirácida*. Esta palabra presenta además la ventaja de diferenciarse claramente del libro de Eclesiastés, alias Qohélet, en las abreviaciones de las citas bíblicas.

El Sirácida es una obra importante, que ocupa unas ochenta páginas de doble columna de la Biblia que suelo utilizar más a menudo. Según los expertos en estudios bíblicos, pudo haber sido redactado en los alrededores del año 195 a. C. Fue traducido al griego por uno de los nietos de Ben Sira. El mismo lo dice en su prólogo en prosa al libro en versos de su abuelo:

«Por eso mi abuelo Jesús, después de haberse dedicado asiduamente a la lectura de la ley, los profetas y los otros escritos de los antepasados, se propuso escribir sobre temas de instrucción y de sabiduría» (Prólogo al Eclesiástico).

Aunque en su texto Ben Sira cita el nombre del Señor, éste no aparece en cada uno de los más de mil quinientos proverbios, sentencias y consejos esparcidos por toda su obra. Algunos —en realidad unos pocos— son bastante juiciosos y dan poco pábulo a la mofa.

«El Señor mismo creó la sabiduría, la vio, la midió y la derramó sobre todas sus obras. Se la concedió a todos los vivientes y la regaló a quienes lo aman» (Sir 1,9-10). Para un creyente incondicional, este primer versículo citado tiene sentido y está bien dicho, lo que no impidió que una buena parte de lo que el Señor regaló y derramó haya caído en saco roto.

«Si haces un amigo, ponlo a prueba, y no tengas prisa en confiarte a él» (Sir 6,7). Todo lo que puedo decir de este consejo es que trataré de no olvidarlo.

«No hagas el mal, y el mal no te alcanzará. Sepárate del injusto, y él se alejará de ti» (Sir 7,1-2). No tengo nada que objetar acerca del primer consejo, pero el segundo es discutible, porque si te separas del injusto, puede como dices alejarse, pero puede también perseguirte para vengarse y matarte.

«No te burles del anciano pues todos nosotros envejecemos. No te alegres de la muerte de nadie, recuerda que todos moriremos» (Sir 8,6-7). Tengo que confesar que a veces me burlo de un anciano, pero el anciano del que me burlo soy yo. También sucedió que, cuando tenía dieciocho años, dos hombres murieron violentamente. Cuando lo supe, me alegré muchísimo. Se llamaban, respectivamente, Hitler y Mussolini.

«No pelees con el violento, ni atravieses con él el desierto» (Sir 8,16). Sabiendo que uno es violento y, además, más fuerte que yo, no sería tan tonto como para pelear con él. Pero para cruzar el desierto, preferiría tener al violento como ayudante o guardaespaldas, y no aceptaría a un hombre pusilánime o demasiado manso.

«No abandones a un viejo amigo, pues el nuevo nunca será igual» (Sir 9,10). Este consejo es uno de los mejores que se pueden dar o recibir. Se debe recordar y agradecer.

«Quien es apreciado en la pobreza, ¡cuánto más lo será en la riqueza! Y quien es despreciado en la riqueza, ¡cuánto más lo será en la pobreza!» (Sir 10,31). Cuando el argumento es irrebatible, no me queda más elección que la de callar.

«Si haces el bien, mira a quien, y sacarás provecho de tus favores» (Sir 12,1). Incluso si miras bien puedes equivocarte o pueden engañarte, y entonces de tus favores no sacarás más que problemas.

«Antes de hablar infórmate, y antes de caer enfermo cuídate» (Sir 18,19). Informarnos antes de hablar es lo que todos deberíamos hacer, pero esto no funciona cuando tenemos que contestar a una pregunta que se nos cae encima de sopetón y ni siquiera nos deja tiempo para pensar en lo que vamos a decir. Veo que lo de cuidarse para no tener que curarse ya no era nada nuevo en la época de Ben Sira.

«Eunuco empeñado en desflorar a una doncella, así es el que impone la justicia por la fuerza» (Sir 20,40). Tu comparación no me parece muy acertada, Ben Sira. Si el eunuco no puede desflorar a la doncella es porque le falta el desflorador; pero al juez que abusa de su fuerza para imponer la justicia, ¿qué le falta?

«*Mejor es resbalar en el suelo que con la lengua*» (Sir 20,18). Puede ser mejor o peor. Al resbalar en el suelo puedes romperte una pierna o un brazo. Si resbalas con la lengua sólo cosechas reprimendas o maldiciones, o en el peor de los casos una bofetada o un puñetazo. Retar a un duelo a muerte por tan poca cosa está pasado de moda.

«*De la boca del necio no se acepta un proverbio, pues nunca lo dice en el momento adecuado*» (Sir 20,20). Al decir *nunca* cometes un error: no tienes en cuenta la caprichosa casualidad.

«*Vergüenza del padre tener un hijo maleducado, pero si es una hija será su ruina*» (Sir 22,3). Pues, a tu hijo edúcalo bien; y a tu hija edúcala mejor, y búscale un marido digno de ella y a ser posible rico.

«*Quien hiere el ojo hace saltar lágrimas, y quien hiere el corazón descubre el sentimiento*» (Sir 22,19). En lo que concierne el ojo, no tengo nada que decir. Al herir el corazón de una persona puedes matarla pero no le descubrirás el sentimiento, que se aloja en otro sitio. Si quieres descubrir el sentimiento, tienes que herirlo directamente y entonces se manifestará. Es lo que todos a veces hacemos, por descuido, por torpeza o por venganza...

«*Muchos pretenden adueñarse de lo prestado y ponen en dificultad a quienes los ayudaron*» (Sir 29,4). Muchos, no, pero algunos sí lo hacen y cuando el prestador les reclama el dinero, se disgustan y no le hablan más.

«*El que ama a su hijo lo castiga sin cesar para poder alegrarse en el futuro*» (Sir 30,1). No, Ben Sira, el que ama a su hijo lo castiga cuando se ha portado mal y le explica por qué lo hace. Castigarlo sin cesar, como tú dices, sería injusto y contraproducente. No podrías de ninguna manera *alegrarte en el futuro*, porque tu hijo te odiaría.

«*Mejor es la muerte que una vida amarga*» (Sir 30,17). Estas equivocado, amigo, la amargura tiene remedio y nunca dura toda la vida, pero la muerte es incurable.

«*Vale más maldad de varón que bondad de mujer; la mujer puede ser causa de la mayor vergüenza*» (Sir 42,14).

Las dos opciones. A Ben Sira las mujeres no le inspiraban ninguna simpatía. El comentador de turno de la obra opina lo mismo que yo y dice: «*El juicio de Ben Sira sobre la mujer es muy duro*». Y yo añado que no solo es duro sino también injusto. Si hubiera tenido yo la posibilidad de hablar con Ben Sira, le habría dicho:

Supongamos que un rey extranjero, informado de que prefieres la maldad de un varón a la bondad de una mujer, quiera ponerte a prueba. Entonces te rapta, te lleva como rehén a su palacio y te encierra en una celda con dos camas. Tú mismo tienes que escoger a tu compañero o a tu compañera de celda. Te dan dos opciones.

Primera opción: un corpulento ladrón, detenido por haber molido a palos a su padre, porque le reprochaba su mala conducta.

Segunda opción: una mujer de mediana edad, bonita y amable, detenida por haber huido de su hogar porque su marido y su hijo la maltrataban.

¿Sigues creyendo, Ben Sira, que más vale maldad de varón que bondad de mujer? Ahora te dan una buena oportunidad de demostrarlo. Vamos a ver si sabrás aprovecharla. Piénsalo bien y decídete, pero no tardes demasiado, porque si dentro de una hora todavía no has escogido, te darán como compañeras de celda dos hambrientas hienas hembras —siempre más grandes y más agresivas que los machos—, y ellas te harán pedazos.

En el libro de Ben Sira se halla también un compendio en versos de los principales sucesos y personajes del Antiguo Testamento. Luego, justo antes de llegar al epílogo, el autor se presenta: «*Doctrina de ciencia e inteligencia ha condensado en este libro Jesús, hijo de Sira, hijo de Eleazar, de Jerusalén*» (Sir 50,27).

LIBROS PROFÉTICOS

«Aunque cada profeta habla desde su tiempo y para su tiempo resulta sorprendente la coincidencia nuclear del mensaje profético. Verdad es que el temperamento de un profeta, unido a las circunstancias históricas y sociales que tuvo que vivir, tiñe de un determinado color su mensaje. Pero no es menos cierto que la pertenencia a un pueblo común, las promesas compartidas que creían provenientes de Dios y el progresivo deterioro de las monarquías israelitas determinaron el núcleo de la predicación profética» (Introducción a los Libros Proféticos [teología], Biblia de la Conferencia Episcopal española).

Puede ser cierto que algunos profetas creían de veras que aquellas promesas provenían de Dios, y no menos cierto que otros no necesitaban creerlo para afirmarlo...

102. EL CATASTROFISTA (Isaías)

«Visión de Isaías, hijo de Amos, acerca de Judá y de Jerusalén, en tiempos de Ozías, Jotán, Ajaz y Ezequías, reyes de Judá» (Is 1,1). Así empieza el libro del profeta Isaías, un individuo soñador y despotricador, pero inofensivo e incluso, a veces, divertido. Ya lo hemos encontrado en compañía de los reyes citados en este corto epígrafe. Se llevaba muy bien con Ezequías, al que hizo aquella inolvidable (y equivocada) advertencia: *«Vas a morir y no vivirás»*.

A diferencia de los reyes, que en este libro han sido reunidos en unos pocos capítulos, cada uno de los profetas mayores y de casi todos los menores tiene el suyo propio. Únicamente cuatro de los profetas menores más insignificantes han sido tratados como lo fueron los reyes.

Es poco probable que el libro del profeta mayor Isaías fuera obra suya. Es uno de los más largos de los libros proféticos, con más de cien páginas, repartidas en sesenta y seis capítulos. Pero que nadie se asuste: son capítulos muy cortos y antes de llegar al décimo, pasaremos al segundo profeta de la lista.

Las siguientes palabras, aunque sacadas de su contexto —parecen dirigidas a los reyes de Sodoma y Gomorra—, denuncian claramente la inutilidad de los holocaustos, afirmando además que tanto la carne quemada como su olor al Señor no le gustan en absoluto:

«*¿Qué me importa la abundancia de vuestros sacrificios?* —dice el Señor a Isaías—. *Estoy harto de holocaustos de carneros, de grasa de cebones; la sangre de toros, de corderos y de chivos no me agrada. Cuando venís a visitarme, ¿quién pide algo de vuestras manos para que vengáis a pisar mis atrios? No me traigáis más inútiles ofrendas, son para mí como incienso execrable*» (Is 1,11-13).

Por fin, Señor, te decidiste a decir a un profeta que no te gustaba la carne quemada y el olor de la grasa, pero al parecer a Isaías no le hicieron caso los sacerdotes, ni su ejército de sanguinarios levitas. Esos hipócritas se imaginaban que el humo de la carne quemada podía nublarte la vista y embotarte el espíritu, pensando que así podrían seguir con sus desvaríos y barbaridades sin que te dieras cuenta. Tu supuesta apetencia por la molla quemada les servía de pretexto para hacerse con una parte de la carne del ganado que la gente les traía para los sacrificios. Créeme, Señorito, mientras no te presentes Tú mismo para reprenderlos seguirán burlándose de Ti.

Después de los sacrificios, Isaías se enfada contra Jerusalén, que a su juicio se ha prostituido y donde viven impunes ladrones y asesinos. Dirigiéndose a Jerusalén, dice: «*Tus gobernantes son bandidos, cómplices de ladrones, amigos de soborno en busca de regalos*» (Is 1, 23). Pero, amigo Isaías, siempre ha pasado lo mismo y todavía continúa. Y será siempre así mientras queden en el mundo hombres poderosos ávidos de riquezas, y hombres ricos ávidos de poder.

Nada más entrar en el segundo capítulo de su libro, Isaías arremete contra el orgullo y la altanería y quiere rebajarlos, empezando por los magníficos cedros de la cordillera del Líbano, que según él son demasiado arrogantes. Contra ellos y todo lo que le parece alto, grande o hermoso se enfurece: «*Contra todos los cedros del Líbano, arrogantes y altaneros, contra todas las encinas de Basán, contra todos los montes elevados, contra todas las colinas encumbradas, contra todas las naves de Tarsis*» (Is 2,13-17). ¡Basta! ignorante y endemoniado profeta. Acaso no sabes que los cedros, las encinas, los montes elevados, el monte verde, el monte bajo y el monte de Venus han sido creados por el Señor, para el regocijo de nuestros ojos.

Isaías profetiza que a las altaneras hijas de Sión, el Señor les quitará su belleza y las dejará calvas; les robará sus adornos, sus perfumes, sus joyas y sus espejos; en vez de cinto, les dará soga, y en vez de vestidos, viejos sacos. ¿Pero qué te han hecho las muchachas de Sión? Si las ves altaneras y seductoras es porque ellas mismas quieren buscarse maridos que les gusten, sin esperar que sus padres las casen con primos viejos que ya tienen esposas y concubinas. Y tienen que apresurarse porque tú mismo has dicho: «*Tus hombres caerán a espada, tus guerreros en la lucha gemirán y harán luto tus puertas*» (Is 3,25-26). Y con todos estos varones muertos, resultó que: «*Aquel día siete mujeres se disputaban al mismo hombre*» (Is 4,1).

Después de las desgraciadas hijas de Sión, Isaías pasa a las moradas y a las tierras de cultivo: «*¡Ay de los que añaden casa a casa y que juntan campos a campos!*» (Is 5,8). ¿Por qué te enfadas contra los que tienen dos casas? Las viviendas pueden ser pequeñas y la familia numerosa, como al Señor le gusta. Por el mismo motivo necesitan un campo más grande. Además, a menudo el Señor fomenta el amontonamiento de enormes riquezas en unas pocas manos, generando pobreza, quejas y envidia... ¿Por qué callaste cuando regaló a Job tres mil camellos, que se añadieron a los tres mil que ya poseía, en vez de repartirlos entre las familias humildes que no tenían ni uno solo?

Siempre obsesionado por el supuesto problema de excedente de viviendas, Isaías sigue amenazando: «*Son muchas casas amplias y hermosas, serán arrasadas, quedaran deshabitadas*» (Is 5,9). En vez de encolerizarte contra todo y contra todos harías mejor en fijarte en lo que dices, para no soltar tonterías: una casa arrasada no existe más. Por lo tanto no puede estar ni deshabitada ni habitada, del mismo modo que un hombre muerto no puede ser ni feliz ni desgraciado.

«El año de la muerte del rey Ozías —dijo Isaías—, *vi al Señor sentado sobre un trono alto*» (Is 6,1). ¡Mentiroso! ¿Por qué no dices que cuando creíste verlo estabas soñando? Pero Isaías se lo tomó en serio y dijo que el Señor le había encargado una extraña misión, diciéndole: «*Embota el corazón de esta gente, endurece su oído, ciega sus ojos: que sus ojos no vean, que sus oídos no oigan, que su corazón no entienda*» (Is 6,10). Así tenemos la prueba de que Isaías no vio ni oyó al Señor, porque Él sabe —si no lo supiera, no sería Dios— que no se entiende ni se piensa con el corazón. Menos mal para las personas que en la actualidad viven con un corazón que no es suyo. Nunca se supo si Isaías intentó hacer lo que se imaginaba que el Señor le había ordenado...

No es bueno que se agite el corazón. Unos veinte años después, cuando Jotán hubo sucedido al fallecido rey Ozías y luego Ajaz al fallecido rey Jotán, el pueblo seguía viviendo en sus casas y labrando sus campos. Pero en esos tiempos, el rey Ajaz tuvo que enfrentarse a otro tipo de peligro: Israel se había aliado con Siria contra Judá. «*Entonces se agitó su corazón y el corazón del pueblo como se agitan los árboles del bosque con el viento*» (Is 7,29). Esto, Isaías, es bonito y romántico, pero ¿se puede decir que el corazón encerrado en la cavidad torácica, o una bomba fijada a su base con tornillos, se agitan? Consultado, Albert fue como siempre categórico:

—Ni el corazón ni la bomba se agitan ni se deben agitar. Lo que se agita es el líquido que circula en ellos, agua, sangre, vino o lo que sea. La bomba y el corazón son los agitadores, no los agitados, y su función es bombear.

En cuanto a la guerra que se avecinaba sabemos, por haberlo leído en el libro segundo de los Reyes, que Ajaz, entonces rey de Judá, pagó al rey de Asiria para que atacara a Siria, que así dejó de amenazar a Judá.

Pequeña muestra de las metáforas tontas de Isaías. A partir de su pretendida entrevista con el Señor, Isaías se dedicó principalmente a vaticinar eventos que ya habían sucedido cuando se redactó su libro o que no ocurrieron nunca. El texto, en versos y con recurrentes digresiones, casi todas sacadas del segundo libro de los reyes, está plagado de curiosas metáforas. Por ejemplo:

«*Aquel día afeitará el Señor los pelos desde la cabeza hasta los pies con una navaja alquilada al otro lado del río, por medio del rey de Asiria; y también quitará la barba*» (Is 7,20).

«*El Señor cortará de Israel cabeza y cola, palmera y junco en un solo día*» (Is 9,13).

«*Cada uno devora la carne de su prójimo*» (Is 9,19).

La siguiente cita no es en absoluto una metáfora. Sería más bien un axioma, pero que admitiría excepciones, aunque muy pocas. En un arrebato de sinceridad, el mismísimo profeta Isaías dice: «*El anciano y el noble son la cabeza, y el profeta, maestro de mentiras, es la cola*» (Is 9,14).

Es que el profeta que no mintiera, que no tuviera una buena memoria para recordar sus sueños y una brillante imaginación para manipularlos, no duraría mucho en la profesión. Luego Isaías compara la maldad y su propagación a un incendio, de forma a decir verdad bastante más expresiva e incluso con matices poéticos.

«*Se propaga la maldad como un incendio que consume zarzas y cardos; arde en la espesura del bosque y se enrosca en columnas de humo. Por la ira del Señor del universo arde el país, y el pueblo es pasto del fuego...*» (Is 9,17-18).

Y ahora, la última; si la coloco al final, es porque me parece la más claramente expresada de todas: «*Los que guían a este pueblo lo extravían, y los guiados perecen*» (Is 9,15).

Quizá Isaías, al decir esto se refería al incalculable número de desgraciados que perecieron en el desierto, por haber caído en el error de creer y de seguir a Moisés.

103. JEREMIADAS *(Jeremías)*

En el libro de Jeremías hay un poco de todo: consejos, amenazas, relatos aparentemente autobiográficos en primera persona, lamentaciones y, naturalmente, profecías. También hay repeticiones y retrocesos en el tiempo.

Jeremías fue profeta de Judá y Jerusalén durante los reinados de los cinco últimos reyes de la dinastía de David, que fueron, por orden cronológico: Josías, Joacaz, Joacim o Joaquim, Joaquín y Sedecías. Jeremías nació en Anatot, una pequeña ciudad ubicada entre Jerusalén y Guibea. Su padre, de la tribu de Benjamín, era sacerdote. Cuando Jeremías era todavía muy pequeño oyó una voz que le susurraba que iba a ser consagrado profeta. Protestó diciendo que era un niño, pero entonces la voz del Señor subió de tono y se hizo autoritaria para decirle: «*Irás adonde yo te envíe y dirás lo que yo te ordene*» (Jer 1,7).

¿Estaba soñando o lo que oyó eran las palabras que su padre, el sacerdote, le murmuraba en voz baja al oído mientras dormía? La duda se disipó cuando Jeremías, ya adulto, contó que el Señor había tocado su boca mientras le decía: «*Voy a poner mis palabras en tu boca. Desde hoy te doy poder sobre pueblos y reinos para arrancar y arrasar, para destruir y demoler, para reedificar y plantar*» (Jer 1,10). Eso el aspirante a profeta lo había soñado o inventado, porque el Señor no suele tocar a los humanos y si quiere decirles algo, utiliza la boca de un profeta. Él no tiene cuerdas vocales y por los tanto no puede hablar.

El profeta en el cepo... Jeremías empezó a meterse en líos cuando quiso impedir que la gente pasara con cargas, el sábado, por la puerta de Jerusalén, porque el sábado era día de descanso prescrito por la ley. Otro día se detuvo a la entrada del templo y dijo que iba a entregar la ciudad a todos los males con los cuales ya la había varias veces amenazado. Esto al comisario del templo del Señor no le gustó. Se llamaba Pasjur, y hacía tiempo que sospechaba que las órdenes y las amenazas que los profetas fingían haber recibido del Señor, se las inventaban ellos. Admitía que podían también obtenerlas de sus sueños, lo que les permitía adecuarlas a lo que ellos pensaban y querían decir.

Como Jeremías no paraba de despotricar contra los empleados del templo, al comisario Pasjur se le acabó la paciencia y llamó a sus ayudantes para que lo apresaran. «*Pasjur hizo azotar al profeta Jeremías y lo metió en el cepo que se encontraba en la puerta de Benjamín*» (Jer 20,2). Un cepo era un artefacto pesado de madera que aprisionaba una pierna, o el cuello y los brazos, impidiendo que el reo pudiera desplazarse.

Cuando al día siguiente, por la mañana, Pasjur liberó a Jeremías del cepo, fue obsequiado con una sarta de maldiciones y de aterradoras predicciones. Luego les llegó el turno a los sacerdotes, a los levitas y a los otros profetas. Según él, no eran justos ni píos ni honrados; muchos eran adúlteros y otros se emborrachaban. Más horrible aún: «*Los profetas de Samaría profetizaban en nombre de Baal*» (Jer 23,13).

En la profesión de profeta la competencia era feroz. Esto al Señor no le gustaba y a su portavoz Jeremías le mandaba decir: «*No escuchéis la voz de los profetas, tratan de embaucaros con sus palabras. Os transmiten visiones imaginarias, cosas que no ha dicho el Señor*» (Jer 23,16). Señaló que muchos profetizaban mentiras y aseguraban que los que mentían eran los otros. Siempre con la voz de Jeremías, el Señor añadió: «*El profeta que tenga un sueño que lo cuente como sueño; y él que esté en posesión de mi palabra, que la transmita fielmente*» (Jer 23,28).

Ahora, Yavé, les estás haciendo pisar un terreno resbaladizo porque ¿quién puede afirmar sin mentir que está en posesión de tu palabra? Es normal que un profeta pío y honrado, que te ve y habla contigo en uno de sus sueños —o de sus pesadillas— se imagine de buena fe que quieres mandarle un mensaje. Puede describir lo que cree haber visto y repetir lo que cree haber oído como lo recuerda. Pero puede también alterar el mensaje, sobre todo si no lo recuerda bien, para hacerlo más comprensible o más atractivo. Me parece que era lo que hacía tu profeta preferido Jeremías, y será siempre así mientras necesites a un intermediario para comunicarte con los humanos.

Los higos buenos y los higos podridos. Jeremías cuenta: «*El Señor me mostró dos cestos de higos colocados delante de su templo*» (Jer 24,1). Uno de los cestos contenía higos buenísimos, el otro contenía higos malísimos, todos más o menos pasados y algunos completamente podridos. El Señor me preguntó: «*¿Qué ves Jeremías? —Respondí: —Veo higos. Los buenos son buenísimos, pero los malos son tan malos que no se pueden comer*» (Jer 24,1-2-3).

Es evidente que Dios no pudo llegar con dos cestas de higos, depositarlas delante del templo y hablar con un hombre a plena luz del día. Y aquello tenía que ocurrir de día, porque en la oscuridad no se habría podido distinguir los higos sanos de los podridos. Pues Jeremías narró uno de sus sueños más o menos pulido y embellecido, o lo inventó todo.

A veces te compadezco, Señorito Yavé, porque debe de ser muy frustrante ver lo que pasa abajo y oír lo que se dice, sin poder hablar ni llegar a ser visible, Para saber algo de Ti, tenemos que imaginarte o soñar, corriendo así el riesgo de equivocarnos una y otra vez. Era probablemente lo que hacía

Jeremías: soñaba, imaginaba y hablaba. Y hablaba mucho y a menudo, y siempre se quejaba de que la gente no le hacía caso. Él mismo decía: «*Hasta ahora (veintitrés años en total) el Señor me ha estado dirigiendo la palabra, y yo os la he estado* (sic) *comunicando día tras día, pero no me habéis escuchado*» (Jer 25,3).

La copa vacía de la ira. El Señor dijo a Jeremías: «*Toma esta copa del vino de la cólera que tengo en la mano y haz que la beban todas las naciones a las que voy a enviarte*» (Jer 25,15).

El profeta obedeció sin pedir explicaciones, puso algunas provisiones en sus alforjas y emprendió, con la copa en la mano, un largo viaje que lo llevaría hasta los confines de la parte del Viejo Mundo de la que se tenía entonces constancia. Utilizó todos los medios de transporte que la tecnología de la época ponía a su alcance: carretas movidas por bueyes, carros ligeros alquilados, barcos movidos por el viento y otros movidos por remeros encadenados, literas transportadas por esclavos, dromedarios, camellos de Bactriana de dos jorobas, caballos, mulas y asnos, además de sus propias piernas...

Bebieron de la copa el faraón de Egipto, los reyes de Judá, de los filisteos, de Arabia, de Elán, de Tiro, de Media «*y de todos los reinos que ocupan la superficie de la tierra*» (Jer 25,26).

A Jeremías el Señor le había mandado que dijera a todas sus víctimas cuando les presentara la copa: «*Bebed, emborrachaos, vomitad y caed para no levantaros ante la espada que voy a enviar en medio de vosotros*» (Jer 25,27).

Todos bebieron y se emborracharon, con una sola copa de vino tan vacía y seca como la sesera del autor desconocido de este vigésimo quinto capítulo del libro de Jeremías. No se había previsto ni un solo odre de reserva, cuando varias decenas de grandes toneles habrían sido necesarias. El asunto finaliza con una exorbitante amenaza del Señor: «*Pues voy a llamar a la espada para que acabe con todos los habitantes de la tierra —oráculo del Señor»* (Jer. 25, 29). ¡Nada menos! Y con una sola espada, seguramente sagrada. Por lo tanto «*aquel día habrá víctimas del Señor de un extremo al otro de la tierra. Nadie llorará por ellos ni los enterrará. Serán como estiércol sobre el suelo*» (Jer 25,33).

A pesar de haber creado Él mismo la tierra, Dios (el dios de Jeremías) no recordaba que, siendo esférica, no podía tener ningún extremo...

Maniobra equivocada. Una vez más Jeremías se metió en problemas. Entró en el templo proclamando que el Señor le había señalado que si no se cumplían sus mandamientos, el templo sería tratado como el de Siló —destruido justo antes de la entronización del rey Saúl— y la ciudad de Jerusalén quedaría hecha un montón de escombros. Entonces los sacerdotes, los levitas y los otros profetas que se encontraban en el templo lo cogieron y le dijeron que era «reo de muerte». Pero llegaron los jueces, se habló de otros profetas que se hallaron en la misma situación y no fueron ejecutados. Otros insinuaron que quizá Jeremías había de veras hablado en nombre del Señor. Finalmente el imprudente profeta salió incólume del trance y pudo volver a casa.

Ya había comenzado a abogar por el sometimiento voluntario al poder de Babilonia. No era una mala solución; de aplicarse, se habría ahorrado muchas vidas humanas y evitado disgustos y destrucciones. El reino de Judá se hacía vasallo de Babilonia, pagaba un tributo y conservaba su capital, su templo, su Dios y sus costumbres, en vez de perderlo todo, como sucedió.

Lamentablemente, para convencer al rey, a los sacerdotes, a los jueces y al pueblo, Jeremías escogió la peor táctica. En vez de presentar su propuesta y de defenderla con sólidos argumentos ante el rey y los dignatarios, se hizo como siempre el portavoz del Señor, proclamando: «*Yo he creado la tierra, el ser humano y los animales que pueblan la tierra, usando mi gran poder y mi poderoso brazo, y lo doy a quien me parece.*

Ahora he entregado estos países a mi siervo Nabucodonosor, rey de Babilonia» (Jer 27,5).

Luego llegaron las amenazas: a la nación que no se sometiera, Dios la castigaría con espada, peste y otras calamidades. Mientras estaba perorando, se paraba de vez en cuando para recordar que quien hablaba con su voz era Dios. Para dar más peso a sus amenazas, también decía y repetía «oráculo del Señor». A todos, especialmente al rey, daba el mismo consejo: «*Poned vuestro cuello bajo el yugo del rey de Babilonia y someteos a él y a su pueblo, de modo que sigáis con vida*» (Jer 27,12). Él mismo se paseaba con un yugo sujetado al cuello con correas para que así incluso los sordomudos pudieran entenderlo. Pero nadie le hacía caso y todo lo que conseguía era exasperar cada vez más a la gente y a las autoridades.

Fue en aquella época cuando Jeremías y Jananías, un profeta de Gabaón también portavoz del verdadero Dios, se enzarzaron en una acalorada discusión. Mientras a Jeremías el Señor le mandaba que Judá se sometiera al yugo de Babilonia, a Jananías le ordenaba que no lo hiciera, diciéndole además que iba a romper el yugo de las naciones ya sometidas. Para que Jeremías lo entendiera mejor, le arrancó el yugo del cuello y se lo rompió. No era un verdadero yugo, de los que se utilizan para uncir los bueyes; esos no se rompen con las manos.

Así que te andas con tapujos, Señor Yavé del universo, ocultándonos que no sólo tienes hijos sino también un hermano mellizo que como Tú posee su profeta favorito. Por lo menos, intentad poneros de acuerdo. Bueno, estaba bromeando. Sé muy bien que no tienes hermano y que en estas estúpidas discusiones Tú no te metes...

Jeremías dijo a su rival que iba a fabricarse otro yugo que nunca podría romper porque lo haría de hierro, sin pensar que sería mucho más pesado. Antes de despedirse del profeta Jananías, le anunció que iba a morir antes del fin del año. Efectivamente, murió. Profetizar la muerte de un adversario puede a veces ser más eficaz que una condena a la pena capital pronunciada por un juez, porque a menudo los seguidores del vaticinador —aunque este haya muerto— hacen todo lo posible para que la profecía se cumpla.

Cansados de oír los sermones, amonestaciones y profecías catastrofistas de Jeremías, los dignatarios de Jerusalén lo acusaron de traición. Fue encarcelado en un calabozo nuevo, donde lo dejaron varios meses, hasta que el rey quiso hablar con él. Después de la entrevista, ordenó que fuera dejado libre en el patio de la guardia, donde quedó bajo custodia. De nuevo al aire libre, pero sin poder salir del patio, volvió a amenazar con las peores calamidades a todos los que no se sometieran al poder de Babilonia.

Jeremías en un aljibe. Entonces los dignatarios pidieron al rey que se condenara a muerte a Jeremías y dijeron: «*con semejantes discursos está desmoralizando a los soldados que quedan en la ciudad y al resto de la gente*» (Jer 38,4). Pero, recordando lo que había sucedido al profeta Jananías, no se atrevían a ejecutarlo. Con la aprobación del rey los dignatarios lo bajaron con cuerdas a un aljibe vacío. Como no había nadie con él en el aljibe para oírlo, por fin tuvo que callar. Pero con pan y agua por toda comida, y el suelo húmedo para descansar y dormir, no habría podido seguir con vida durante mucho tiempo. Fue liberado por Ebedmélec el eunuco del rey, que obtuvo de su amo tres hombres y sogas para sacarlo de su aljibe. Después Jeremías tuvo una entrevista secreta con el rey Sedecías —la última— , pero de lo que se dijeron nada supieron los dignatarios.

Jeremías volvió al patio, y como no quería que le pusieran otra vez en el aljibe, se acostumbró a no abrir más la boca, salvo en tres casos: para comer, beber y responder cuando le hacían una pregunta. «*Jeremías se quedó en el patio de la guardia hasta el día en que fue conquistada Jerusalén*» (Jer 38,28).

Fue liberado por Nabuzardán, el jefe de la guardia, que le propuso que fuera con él y otros deportados a Babilonia, pero dejándolo libre de quedarse en Judá con el recién nombrado gobernador Godolías, o de ir adonde le diera la gana. A pesar de que Jeremías había dicho: «*Todos los que vayan a instalarse en Egipto en calidad de refugiados morirán víctimas de la espada, el hambre o la peste*» (Jer 42,17), Jeremías no fue con Nabuzardán a Babilonia. Con su escriba Baruc y otras personas que lo presionaron para que las siguiera, tomó la dirección opuesta. «*Y así desobedeciendo la voz del Señor, llegaron a Egipto y se instalaron en Tafne*» (Jer 43,7).

Ingratitud extrema. Una vez instalado, Jeremías empezó a vaticinar para Egipto y para la gente de Judá instalada en territorio egipcio toda clase de calamidades. Amenazó también al faraón, diciendo que sería entregado a sus peores enemigos y otras barbaridades por el estilo. Egipto, como ya hemos dicho repetidas veces, era un país acogedor y tolerante, donde vivían numerosos refugiados de las más diversas etnias y naciones, y el faraón fue muy bueno con Jeremías. Cualquier otro rey, para obligarle a callar habría mandado que le cortaran la lengua...

Su comportamiento fue aún más odioso cuando dijo a su escriba y fiel amigo Baruc, que acababa de sufrir una desgracia: «*Ya sabes que destruyo lo que he construido y arranco lo que he plantado, y así en toda la tierra. ¿Y vienes ahora a pedir para ti algo extraordinario? ¡Ni se te ocurra! Pues ahora que voy a enviar calamidades a todos los seres vivos —oráculo del Señor— date por satisfecho si salvas tu vida*» (Jer 45,5).

Contradicciones y equivocaciones. Poco después de su enfrentamiento con Jananías, el profeta de Gabaón, Jeremías había mandado a los sacerdotes, profetas y ancianos de Judá que ya habían sido deportados a Babilonia, una carta que, según él, el Señor le había dictado. Así rezaba la carta: «*Construid casas y habitadlas, plantad huertos y comed sus frutos, tomad esposas y engendrad hijos e hijas. Tomad esposas para vuestros hijos y dad vuestras hijas en matrimonio para que engendren hijos e hijas. Buscad la prosperidad del país adonde os he deportado*» (Jer 29, 4 a 7).

Algunos años más tarde, cuando Jeremías estuvo confortablemente instalado en la muy hospitalaria tierra de Egipto, cambió radicalmente de parecer. Decidió que no iría nunca a vivir en otro lugar e instigó a la comunidad judía de Babilonia a huir:

«Huid de Babilonia, tierra de los caldeos; pues voy a hostigar contra Babilonia una asamblea de grandes naciones. Los caldeos serán despojados, se hartará la gente que los despoje —oráculo del Señor» (Jer 50, 8 a 10).

«Sal de Babilonia, pueblo mío, que todos se pongan a salvo» (Jer 51,45)

«Aunque suba Babilonia hasta el cielo y ponga su ciudadela en las alturas, enviaré devastadores contra ella» (Jer 51,53).

Jeremías, además de inoportuno, estaba equivocado. Nadie tuvo que huir y abandonar su casa nueva o su huerto recién plantado. Después de la paliza infligida a los caldeos en la batalla de Opis, los persas entraron en Babilonia como en su casa, sin tener que hacer uso de sus armas. Fueron bien acogidos por la mayoría de la población, en especial por el sacerdocio, que se había enemistado con su rey.

Los capítulos 45 a 51 del libro de Jeremías han sido agrupados con el título de *Oráculos contra las naciones*. Al principio se informa al lector de que se trata de *«la palabra que el Señor comunicó a Jeremías contra las naciones»* (Jer 46,1). Luego, ¡a por ellas!

Contra Egipto, contra Filistea, contra Moab, contra Amón, contra Edón, contra Damasco, contra Babilonia y contra las tribus árabes del desierto... Todo en agresivos y feos versos.

104. OJEADA A LAS LAMENTACIONES

A diferencia de los inacabables Salmos, el librito de las Lamentaciones cabe en nueve páginas de mi Biblia preferida, donde se encuentra justo antes del libro del escriba y profeta Baruc, mientras que en la Biblia de Jerusalén se oculta entre el Cantar y el libro de Job. Coloco aquí, sin cambiar su ubicación, algunas líneas tomadas de la cuarta lamentación. Reflejan sentimientos de angustia y de dolor seguramente muy exagerados. Es poco probable que algunos de los jerosolimitanos deportados a Babilonia fallecieran por falta de alimento, y se cree que muchos se las apañaron muy bien para no pasar nunca hambre. Algunos incluso prefirieron quedarse en Babilonia cuando, después de la conquista del país por los persas, se les permitió volver a su lugar de origen. Se muestran a continuación algunas líneas tomadas de la Cuarta Elegía (Lam 4, 2-10):

Los hijos de Sión, los honorables, valiosos como el oro fino, son considerados como cacharros de barro, obra de alfarero (2).
Hasta los chacales ofrecen las ubres y alimentan a sus cachorros; pero la hija de mi pueblo se ha vuelto cruel como los avestruces del desierto (3).
A los niños de pecho se les pega la lengua al paladar por la sed; los pequeños piden pan, y no hay quien se lo dé (4).
Los que comían manjares exquisitos desfallecen por las calles; los que se habían criado entre púrpuras se revuelcan en la basura (5).
La culpa de la hija de mi pueblo es más grave que el pecado de Sodoma, que fue derribada en un momento sin que mano alguna la tocara (6).
Brillaban sus consagrados más que la nieve, blanqueaban más que la leche; su cuerpo era más rojo que el coral, su aspecto como el zafiro (7).
Ahora están más negros que el carbón, no se los reconoce por las calles, su piel se ha pegado a sus huesos. Está seca como la leña (8).
Más suerte tuvieron los muertos a espada que las víctimas del hambre, que caen extenuadas por la falta de alimento (9).
Manos de piadosas mujeres cocieron a sus hijos; ellos fueron su alimento mientras caía la hija de mi pueblo (10).

105. DIOSES VULNERABLES (Baruc)

Aunque no era profeta, el escriba Baruc tiene en el Antiguo testamento un pequeño libro a su nombre. Lo habíamos dejado en Egipto con el desagradecido Jeremías, que se había portado muy mal con él. Ahora, cinco años después, lo encontramos en Babilonia con los deportados. Aunque no tenemos ninguna información al respecto, es lógico suponer que tuvo que huir de la peligrosa locura de Jeremías. *«Baruc escribió su libro cuando se cumplían cinco años de la conquista e incendio de Jerusalén a manos de los caldeos»* (Ba 1,1).

«Baruc había conseguido recuperar el ajuar robado en el templo del Señor, con intención de devolverlo a Judá» (Ba 1,8). También escribió oraciones, himnos, exhortaciones, lamentaciones y promesas. Pero en su obra faltan las maldiciones y las amenazas, que en la mayoría de los otros libros proféticos abundan.

El último capítulo lleva por título *carta de Jeremías*. No se sabe quién fue el autor de la carta pero se puede afirmar que no fue ni Jeremías ni el autor de su libro. El estilo de la carta es directo, ameno y algo irónico. Lo más probable es que fue el propio Baruc —al fin y al cabo era escriba—, y por cortesía la atribuyó a Jeremías. Las críticas que se exponen en esa carta acerca del culto a los ídolos tienen sentido y están bien argumentadas, lo que no significa que sean irrebatibles.

El autor dice que los dioses de los paganos son de madera, oro o plata y que, aunque les pusieran una lengua cuidadosamente modelada, *«son pura apariencia, incapaces de hablar»* (Ba 6,7). Desde luego que no hablan, pero Yavé tampoco habla. Necesita que alguien lo haga en su nombre, sin que nadie pueda saber si el intermediario dice o no la verdad.

Como el polvo de los templos ensucia los ídolos, *«sus admiradores tienen que limpiarles la cara»* (Ba 6,11). Los admiradores del Dios de Israel no tienen este problema, porque él no tiene una cara que se pueda ver sin morir en el acto.

Algunos dioses llevan armas, «*pero son incapaces de defenderse de los atacantes y de los ladrones*» (Ba 6,14). Los atacantes no pueden hacer nada contra el Señor porque posee un arma que no puede fallar y de la que no se separa nunca. Se llama *invisibilidad*. Sin embargo tiene un punto débil: Los numerosos, complicados y caros accesorios que exige su culto se pueden robar, destruir o profanar.

A los ídolos se les encienden muchos candiles y velas, «*a pesar de que ellos no pueden ver ni uno solo*» (Ba 6,18). Tampoco el Dios de Israel podría verlos porque no tiene ojos.

«Como no tienen *pies deben ser transportados a hombros*» (Ba. 6 25). El Señor Yavé tampoco tiene pies pero no necesita ser transportado, porque está siempre en todas partes.

«*Esos dioses no pueden maldecir ni bendecir a los reyes*» (Ba 6,65). Esto tampoco Yavé puede hacerlo, lo hacen los sacerdotes y los profetas, según su propio criterio o según sus preferencias.

«*Esos dioses recubiertos de oro y plata son como un espantapájaros de melonar, que no espanta nada*» (Ba 6,69). El Dios de Israel tampoco espanta, ni siquiera a los pájaros. Los que espantan y matan en su nombre son sus sacerdotes y sus seguidores.

106. EL BURRO DE CARGA (Ezequiel)

El epígrafe del profeta Ezequiel nos informa que era hijo del sacerdote Buzi y que su vocación de profeta le llegó en tierra de los caldeos, es decir en territorio babilónico. Fue donde tuvo una extraña visión, aparentemente difícil de explicar.

En la visión intervinieron cuatro monstruos de forma y estatura humanas, cada uno con cuatro caras, cuatro alas y pies de rumiante. También sus manos eran humanas y asomaban debajo de las alas. Había cuatro ruedas que se movían cuando lo hacían las criaturas de cuatro rostros. Las caras eran de águila, de toro, de león y de hombre. Había fuegos y luces por todas partes.

Hice algunas copias de las primeras páginas de libro de Ezequiel y salí varias veces a la terraza para entregárselas a Albert. Pero no había nadie en el jardín. Por fin apareció Burrito con su bici. Lo llamé:

¡Hola Jasón!

—¡Hola vecino! Muchas gracias.

—¿Por qué me das las gracias?

—Por llamarme por mi verdadero nombre. También mi abuela lo hace. Al abuelo le resulta más difícil, pero él también tendrá que acostumbrarse.

—Cuando lo vea se lo recuerdo. ¿Puedes darle esto?

—Por supuesto. ¿Puedo leerlo?

—Claro, no es nada secreto.

Por la tarde llamé a Albert y le pedí que viniera a pasar un momento conmigo en mi casa. Vino solo porque Elisa se había ido a la playa con su nieto. Nos instalamos, como la última vez, en mi despacho.

—¿Eres botánico? —se asombró Albert, mientras examinaba una ficha de mi inacabado inventario fotográfico de las plantas endémicas e introducidas de la isla.

—Solamente aficionado. En realidad, cuando me jubilé, hace ahora más de cincuenta y dos años, me dediqué a la micología. En mi región fundé una sociedad que fue reconocida de utilidad pública y que todavía existe. En la sociedad teníamos buenos botánicos, que me han enseñado mucho, lo que me permite ahora ocuparme a lo largo de todo el año. Todavía me quedan muchas gramíneas por descubrir, fotografiar y clasificar. El pasado año con la sequía no creció ninguna, y como me aburría decidí escribir este libro. Bueno, ¿qué opinas de la visión de Ezequiel?

—Pienso que el profeta, o el autor de su libro, no pudo imaginar una escena tan extravagante y complicada. La habrá soñado y apuntado cuando despertó para no perderse nada de los detalles. No creo que haya una explicación más verosímil que esta.

—Pues sí, la hay, y está en la Biblia. ¿No te has fijado en lo que dice el comentador del texto? Aquí, abajo, en letras más pequeñas. «*La rica iconografía mesopotámica conoce seres semejantes a estos*». Y mira también aquí, en la página 1.404, lo que se dice acerca de otra visión que se encuentra en el capítulo diez y que no voy a comentar: «*Las ruedas se parecen a las del carro móvil de los carbones e incienso*». Más abajo se añade: «*Pero los querubines parecen formar parte del carro, como soporte de las ruedas*».

—Tienes razón. Yo no había leído todo esto. Nunca me molesto en leer lo que se pone en letra pequeña pero debería hacerlo.

—No te preocupes, yo tampoco suelo leerlo, excepto cuando busco una explicación a algo que no comprendo. Ahora todo queda más claro. El autor habrá presenciado exhibiciones de hombres y mujeres disfrazados con zapatos en forma de pezuña, máscaras de cuatro caras y dos pares de alas postizas. Mira aquí lo que se dice: «*Debajo de las alas tenían manos humanas*». Los disfrazados iban en carros con grandes ruedas, empujados por la bulliciosa muchedumbre. Había hogueras por todas partes y los que seguían y rodeaban los carros llevaban antorchas. Todo ese despliegue de medios y de ingenio para la celebración de una gran fiesta no tenía nada de excepcional, menos aún de sobrenatural.

—Pero algunos han afirmado y escrito que aquellos extraños seres eran extraterrestres.

—Lo sé, y también he leído no recuerdo ni dónde ni cuándo que eran habitantes de otro planeta, pero a las órdenes del Dios del universo. ¿Puedes imaginarte seres de otro planeta con dos pares de alas de pelícano y patas de vaca?

—Ni lo intento.

¡Buen provecho! Se cree que a Ezequiel la vocación de profeta le fue inculcada directamente por Dios, que le obligó a comerse un libro. Sí, un libro... La víctima misma cuenta que un individuo que pretendía ser el Señor le ordenó: «H*ijo de hombre come lo que tienes ahí; cómete este volumen y vete a hablar a la casa de Israel. —Abrí la boca y me dio a comer el volumen*» (Ez 3, 1-2).

Incluso el comentador bíblico del texto admite que no se puede comer un libro, aunque fuera de una sola página del más fino papiro egipcio. Además, lo que tenía que comer Ezequiel era todo un volumen, en realidad un rollo... Pero lo que no se puede comer, al menos se puede interpretar como «*el deseo de identificar el profeta con su misión*». Es que el comentador tenía que decir algo y el biógrafo del profeta Ezequiel no se lo puso fácil.

A partir de aquel momento, el sospechoso *Señor* llamó al profeta *hijo de hombre*. Y lo llamó muy a menudo: más de noventa veces en todo el libro.

Versículos malolientes. Las órdenes que recibía Ezequiel eran con frecuencia extravagantes y sin utilidad alguna. A menudo ni siquiera llegaban a ejecutarse y caían en el olvido. En las humillantes relaciones del profeta —que no profetizaba nada— con el falso dios, hacía el papel de macho cabrío expiatorio, aunque no llegaron a quemarlo.

En el subcapítulo *Gesto profético: el profeta inmóvil y mudo* Ezequiel contó: «*El Señor puso su mano sobre mí y dijo: levántate, sal a la vega y allí te hablaré*» (Ez 3,22). ¡Despierta, Ezequiel! El Señor no tiene manos y no suele hablar con la gente: es puro espíritu.

El profeta Ezequiel fue a la vega, vio el reflejo del sol en un pequeño estanque y se quedó mirando, convencido de que lo que veía era la gloria del Señor. Pero no tardó en marearse hasta caerse con la cara en la tierra. Entonces el espíritu lo agarró, lo puso de pie y le ordenó que volviera a su casa. Quien le habló a continuación no fue un espíritu, porque le informó que lo iban a atar con cuerdas y que le pegarían la lengua al paladar para que se quedara mudo. Pero será una mudez reversible, le explicó el Señor usurpador: «*Cada vez que te hable, te abriré la boca y entonces dirás: esto dice el Señor Dios*» (Ez 3,27). Si el usurpador le hubiera abierto la boca solo para pronunciar estas palabras, más valía que se la dejara cerrada... Pero el propósito no llegó a cumplirse, quizá porque el Señor verdugo no encontró cuerdas ni una cola orgánica bastante resistente para pegarle a Ezequiel la lengua al paladar.

Bajo el título *Gesto profético: asedio a Jerusalén* se esconden unos de los versículos más incoherentes y repugnantes del Antiguo Testamento. «*Hijo de hombre* —
ordenó el tirano— *coge un ladrillo, póntelo delante y graba sobre él la ciudad de Jerusalén*» (Ez 4,1). Tenía también que dibujar el campamento enemigo, con sus arietes y su muro de asalto, pero no tuvo tiempo de preguntar sobre qué superficie debía hacerlo porque le cayó encima otra descabellada orden: «*Después acuéstate sobre el lado izquierdo, y yo pondré sobre ti la culpa de Israel*» (Ez 4,4).

El desgraciado profeta fue informado de que tendría que quedarse tumbado sobre el lado izquierdo durante trescientos noventa días por la culpa de Israel. Luego cargaría con la culpa de Judá durante cuarenta días acostado sobre el lado derecho, lo que naturalmente no tenía ningún sentido. El Señor verdugo puntualizó que amarraría al profeta con cuerdas para que así se quedara siempre sobre el lado prescrito. Le indicó lo que tendría que beber: un litro de agua al día y nada de vino; y lo que le darían para comer: 250 gramos de una torta hecha con trigo, habas, lentejas, espelta, mijo y cebada.

Después el abominable Señor usurpador del universo, presunto creador de todos los seres vivos, muertos y extinguidos, cayó en lo grotesco. Olvidándose del trigo, de las habas, de las lentejas, del mijo y de la espelta, ordenó: «*Comerás una torta de cebada, que cocerás a la vista de todos sobre excrementos humanos*» (Ez 4,12).

Entonces, por primera y última vez, Ezequiel protestó diciendo que se había mantenido siempre puro. El usurpador sabía que no se puede bromear impunemente con la sagrada pureza, así que a regañadientes a Ezequiel le dijo: «*Te permito usar boñiga de vaca en vez de excrementos humanos para cocer tu pan*» (Ez 4.15).

Además de ser cruel y necio, el usurpador tenía una pésima memoria. Ya no recordaba lo que debía cocer Ezequiel.

Al principio era una mezcla de cereales, después una torta de cebada y finalmente pan. Todo lo que se cuenta en este capítulo es irracional y ridículo. Un hombre expuesto a la intemperie y acostado siempre sobre el mismo lado del cuerpo, y además amarrado con cuerdas para que no pudiera cambiar de costado, no sobreviviría una semana. La parte del cuerpo en contacto con el suelo se cubriría de escaras y los tejidos circundantes se gangrenarían. El hombre más robusto moriría al cabo de unos diez días de una septicemia, de un paro cardíaco o de un ataque nocturno de los perros vagabundos. Acostándolo sobre un colchón, duraría un poco más. Queda algo que el despistado Señor usurpador no había previsto, es que habría sido imprescindible desatar al torturado una vez al día para darle un baño completo...

Veamos cómo se presenta el asunto en otras Biblias: «*Comerás una galleta de cebada que cocerás delante de ellos sobre excrementos humanos*» (Ez 4, 12. Biblia de Jerusalén). La única diferencia que se puede ver entre las dos biblias, es que en la de Jerusalén se permite a Ezequiel comer una galleta en vez de pan.

«*Comerás pan de cebada cocido debajo de la ceniza; y la cocerás a vista de ellos a fuego de excrementos humanos*» (Ez 4, 12. Biblia Reina Valera). Es lo mismo, dicho con más palabras y una redundancia innecesaria.

«*Prepara este alimento y cómelo como si fuera un pan de cebada. Cocínalo a la vista de todo el pueblo, sobre un fuego encendido con excremento humano seco, y luego cómete el pan*» (Biblia Nueva Traducción viviente, bibliatodo.com). Como se puede ver, en esta Biblia se utiliza <u>excremento</u> <u>seco</u>, y únicamente para encender el fuego, lo que resulta no solo mucho menos repugnante, sino también factible. Bueno, factible siempre y cuando el profeta no estuviera tumbado y atado...

El títere. Por suerte, gracias a la mala memoria del torturador, Ezequiel se libró de la tortura. Después de haber autorizado al profeta a cocinar sobre bosta de ganado, el enloquecido usurpador arremetió contra Jerusalén diciendo: «*Hijo de hombre, voy a quitar a Jerusalén víveres*» (Ez 4,16). Poco después ordenó al hijo de hombre que se rapara la cabeza y la barba y que se dividiera en tres partes el pelo cortado, usando «*una balanza de precisión*». Se trataba de un acto simbólico, cada fracción del pelo cortado representando una calamidad: habría fuego, peste y hambruna. Una parte del pelo sería quemada, otra esparcida «con la espada» alrededor de la ciudad, y la última se la llevaría el viento.

Del pelo cuidadosamente pesado no quedaría nada, pero llegó una nueva orden del Señor de la insensatez: «*Unos cuantos pelos los atarás a la franja de tu manto. De estos tomarás algunos, los echarás al fuego y dejarás que se quemen*» (Ez 5, 3-4). Ya que a Ezequiel no le quedaba cabello en la cabeza ni barba en la cara, tuvo que raparse también el pubis para conseguir los pelos que le faltaban.

Acerca de la mortífera hambruna que se avecinaba, el Señor catastrofista señaló sin disimular su satisfacción: «*Los padres se comerán a sus hijos y los hijos se comerán a sus padres. Ejecutaré mis sentencias contra ti y esparciré a todos los vientos lo que quede de ti*» (Ez 5,10). No habló de las madres y de las hijas, ni de las abuelas y de las nietas, lo que demuestra que era también un dios machista.

Matanza y profanación. Ezequiel, con la cabeza como un melón, una barba postiza mal ajustada y su mechón de pelos pubianos todavía fijado a la franja de su manto, fue testigo de una masacre en la que no tuvo que intervenir. El usurpador había llamado a seis siniestros mercenarios armados hasta los dientes. Los acompañaba un escribano vestido de lino, al que el usurpador dio la orden de recorrer la ciudad y de marcar en la frente a los que vería lamentarse por las malas acciones que en ella se cometían. A los otros les encargó la tarea de matar a los hombres, a los niños y a las mujeres. Solo se respetaría la vida de los que llevasen la marca en la frente. El procedimiento escogido no era justo porque cualquiera podía marcarse él mismo la frente cuando se daba cuenta de lo que se hacía a los que no llevaban la marca. De todas formas, escapar a la matanza no debió de ser fácil, porque llegó otra orden del Señor exterminador: «*Profanad el templo, llenando sus atrios de cadáveres, y salid a matar por la ciudad*» (Ez 9,7).

Últimas estupideces. Las órdenes que recibía Ezequiel eran a veces difíciles de entender, por ejemplo, acerca de su equipaje para el destierro, el usurpador le dijo: «*Cárgalo al hombro a la vista de todos, sácalo en la oscuridad. Cúbrete la cara para no ver la tierra*» (E 12,6). Otra orden fue en cambio muy clara, y también muy tonta: «*Hijo de hombre profetiza contra los profetas de Israel que andan profetizando*» (Ez 13,2).

A partir del capítulo 25 y hasta el capítulo 32 se suceden los oráculos y las elegías. Se amenaza y se maldice, o se compadece e incluso se felicita: oráculo contra los amonitas, contra Moab, contra Edón, contra los filisteos, contra Tiro; elegía por Tiro; recriminación del príncipe de Tiro, elegía por el rey de Tiro; oráculo contra Sidón y otro contra Egipto; promesa para Israel, promesa para Egipto y acto seguido anuncio del saqueo de Egipto por el rey de Babilonia; dos oráculos más contra Egipto y uno contra el faraón. La lista acaba con una elegía para el faraón, seguida de un *Canto fúnebre sobre los egipcios y las naciones*.

Para terminar con el libro de Ezequiel, tomo de la elegía por el faraón este corto extracto:

Hijo de hombre, entona esta elegía sobre faraón, rey de Egipto. Le dirás:
¡Joven león de las naciones, te han reducido al silencio!
Eras como un monstruo marino, te lanzabas en tus ríos;
enturbiando el agua con tus patas, llenabas de fango las corrientes (Ez 32,2).

107. SUEÑOS, HORNO Y LEONES (Daniel)

Con *los sueños* entramos en el libro del profeta Daniel, del que tardaremos un poco en salir. En la primera deportación de los habitantes de Jerusalén, Nabucodonosor se llevó a Babilonia al rey Joaquín, a muchas personas de la clase alta y a los mejores artesanos que había en la ciudad. Seleccionó también a algunos jóvenes inteligentes y cultos para enseñarles el idioma y las costumbres de los caldeos, y luego tomarlos a su servicio. Entre ellos estaba Daniel y sus amigos: Ananías, Misael y Azarías, todos de sangre real. Las clases duraron tres años y «*Daniel estuvo en el palacio hasta el año primero del reinado de Ciro*» (Dan 1,21).

En el libro de Daniel aparecen pocos personajes realmente históricos y las escenas que se describen, en las que interviene a menudo el joven profeta, no deben tomarse en serio. Aun así, el libro de Daniel es más atrayente que casi todos los otros libros proféticos. En mi opinión el peor es el de Ezequiel.

Quiero que me digan lo que he soñado... La perspicacia de Daniel se puso a prueba con el primer sueño de Nabu. El rey, una vez despertado e incapaz de volver a conciliar el sueño, mandó que se llamara a los magos, a los agoreros y a los videntes de la ciudad para que le explicaran el sueño, pero no les dijo lo que había soñado. Lo que quería el rey era no solo imposible sino también absurdo: los magos debían adivinar y describir su sueño, que no había revelado a nadie. Después, tendrían que interpretarlo. Ellos le suplicaron: «*Cuenta tu sueño a tus siervos y te expondremos su explicación*» (Dan 2,4). Pero el testarudo rey, cada vez más aferrado a su idea, les dijo: «*Si no me decís el sueño y su interpretación, os cortarán los miembros del cuerpo y vuestras casas serán reducidas a escombros*» (Dan 2,5).

Los magos trataron de explicar al rey que lo que exigía era imposible, que nadie puede averiguar lo que soñó otro si él mismo no lo dice. Insistieron en que en todo el mundo ningún monarca había hecho nunca a sus magos una pregunta para la que no existía respuesta. Aterrorizados por la amenaza de un castigo que los dejaría sin brazos ni piernas ni casa, se atrevieron a sugerir al rey que fuera a consultar a los dioses. «*Ante esto, el rey se encolerizó y se enfureció muchísimo, y mandó exterminar a todos los sabios de Babilonia*» (Dan 2,12).

Mandar eliminar a los sabios era una colosal estupidez, porque para no hacer demasiadas tonterías el rey necesitaba los consejos y el apoyo de la gente culta del país. Sin ella no habría podido mantenerse durante mucho tiempo en el trono. Pero lo que se cuenta en este capítulo, y también en casi todo el libro de Daniel, es pura fantasía. El verdadero e histórico rey Nabucodonosor no era así. Ni mucho menos.

Daniel y sus compañeros se incluían en la categoría de los sabios. Así que los estaban buscando, sin demasiado empeño, para ejecutarlos. Daniel habló con el jefe de la guardia, que le puso al tanto de la situación. Luego fue a ver al rey y le dijo que si le dejaba algo de tiempo para pensarlo bien, se encargaría de buscar la respuesta y de comunicársela. El rey no contestó, o si lo hizo nadie se fijó en lo que dijo y nada se mencionó al respecto en el libro. Daniel se fue a su casa y comentó el problema con Ananías, Misael y Azarías. Juntos, trataron de ponerse en contacto con el Señor, que ellos preferían llamar «Dios del cielo». Al parecer lo consiguieron, puesto que «*Entonces en una visión nocturna se le reveló el secreto a Daniel, y Daniel bendijo al Dios del cielo*» (Dan 2,19). Dios no necesita bendiciones de los mortales porque puede bendecirse a sí mismo. Daniel debía más bien darle las gracias...

¡Bienvenido, amigo Yavé! Me alegro de que hayas regresado. Cuando oí que el Dios del cielo había sacado de apuros a Daniel y a sus amigos supe en seguida que se trataba de Ti. El usurpador habría llamado a los chicos *hijos de hombres*, les habría encargado una tarea sin relación con lo que pedían y después se habría olvidado por completo del sueño de Nabu. ¿Y qué hiciste con el usurpador? Bueno, sé que no puedes decírmelo pero déjame adivinarlo. Con la ayuda de tus hijos y de Satán, le quitaste tu corona de su cráneo vacío y le echaste de tu trono. Tus hijos le dieron una buena paliza y Satán se lo llevó encadenado (con cadenas de bronce) al infierno.

Daniel fue a hablar una vez más con el jefe de la guardia —un tío simpático llamado Arioc— y le dijo: «*Por favor, no mates a los sabios; llévame ante el rey y le expondré la interpretación de su sueño*» (Dan 2,24). Arioc, que a pesar de la orden del rey todavía no había mandado matar a nadie, condujo a Daniel ante el rey y le dijo que había encontrado un hombre que iba a interpretar su sueño. Nabucodonosor, que parecía no reconocer a Daniel a pesar de haberlo visto hacía poco, le dijo «*¿De manera que eres capaz de contarme el sueño que he visto y de exponerme su interpretación?*» (Dan 2,26).

Daniel contestó que era imposible que los magos, los videntes y los sabios, o cualquier otro ser humano pudieran adivinar lo que había visto en su sueño, pero que él lo sabía porque el Dios de los cielos se lo había revelado. Lo que había visto Nabu era una gran estatua con la cabeza de oro, el pecho y los brazos de plata, el tronco de bronce, las piernas de hierro y los pies de una mezcla de terracota e hierro. Mientras el rey estaba admirando la estatua, una piedra desprendida de un acantilado cercano chocó contra los pies del coloso, que se hicieron añicos. Luego toda la estatua se desplomó y se rompió en una gran cantidad de pequeños pedazos que se fragmentaban cada vez más hasta transformarse en polvo. «*El viento los arrebató y desaparecieron sin dejar rastro. Y la piedra que había deshecho la estatua creció hasta hacerse una montaña enorme que ocupaba toda la tierra*» (Dan 2,35).

En cuanto a la interpretación del sueño, se supone que aludía a los sucesivos imperios que iban a suceder a Babilonia, más o menos potentes según la dureza de los diferentes metales que componían la estatua. El cuarto imperio, fuerte y duro como el hierro era una alusión a las conquistas de Alejandro Magno.

Satisfecho, el rey obsequió a Daniel con suntuosos regalos, lo hizo gobernador de la región de Babilonia y jefe de los sabios del reino.

El horno mágico. Todavía obsesionado por lo que había visto en su sueño, «*El rey Nabucodonosor fabricó una estatua de oro de unos treinta metros de alta y tres de ancha, y la colocó en la llanura de Dura*» (Dan 3,1). Teniendo en cuenta la incorregible inflación bíblica, restaremos a la estatua ochenta por ciento de su altura y cincuenta de su anchura, obteniendo así unas dimensiones más adecuadas al presupuesto real y a la debilidad del oro puro.

Para la inauguración del monumento se convocó todo el pueblo, que ya había sido informado de que cuando oyese tocar las trompetas tendría que acudir al lugar, postrarse ante la estatua y adorarla. No era una invitación, era una orden, que no admitía ni excepción ni excusa. Para los que no la acataran se había previsto un castigo: «*Quien no se postre en adoración será inmediatamente arrojado al horno encendido*» (Dan 3,6).

Cuando tocaron las trompetas y también la cítara, la flauta, el laúd, el arpa y la vihuela, «*Todos los pueblos, naciones y lenguas se postraron y adoraron la estatua erigida por el rey Nabucodonosor*» (Dan 3,7). ¡Todas las naciones y lenguas! ¿Y por qué no toda la galaxia? rey ignorante y pretencioso. ¿Y quiénes eran los que debían venir y postrarse? ¿Sólo los hombres, o también las mujeres y los niños? ¿Y cómo ibas a castigar a personas de otras naciones y lenguas por no acudir a postrarse ante tu estatua?

Los compañeros de Daniel, Ananías, Misael y Azarías se quedaron en casa y alguien se percató de su ausencia. El soplón se fue a informar al rey, que se enfureció y gritó: «¡*Asadlos*!» Obedeciendo la orden del rey, sus criados y el chivato fueron a buscar a los tres compañeros de Daniel, les ataron las manos y los pies y los echaron en el horno. Pero los que lo hicieron eran tan torpes que fueron alcanzados por las llamas y quemados sin remedio.

Antes de ser arrojados al horno, los tres compañeros habían pedido auxilio al Señor del cielo, y Él había tomado medidas para alejar el fuego de ellos durante un corto momento. Era todo lo que podía hacer porque no tenía ningún ángel a prueba de fuego, y el horno se calentaba cada vez más. Entonces el Señor no dudó en pedir una vez más ayuda a Satán. Siempre complaciente, Satán despachó al lugar un diablillo especializado en apagar fuegos no deseados. Llegó al lugar a la velocidad de un rayo y sin que nadie se diera cuenta se metió en el horno. Una vez dentro, sopló sobre el fuego para echarlo fuera. «*La llama se elevaba más de veinte metros por encima del horno; se expandió y abrasó a los caldeos que halló alrededor del horno*» (Dan 3, 47-48).

El diablillo había sido bien entrenado en el control de toda clase de fuegos, tanto para encenderlos como para apagarlos, y también entendía de hornos porque en el infierno tenían muchos. «*Formó en el centro del horno una especie de viento como rocío que soplaba, y el fuego no los tocó en absoluto*» (Dan 3,50).

Cuando se apagaron las grandes llamas, Nabu y los hombres que no habían sido abrasados se acercaron al horno con cuidado, lo abrieron y vieron que dentro había cuatro hombres y que todos parecían en perfecto estado de salud. Nabu los llamó por sus verdaderos nombres: Ananías, Misael, Azarías, por favor, salid y acercaos. El rey y sus sátrapas, ministros y consejeros examinaron a los chicos mientras el diablillo se esfumaba sin dejar ningún rastro de humo. Todos se asombraban al constatar que los supuestos asados tenían la ropa, el cabello e incluso la barba intactos, y que ni siquiera olían a humo.

Maravillado, Nabu mandó llamar a su escribano preferido y le dictó un nuevo decreto: «*Por eso decreto que a quien blasfeme contra el Dios de Sidrac, Misac y Abdénago, de cualquier pueblo, nación o lengua que sea, lo hagan pedazos y su casa sea derribada*» (Dan 3,96).

Cuando a su llegada a Babilonia los tres amigos habían sido acogidos en el palacio real, el capitán de los eunucos les había cambiado el nombre, llamándolos Sidrac, Misac y Abdénago, unos nombres que para él resultaban más fáciles de pronunciar. Aunque casi no se utilizaron, fueron registrados en los anales del palacio y tenían que figurar en los decretos.

Daniel, a quien el jefe de los eunucos llamó Baltasar, no aparece en el cuento de la estatua de oro y el horno, y no se encuentra en el texto ninguna alusión a su ausencia. El comentador bíblico opina que este episodio pudo haber sido escrito por otro autor, que quizá ni siquiera había oído hablar del profeta. Más tarde, alguien lo habría adjuntado al libro de Daniel para darle más importancia. Me parece una hipótesis razonable.

El tocón imperecedero. Acerca de los sueños, Nabu había entendido la lección. Cuando tuvo otro no ocultó a nadie lo que había soñado. Aun así los astrólogos, los adivinos, los magos y los sabios no supieron interpretar el sueño. El rey, comprendiendo que no obtendría nada de ellos, llamó a Daniel y le contó lo que había soñado: «*Miré y en medio de la tierra había un árbol cuya altura era enorme. El árbol creció y se hizo corpulento; su copa llegaba al cielo y era visible desde todos los confines de la tierra*» (Dan 4, 7-8).

¡No te excedas, Nabu! Si la copa del árbol hubiera alcanzado el cielo, no habrías podido verla más. Además, ¿conoces tú los límites del cielo? El árbol era de todas maneras de gran tamaño. Producía sabrosas frutas, los pájaros cantaban en su ramaje y a la sombra de su tupido follaje descansaba rumiando el ganado. Mientras Nabu estaba contemplando el árbol, un extraño personaje salió de una nube y ordenó a gritos que lo talaran y destrozaran, pero exigió que le dejaran intacto el tocón con sus raíces, diciendo: «*Dejadlo en tierra, atado con cadenas de hierro y de bronce entre las hierbas del campo*» (Dan 4,12).

El árbol que viste eres tú, gran rey, dijo Daniel. Talarlo significa que te van a apartar del poder y de tu pueblo. Tendrás que vivir en el campo como un animal durante siete años. El tocón representa lo que te será devuelto de tu reino cuando te habrás plegado a la autoridad del Dios del cielo.

Al cabo de un año, la profecía del sueño se cumplió. Nabucodonosor fue apartado del poder y expulsado de su capital. Tuvo que vivir en el campo, aunque no como un animal porque podía alojarse en cuevas y la gente del lugar le traía un poco de comida. Pasaron los siete años y Nabu, cansado de ser rechazado, abrazó la religión de Daniel y de sus amigos. Luego él mismo diría: «*En aquel momento recobré la razón y, para gloria de mi reino, me fueron restituidos mi majestad y mi esplendor. Mis consejeros y mis magnates acudieron a mí; fui restablecido en mi reino y se me concedió más grandeza*» (Dan 4,33).

No quedó registrada en los anales del palacio real de Babilonia la mención de una prolongada ausencia del rey Nabucodonosor, durante la cual habría vivido en una modesta casa de campo con unos pocos servidores. Sin embargo, hubo un periodo sin actos importantes, lo que hace sospechar que el rey pudo haber sufrido algún tipo de enfermedad contagiosa de la que finalmente se habría curado. Pero es poco probable que hubiera abrazado, como se cuenta en el libro de Daniel, la religión profesada por los israelitas.

El trismo. Pasaron los años. Murió el rey Nabucodonosor y le sucedió Baltasar, uno de sus hijos. Aunque aquel personaje no fue rey y no era hijo de Nabu, para no complicar las cosas y no contradecir la Santa Escritura, lo daremos por bueno. El rey Baltasar, pues, había convidado para un gigantesco y suntuoso banquete a mil de sus altos dignatarios, con sus esposas y sus concubinas. Cuando estaban de sobremesa, el rey, para impresionar a sus convidados, mandó a sus criados que fueran a buscar las copas de oro que su padre Nabu había robado en el templo de Jerusalén.

Todos los invitados quisieron beber en las copas de oro y como no había suficientes para que cada uno tuviera la suya, se estableció un turno. Quien había apurado su copa la depositaba sobre la mesa, otro comensal se hacía con ella y en seguida un copero le escanciaba vino. Era un vino tinto con mucho cuerpo y aromatizado con miel de espliego, que los servidores del rey subían sin parar de las frescas bodegas del palacio. Aunque todos estaban más o menos ebrios, algunos vieron de repente que una mano que aparentemente no formaba parte de ningún cuerpo estaba escribiendo algo sobre la pared. Algunos se acercaron titubeando y vieron que la mano había desaparecido, pero quedaba lo que había sido escrito: tres palabras en arameo cuyo sentido nadie podía explicar. Muy asustado, «*el rey mandó a gritos que vinieran los astrólogos, los magos y los adivinos*» (Dan. 5,7). Vinieron, pero ninguno de esos especialistas pudo dar con la clave del acertijo. Además ninguno de ellos dominaba el arameo. Entonces la reina, que era más lista que todos los hombres de la asistencia juntos, y también más lúcida por haber bebido con moderación, sugirió al rey que consultara a Daniel, que había sido nombrado jefe de los sabios por su predecesor.

Llegó Daniel y la explicación que dio fue inmediata y tajante: las tres palabras son *mane*, *thequel* y *phares*. Esto significa *contado, pesado y dividido*. Como el rey seguía sin comprender, Daniel se lo explicó. Elemental, majestad, «*la interpretación es esta: contado, Dios ha contado los días de tu reinado y les ha señalado el final. Pesado, te ha pesado en la balanza y te falta peso. Dividido, tu reino ha sido dividido y lo entregan a medos y persas*» (Dan 5, 26 a 28).

Lo que Daniel dijo al rey era más bien una inminencia que una previsión, ya que los persas no tardarían a llegar y penetrar en la ciudad. «*Baltasar, rey de los caldeos, fue asesinado aquella misma noche*» (Dan 5,30).

Después de la conquista de Babilonia por los persas, Daniel pasó al servicio de Darío el medo —o quizá era Ciro II, lo que poco importa— quien lo nombró ministro. Esa nominación fomentó la envidia y el odio de sus subalternos los sátrapas, que buscaron un medio de quitárselo de encima y creyeron haberlo encontrado. Algunos de ellos fueron a ver al rey y le dijeron que todos los dignatarios habían acordado «*que se promulgue un edicto real y se decrete que, durante treinta días, todo él que haga oración a cualquier dios u hombre fuera de ti, ¡Oh rey! sea arrojado al foso de los leones*» (Dan 6,8).

Confiado, el rey firmó el decreto sin sospechar que se trataba de una trampa, y todo decreto firmado por el rey era, según la ley de los medos y de los persas, irrevocable. Daniel en aquella ocasión perdió los estribos. Informado de lo que se estaba tramando contra él, en vez de rezar de noche y tumbado en su cama lo hacía de rodillas tres veces al día. Así se condenó él mismo a pasar una noche con los leones. Pero los leones no pudieron devorarlo, y eso sin intervención ni divina ni diabólica. Uno de los sabios a las órdenes de Daniel era curandero y experto en el arte de elaborar, con extractos de hongos, plantas y frutas, pociones tanto curativas como venenosas. Había preparado una pócima que causa trismo, un espasmo muscular que bloquea la articulación mandibular, quedando los dientes inferiores aplicados contra los superiores, sin que sea posible separarlos mientras persisten los efectos de la enfermedad o de la droga causante del problema. El trismo es uno de los síntomas del tétanos, pero pueden también causarlo las afecciones de la boca y de los dientes.

Cuando supo que Daniel iba a pasar una noche con los leones, el sabio inyectó en algunos trozos de carne una fuerte dosis de su producto ya preparado y probado con su mujer, que tenía la detestable costumbre de hablar durante horas sin cerrar nunca la boca. El sabio echó la carne a los leones, ellos la comieron y cuando Daniel estuvo en el foso, no podían abrir la boca, ni siquiera para bostezar.

Temprano por la mañana del día siguiente, el rey, que se había pasado la noche en vela y sin poder atender a ninguna de sus mujeres, fue a ver si quedaba algo de Daniel en el foso. Estaba entero, de pie en medio de los leones y acariciándolos. «*Luego el rey mandó traer a los hombres que habían calumniado a Daniel, y ordenó que los arrojasen al foso de los leones con sus hijos y esposas*» (Dan 6,25).

Era un castigo cruel e injusto, pero legal. La costumbre de castigar a la vez el culpable y a los miembros inocentes de su familia estaba en aquella época muy arraigada, tanto entre los israelitas como entre los pueblos vecinos. Pero estoy seguro de que en ese caso, y aunque el autor no lo dice, Daniel le habrá pedido al rey que se perdonara la vida de las mujeres, de los niños y de los animales que vivían con ellos.

Antes de ser conducidos al foso, los calumniadores, que conocían bien al sabio curandero, le habían sobornado y amenazado para que les entregara un frasco del producto que cerraba la boca de los leones. Lo utilizaron para impregnar unas tiras de carne que ocultaron en los pliegues de sus grandes mantos. Se dejaron arrojar al foso sin protestar y cayeron sobre el lomo de los leones, que los estaban esperando. Ellos comieron primero los trozos de carne y luego se dieron un festín con los hombres. Pero ¿y el producto?... Lo que les entregó el sabio, seguro de que no iban a tener la oportunidad de vengarse, era un antídoto, un *antitrismo*, cuyo efecto fue curar por completo a los leones que todavía se sentían un poco débiles de la mandíbula.

La acacia y la encina. Cuando Daniel era todavía muy joven, la casualidad hizo que en una ocasión hiciera de Juez. Sucedió que por una calurosa tarde de verano una atractiva mujer fue a darse un baño en un pequeño estanque que tenía en su jardín. Se llamaba Susana y era la esposa de Joaquín, un acomodado judío instalado en las afueras de Babilonia. Antes de desvestirse, despidió a sus dos criadas y les mandó que cerraran la puerta del jardín. Pero Susana no estaba sola en el jardín, aunque ella lo creía.

Dos jueces ya ancianos, que después de haber sido rivales habían decidido colaborar para conseguir los favores de Susana, estaban escondidos detrás de algunos arbustos. Cuando ella se quedó sola, salieron de su escondite y le dijeron que si los rechazaba la denunciarían por adulterio. Y lo hicieron puesto que Susana huyó para no caer en sus manos.

Para vengarse de ella, en el tribunal los pérfidos jueces explicaron cómo había despedido a las criadas, ordenándoles que cerraran la puerta del jardín, y después declararon: «*Entonces se le acercó un joven que estaba escondido y se acostó con ella. Nosotros estábamos en un rincón del jardín y al ver aquella maldad, corrimos hacia ellos*» (Dan 13,37). Añadieron que el joven pudo escapar, porque era más fuerte que ellos y corría más rápido. Concluyeron diciendo que daban testimonio del hecho. La gente los creyó, y a nadie se le ocurrió preguntar a los jueces lo que ellos hacían escondidos en un jardín privado.

El castigo por adulterio —de la esposa— era la muerte. Llevaron a Susana, que lloraba y gritaba que era inocente, al lugar donde se ejecutaban a pedradas a los reos de este delito. Llegó entonces en sentido opuesto Daniel, y él, al ver la cara que pusieron los jueces cuando los miró a los ojos, comprendió en seguida que Susana decía la verdad. Se paró en medio del camino y gritó: «*Volved al tribunal porque esos han dado falso testimonio contra ella*» (Dan 13,49).

Regresaron al tribunal y Daniel interrogó a los dos jueces por separado, como haría hoy en día cualquier policía. Les preguntó bajo qué árbol se había acostado el joven con Susana. El primero dijo que era una gran acacia cargada de flores, pero no era la época de la floración de las acacias y él no lo sabía. El otro declaró que los amantes se habían tumbado al pie de una vieja encina con hiedra, porque era el único árbol que recordaba haber visto en el jardín. Entonces la asamblea aclamó a Daniel, los jueces fueron condenados a muerte por falso testimonio y ejecutados.

Los padres de Susana «*alabaron a Dios por su hija Susana, junto con su marido Joaquín y todos su parientes*» (Dan 13,63).

Así que todos los israelitas del barrio alabaron a Dios, quien no había tomado cartas en el asunto, pero nadie alabó a Daniel, y los parientes de Susana ni siquiera le dieron las gracias. Por fortuna los babilonios nativos sí elogiaron al joven profeta: «*Daniel gozó de gran prestigio ante el pueblo desde aquel día y en lo sucesivo*» (Dan 13,64).

Bel y el dragón. Al llegar al último capítulo del libro de Daniel, volvemos a la realidad histórica con el rey persa Ciro, que se encontraba más a gusto en su palacio de verano de la recién conquistada Babilonia que en su vieja y fría capital Persépolis. «*Daniel vivía en casa del rey y era más estimado que todos sus compañeros*» (Dan 14,2).

Había en aquella época en Babilonia una gran estatua encerrada en su templo, que todos llamaban Bel. Ese dios de terracota y bronce comía y bebía como un ser humano, pero muchísimo más. Se zampaba cada noche «*doce arrobas de flor de harina, cuarenta ovejas y seis barriles de vino*» (Dan 14,3).

El rey preguntó a Daniel porque no adoraba a Bel y él le contestó que no era más que una estatua sin vida, fabricada por los hombres. El rey objetó que Bel tenía que ser un dios vivo porque comía y bebía como cualquier persona y cualquier animal. Daniel le replicó que esto no se lo creía y le sugirió que vigilara a la gente que cuidaba a Bel, ya que alguien debía de hacerse con la comida y la bebida que se le ofrecía. Daniel propuso al rey que se hiciera una prueba. Él lo entendió y empezó a sospechar de los sacerdotes. Los convocó al palacio y les dijo: «*Si no me decís quien es el que se come este dispendio, moriréis. En cambio, si me mostráis que se lo come Bel, morirá Daniel por haber blasfemado contra Bel*» (Dan 14,8).

La advertencia del rey parecía muy clara, no obstante, empieza por un desafío al sentido común, puesto que nadie habría podido decirle «*quien era "el" que se comía*» cada día, seis arrobas de harina y cuarenta ovejas, sin hablar de los seis barriles de vino... El rey debía decir «quienes son los que comen...». El plural no tiene límite mientras nadie le ponga uno.

Para su alimentación, sus cuidados, la limpieza del templo y las oraciones, Bel disponía de setenta sacerdotes, además de sus mujeres, concubinas e hijos. Cuando se depositaba la comida delante de la estatua, el rey tenía que estar presente para cerrar la puerta y sellarla con su anillo real. El sello hacía de precinto.

Cuando se hizo la prueba propuesta por Daniel, el rey mismo depositó la harina, las ovejas desolladas, vaciadas de sus vísceras y asadas, y también los seis barriles de vino, en tanto que los criados de Daniel extendían una fina capa de ceniza por todo el suelo del templo. Después, el rey cerró y selló la puerta y todos se fueron a dormir.

Al día siguiente, madrugaron y constataron que el sello estaba intacto. El rey abrió la puerta y quiso entrar, pero Daniel lo retuvo y le preguntó lo que veía. Él miró el suelo y dijo que veía huellas de hombres, de mujeres y de niños *«Y montando en cólera, el rey hizo apresar a los sacerdotes, las mujeres y los niños, que le enseñaron las puertas secretas por las que entraban»* (Dan 14,21).

Los sacerdotes confesaron que cada noche entraban, comían y bebían todo lo que podían y se llevaban las sobras a sus casas. Tenían siempre a algunos vigilantes apostados fuera y si por casualidad pasaba alguien y los veía entrar o salir, compraban su silencio o lo mataban, según quien era. *«El rey los mandó matar y entregó Bel en poder de Daniel, que destruyó el ídolo junto con su templo»* (Dan 14,22).

También había en Babilonia un dragón, probablemente traído desde la isla de Komodo por un mercader árabe y comprado a precio de oro. Como era un bicho grande e insólito, los babilonios lo veneraban como si fuese un dios. El rey cometió la estupidez de enseñarlo a Daniel y de decirle: *«No podrás decir que éste no es un dios vivo; adóralo»* (Dan. 14,24).

Daniel contestó al rey que si todos los seres vivos fuesen dioses, tendrían que adorarse los unos a los otros, y le aseguró que si le diera permiso él mataría al dragón sin espada ni arco ni cualquier otro tipo de arma.

El rey le dio el permiso solicitado. Daniel hizo una bola con grasa, pez y los pelos que sus servidores obtuvieron al raparse la barba. La coció al horno y la echó todavía muy caliente en las fauces del dragón, cuando abrió la boca para morderle la mano. El dragón se atragantó, se hinchó y reventó.

Daniel no debía hacer esto. No se trataba de un ídolo sino de un pobre animal mantenido en cautividad, que no hacía daño a nadie siempre que lo dejaran en paz. Era como la mascota del pueblo y los babilonios no tardaron en echarlo de menos.

Los más atrevidos culpaban al monarca y decían: «*El rey se ha hecho judío; ha derribado a Bel, ha dado muerte al dragón y ha degollado a los sacerdotes*» (Dan 14,28). Armándose de valor, se sublevaron contra el rey y lo amenazaron con matarlo con toda su familia si no les entregaba al profeta. El rey se asustó, les dejó llevárselo y este fue una vez más a parar al foso de los leones. «*En el foso había siete leones a los que echaban diariamente dos cuerpos humanos y dos ovejas. Pero entonces no les echaron nada para que devoraran a Daniel*» (Dan 14,32).

Pero no lo devoraron y ni siquiera lo molestaron. Al contrario, se mostraron muy amistosos. Ya conocían a Daniel, y solo con presentir que tenía el poder de inmovilizarles la mandíbula se les iba la gana de comer. Además, se habían dado cuenta de que cuando se sacaba al profeta del foso, no tardaban en tomar su sitio los que le habían perjudicado, y ellos sí se podían comer.

Vuelo sin billete. Informado de la situación, el Señor, pensando que en su foso Daniel quizá pasaría hambre, decidió mandarle al más tonto de sus ángeles —los otros debían de estar de vacaciones— para que le llevara algo de comer. El individuo alado, en lugar de tomar la comida en Babilonia, se fue a buscarla a Judea. Viendo que el profeta Habacuc, que allí vivía, salía de su casa con un guiso que tenía en una gran olla para llevarlo a los trabajadores del campo, lo detuvo y le dijo con tono autoritario: «*Anda con la comida que llevas a Babilonia y entrégala a Daniel en el foso de los leones*» (Dan 14,34).

Habacuc replicó que no conocía ni Babilonia ni el foso de los leones, y que además no tenía caballo y no sabía volar. Entonces el ángel de la necedad, en vez de tomar la comida y de llevarla él mismo a Babilonia, agarró a Habacuc por la cabellera y lo llevó a Babilonia con su pesada olla. Durante el viaje, que fue brevísimo, tuvo que asirlo también por la barba porque los pelos de su cabeza empezaban a desprenderse. Una vez cumplida su misión, el ángel trajo de vuelta a Habacuc, aligerado de su olla, hasta la puerta de su casa, mientras en el campo los segadores esperaban una comida que nunca llegaría.

Como el guiso era copioso, Daniel lo compartió con sus camaradas de cautividad. Pese a que para ellos era muy poca comida, se lo agradecieron con sonoros rugidos que pusieron los pelos de punta al centinela de servicio.

Cuando al cabo de una semana el rey se acercó al foso para llorar a Daniel, lo vio sentado a horcajadas sobre el lomo del más grande de los leones. Le estaba rascando la cabeza mientras la fiera ronroneaba con los ojos entornados. Tan sorprendido e impresionado estuvo el rey que por poco se cae en el foso.

108. EL CUARTETO DE LOS MENOS PROLÍFICOS

A los profetas mayores, que ya conocemos, les siguen los menores. No los llaman así porque eran más jóvenes o de más baja estatura que los mayores, sino porque sus obras ocupan normalmente menos espacio en la Biblia.

1. **Bendita prostitución** (Oseas), primero de la lista de los profetas menores, quería casarse con una prostituta y afirmaba que Dios se lo había ordenado. Según él, el Señor le habría dicho: «*Ve, despósate con una mujer ligada a la prostitución porque el país no hace sino prostituirse, apartándose del Señor*» (Os 1,2).

Además de los hijos de la prostitución, la ramera dio a Oseas una hija y dos varones, que no fueron del todo bienvenidos y a los que ellos pusieron nombres muy raros. Al primero, un varón, lo llamaron Y*ezrael*, porque en aquella ciudad, como ya sabemos por haberlo leído en los libros de los Reyes, se cometieron crímenes. Luego a Oseas y a Gómer, su mujer, les nació una hija que tuvieron que llamar *No compadecida* porque el Señor había decidido no apiadarse más de Israel. Al tercer hijo, otro varón, el Señor quiso que le pusieran un nombre aún peor: *No mi pueblo* porque Israel lo había rechazado. De todo esto el autor nos informa en el primer capítulo del libro de Oseas, pero cuando lleguemos a las últimas líneas del segundo veremos que ha cambiado ya de parecer...

La unión no tardó en malograrse. Gómer había reincidido en su vicio y abandonado el hogar. Oseas dijo entonces a sus hijos: «*Acusad a vuestra madre, acusadla, porque ella ya no es mi mujer ni yo soy su marido; para que aparte de su rostro la prostitución y sus adulterios de entre sus pechos*» (Os 2,4). Hay que reconocer que Gómer era una mujer extraña, ya que lo normal es guardar en los recuerdos, pero no entre los pechos, las estelas de las infidelidades.

Y sucedió que Oseas empezó a echar de menos a su mujer. Quiso recuperarla y lo aprovechó para sugerir que se hablara de paz donde todavía había guerra: «*Aquel día haré una alianza en su favor con las bestias del campo, con las aves del cielo y los reptiles del suelo. Quebraré arco y espada y haré que duerman seguros, y eliminaré la guerra del país. Me desposaré contigo para siempre*» (Os 2,20-21). Entonces el Señor anunció: «*tendré compasión de No compadecida y diré a No mi pueblo tú eres mi pueblo*» (Os 2,25).

En total contraposición con estas alentadoras palabras, saltando al capítulo trece se puede leer: «*Yo me volví para ellos como un leopardo, como una pantera espiando su camino. Los atacaré como una osa privada de sus crías, desgarraré las membranas de su corazón, los devoraré allí mismo como una leona, una bestia salvaje que los despedaza. Voy a aniquilarte, Israel, ¿Quién será tu ayuda? ¿Dónde, dónde está tu rey?*» (Os. 13,7-8-9). Y también en el capítulo catorce: «*culpable es Samaría porque se ha rebelado contra su Dios. Por la espada caerá, sus vástagos serán estrellados y sus mujeres encintas abiertas en canal*» (Os 14,1).

El comentador de la obra reconoce que es difícil de interpretar. Dice que «*tal vez refleje un problema familiar ideado por el autor para ilustrar las relaciones de Dios con los seres humanos*». El vocabulario de Oseas se acerca más a la naturaleza que el de cualquier otro libro del Antiguo Testamento y quizá de toda la Biblia. Su estilo es también menos repetitivo y más fluido. Algunos opinan que es muy bello, pero yo no diría tanto.

2. **Derrame cerebral** (Joel). El libro de Joel no llega a llenar seis páginas. No es tan alabado como el de Oseas, aunque se dice que su texto se señala por sus metáforas y la riqueza de su vocabulario, citando como ejemplo el empleo, para designar el mismo insecto, de cuatro palabras diferentes: «saltón, langosta, caballetas y saltamontes». Pero existen varias especies de saltamontes, algunas de muy reducido tamaño, que no tienen nada que ver con la gran langosta devastadora de los campos de cultivos. Se utilizan más sinónimos para designar el miembro viril humano, y no se puede decir que es porque los hay de diversas especies...

En la Biblia de Jerusalén, los cuatro insectos citados acerca de la plaga no son exactamente los mismos: además del saltamontes y de la langosta hay orugas y pulgones.

Se cita a menudo el tercer capítulo del libro de Joel, de solamente cinco versículos en versos, famoso por haber sido incluido en los Hechos de los Apóstoles, donde aparece en prosa y un poco retocado. Entre las exhortaciones, las profecías y las amenazas de Joel, estos versículos no pasan inadvertidos. Aunque no se especifica, es de suponer que quien habla es el Señor. El capítulo comprende dieciocho estrofas, por lo tanto lo que se cita a continuación no es más que una muestra:

> Después de todo esto, derramaré mi espíritu sobre toda carne,
> vuestros hijos e hijas profetizarán,
> vuestros ancianos tendrán sueños y visiones.
> Incluso sobre vuestros siervos y siervas
> derramaré mi espíritu en aquellos días.
> Pondré señales en el cielo y en la tierra:
> sangre, fuego y columnas de humo.
> El sol se convertirá en tinieblas,
> *La luna, en sangre...* (Jl 3, 1 a 4).

¿Y qué quiere decir esto? Pues que se repartirá la sabiduría y el don de profetizar entre todos los israelitas, lo que desembocaría en nada menos que «*una relación directa de Dios con todos y cada uno de ellos*». Esto lo afirma con entusiasmo el comentador del capítulo. Pero aunque el libro de Joel fue redactado hace unos dos mil quinientos años, todos los verbos del citado capítulo siguen apuntando hacia el futuro y no cesarán de hacerlo, porque el Señor no tiene la intención, ni la posibilidad, de derramar su sabiduría sobre un pueblo que no se la merece y no sabría utilizarla.

Este insólito capítulo de Joel, titulado *La efusión del Espíritu*, fue probablemente concebido por el astuto profeta —o por el astuto autor de su libro— para impresionar a la gente de su época. Y resulta que todavía sigue utilizándose con el mismo propósito.

En el último capítulo de Joel se anuncia que los israelitas lo van a pasar muy bien: «*Aquel día las montañas chorrearán vino nuevo, las colinas rezumarán leche y todos los torrentes de Judá bajarán rebosantes*» (Jl 4,18).

Mientras que otros lo van a pasar muy mal: «*Egipto será una desolación y Edón un desierto solitario por la violencia ejercida contra Judá*» (Jl 4,19).

3. **Maduros para el castigo** (Amos). El profeta Amos había dicho en una ocasión al sacerdote Amasías: «*Yo no soy profeta ni hijo de profeta. Yo era un pastor y un cultivador de sicomoros. Pero el Señor me arrancó de mi rebaño*» (Am 7,14-15).

A pesar de su origen humilde, Amos llegó a ser un hombre culto, conociendo bien la historia de su pueblo y de los países vecinos. En su libro se suceden las denuncias y las amenazas contra la corrupción y la injusticia en Israel, y también contra —¡cómo no!— los filisteos, los habitantes de Tiro, los de Edón, los de Judá y de otros países cercanos. El rey Jeroboán II estaba asustado y disgustado por las fatídicas profecías de Amos. Decía que Jeroboán moriría a espada y que Israel sería deportado de su tierra. Amasías, el sacerdote, a Amos le dijo: «¡Lárgate a Judá y déjanos en paz!» Amos pensó que era un buen consejo y no dudó en seguirlo. Pero antes de marcharse, al sacerdote Amasías le regaló una corta profecía: «*Tu mujer deberá prostituirse en la ciudad, tus hijos y tus hijas caerán por la espada, tu tierra será repartida a cordel, tú morirás en un país impuro e Israel será deportado de su tierra*» (Am 7, 17).

Cuando llevaba ya algunas semanas en Judá, Amos tuvo una visión —o quizá fue un sueño. El Señor le enseñó una cesta de fruta y le preguntó lo que veía. Él le contestó que veía una cesta de fruta madura. Entonces el Señor hizo esa inquietante declaración: «*Mi pueblo Israel está maduro para el castigo*» (Am 8,2).

En otra visión de Amos, que sería la última, el Señor estaba erguido cerca del altar y decía: «*Corta la vida a cuantos caminan a la cabeza, a quienes los siguen yo los mataré por la espada* —tal vez quiso decir más bien por la espalda. *Ningún fugitivo logrará escapar, ningún superviviente se salvará*» (Am 9,1).

Amos lo ha previsto todo. Los que quieran escapar a toda costa al castigo quedan informados de que no les serviría de nada ocultarse bajo tierra, ni en la cumbre de las montañas, ni siquiera en el mar. Y que a nadie se le ocurra trepar al cielo por la escalera de Jacob, porque «*aunque excaven hasta el abismo, de allí los cogerá mi mano; aunque suban hasta el cielo, de allí los bajaré*» (Am 9,2).

Para el comentador, lo que quiere el Señor —en realidad el Señor no quiere nada, quien habla es Amos— «*no es una estrategia belicosa sino la expresión de la magnitud del castigo del cual nadie escapa*». Creo que lo entiendo: quiere decir que esto es pacificación por eliminación. Entonces, comentador, ¿qué es lo que se puede llamar «estrategia belicosa»?

4. **El menor de los menores** (Abdías). El profeta menor Abdías fue a mi juicio el más insignificante de todos los menores. El profeta menor Abdías ni siquiera tiene un libro, tiene

un solo capítulo con dos números que no figuran en su obra, pero se adivinan: primero y último. El profeta menor Abdías no profetiza, porque no sabe profetizar. Todo lo que sabe hacer es proferir amenazas, que en el texto se agrupan en dos curiosos y un tanto agresivos discursos, titulados respectivamente «Contra Edón» y «Contra todos los pueblos».

Para recordar al profeta menor Abdías, aconsejo los cuatro primeros versículos, sacados del discurso contra Edom, que se encuentran en la primera página, después de la introducción:

¡En pie! ¡Vamos a hacerle la guerra. Mira, te hago pequeño y despreciable entre las naciones. Te ha engañado la arrogancia de tu corazón, a ti que habitas en los huecos de las peñas, en la altura de tu morada. Dices para tus adentros: ¿quién me echará por tierra?
Aunque te eleves como el águila y hagas tu nido en las estrellas, de allí te echaré (Abd 4).

También se puede probar este, tomado del «Discurso contra todos los pueblos»:

Pues como bebisteis en mi monte santo,
beberán todos sin parar;
Y serán como si no fueran (Abd 16).

Al leer la última línea se nota que quien la escribió también había bebido...

El nombre de este profeta —nos informan en la introducción al texto de Abdías—, significa *siervo del Señor*. Es lo único que se sabe de él.

109. EL MENSAJERO (Jonás)

Entre las obras de los profetas menores de más peso, se encuentra el libro de Jonás. Es un cuento en todo el sentido de la palabra, donde no intervienen reyes asesinos, dignatarios corruptos o sacerdotes fanáticos; ni siquiera verdaderos profetas. Se dice que Jonás era profeta, pero no profetizaba nada. Era más bien mensajero. Esta ausencia de elementos perturbadores podría explicar por qué en la obra no hay guerras, ni odio, ni maldiciones, ni amenazas. En este cuento, hasta el Señor es amable, paciente y justo.

Durante uno de los cortos periodos de paz que hubo en Israel, Dios se acordó de un hombre que ya había sido uno de sus mensajeros y se había jubilado. Decidió encargarle una misión de confianza y, mientras estaba durmiendo la siesta, le dijo sin preámbulo: «*Ponte en marcha, ve a Nínive, la gran ciudad, y llévale este mensaje contra ella, pues me he enterado de sus crímenes*» (Jon 1,2).

Aunque sorprendido y disgustado, Jonás obedeció; se puso en marcha pero, como no le gustaban los asirios, en vez de dirigirse hacia Asiria, que se encontraba al este, se fue en dirección oeste hacia el mar. Llegó al puerto de Jafa y se embarcó en una galera fenicia que en seguida zarpó rumbo a Tarsis, una tranquila ciudad del Sur de la península Ibérica, donde pensaba ocultarse. No le interesaba volver a trabajar para el Señor; quería descansar, fundar una famila y escribir cuentos.

El obstinado Señor había decidido que, por las buenas o por las malas, Jonás iría a Nínive; Pero tuvo que resolver un pequeño problema. Él era el Dios del cielo, no de los mares, los cuales eran, en aquella época, del dominio de Poseidón. El Señor tuvo que solicitar su colaboración para detener el barco. El dios griego aceptó gustoso porque disfrutaba zarandeando los navíos, aunque no llegaba hasta hundirlos. Una vez localizada la galera, mandó a la zona una fuerte racha de viento, acompañada de una relampagueante tormenta. Como la embarcación era vieja, amenazaba con romperse, pero Jonás no se preocupó y se fue a dormir en su hamaca.

Los marineros y los remeros estaban asustados y rezaban, cada uno a su dios preferido. El capitán fue a despertar a

Jonás y le dijo: «¿*Qué haces durmiendo? Levántate y reza a tu dios. Quizá se ocupe ese dios de nosotros y no muramos*» (Jon 1,6).

Para saber quién tenía la culpa de su infortunio, lo echaron a suertes, y resultó que el causante del problema era Jonás. El capitán y la tripulación no sabían qué hacer. Entonces Jonás les dijo: «*Agarradme y echadme al mar y se calmará. Bien sé que soy yo el culpable de que os haya sobrevenido esta tormenta*» (Jon 1,12).

Al principio, los marineros no le hicieron caso. Intentaron acercar el barco a la costa, remando y con las velas arriadas, para buscar una cala profunda donde resguardarse del viento, pero no encontraron ninguna.

Era buena gente, aunque ninguno era israelita, o más bien porque no eran intolerantes israelitas, que no hubieran dudado en tirar por la borda a un incircunciso. Cuando no les quedó otra opción, toda la tripulación se juntó para echar al mar a Jonás. Así la culpa se repartía entre todos. Entonces, «*el Señor envió un gran pez para que se tragase a Jonás, y ahí estuvo Jonás, en el vientre del pez, durante tres días con sus noches*» (Jon 2,1).

Aun sabiendo que se trata de un cuento, muchos lectores de la Biblia se habrán preguntado si los grandes peces y los cetáceos pueden tragarse una persona. ¡Claro que pueden! El gran tiburón blanco, el tiburón tigre, las orcas devoradoras de focas y el cachalote lo harían muy bien. Pero todos tienen la mala costumbre de descuartizar sus presas antes de comérselas.

Supongamos que una gran ballena que hubiera perdido sus barbas —como nosotros al envejecer perdemos nuestros dientes— se tragó por descuido a Jonás. Supongamos también que Jonás, una vez en el estómago de la ballena hubiera podido respirar, como los peces y con la ayuda de Dios, el oxígeno disuelto en el agua de mar tragada por el animal, habría sido digerido vivo por las enzimas y el ácido clorhídrico de los jugos gástricos.

Según el texto bíblico, Jonás sobrevivió durante sesenta y dos horas en el interior del pez. Pudo salir cuando «*El Señor habló al pez, que vomitó a Jonás en tierra firme*» (Jon 2, 11). Si un pez gigante o un cetáceo hubiera tragado a Jonás, no habría podido vomitarlo, ni vivo ni muerto, tres días después, porque habría defecado sus residuos no digeribles el segundo día...

¿Entonces, no hubo ningún pez? Si el autor lo dice, es que seguramente hubo uno, al menos en su imaginación. Y si hubo uno, solo podía ser un tiburón ballena, porque es a la vez el más grande y el más inofensivo para los humanos. Y ya estaba ahí, nadando apaciblemente a sotavento del barco para no ser molestado por el fuerte viento. Ese gran pez tiene una boca enorme, sin barbas como la de las ballenas y sin verdaderos dientes. Pero si Jonás le hubiera caído por casualidad en la boca, lo habría escupido porque no le gustan los grandes bocados. Se alimenta de plancton, y caza pececitos y calamares solo con meterse en sus cardúmenes y abrir a boca.

Jonás lo había visto e identificado. Sabía que no era peligroso, así podía pedir que lo tiraran al mar, seguro de que no lo atacaría. Cuando cayó al agua, el pez se acercó para mirarlo y olfatearlo; luego, siguió su camino. Jonás se agarró a su aleta dorsal y se dejó llevar, protegido por el gigante de los ataques de otros tiburones más pequeños, pero dentudos y agresivos. Cuando pasaron cerca de la costa, Jonás se separó del animal y la alcanzó nadando.

También el capitán y la tripulación habían visto el animal; luego no vieron más a Jonás porque estaba detrás de él, ocultado por la parte emergida de su gran cuerpo, y ellos pensaron que se había ahogado. Pero algunos mintieron, diciendo que había sido tragado por el pez. Una vez que estuvieron en tierra otros, que no eran marineros, lo creyeron y lo repitieron, hasta que un día la historia llegó a los oídos de la persona que iba a ser el autor del pequeño libro de Jonás.

Se repite la orden de ir a Nínive. Cuando estuvo en tierra firme, Jonás se desvistió, lavó su ropa en el agua clara de un riachuelo, la tendió al sol y se ocultó en un tupido matorral de tamariscos para dormir la siesta, mientras desde arriba lo observaba impaciente el Señor. Cuando estaba a punto de despertar, le pareció oír una bien conocida voz que le decía en un susurro: «*Ponte en marcha y ve a la gran ciudad de Nínive; allí les anunciarás el mensaje que yo te comunicaré*» (Jon 3, 2).

Jonás se vistió y se fue, pero se detuvo en el primer pueblo que cruzó para comprarse una mula, unas alforjas y vituallas para el viaje. También preguntó a los lugareños cual era el camino más corto para llegar a Nínive. Cuando lo supo, se puso en marcha, esa vez hacia el este. Llegó por fin a Nínive y en seguida recorrió todas las calles principales, gritando: «*Dentro de cuarenta días Nínive será arrasada*» (Jon 3,4).

Los ninivitas entendieron el mensaje; la voz corrió por toda la ciudad y los pueblos circundantes. Aterrorizados, los ninivitas dejaron de comer, se vistieron con harapos, se lamentaron y rezaron. El rey abandonó su trono, regaló su manto real a un mendigo, se vistió con un viejo sayal y fue a sentarse en el polvo. Sin levantarse, proclamó: «*Que hombres y animales, ganado menor y mayor no coman nada; que no pasten ni beban agua. Que hombres y animales se cubran con rudo sayal e invoquen a Dios con ardor*» (Jon 3, 7-8).

¡Caramba! Si también los animales ayunan y rezan, ¡cómo podría Dios desoír sus súplicas! Sin embargo, la proclamación del rey distaba mucho de ser perfecta: en ella se incluía el ganado, pero se ignoraba a las mujeres, a los niños e incluso a la reina...

Jonás había cumplido con su misión y solo le quedaba esperar, a una distancia prudencial y durante cuarenta días. «*Armó una choza y se quedó allí. A su sombra, hasta ver lo que pasaba con la ciudad*» (Jon 4,5). Con la ciudad, al cabo de cuarenta días, no pasó nada. Dios había perdonado sus faltas porque sus habitantes, gentes y animales, se habían arrepentido con sinceridad. Cuando lo supo, Jonás se afligió hasta el punto de querer morir. ¿Qué le habían hecho los ninivitas? Ni Dios ni el autor lo dicen con claridad.

El comentador bíblico se aprovecha del cuento para recordarnos que *Dios es amor*, como si se tratara de un evento vivido. En esa historia donde nadie muere, ni siquiera el pez; donde nadie sufre, excepto el rencoroso Jonás, hay bondad y amor porque lo quiso el autor, no Dios. En esa historia el Señor no fue ni malo ni bueno, pero por torpeza del autor fue imprudente. Algunos dirían que fue maquiavélico porque, al hacer correr la voz de que Nínive estaba perdonada y que a sus habitantes no les iba a pasar nada, los exponía a un mortal peligro. Confiando en «la palabra de Dios» no habrían huido a tiempo cuando, en 602 a. C., medos y babilonios se unieron para acabar con Nínive. La cercaron, la conquistaron, masacraron a toda la gente que vivía todavía en ella y la arrasaron hasta los cimientos.

En el cuento, Dios perdonó a la ciudad; pero, en la realidad ellos no lo hicieron.

110. LOS TOCAYOS (Miqueas de Moréset y Miqueas benYimla)

Después de Jonás, llegó Miqueas. Echo un vistazo a la introducción y veo que el Miqueas de los Libros Proféticos no es el Miqueas hijo de Yimla que yo conozco. De hecho, no se sabe de quién es hijo el Miqueas de los libros proféticos. Que yo sepa, Miqueas ben Yimla, el mejor conocido, no tiene rango de profeta mayor, ni de profeta menor, si siquiera de profeta intermedio, una categoría que queda por acuñar. Pero con un salto hacia atrás lo encontramos en el primer libro de los Reyes, y también en el segundo de las Crónicas, siendo ambos textos más o menos idénticos.

Ajab, rey de Israel, y Josafat, rey de Judá, se habían puesto de acuerdo para atacar a Ramot de Galaad, ocupada por los sirios. Antes de decidirse a emprender la contienda, los dos reyes debían consultar al Señor, que no podía expresarse de otra forma que por la boca de los profetas. En Israel no faltaban los profetas: Había unos cuatrocientos, todos al servicio del rey y de los sacerdotes. Todos estos hombres le dijeron al rey lo mismo: «¡*Ataca a Ramot de Galaad! Tendrás éxito. El Señor te la entrega*» (2Crón 18,11).

Al rey Josafat le pareció raro que no hubiera discrepancia entre tantos hombres. Preguntó a Ajab si conocía a un profeta que no formara parte de ese grupo que parecía hablar con una sola voz. Ajab le dijo que había uno, pero que lo odiaba porque nunca le auguraba algo bueno. Como el rey de Judá insistía en verlo, Ajab llamó a un criado y ordenó: «¡*Que venga aquí en seguida a Miqueas, hijo de Yimla1*!» (2Cron 18,8).

Llegó Miqueas y, cuando el rey Ajab le preguntó si podía atacar a los sirios, le respondió con tono burlón que podía ir y que vencería. Pero el rey se dio cuenta de que el profeta se estaba burlando de él y le dijo: «*¿Cuántas veces he de hacerte jurar que me digas solo la verdad?*» (2Crón 18,15). Miqueas pensó: «Quieres la verdad, pues te la voy a decir, pero no te va a gustar» Entonces dijo que veía las tropas de Israel dispersadas por el monte, como un rebaño de ovejas asustadas. Dijo también que el Señor había buscado entre sus alados servidores a uno que supiera engañar a Ajab para que fuera a combatir contra los sirios, que deseaban su muerte. Uno de ellos se presentó y dijo: «*Iré y seré un espíritu mentiroso en la boca de todos los profetas*» (2Crón 18,21).

Vino el espíritu mentiroso y a todos los profetas, excepto a Miqueas, les puso en la boca las palabras que debían pronunciar. A uno de aquellos cuatrocientos profetas, que llevaba cuernos fijados en la cabeza como un símbolo de la fuerza y de la agresividad de Israel, lo que dijo Miqueas no le gustó. Se enfadó y le dio una bofetada. El rey también se enfureció, pero él no abofeteó a Miqueas, pero ordenó: «*Meted a este en la cárcel y ponedlo a pan y agua hasta que yo vuelva victorioso*» (2Crón 18,26). Pero el rey Ajab no volvió victorioso. Ni siquiera volvió vivo...

A pesar de la aciaga predicción de Miqueas, ambos monarcas fueron a guerrear contra los sirios en Galaad. Pero Ajab, prudente, se disfrazó antes de entrar en combate, mientras su homólogo de Judá se quedó con su indumentaria regia. El combate duró todo el día. Pese a que nadie lo reconoció, el rey Ajab murió al atardecer, de una herida causada por una flecha disparada al azar. Josafat, el rey de Judá, regresó a Jerusalén sin un rasguño. Al rey Ajab le sucedió su hijo Ocozías, cuyo primer acto fue sacar a Miqueas de la cárcel y felicitarle por su acertado augurio.

Miqueas de Moréset, el tocayo de ben Yimla, era hijo de padres desconocidos. Se dedicó a declamar y escribir oráculos, lamentaciones, acerbas críticas y profecías esperanzadoras. Nada realmente emocionante. Todo lo que decía, se lo soplaba el Señor. Lo dice él mismo en su epígrafe: «*Palabra que dirigió el Señor a Miqueas de Moréset en tiempos de Jotán, Ajaz y Ezequías, reyes de Judá*» (Miq 1,1).

Si no se supo quién fue el padre de Miqueas, al menos tuvo una madre que lo parió, pero el empedernido machismo judío no habría visto con buenos ojos a un hombre con el nombre de una mujer adjunto al suyo. Así que le pusieron, a modo de apellido, el nombre del pueblo donde se suponía que había nacido. Se cree que Moréset era una aldea cercana a Gat, una de las cinco ciudades estado de los filisteos.

Algunas de las palabras de Miqueas de Moréset merecen ser recordadas por su originalidad, por ejemplo: «*El Señor sale de su lugar, baja caminando por las alturas de la tierra; a su paso se derriten las montañas, se resquebrajan los valles como cera ante el fuego*» (Miq 1, 3-4).

«*Convertiré a Samaría en ruinas de campo, en terreno para plantar viñas; haré que sus piedras rueden hasta el valle*» (Miq 1, 6).

Cuando se lamenta, sus comparaciones con animales pueden tener gracia, aunque él seguramente no lo buscaba: «*Por eso me lamentaré y gemiré, andaré descalzo y desnudo; aullaré como los chacales; me pondré triste como los avestruces*» (Miq 1, 8).

Cuando arremete contra la corrupción y la maldad de los jueces, su tono se vuelve netamente agresivo: «*Os coméis el resto de mi pueblo, lo despojáis de su piel, le machacáis los huesos, lo ponéis en trozos en la olla, como carne en caldereta»* (Miq 3,3).

El versículo más citado de Miqueas de Moréset es el siguiente, por su posible alusión mesiánica:

«*Y tú, Belén Efrata, pequeña entre los clanes de Judá, de ti voy a sacar el que ha de gobernar Israel; sus orígenes son de antaño, de tiempos inmemoriales*» (Miq 5,1)

«*Texto famoso* —leemos en los comentario—, *aunque no por ello de composición clara. La lectura actual muestra su complicada historia y composición*».

Lo que sí es claro, es que este texto alude a un gobernador para Israel. El pueblo anhelaba a un rey poderoso, culto, piadoso y justo, no a un carpintero analfabeto que solo hablaba y entendía el arameo.

111. ¡ARRIBA LAS FALDAS! (Nahún)

Como Miqueas de Moréset, Nahún de Elcós era hijo de padre y madre desconocidos. Además, Elcós era y sigue siendo una localidad también desconocida, al menos en los reinos de Israel y de Judá. Pero aquel profeta menor podía más bien ser originario de Cafarnahún —o Cafarnaum—, una ciudad a menudo citada en el Nuevo Testamento, cuyo nombre podría significar *villa de Nahún*.

Todo el texto de las tres páginas y media del librito de Nahún, en versos que han perdido con la traducción su ritmo y su musicalidad, no es más que una virulenta crítica de Nínive, con visiones proféticas de su inminente destrucción. El fragmento que sigue estas líneas refleja bien el odio que sentía el profeta por la capital de los asirios:

Aquí estoy contra ti —oráculo del Señor del universo.
Levantaré tus faldas hasta la cara,
exhibiré a los pueblos tu desnudez y a los reinos tu vergüenza.

Echaré sobre ti inmundicias, te deshonraré públicamente.
Todo el que te vea huirá de ti diciendo:
¡Nínive está devastada! (Nahún 3,5 a 7).

Y una mentira más... En pie de página, el comentador del capítulo dice: «*El Señor actúa y es responsable directo e inmediato de todos los acontecimientos*». Pues, no. El Señor no fue responsable de nada. Parece más bien que se desinteresó por completo del asunto, y quizá ni siquiera se enteró de lo que sucedió en Nínive. Cuando los babilonios y los medos hubieron conquistado la ciudad, no pidieron permiso a los dioses para arrasarla y masacrar a todos sus habitantes. Es decir: a todos los que no habían podido o querido huir...

Ya ves, Yavito, como son los hombres. No dudan en hacerte responsable de sus fantasías, de sus errores y de sus crímenes. Según el autor anónimo del libro de Jonás, Tú perdonas a los ninivitas, a su ganado y a sus mascotas, porque todos han rezado y se han arrepentido. Pero, entonces:

O sabes que todos van a perecer porque Nínive tiene los días contados, y Tú, por ocultárselo eres un monstruo.

O no lo sabes y eres un ignorante, lo que naturalmente es impensable... Dios no puede ignorar algo que está a punto de ocurrir y que hasta el niño más tonto sabe.

Pues yo prefiero pensar que dejaste, como siempre, a los hombres libres de hacer lo que les diera la gana y de contarlo como les conviniera. Lo malo es que demasiada gente sigue creyéndose a pies juntillas todo lo que se dice en la Biblia sobre lo que Tú haces o mandas que se haga en tu nombre...

112. PROFÉTICA ALBAHACA (Habacuc)

El profeta menor Habacuc tampoco conoció a su padre, y como de la madre no se suele hablar, si ella había muerto cuando él tomó consciencia de que existía debió de considerarse huérfano. En la introducción a su libro, se dice que su nombre, único en la Biblia, podría estar relacionado con el de una planta aromática y culinaria, la albahaca. La información me pareció sin gran interés, pero entonces averigüé por casualidad que el nombre de la planta, en árabe clásico, es *Habaqah*. Que el nombre del profeta y el de la planta se parezcan podría deberse a una coincidencia, pero me parece poco probable. En mi opinión lo es mucho más que papa Habacuc haya sido un joven árabe nabateo, de aquellas tribus del desierto muchas veces citadas en la Biblia.

Imaginemos cómo el encuentro pudo suceder. Aquel joven llegó con los camellos comprados en su tribu por el padre de la chica que iba a ser la madre del profeta. Durante los pocos días que estuvo con su familia, se enamoró de ella, pero su padre y sus hermanos lo rechazaron porque no formaba parte ni de su familia ni de su tribu, y que, además, ni siquiera era israelita. Quizá incluso lo mataron. Cuando ella les dijo que estaba embarazada, para no manchar el honor de la familia en seguida la casaron con otro, que también se enamoró de ella hasta permitirle que pusiera a su hijo el nombre árabe de una planta poco conocida en Israel, con tal que le cambiara al menos una letra.

Comienzos difíciles. De todos los profetas, mayores y menores, Habacuc fue el único que tuvo el dudoso privilegio de poder viajar de Judá a Babilonia y vuelta colgando por los pelos del robusto puño de un ángel loco. Esa peripecia de la agitada vida del profeta se relata en el libro de Daniel.

Volviendo a la introducción se puede leer: «*Los tres capítulos que integran el libro son difíciles de traducir y de entender*». Aprovechándose de esa peculiaridad, varios autores del Nuevo Testamento, especialmente Pablo, no dudaron en utilizarlo para argumentar sus elucubraciones.

Al principio el profeta Habacuc se queja de la indiferencia del Señor: «*¿Hasta cuándo, Señor, pediré auxilio sin que me oigas, te gritaré ¡violencia! sin que me salves?*" (Hab 1,2).

Después describe a su manera el temible ejército de los

caldeos, con comparaciones con animales poco acertadas: «*Sus caballos, más veloces que panteras, más feroces que lobos nocturnos, sus jinetes cargan, de lejos cabalgan, vuelan como águila lanzada sobre su presa*» (Hab 1,8). Luego vuelve a increpar a Dios: «*Señor, ¿no eres desde siempre mi Dios?... Tus ojos, puros para contemplar el mal, no soportan ver la opresión. ¿Por qué, pues, ves a los traidores y callas, cuando el malvado se traga al justo? Tratas a los hombres como a los peces del mar, como a reptiles sin dueño*» (Hab 12 a 14).

¿Y dónde has visto tú, Haba, reptiles con dueño? Y no me digas que no te diste cuenta de que el Señor no puede ni hablarte ni ayudarte. Tan solo puedes comunicarte con él soñando o teniendo visiones. Y si no consigues tener sueños o visiones donde aparezca el Señor y te hable, invéntalos. Es lo que hacen todos los grandes profetas. Pero resultó que por fin Habacuc tuvo una visión y la contó: «*Me respondió el Señor: escribe la visión y grábala en tablillas. Que se lea de corrido; pues la visión tiene un plazo*» (Hab 2,3).

¡Vaya respuesta! En vez de atender sus llamadas y súplicas, Dios las ignora y le da a Habacuc una orden completamente fuera de tiempo. Grabar palabras sobre tablillas lleva lustros pasado de moda, Haba; ahora lo que mola es el pergamino, y también el papiro. Con ellos puedes hacer bonitos rollos, pero no puedes enrollar una tablilla.

El último capítulo lleva por título *Salmo de Habacuc*, pero si nos fijamos en el subtítulo vemos que se trata más bien de la *Oración del profeta Habacuc*. En realidad es una «oración a modo de lamentación», una oración que se canta acompañándose con cítaras y con un director de coro. En el último versículo de la oración que se canta, rebosa el optimismo: «*El Señor soberano es mi fuerza, él me da piernas de gacela y me hace caminar por las alturas*» (Hab 3,19).

¡Oye, Haba! no vas a grabar tus tablillas caminando por las alturas con patas de gacela... ¡A currar!

113. EL RESTO (Sofonías)

Acabamos de ver a tres profetas, todos de padre desconocido. En cambio, el biógrafo de Sofonías menciona los nombres de su padre, de su abuelo, de su bisabuelo y de su tatarabuelo, respectivamente. También Sofonías pretende hablar en nombre de Dios y lo dice en su epígrafe: «*Palabra del Señor dirigida a Sofonías, hijo de Cusi, hijo de Godolías, hijo de Amarías, hijo de Ezequías, en tiempo de Josías, hijo de Amón, rey de Judá*» (Sof 1,1).

En seguida llegan las amenazas, demasiado extravagantes para asustar ni siquiera a los niños. Sofonías condena a los israelitas y a los extranjeros, a los enemigos y a los amigos, a los culpables y a los inocentes, a los humanos y a los animales:

«*Voy a acabar con todo lo que hay sobre la tierra. Voy a acabar con hombres y animales, voy a acabar con las aves del cielo y los peces del mar*» (Sof 1, 2-3). Sofonías no solo despotrica contra Israel y Judá por sus faltas, sino también contra todos los países de la tierra entonces conocidos. Aunque su padre se llamaba Cusi, advierte: «*Vosotros también, cusitas, seréis atravesados por mi espada*» (Sof 2,12).

¿Sabes tú Sofo donde está el país de Cus? En las Crónicas se cuenta que Séraj, rey de Cus, atacó a Israel con un millón de hombres. Naturalmente fueron aniquilados hasta el último por el reducido ejército de Israel (2Crón 14,12). Si estos salvajes hubieran hecho prisioneros, ellos habrían podido facilitarles valiosos datos sobre su país de origen. Se barajan muchos lugares, como el cuerno de África, Etiopía, la península Arábiga, el alto Nilo... Si nadie sabe dónde se ocultan los cusitas sobrevivientes, ni el Señor ni Sofonías podrán atravesarlos con su espada.

Después le llega el turno a otros pueblos, sin olvidar la odiada Nínive, que todavía no había sido destruida cuando se redactó el libro de Sofonías. El profeta se enfurece cada vez más y sus amenazas se vuelven explosivas: «*Por eso —oráculo del Señor— preparaos para el día que me levante como testigo pues he decretado acabar con todos los pueblos, convocar los reinos para derramar sobre ello mi furor, todo el ardor de mi ira, pues en el fuego de mi celo se consumirá toda la tierra»* (Sof 3,8).

¡No te excites así Sofo, y no mientas! Sabes muy bien que no se puede consumir así toda la tierra. Este *resto* que el Señor tiene la intención de dejar la necesitará. Entonces el tono del orador cambia. Se nota que ha perdido fuelle cuando anuncia: «*Dejaré en ti un resto, un pueblo humilde y pobre que buscará refugio en nombre del Señor*» (Sof 13,12).

Y con el resto, ¿qué va a pasar? Pues que la gente humilde y pobre se apoderará de los bienes dejados por los orgullosos exterminados. Vivirá en sus casas y en sus palacios, cultivará sus fértiles campos, se multiplicará como mosquitos y acabará con los recursos naturales de la tierra. Entonces, Señor mío, podrás derramar una vez más tu sagrada ira sobre ellos, pero sin olvidar de dejar un resto.

114. PALABRERÍAS (Ageo)

En la corta introducción al librito de Ageo, nos revelan que este nombre significa *fiesta*. Luego, bajo el título *Tarea primera y principal,* leemos: «*El año segundo del rey Darío, la palabra del Señor fue dirigida a Zorobabel, hijo de Sealtiel, gobernador de Judá, y a Josué, hijo de Josadac, sumo sacerdote, por medio del profeta Ageo*» (Ag 1,1).

Como siempre, el Señor no dirigió la palabra a nadie. Quien habló fue el profeta Ageo, y quien escribió las dos páginas y media del librito de Ageo pudo ser también el profeta Ageo, o un escribano anónimo que nunca fue profeta. En cualquier caso, el epígrafe permite fechar con bastante exactitud el evento. Si Cambise murió en 522 a.C., y Darío empezó a reinar en 521, entonces el año 519 a.C.

Nínive había sido arrasada por los caldeos y los medos, cumpliéndose así las profecías. Menos de un siglo después

Babilonia fue conquistada y ocupada pacíficamente por los persas, que extendieron su imperio hasta Egipto. Mucho más tolerantes que los israelitas, a esos los dejaron libres de practicar su religión y de desplazarse por todo el territorio. Por lo tanto muchos profetas, que ya no sabían a quién maldecir y amenazar, tuvieron que cambiar de estrategia o buscarse otra ocupación. Ageo se dedicó principalmente a convencer al gobernador, al sumo sacerdote y al pueblo, de que se debía empezar tan pronto como fuera posible la reconstrucción del templo.

Se discutió repetidas veces el proyecto pero no se hizo nada. El portavoz del Señor ordenó: «*Subid al monte, traed madera, construid el templo*» (Ag 1,8). Todo el mundo aprobó, el pueblo se entusiasmó, pero nadie subió al monte...

¡Qué poca autoridad tenías entonces, Yavé! O quizá no veías con buenos ojos que se reconstruyera el templo, porque sabías que lo iban a ensuciar en seguida con la repugnante sangre de los animales que se derramaba por todas partes. Además, no te gustaban los holocaustos, y esto ya lo habías dicho a Isaías y probablemente también a otros muchos profetas que no quisieron divulgar el mensaje.

Ahora fíjate bien en lo que anunció públicamente Ageo, asegurando que eran tus palabras: «*Dentro de poco haré temblar cielos y tierra, mares y tierra firme. Haré temblar a todos los pueblos, que vendrán con todas sus riquezas y llenaré el templo de gloria, dice el Señor del universo*» (Ag 2, 6-7).

¿De veras dijiste eso, Yavé? Por supuesto que no. Ves como son: querían que llenaras de gloria, y sobre todo de riquezas, un templo que todavía no habían empezado a reconstruir.

115. EL VISIONARIO (Zacarías)

Zacarías fue el mayor de los profetas menores. Su libro, de veintitrés páginas, ofrece la particularidad de haber sido dividido en dos partes desiguales: primer Zacarías y segundo

Zacarías. El primero se considera obra del profeta; el segundo habría sido redactado por un autor desconocido. Pero como nadie ha visto nunca una muestra autentificada de la letra del profeta, puede que no haya sido tampoco el autor de la parte que se le atribuye. El epígrafe de Zacarías nos informa que él también fue infestado por el virus el año segundo de Darío. Casi en seguida se especializó en las visiones tontas y difíciles de entender, incluso para los especialistas.

1. **Los caballos**. La primera visión de Zacarías fue nocturna pero, aunque no se menciona, es de admitir que en su visión era de día, sino no habría visto nada. Vio o creyó ver un jinete montando un caballo rojo seguido por otros caballos de diversos colores. No se dice cuántos eran ni si había otros jinetes. Contestando a una pregunta del profeta, un mensajero de Dios le dijo: «*Estos son los que el Señor envió a inspeccionar la tierra*» (Zac 1,10). Después los inspectores —el jinete y sus acompañantes los caballos— afirmaron que en toda la tierra reinaba la paz, lo que no correspondía a la realidad porque siempre en algún lugar de la tierra hay guerra.

2. **Los cuernos**. Para el comentador bíblico, y también para mí, «*La segunda visión no es ni muy poética ni de gran fuerza expresiva*» (me gusta la expresión...). Es más bien absurda e incoherente; esto lo añado yo, porque él, naturalmente, no se habría atrevido. Lo que vio el profeta fueron cuatro cuernos. No dijo si eran pequeños o grandes, ni de que bestias provenían. Poco después aparecieron cuatro herreros. ¿Pero qué tenían que ver esos artesanos con los cuernos? «Los cuernos eran los símbolos de los enemigos que habían dispersado a Judá», explicó el divino mensajero, pero «*Vinieron los herreros para espantarlos y expulsarlos*» (Zac 2,4). Traté de imaginarme a cuatro herreros asustando con sus herramientas a los cuatro cuernos, pero no pude. Mi vecino y amigo Albert tampoco. Veíamos siempre los cuernos inmóviles y en el mismo sitio.

3. **El cordon de medir**. En su tercera visión, Zacarías vio a un hombre que pasaba con un cordón de medir. Cuando le preguntó a dónde iba con aquello, le contestó que debía medir Jerusalén y siguió su camino. Llegó entonces el mensajero y le pidió que corriera tras el hombre para decirle: «*Jerusalén será una ciudad abierta a causa de los muchos hombres y animales que habrá en ella*» (Zac 2,8). No habló ni de las mujeres, ni de los niños.

4. **Asamblea de amigos**. La cuarta visión no tiene pies ni cabeza, pero es menos aburrida que las tres primeras, aunque en los comentarios opinan que «*desentona del resto*». Zacarías vio a tres personajes conocidos: el sumo sacerdote Josué, el mensajero sin nombre y el tercer sujeto que sí tiene uno. Lo llaman Satán. «*Me mostró al sumo sacerdote Josué* —contó Zacarías— *de pie ante el mensajero del Señor, y a Satán, en pie a su derecha para acusarlo. Dijo el mensajero del Señor a Satán: que te increpe el Señor, Satán*» (Zac 3,1-2). Así que Satán y el mensajero del Señor se conocían, pero no mantenían buenas relaciones: Satán quería acusar al mensajero y el mensajero quería que a Satán Dios lo increpara. Pero Dios no podía increpar a Satán, un amigo de sus hijos, al que debía un favor por haber mandado un especialista para apagar el horno de Nabucodonosor. Entonces la atención de todos se desvió hacia la indumentaria que llevaba el sumo sacerdote: estaba sumamente sucia. En seguida el mensajero ordenó que sus servidores lo desnudaran y le pusieran ropa limpia de fiesta, pero nadie propuso que antes se le diera un baño. Le colocaron también una diadema sobre la cabeza y luego, antes de despedirse, el mensajero del Señor declamó algunos versos sin más sentido que todo el resto.

Inciso: **Oráculo del Germen**. Después de la cuarta visión y antes de la quinta, se intercaló un oráculo. En el Antiguo Testamento hay más oráculos que plumas en las alas de un ángel, pero este destaca por su originalidad. El Señor dijo al sumo sacerdote Josué y a sus compañeros, los cuales consideraba, vaya Él a saber por qué, como un presagio: «*Mirad, voy a hacer venir a mi siervo Germen. Mirad la piedra que pongo ante Josué, es piedra única con siete ojos*» (Zac 3, 8-9). El Señor continuó diciendo que él mismo a la piedra le grabaría una inscripción, sin precisar qué tipo de inscripción sería, ni cómo ni cuándo lo haría. Concluyó la sesión con un oraculito rebosante de picardía: «*Aquel día os invitaréis unos a otros debajo de la parra y de la higuera*» (Zac 3,10).

Como era de prever, en el *Germen* se vio una alusión mesiánica y «horizontes escatológicos». ¡Cuidado con esta palabra! En su acepción no religiosa, la escatología es la ciencia de los excrementos.

5. **El candelabro y los olivos**. Con la quinta visión reapareció el mensajero y despertó a Zacarías, que luego diría: «*Y me despertó como se despierta a quien duerme*» (Zac 4,1). Puesto que no se puede despertar a quien no duerme, las palabras de Zacarías me dejan dubitativo. Una vez bien despierto, el profeta que no estaba durmiendo soñó: vio un gran candelabro que le pareció de oro, con brazos y lámparas colgando de ellos. Vio también cerca del candelabro dos olivos pero no se fijó si llevaban frutas maduras. Tampoco pudo decir si las lámparas estaban encendidas o apagadas. El mensajero explicó a Zacarías que lo que había visto era un mensaje que el Señor mandaba a Zorobabel. Aunque la quinta visión, según los comentarios bíblicos es una de las más famosas de Zacarías, el mensaje es confuso y acabó en una orden que nunca fue obedecida: «*¿Quién eres tú, gran montaña? Conviértete en llano, ante Zorobabel*» (Zac 4,7).

Después se recuerda que Zorobabel ya puso los cimientos del templo y que, con el tiempo lo acabaría. Algunos nostálgicos de la monarquía, como Zacarías y el sumo sacerdote Josué, habrían visto con buenos ojos al gobernador Zorobabel subirse al trono de una nueva dinastía, pero no parece que el principal interesado haya cooperado mucho en ese sentido.

6. **El libro volador**. Cuando el profeta Zacarías tuvo su sexta visión, impresionado por el fenómeno gritó al mensajero que pasaba por ahí: «*Veo un libro volando, de unos diez metros de largo y unos cinco de ancho*» (Zac 5,2). El mensajero le explicó que el libro gigante, que necesariamente debía de planear porque no tenía alas, era una maldición que Dios mandaba para que se metiera en la casa del ladrón y en la casa del perjuro para destrozarles las paredes, los tabiques y quitarles las vigas. No se habló del techo pero era evidente que sin muros ni vigas para sostenerlo tenía que derrumbarse. Si he comprendido bien el mensaje, el propietario de la casa quedaba eximido de sus pecados. Pero, ¿por qué un libro? Una cuadrilla de demoledores habría hecho el trabajo mejor y más rápido.

7. **La mujer en la olla**. Al día siguiente llegó el mensajero y dijo a Zacarías que levantara los ojos. Obedeció y divisó ahí arriba lo que iba a ser su séptima y penúltima visión. Cuando se hubo acercado el objeto, vio que era una gran olla que llegaba volando, aunque no se dice si llevaba alas. El mensajero, que sabía todo, le informó: «*Es la perversidad de toda la tierra*» (Zac 5,6). Aterrizó el recipiente volador, se levantó su tapa y apareció una mujer sentada en el fondo. El mensajero le reveló que era «*la maldad*», y como ella quería salir para ver lo que pasaba fuera y respirar un poco de aire fresco, se lo impidió y cerró la olla con su pesada tapa de plomo. Entonces llegaron, también volando, dos mujeres más. Ellas estaban libres y tenían grandes alas parecidas a las de las cigüeñas. Tan pronto como pusieron los pies en el suelo, cogieron la olla por sus asas, levantaron pesadamente el vuelo y una vez en el aire no tardaron en desaparecer. El profeta Zacarías preguntó a dónde llevaban el recipiente y su pasajera. El mensajero se lo explicó: «*Le van a construir una casa en la tierra de Sinear. Allí la pondrán y allí estará, en su pedestal*» (Zac 5,11). ¡Comprenda quien pueda!

8. **Los cuatro carros**. Acerca de la octava y última visión, Zacarías dijo: «*Levanté los ojos de nuevo y vi cuatro carros que salían de entre dos montañas. Las montañas eran de bronce*» (Zac 6,1). Al profeta le faltó tiempo para contar los caballos pero se fijó en los colores. Había caballos rojos, blancos, negros y pardos, siendo aquellos últimos los más robustos. Los caballos de un mismo color tiraban de un mismo carro. Como Zacarías no dijo haber visto conductores en los carros ni jinetes montando los caballos, se debe suponer que los animales viajaban solos.

En el bonito pero poco realista grabado de Gustave Doré, se ven tiros de cuatro caballos y hermosos carros, conducidos por mujeres aladas. Dudo que cuatro caballos enganchados flanco contra flanco pudieran tirar de los grandes carros sin molestarse los unos a los otros. El grabador tuvo su propia visión de la escena, tan improcedente como la del profeta. Pero el mensajero no se fijó en los detalles. Refiriéndose a la vez a los carros y a los caballos, dijo a Zacarías: «*Los que salen son los cuatro vientos celestes, los que asisten al Señor de toda la tierra*» (Zac 6,5).

El asno y las ovejas (segundo Zacarías)

El autor del segundo Zacarías no tuvo visiones, o si las tuvo, no las juzgó dignas de ser consignadas y recordadas. En esta segunda parte del libro hay un poco de todo: lamentaciones, maldiciones, repeticiones, promesas, alusiones a eventos ya narrados y figurando en otros libros bíblicos. Hay también la Alegoría de los pastores, llena de ironía, pero sin verdaderos pastores. El versículo más citado es el que los autores de los evangelios copiaron del segundo Zacarías, para dar un poco de originalidad a la llegada a Jerusalén de un mesías que no era el que los judíos esperaban. He aquí, en dos versiones, el famoso versículo, que cada cual puede interpretar como le convenga:

¡Salta de gozo, Sión;
alégrate, Jerusalén!
Mira que viene tu rey,
justo y triunfador.
Pobre y montado en un borrico,
en un pollino de asna (Zac 9,9).
(Biblia de la Conferencia Episcopal)

¡Exulta sin freno, Sión,
grita de alegría, Jerusalén!
Que viene a ti tu rey:
justo y victorioso,
humilde y montado en un asno,
en una cría de asna (Zac 9,9).
(Biblia de Jerusalén)

Mientras Sión saltaba de gozo —o exultaba sin freno—, los compradores de ovejas de matanza rezaban diciendo: «*Bendito el Señor que me ha hecho rico*» (Zac 11,5). A los dueños y a los pastores de los rebaños tampoco les importaba que sus ovejas acabaran en carne para el disfrute de la gente adinerada o para quemar en los sacrificios. «Si ellos no se compadecen de los animales que mandan al degolladero», se dijo a sí mismo el Señor, «¿por qué tendría yo que apiadarme de ellos? Pues voy a entregarlos los unos a los otros, y a todos los entregaré a mis siervos los reyes —¡oráculo de los oráculos!— para que los esclavicen y se apoderen de sus bienes».

«*Tomé dos cayados: a uno lo llamé Bondad y al otro Concordia*» (Zac 11,7), y los voy a romper sobre la cabeza de los que se empeñan en decir que soy bueno. «*Eliminé a tres pastores en un mes, pues me harté de ellos y ellos de mí. Y dije* (a las ovejas)*: ya no os apacentaré más; la que tenga que morir, que muera, y la que tenga que desaparecer, que desaparezca; y las que queden, que se coman unas a otras*» (Zac 11,8-9).

Si hubieras aprendido mejor tu lección, Zaca, habrías sabido que una oveja nunca se comería ni siquiera una costilla de otra, aunque se la presentaran asada y con guarnición de lechuga. En tal caso se comería la lechuga y patearía la carne.

El comentador de la Alegoría de los pastores opina, como yo, que el texto refleja el comportamiento de los gobernantes, pero le parece que el tono empleado es más que negativo, mientras que para mí es muy positivo y le inyecté todavía más ironía (los pasajes entre comillas que no están en cursiva). Pero, entonces se acabó la broma. El pastor tiene que ser cuidadoso y bueno con el ganado menor, sino:

«*¡Ay del pastor inútil que pierde las ovejas! La espada le alcanzará el brazo y hasta el ojo derecho; se secará totalmente el brazo, y el ojo derecho se le cegará*» (Zac 11,17). ¡Qué castigo tan curioso! ¿Y qué espadachín sería lo bastante diestro para al pastor negligente inutilizarle, con un solo golpe, a la vez un brazo y un ojo?

116. A LA SOMBRA DEL SOL (Malaquías)

Un siglo después de Zacarías, el profeta menor Malaquías empezó a oficiar en Judea, bajo la ocupación tolerante y protectora de los persas. Con las tres páginas de su pequeña obra, se cierra la lista de los libros Proféticos.

Después de anunciar que lo que iba a decir sería la palabra de Dios, el profeta empezó: «*Vosotros decís: ¿en qué se nota que nos amas? dice el Señor: ¿No era Esaú hermano de Jacob y yo amé a Jacob y menosprecié a Esaú? Asolé sus montañas y entregué su heredad a los chacales del desierto*» (Mal 1, 2-3).

Sabemos por haberlo leído en el Génesis que Jacob engañó a su padre ciego, haciéndose pasar por su hermano Esaú, y así obtuvo la bendición paterna, con todas las prerrogativas que por ley se concedían a los primogénitos. Sin embargo, según los israelitas, Dios amó al traidor y despreció al que había sido engañado. Pero, ¿por qué? Porque Edón e Israel siempre fueron enemigos y se creía que los edomitas eran los descendientes de Esaú, un hombre que falleció al menos un milenio antes del nacimiento de Malaquías.

Otra obsesión de Malaquías era increpar a los sacerdotes porque las reses que traían para los sacrificios no eran perfectas. Les aconsejaba que fueran a regalar al gobernador un animal ciego, cojo o enfermo, para ver como los recibiría. Claro que se habría enfadado el gobernador, y para castigarlos tal vez los habría echado en un calabozo, sin más comida que la carne de la res defectuosa. Pero Malaquías no tenía en cuenta que los animales que se ofrecían en sacrificio no debían normalmente comerse. Se quemaban simbólicamente y una vez reducidos a cenizas ya no importaba que hubieran sido cojos, tuertos o afectados por una enfermedad contagiosa: el fuego lo desinfecta y purifica todo.

«¡*Maldito sea el estafador* —se enfadaba Malaquías— *que teniendo en su rebaño un buen macho y habiendo hecho un voto al Señor, le ofrece un desecho!*» (Mal 1,14). Un buen macho no se degüella, Mala, para después quemarlo. Un buen macho se reserva para la reproducción. Y estoy seguro de que el Señor opina lo mismo que yo.

Al profeta Malaquías nadie le hacía caso; se encolerizaba y amenazaba: «*Os enviaré la maldición y maldeciré vuestra bendición*» (Mal 2,2). Como a nadie le importaba que le maldijeran su bendición, Malaquías pasó de los castigos morales a los físicos: «*Mirad, os increparé en vuestra descendencia, os echaré basura a la cara, la basura de vuestras fiestas, y os llevarán con ella*» (Mal 2,3).

¡Qué tonto eres, Mala! ¿Por qué no les dejas quemar en el altar reses que nadie quiere para comer? Así los sacerdotes no podrán reservarse parte de la carne para ellos. Malaquías se sosegó y anunció la llegada inminente del Señor. Una llegada que, como siempre, pasaría inadvertida.

Como casi todos los profetas, Malaquías hablaba mucho para decir poco. La gente apenas lo escuchaba y no solía discutir con él. Disgustado al darse cuenta de que sus palabras suscitaban tan poco interés, a Malaquías se le ocurrió un día increpar a unos hombres que estaban hablando entre sí. Les dijo: «*cansáis al Señor con vuestros discursos*» (Mal 2,17).

Algunos protestaron y quisieron saber cómo podían cansar al Señor sin hablar nunca con Él. Malaquías les explicó que era porque se decían uno a otro que el Señor no castigaba a los que obraban mal, ni eran premiados los que siempre se portaban bien. Entonces ellos preguntaron: «*¿Dónde está el Dios justo?*». Malaquías desoyó la pregunta y empezó a proferir amenazas contra los magos, los perjuros, y los que explotaban a los trabajadores, a las viudas y a los huérfanos. Después de las amenazas, que quedaron sin efecto, vinieron interesantes promesas que tampoco se materializarían, por ejemplo: «*Ahuyentaré de entre vosotros el insecto devorador y no se os echará a perder los frutos de la tierra*» (Mal 3,11).

Y para los que temían a Dios y cumplían con las leyes establecidas habría salud a la sombra del sol. ¿Curioso, no? Esto lo dijo el Señor Dios con la voz del profeta Malaquías: «*Os iluminará un sol de justicia y hallaréis salud a su sombra*» (Mal 3,20).

Pero, ¿qué es un sol de justicia? La definición que se encuentra en los diccionarios es breve y clara: es un sol muy intenso. Algunos despistados se creyeron las palabras del profeta y fueron a buscar salud, a la una de la tarde, en una llanura yerma y sin más sombra que la del sol de justicia de un caluroso día de verano. Cuando volvieron se les había secado el cerebro y estaban como locos. El profeta salió a su encuentro y para gastarles una broma les dijo: «*Pisotearéis a los malvados, que serán como polvo bajo la planta de vuestros pies el día en que actúe, dice el Señor del universo*» (Mal 3,21).

Pero lo de la «actuación del Señor del universo» no lo oyeron, porque ya se habían marchado. Llegaron corriendo frente a un grupo de hombres que les parecieron malvados y arremetieron contra ellos... y como estaban debilitados, deshidratados y embrutecidos, los pisoteados fueron ellos...

Cuando aquellos muchachos estuvieron bien curados de la deshidratación, de las magulladuras debidas al pisoteo y de su locura, fueron a saludar a Malaquías. El profeta los bendijo y ellos, después de la bendición lo tiraron al suelo y lo pisotearon, pero antes se habían quitado las sandalias para no causarle heridas graves. Solo querían darle una lección.

En el penúltimo versículo de su pequeño libro, Malaquías, completamente recuperado del pisoteo y del susto, pero no de la herida infligida a su dignidad, recomienda que no se olvide de los mandamientos recogidos por Moisés. Dice también que enviará a los hombres al profeta Elías, antes de la llegada del día del Señor.

«*Un día grande y terrible*» (Mal 3,23).

De este breve pasaje se han inspirado los autores de los Evangelios para redactar el episodio llamado *Transfiguración*.

117. NOVEDADES (Libro de la Sabiduría)

El libro de la Sabiduría se esconde entre el Cantar de los Cantares y el Eclesiástico de Jesús ben Sira, siendo así el penúltimo de los libros Sapienciales. Pero el lugar que le corresponde es más bien el último de todo el Antiguo Testamento, puesto que fue redactado a mediados o a finales del primer siglo antes de Cristo, probablemente por un autor desconocido de la comunidad judía de Alejandría de Egipto.

Si nos atenemos al orden estrictamente cronológico, después de las cinco páginas del profeta Malaquías deberían hallarse los dos libros de los Macabeos (166-143 a.C.), que se deben buscar entre Ester y los Salmos. Después de los Macabeos reinaron en Israel sus descendientes, fundadores de la dinastía de los Asmoneos, pero ellos no se incluyeron en las Biblias cristianas. Luego llegó Herodes el Grande, que fundó una nueva y poco duradera dinastía, siendo Israel entonces vasallo de Roma. Herodes, a pesar de haber construido un templo grandioso, tampoco se admitió en el Antiguo Testamento pero aparece bajo un aspecto muy negativo en el Nuevo.

Durante el reinado de Herodes, o quizá un poco antes, un judío culto que vivía en Alejandría escribió en griego el libro de la Sabiduría. Este libro, cuyo autor anónimo de ahora en adelante llamaré familiarmente *Sabi*, se merece doblemente la última plaza en la larga lista de los libros del Antiguo Testamento, en primer lugar por su relativa *juventud* y en segundo lugar por las ideas nuevas que se exponen en sus páginas.

Sabí era a todas luces un hombre inteligente y culto. Su estilo es claro, rico y ameno, a pesar de su irrefrenable propensión a considerar a los escépticos y a los paganos como unos individuos necesariamente malos. Para él, un impío no podía ser ni bueno ni justo.

En el segundo capítulo de su libro, bajo el subtítulo *La vida según los impíos*, se puede leer: «*Corta y triste es nuestra vida y el trance final del hombre es irremediable; no consta de nadie que haya regresado del abismo*» (Sab 2,1). Siento tener que contradecirte, Sabi, pero puedo asegurarte que lo que tú expones aquí vale tanto para los impíos como para los píos. En cuanto al irremediable trance final, es sin duda muy desagradable, pero inevitable y necesario. Es un proceso normal, eficaz e imprescindible, que utiliza la naturaleza para impedir que se dispare la superpoblación de los seres humanos, de los animales e incluso de las plantas. Todos hemos nacido y todos tendremos que morir.

Los impíos pretenden, dice Sabi, que «*nacimos casualmente y que después seremos como si nunca hubiésemos existido*» (Sab 2,2). Y los impíos tienen razón, aunque en el mundo moderno un nacimiento puede no ser del todo casual. Pero una vez muertos no cabe duda de que seremos como antes de haber sido concebidos, es decir nada. Pero puede quedar algo de nosotros: una descendencia, un hecho memorable, una obra literaria, siempre que no sea, como la tuya, de autor desconocido...

Según Sabi, únicamente los creyentes píos pueden ser buenos. Algunos jóvenes impíos dicen: «¡*Venid*! *Disfrutemos* *de los bienes presentes y gocemos de lo creado con ardor juvenil»* (Sab 2,6). Y también: «*Coronémonos con capullos de rosas antes de que se marchiten*» (Sab 2,8). ¿Dónde ves el mal, Sabi, en estos dos versículos? A mí me parecen bonitos y sugerentes; no les añadiré ningún comentario.

Al llegar al subtítulo *Los impíos frente al justo* nos enteramos con sorpresa de lo que, según Sabi, los impíos se decían uno a otro: «*Oprimamos al pobre inocente, no tengamos compasión de la viuda ni respetemos las canas del anciano, pues el débil es evidente que de nada sirve*» (Sab 2,10). Siguiendo con su razonamiento, los impíos se proponen pasar a los actos y dicen: «*Si el justo es hijo de Dios, Él le auxiliará y lo liberará de las manos de sus enemigos. Lo someteremos a ultrajes y torturas para conocer su temple y comprobar su resistencia*» (Sab 2, 18-19). ¡Cuidado con lo que estás afirmando, Sabi! La calumnia es un pecado grave a los ojos del Señor. Si algunos actúan como tú dices no es porque son impíos, es porque son malos. Y recuerda que muchos hombres de tu pueblo han cometido crímenes y perpetrado salvajes matanzas. Y ellos no eran en absoluto impíos, sino todo lo contrario...

Sabi, el sabio autor de la Sabiduría, había notado que el creyente, que él se obstinaba en llamar *justo*, a menudo lo pasaba bastante mal en circunstancias con las cuales el impío se las arreglaba bastante bien. Después de haber cavilado detenidamente sobre el problema, llegó a la conclusión de que si en la tierra no había justicia debía de haberla en el cielo, porque Dios necesariamente es justo. Pero nosotros, los humanos, vivimos en la tierra, no en el cielo, y somos demasiado pesados para ir a ver lo que pasa allí arriba. Además, ¿quién conoce el camino que conduce al celestial palacio donde reside el Señor del universo, con sus hijos y todos sus alados servidores? Debe de estar muy lejos, puesto que desde la tierra y el espacio circundante no se ve absolutamente nada. Ni siquiera con los más potentes telescopios modernos.

Entonces Sabi, como Platón cuatrocientos años antes que él, pensó que el espíritu del justo, aligerado de su molesto cuerpo que de todos modos estaría muerto, podría viajar rápida y cómodamente por el espacio y de paso ser atendido por la divina justicia, y quizá también recompensado por su fe y su buena conducta. «*Y así, aunque la gente pensaba que cumplía una pena, su esperanza estaba llena de inmortalidad*» (Sab 3,4).

Sabi dio un paso más, diciéndose que el espíritu liberado del cuerpo, siendo insustancial e incorruptible, podría ser también inmortal. Otro paso sería dar al espíritu liberado y vagabundo un nombre propio. Lo llamaron *alma*, un término que al parecer ya había sido barajado mucho antes por los pensadores griegos. Ni siquiera en Israel la idea era completamente nueva. Ya en los alrededores del año 1020 a.C., el rey Saúl, la víspera de su muerte a manos de los filisteos, había consultado a una nigromante para que se pusiera en contacto con el *espíritu* del recién fallecido profeta Samuel (1Sam. 28, 7 a 21).

Lamentablemente, el concepto del alma inmortal es inconsistente en todas las acepciones del adjetivo. Entre las preguntas que se suelen hacer a los que lo defienden, las de más peso son a mi juicio las siguientes: ¿qué pasa cuando el espíritu se deteriora y muere antes que el cuerpo, o cuando todavía está vacío porque el fallecido era un niño que ni siquiera había aprendido a hablar? Esta creencia puede ayudar al desgraciado, al enfermo y al esclavo a soportar su infortunio, pero puede también incitar al malvado a sacar partido de su resignación.

Siempre según Sabi, Dios se lleva primero a los justos...
Después del insólito subtítulo *Muerte prematura del justo y longevidad del impío*, se aprende que «*el justo, aunque muera prematuramente, tendrá descanso*» (Sab 4,7). Y también el injusto, Sabi; cuando muramos todos tendremos descanso, nos guste o no. El justo —continúa Sabi— «*agradó a Dios y Dios lo amó, vivía entre pecadores y Dios se lo llevó. Lo arrebató para que la maldad no pervirtiera su inteligencia ni la perfidia sedujera su alma*» (Sab 4,10-11).

Dios habría podido llevarse más bien a los pecadores. ¿Por qué quiso que muriera la persona a quien amaba? Así que si eres piadoso y fiel a tu religión, y si en tu barrio viven apacibles escépticos, paganos o idólatras, apresúrate a juntarte con ellos, porque si sigues leal a los ojos del Señor, bajará y para recompensarte, te matará...

Pese a que Dios los mata, «*Los justos viven eternamente, encuentran su recompensa en el Señor y el altísimo cuida de ellos. Por eso recibirán de manos del Señor la magnífica corona real y la hermosa diadema*» (Sab 5, 15-16). Y tú crees, Sabi, que lo que dices al Señor le agrada... ¿No te das cuenta de que te estás burlando de Él y del espíritu de los muertos? El Señor nunca regalaría coronas y diademas a unas desamparadas almas que no tienen cabeza para llevar estos atributos reales.

¡Lo que deben de aburrirse los justos! flotando en el espacio, sin cuerpo y sin poder comunicarse con nadie porque no tienen ojos para ver, ni oídos para oír, ni boca para hablar, ni cerebro para pensar y recordar... Y tú, Sabi, llamas esto *vivir eternamente*. Es más bien *morir permanentemente*. Pues yo prefiero ser impío y morir normalmente y de una vez.

Por fin el Señor de Sabi decide castigar a los enemigos de los justos, y también a los necios, por los que siente una incomprensible antipatía. «*Tomará la armadura de su celo y armará a la creación para vengarse de sus enemigos. Vestirá la coraza de la justicia, se pondrá como yelmo un juicio sincero; tomará como escudo su santidad invencible, afilará como espada su ira inexorable y el universo peleará a su lado contra los necios*» (Sab 5, 17 a 20).

Con tales equipo y armas, los enemigos de los justos y los necios tendrán pocas bajas.

De la concepción al matrimonio. A partir del capítulo siete, el autor se expresa en primera persona: «*En el vientre materno fue modelada mi carne, durante diez meses me fui consolidando en su sangre, a partir de la simiente viril y del placer compañero del sueño*» (Sab 7, 1-2).

¡Bien dicho, Sabi! Pero, ¡oye! podrías precisar de qué clase de meses se trata, porque es bien sabido que la gestación de una hembra de nuestra especie es de nueve meses de nuestro moderno calendario gregoriano. Y ya es suficiente...

Sabi insiste en que fue un niño como los otros. Respiraba el mismo aire, le ponían pañales, se caía y lloraba... Cuando creció y se hizo hombre, quiso ser prudente y su deseo fue atendido. Todavía le faltaba el conocimiento y lo adquirió poco a poco, aunque él decía que todo lo que sabía le había sido concedido por Dios. Su saber se extendía a la astronomía, a la zoología, a la cosmología y a la botánica. Ahondó también en «*el poder de los espíritus y el pensamiento de los hombres, las variedades de las plantas y las virtudes de las raíces*» (Sab 7,20).

Sabi era un erudito, pero le faltaba una importante cualidad: la modestia. Él mismo se delató diciendo: «*He llegado a conocerlo todo, lo oculto y lo manifiesto, porque la sabiduría artífice de todo, me lo enseñó*» (Sab 7,21). Esta afirmación del sabelotodo Sabi era mera jactancia, a no ser que se tratara de una maniobra suya para intentar igualarse a Dios. Aún hoy, más de dos mil años después de su muerte, a quien se arriesga a declarar en público que lo sabe todo, lo tachan de loco o de farsante.

«*La sabiduría* —dice Sabi— *posee un espíritu inteligente, santo, único, múltiple, sutil, ágil, penetrante, inmaculado, diáfano, invulnerable, amante del bien, agudo, incoercible, benéfico, amigo de los hombres, firme, seguro, sin inquietudes, que todo lo puede, todo lo observa, y penetra todos los espíritus, los inteligentes, los puros, los más sutiles*» (Sab 7, 22-23).

¿Por qué no nos explicas, Sabi, cómo el espíritu de la sabiduría puede ser a la vez único y múltiple? ¡Y no digas que no lo sabes! Tú mismo acabas de afirmar que lo sabes todo, incluso lo oculto.

Otro punto confuso de la sabiduría según Sabi es que siempre parece favorecer a los que ya lo tienen todo: inteligencia, pureza, sutileza, en detrimento de los que carecen de estas cualidades y privilegios. Entiendo que tu sabiduría no pueda penetrar en el espíritu de los que no lo tienen, pero podrías ayudar a los menos favorecidos al respecto, en vez de pelear contra ellos. Deberías comprender que si Dios los ha hecho tontos, es porque no es justo, pero ellos no tienen la culpa.

Sabi está enamorado de la sabiduría. Lo proclama a los cuatro vientos: «*Ella es más bella que el sol y supera a todas las constelaciones. Comparada a la luz del día, sale vencedora porque la luz deja pasar la noche mientras que a la sabiduría no la domina el mal*» (Sab 7,29).

Bajo el subtítulo *La sabiduría, esposa ideal* Sabi continúa: «*la amé y la busqué desde mi juventud y la pretendí como esposa, enamorado de su hermosura*» (Sab 8,2).

Ahora sabemos que Sabi se casó con la Sabiduría, pero ignoramos si con la ayuda del Señor llegaron a tener hijos.

EPÍLOGO

Hemos llegado, amigo mío, a las últimas páginas de nuestro libro. Ahora voy a salir del Antiguo Testamento y no tengo la intención de meterme en el Nuevo, donde Tú no apareces. Para sustituirte, los cristianos tuvieron que echar mano, con poco acierto, a tres divinidades: un padre soltero, su hijo adoptivo nacido nadie sabe ni cómo ni por qué, y un espíritu emplumado todavía más enigmático. Aunque los fanáticos de las religiones y sectas que se reclaman del divino trío proclaman que Tú eres el Padre, nosotros sabemos muy bien que están equivocados. Lo saben también los descendientes de los israelitas que sobrevivieron a las guerras, a los pogromos y al odio desencadenado por la muerte humillante y baldía del presunto Mesías. Una muerte programada, según los fundadores del nuevo dogma, por el mismísimo Padre, para la salvación de los hombres —una salvación que al parecer todavía no ha surtido mucho efecto…

El colmo es que si el sufrimiento y la muerte de *Cristo expiatorio* era necesaria e inevitable, ¿por qué, entonces, se maldijeron y persiguieron al pueblo que ayudó a que se cumpliera la voluntad del sanguinario y filicida Padre?

Pues repito que en el Nuevo Testamento yo no me meto. Me quedo contigo, Señorito, en el antiguo. Yo prefiero confiar en Ti, en tus verdaderos hijos que Tú no hiciste sufrir y morir sobre una abominable cruz, y en tu leal adversario Satán, siempre difamado pero no tan malo como se dice. De hecho, en todo el Antiguo Testamento, que yo sepa Satán mató una sola vez. Mató a los hijos de Job, con la ayuda de los vientos cruzados y con tu permiso. Más bien, con tu complicidad. Un total de diez personas: tres mujeres y siete hombres, quienes fueron matados instantánea y limpiamente, sin agonía y por lo tanto sin sufrimiento, y que luego fueron reemplazados gracias a nuevos nacimientos. Esto es irrelevante, comparado con los centenares de millones de muertes —a menudo acompañadas de torturas— debidas a la fe religiosa.

Yo sé que no eres, ni mucho menos, como te pintan los que a lo largo de los siglos se sirvieron de Ti y de tu nombre para satisfacer su ambición y su sed de poder. Les era fácil decir que las órdenes de aterrorizar, atacar, despojar y aniquilar a la gente las dabas Tú. ¿Quién iba a verificar? ¿y cómo?

Todo lo que podía hacer el pueblo era quejarse, lo que a menudo se sancionaba con injustas y desproporcionadas represalias. La matanza salvaje e injustificada de los recolectores y recolectoras de codornices es uno de los ejemplos más lamentables (Núm 11,33).

Los jefes y los sacerdotes podían con toda impunidad responsabilizarte de sus aberraciones y de sus crímenes, y no les daba vergüenza abusar de tu divina neutralidad. Y Tú no los castigabas. Los dejabas libres de castigarse los unos a los otros. Y si algo les salía mal, o si creían que alguien había tocado a una mujer que no gozaba del privilegio de pertenecer a su religión, se pasaban a cuchillo o se empalaban de una sentada a centenares o a miles de personas...

Sin embargo, al principio, Tú no me lo pusiste fácil, y más de una vez me enfadé contra Ti por los disparates y las barbaridades que cometían en tu nombre los hombres. Luego comprendí que no tenías la culpa y que Israel no era siquiera tu pueblo elegido. Fueron sus líderes los que Te eligieron a Ti para que les sirvieras de cabeza de turco. Entonces intenté ser amable contigo, pero no siempre lo conseguí. Además, no era fácil saber si los que pretendían hablar en tu nombre mentían o eran sinceros. De cualquier forma, te echaré de menos.

Para nosotros ha sonado la hora de la separación. Acabo de franquear la barrera de los noventa años y no soy, como Tú, inmortal... Este libro será mi canto del cisne, y no tendremos otra ocasión de encontrarnos. Por favor, dime algo. Más bien, escríbemelo. Estoy convencido de que solo con pensar en algunas palabras amables, puedes imprimirlas sobre una superficie plana.

Entonces el Dios Yavé, por primera vez se dignó dirigirse directamente a mí. Me imprimió en la pantalla de mi ordenador su bendición, en moderno y malsonante castellano. Rezaba el mensaje:

Tú ¡Vete al carajo!

Cuando se lo conté a mi amigo Albert, que acababa de regresar de vacaciones, me dijo sin reír:

—Yavé ha sido muy bueno contigo. Yo en su lugar te enviaba al infierno.

Y luego sí echamos a reír. Todos: Yavé, Albert y yo... Desde luego a Yavé no lo vimos reír, pero sí lo oímos. A decir verdad, muy débilmente.

BIBLIOGRAFÍA BÁSICA

Selección de obras en español, originales o traducidas

Andrade, Gabriel. (2011). *La inmortalidad, ¡vaya timo!* Editorial Laetoli.

Arsuaga, Juan Luis. (2001). *La especie elegida.* Temas de hoy, Madrid.

Barker, Dan. (Antiguo evangelista, ahora librepenador) *Perder la fe en la fe* (Descarga inmediata en PDF).

Barnavi, Elie (Israelita). (2007). *Las religiones asesinas.*

Briones, Carlos; Fernández Soto, Alberto; Bermúdez de Castro, José María. (2015). *Orígenes: El universo, la vida, los humanos.* Editorial Crítica.

Darwin, Charles. (2006). *La evolución de las especies.* Editorial Crítica, Barcelona.

Dawkins, Richard. (1993). *El relojero ciego.* RBA, Barcelona.

Dawkins, Richard. (2005). *Escalando el monte improbable.* Tusquets, Barcelona.

Dawkins, Richard. (2014). *El espejismo de Dios.* Espasa, Barcelona.

Eslava Galán, Juan. (2012). *Historia del mundo contada para escépticos.* Planeta.

Eslava Galán, Juan. (2010). *El catolicismo explicado a las ovejas.* Booket.

Finkelstein, Israel; Asher Silberman, Neil. (2003). *La Biblia desenterrada.* Siglo 21 de España.

Frazer, James George. *El folklore en el Antiguo Testamento.* Fondo de Cultura Económica de España 1981.

Grayling, A.C. (2011). *Contra todos los dioses*. Editorial Ariel.

Harari, Yuval Noah. (2016). *Homo Deus*. Editorial Debate.

Harris, Sam. (2007). *El fin de la fe*. Paradigma, Madrid.

Hitchens, Christopher. (2007). *Dios no es bueno*. Editorial Debate.

Hitchens, Christopher. (2005). *Dios no existe*. Debolsillo.

Hurmence Green, Ruth. *La guía bíblica del escéptico*. Freedom from Religion foundation Inc.1999.

Julien, Nadia.(2002). *Enciclopedia de los mitos*. Oceano.

Kirsch, Jonathan. (2004). *Dios contra los dioses*. Ediciones B.

Konner, John. (2008). *La Biblia del ateo*. Seix Barral, Barcelona.

Marolo, Luciano. (2017). *120 buenas razones para dudar*. Calíope.

Onfray, Michel. (2006).*Tratado de ateología*. Anagrama.

Puente Ojea, Gonzalo. (2012). *La religión ¡vaya timo!* Laetoli bolsillo.

Rodríguez, Pepe. (1997). *Mentiras fundamentales de la Iglesia Católica*. Ediciones B S A.

Rodríguez, Pepe. (2008). *Los pésimos ejemplos de Dios según la Biblia*. Temas de hoy. Madrid.

Rodríguez, Pepe. (1999). *Dios nació mujer*. Ediciones B.

Weinberg, Steven. (2015). *Explicar el mundo*. Taurus.

Índice

INTRODUCCIÓN 11
GÉNESIS 15
1. RECTIFICACIÓN 15
2. HIJOS DE ADÁN E HIJOS DE DIOS 21
3. CASTIGOS TONTOS E IMPOSIBLES 23
4. EL ALCAHUETE ABRAHAM Y SU FAMILIA 27
5. SODOMÍA E INCESTO 31
6. GINECÓLOGO Y CARNICERO 34
7. CANALLADA 37
8. COMPETICIÓN 40
9. LOS CRIMINALES 46
10. HOMICIDIOS Y ONANISMO 50
11. EL BASTARDO INTACHABLE 51
ÉXODO 53
12. IMPARABLE SUPERPOBLACIÓN 53
13. HUIDA METEÓRICA 56
14. ASESINATO FRUSTRADO 58
15. CALAMIDADES 59
16. REFLEXIONES 64
17. EXAGERACIÓN 67
18. VIAJE SIN RETORNO 68
19. EL ENIGMÁTICO MANÁ 70
20. ESCARAMUZA 73
21. FALSA TEOFANÍA Y AMENAZAS MUY REALES 75
22. CASTIGOS DIVINOS 77
23. LOCURAS 79
LEVÍTICO 85
24. CULTO MORTÍFERO 85
25. RAREZAS 86
NÚMEROS 93
26. MEZCOLANZA 93
27. AQUELLO, SATÁN NO LO HABRÍA HECHO 98
28. SANGRIENTAS DISCREPANCIAS 103
29. EL COLOR SÍ CUENTA 108
30. VARA MÁGICA 108
31. RODEO OBLIGADO 110
32. LA BURRA Y EL ÁNGEL 113
33. ¡MALDITOS SEAN LOS VENCIDOS! 114
34. ABERRACIONES EN SERIE 116

35. REPARTOS	122
36. FERTILIDAD	123
37. NOTIFICACIONES	123
DEUTERONOMIO	127
38. INTROITO	127
39. ESTANCAMIENTO	130
40. LIMPIEZA RELIGIOSA	133
41. PUROS, IMPUROS Y OLVIDADOS	135
42. ADVERTENCIA Y REPROBACIÓN	136
43. ASUNTOS SEXUALES	138
44. LECCIÓN DE HIGIENE	139
45. LO MEJOR Y LO PEOR DEL DEUTERONOMIO	141
46. BENDICIONES TONTAS Y MALDICIONES ESPANTOSAS	144
47. DEFUNCIÓN	147
JOSUÉ	149
48. PRELIMINARES	149
49. NULIDAD	151
50. INVASIÓN	152
51. DERRUMBAMIENTO	155
52. ¡AY!	157
53. EL PACTO Y LA BROMA	158
54. ¡SÁLVESE QUIEN PUEDA!	161
JUECES	167
55. ALTIBAJOS	167
56. EL HOMBRE QUE NO QUISO SER REY	172
57. EL VOTO	178
58. PILLADO POR EL PELO	182
59. GUERRA INTESTINA	185
RUT	191
60. SERENIDAD	191
PRIMER LIBRO DE SAMUEL	195
61. EL ANTÍDOTO	195
62. LA ODISEA DEL ARCA	197
63. EL PRIMER REY DE ISRAEL	201
64. DESBARAJUSTE	202
65. EL ESPANTAJO	207
66. OBSESIÓN	209
67. CAMBIO DE BANDO	216
68. DERROTA VERGONZOSA	218
LIBRO SEGUNDO DE SAMUEL	223
69. DUDAS Y RIVALIDADES	223
70. MUDANZA	226
71. HOMICIDIO ENCUBIERTO	228
72. MATANZA ASTRONÓMICA Y ABSURDA	229

73. EL REY BROMISTA...232
74. INFAMIA...233
75. ¡LEVANTAOS Y HUYAMOS!..237
LIBRO PRIMERO DE LOS REYES...245
76. CALEFACCIÓN..245
77. SEGUNDA CONSPIRACIÓN..246
78. SUNTUOSIDAD EXAGERADA..247
79. SUCESIÓN Y SECESIÓN..255
80. ¡MUÉSTRATE!...257
81. LA TRAMPA...258
82. LOS REYES MALDITOS..260
83. TONTERÍA FATAL..264
84. LOS FAVORITOS..265
85. ELÍAS, EL MAGO...268
LIBRO SEGUNDO DE LOS REYES..277
86. DESAPARICIÓN..277
87. ELISEO Y LOS OSOS...278
88. NUEVA DINASTÍA..286
89. DOCE MALDITOS MÁS...288
90. LOS REYES DEL SUR..296
91. AUTODESTRUCCIÓN...310
LIBROS DE LAS CRÓNICAS Y   LIBROS SIN CLASIFICAR.........313
92. PRINCIPIO DE INCERTIDUMBRE BÍBLICO..................313
93. CENSO SATÁNICO Y CASTIGOS DIVINOS....................314
94. PRODIGALIDAD Y VORACIDAD......................................321
95. RETORNO (Esdras y Nehemías)...324
96. HISTORIETAS NADA HISTÓRICAS.................................329
97. LOS MACABEOS..341
98. JOB, SATÁN Y LOS HIJOS DE DIOS.................................344
99. PEQUEÑOS ACIERTOS Y GRANDES EQUIVOCACIONES.........348
100. VERSÍCULOS ERÓTICOS (Cantar de los cantares).........354
101. EL MISÓGINO (Eclesiástico o Siácida)..............................358
LIBROS PROFÉTICOS..363
102. EL CATASTROFISTA (Isaías)...363
103. JEREMIADAS (Jeremías)..368
104. OJEADA A LAS LAMENTACIONES................................376
105. DIOSES VULNERABLES (Baruc)......................................378
106. EL BURRO DE CARGA (Ezequiel)....................................379
107. SUEÑOS, HORNO Y LEONES (Daniel)............................387
108. EL CUARTETO DE LOS MENOS PROLÍFICOS............401
109. EL MENSAJERO (Jonás)...406
110. LOS TOCAYOS (Miqueas de Moréset y Miqueas ben Yimla)........411
111. ¡ARRIBA LAS FALDAS! (Nahún)......................................414
112. PROFÉTICA ALBAHACA (Habacuc)................................415

113. EL RESTO (Sofonías) 418
114. PALABRERÍAS (Ageo) 419
115. EL VISIONARIO (Zacarías) 420
116. A LA SOMBRA DEL SOL (Malaquías) 427
117. NOVEDADES (Libro de la Sabiduría) 430
EPÍLOGO 437
BIBLIOGRAFÍA BÁSICA..441

Este libro se imprimió en Madrid
en julio del año 2018

www.ingramcontent.com/pod-product-compliance
Lightning Source LLC
Chambersburg PA
CBHW020742100426
42735CB00037B/170